Américo Simões
pelo espírito Clara

Vidas que nos completam

Barbara

Revisão
Sumico Yamada Okada

Capa e diagramação
Meco Simões

Foto capa: Joshua Hultquist/Monsoon/Latin Stock

Segunda edição: Inverno/2011 - 11000 exemplares

Dados Internacionais de Catalogação na Publicação (CIP)
(Câmara Brasileira do Livro, SP, Brasil)

Garrido Filho, Américo Simões
Vidas que nos completam / Américo Simões. - São Paulo:
Barbara Editora, 2011.

1. Espiritismo 2. Romance espírita I. Título.
ISBN 978-85-99039-30-4

05-0616   CDD-133.9

Índices para catálogo sistemático:
1. Romance espírita: Espiritismo 133.9

BARBARA EDITORA
Av. Dr. Altino Arantes, 742 – 93 B
Vila Clementino – São Paulo – SP
CEP 04042-003
Tel.: (11) 5594 5385
E-mail: barbara_ed@estadao.com.br
www.barbaraeditora.com.br

É proibida a reprodução de parte ou da totalidade
dos textos sem autorização prévia do editor.

Você alguma vez já parou para observar
quais são as vidas que o completam?
Que sem essas vidas, a sua vida atual, as que já viveu e as que
ainda estão por vir não têm a mesma importância,
o mesmo impacto, a mesma alegria,
a mesma cor, a mesma paixão?
Pois é... Quais são as vidas que o completam?
Experimente tirar alguns minutos do seu dia para descobri-las ao
seu redor e dentro de você.
Surpresas virão, bem como um imenso amor emergirá
e tomará conta do seu coração,
fazendo-o vibrar mais forte,
extravasar de emoção.
As vidas que nos completam dão grande sentido a nossa vida.
Assim como as reencarnações, que nos proporcionam encontrar a
razão de viver, amar e ser feliz.

Por tudo isso, dedico este livro às vidas que me completam...
Estejam elas aqui ou noutro plano. Todas, enfim, que me
acrescentam ou me acrescentaram algo, que despertam um sorriso
bonito na minha face e no meu coração e me ensinam a sorrir toda
vez que a vida me diz sim ou não.
Quem são elas?
Elas sabem.

Primeira Parte - Capítulo 1

Numa vida passada...
Paris, fim do século dezenove...

Os olhos de Veronique Lafayèt demoraram-se pensativamente no cavalheiro que subia as escadas. Seu nome Johan-Marcel Chevalier. Um homem bonito, distinto, o tipo de homem que enlouqueceria qualquer mulher, principalmente as inocentes.

– Com licença? – disse ela, polidamente.

A monumental figura voltou-se para Veronique e lastimou:

– Esmola, a esta hora, minha querida?! Faça-me o favor...

– Não, meu senhor, não venho lhe pedir esmola alguma.

O homem franziu as sobrancelhas com certa irritação.

– Diga logo a que vem, então.

– Meu nome é Veronique. Sou amiga de Pauline... Pauline Laroche.

– E daí?!

Pelo tom de Johan-Marcel, Veronique logo percebeu que ele não havia gostado que ela o houvesse procurado.

– É que Pauline não está nada bem, meu senhor. Caiu de cama há dias com uma febre muito forte... O médico até agora não sabe ao certo o que ela tem.

Ele a interrompeu sem nenhum tato:

– Então, queres dinheiro para comprar remédios para ela? Pois bem, vou te dar algum.

– Não venho em busca de dinheiro, meu senhor. Em absoluto. Vim apenas informá-lo do que se passa com Pauline... Talvez o senhor queira lhe fazer uma visita, o que seria muito bom, iria deixá-la muito feliz. Ela não para de falar no senhor... Está com saudades... Com ódio da doença que interrompeu os encontros entre vocês dois.

– Eu não ouvi direito. Não posso estar ouvindo direito. Estás querendo que eu visite uma mulher adoentada cujo mal não se sabe ao certo o que é? Pode ser transmissível, pôr em risco a minha vida, é isso?

De repente, Veronique não sabia mais o que dizer. O cavalheiro continuou no seu tom ácido:

– Sou um homem respeitado na sociedade, com uma esposa linda e saudável, tenho um nome a zelar, não posso me arriscar a ser contaminado por uma doença... ainda mais não diagnosticada.

– Mas eu pensei que amasse Pauline.

– Amar? E desde quando se ama uma amante? Já és grande o suficiente, minha jovem, para saber que amantes existem para os homens casados realizarem na cama o que não podem realizar com suas esposas... Terminado o intercurso, eles voltam para as suas esposas e filhos... é sempre assim, tolas aquelas que acreditam que com elas será diferente.

Ele enfiou a mão no bolso do sobretudo, tirou da carteira algumas notas e estendeu para Veronique.

– Tome, é para ajudar no tratamento da tua amiga.

Veronique olhou enojada para ele.

– O senhor não entende... O que Pauline mais precisa agora, neste momento, é do seu amor, do seu carinho, da sua presença, nem que seja por um ou dois minutos apenas. Nenhum remédio pode ser tão eficaz quanto uma palavra de carinho, um gesto, um beijo da sua parte.

– Dinheiro serve tanto quanto tudo isso que tu acabaste de falar.

– O senhor não pode estar falando sério.

– Chega de manha, menina, pega logo essas notas... Elas vão ser bem úteis para ti.

– O senhor tem muito a aprender sobre a vida.

– E tu tens muito a aprender sobre dinheiro.

– O senhor... O senhor é nojento... Tenho pena, muita pena de Pauline por ter se apaixonado por um mau-caráter como o senhor. Uma garota linda e inocente como ela não merecia isso. Eu a avisei, avisei o tempo todo que amante não tem vez... Mas ela não me ouviu... Que pena... Quis tanto poupá-la desse sofrimento, mas ela não me ouviu...

Ele soltou um riso, pareceu para ela ser de descaso, mas no íntimo foi de nervoso. Uma certa tensão, uma vibração esquisita circundou Johan-Marcel, provocando-lhe um arrepio estranho e diferente. Sem deixar transparecer o abatimento, ele reforçou suas palavras:
— Põe este orgulho de lado e pega este dinheiro, garota, vais te arrepender se não pegá-lo agora.
— Seria melhor que o senhor morresse para ela.
— Seria melhor, minha querida, que ela morresse...
— O senhor é cruel.
— Sou realista.
— Se houver justiça nessa vida, em algum lugar desse infinito, o senhor há de pagar pelo que está fazendo à minha amiga querida. Há de sentir na pele o mesmo que ela está sentindo. Há de sofrer o mesmo que ela está sofrendo.
— Não te esqueças, minha jovem, de que ela está sofrendo porque quis. Tu mesma disseste que a alertou.
Veronique baixou os olhos, não havia como contestá-lo. Ainda assim, sentiu um ódio profundo engrossar e ferver seu sangue. Em seguida, Johan-Marcel arremessou as notas contra ela de forma tão grosseira que por pouco não acertaram sua face. Mas Veronique desprezou o dinheiro, permaneceu olhando fixamente para ele, fulminando-o com os olhos. Ele cuspiu no chão, foi até ela, agarrou-lhe firmemente os braços e, mirando fundo em seus olhos, cuspiu-lhe as palavras seguintes:
— Não me causes problemas, garota, pois eu acabo contigo, sem dó nem piedade.
— Sei que é bem capaz disso. Disso e de muito mais.
— Agora, fora daqui! Fora daqui antes que eu perca a paciência contigo.
— O senhor vai se arrepender de tudo isso um dia...
Ele tornou a olhar para ela, pegou firme no seu queixo e o moveu conforme sua vontade enquanto dizia:
— Eu? Arrepender-me do quê? Quando e onde um homem com uma casa maravilhosa como esta, rico, bem-sucedido nos negócios, com *status* social, precisa se arrepender de alguma coisa na vida? Onde e quando, responde-me?
Ele soltou o queixo dela bruscamente.

– Agora some daqui! Antes que o teu cheiro vulgar de cortesã de cortiço de lixo infeste a minha roupa e a minha morada.

Sem mais, Johan-Marcel deu as costas para Veronique e subiu o último lance de escada que levava até a entrada de sua casa.

Pelo caminho de volta para o cortiço onde ela vivia com Pauline Laroche, Veronique, por mais que tentasse, não conseguia tirar da cabeça a imagem de Johan-Marcel, tampouco o ódio que sentia por ele e que estava se alojando em seu coração, com uma vontade louca de ficar ali para sempre, ainda que o sempre se transforme sempre.

ಜಲ

Pauline Laroche, jovem de 19 anos, cabelos de um louro avermelhado rosto sardento, nem feio, nem bonito, agradável; queixo excepcionalmente quadrado estava estirada numa cama velha colada a uma parede desbotada e encardida do humilde quarto do cortiço em que vivia com Veronique Lafayèt.

Sua ansiedade queimava tanto quanto a febre que judiava do seu corpo. Assim que sua colega de quarto entrou no aposento seus olhos brilharam. Perguntou:

– E então, falou com ele? – a pergunta saltou de sua boca como que por vontade própria.

Veronique se viu incerta quanto ao que dizer. Ela sabia que o elo ao qual Pauline se agarrava desesperadamente para se manter viva era a esperança, a esperança de um dia poder viver ao lado de Johan-Marcel sob o mesmo teto, como marido e mulher, como toda mulher no íntimo sonha viver ao lado do homem que tanto ama. Se ela lhe dissesse a verdade, aquele elo iria se romper, levando sua amiga querida à morte, o que seria triste e inaceitável.

Por tudo isso ela tinha de ocultar-lhe a verdade, a todo custo, ainda que latejasse dentro de si uma vontade de lhe expor cristalinamente quem era Johan-Marcel no íntimo, expor todo o seu mau-caráter, embora soubesse que Pauline dificilmente acreditaria em suas palavras, por estar cega de paixão.

– Sim, falei com ele. – respondeu Veronique, por fim.

Um suspiro de alívio atravessou o peito cansado e arquejante de Pauline.

– Que bom... Que bom... – sibilou ela, com certa alegria. – E quando ele virá?
Outra pergunta cuja resposta havia de ser omitida.
– Ele não virá. Não agora, não pode. Está muito ocupado. Pede-lhe desculpas.
O desapontamento estampou-se imediatamente na face febril de Pauline.
– Não virá?! Não pode! Como não pode?!
Veronique sentou-se na pontinha da cama, olhou com carinho para a amiga adoentada e procurou confortá-la com palavras:
– Eu sinto muito, Pauline. Sinto mesmo. No entanto, assim que você estiver melhor você...
– Preciso vê-lo! – exclamou a enferma, sufocando a voz da amiga.
– Se ele não pode vir até mim, irei até ele...
– Ir até ele?! Perdeu o juízo de vez, Pauline? Se você sair dessa cama e enfrentar o tempo frio e úmido que está lá fora, você morre. Está me ouvindo? Não ouse sequer pensar nessa possibilidade.
Foi como se Veronique nada houvesse dito. Pauline pegou a xícara com o resto de chá que estava sobre o criado-mudo e repetiu o que dissera:
– Preciso vê-lo... Se ele não pode vir até mim...
A declaração tirou literalmente Veronique do sério. Ela bateu as mãos com força sobre suas coxas, levantou-se e ficou a andar de lá para cá pelo pequeno aposento, irritada. Quando Pauline tornou a repetir o que dissera, Veronique perdeu as estribeiras e acabou contando à jovem tudo o que havia se passado entre ela e Johan-Marcel naquela noite.
– Compreendeu agora por que ele não pode vir, Pauline? – explodiu Veronique. – Compreendeu?!
Vagarosa, muito vagarosamente, com seus olhos fixos nos de Veronique, Pauline levou a xícara mais uma vez até os lábios. Sorveu um pouco de chá e depois disse:
– Ele me ama... eu sei, eu sinto.
Deu mais um golinho e acrescentou:
– Ele prometeu se casar comigo. Só pediu-me um tempo para ajeitar as coisas, só isso...
Veronique bufou irritada. Contou até dez para não ter um novo rompante, mas foi em vão. Tornou a explodir:

– A esposa dele está grávida, Pauline. Grávida, compreendeu? Isso significa que ele não vai largar dela para ficar com você!

Pauline, respirando agora com mais dificuldade, defendeu-se:

– Ele não contava com essa gravidez, Veronique, por esse motivo é que ele foi obrigado a adiar sua separação da esposa para poder ficar comigo.

– O pior cego é aquele que não quer ver – comentou Veronique mais para si mesma do que para sua ouvinte. Sem poder mais suportar aquilo, deixou o quarto, batendo a porta com toda força.

CBEO

Pauline ficou sozinha com seus pensamentos e a febre, a causticar seu corpo, roubando-lhe cada vez mais o sopro da vida. "Pauline", exclamou seu coração, tomado de súbito pânico: "Você não pode perder Johan-Marcel. Não pode! Ele é a razão do seu viver. Vá atrás dele... Declare todo o seu amor... Ele precisa saber definitivamente o quanto o ama!".

"É isso mesmo o que eu preciso fazer o quanto antes", afirmou Pauline para si mesma. "Além do mais eu tenho de provar, agora, mais do que nunca, para Veronique, que o amor que Johan-Marcel diz sentir por mim é real. Que eu não sou uma simples aventura na sua vida como ela insiste em querer acreditar. Eu preciso vê-lo a qualquer custo, nem que isso custe a minha vida. Antes, morrer matando a saudade de rever meu homem amado, ouvindo da sua boca que não me ama realmente, do que morrer de saudade e dúvida".

Crepúsculo, dia seguinte...

Pauline Laroche já estava há cerca de uma hora aguardando ansiosa pela chegada de Johan-Marcel a sua casa. Assim que o viu saltar da carruagem e se pôs a subir a bela escadaria que levava à suntuosa entrada da mansão onde vivia com a esposa, a jovem adoentada foi até ele.

Pauline avançou, vagarosamente, como se estivesse hipnotizada. Seus olhos, vermelhos de febre, ardiam agora de emoção por poder rever o homem amado. Mas antes de chegar até ele, hesitou, os olhos baixaram, voltaram-se para aqui e para ali, como que buscando apoio.

Havia medo agora, um medo infindo de se dirigir a ele e descobrir que tudo o que Veronique lhe contara e ela fingira não ouvir, era verdade.

Por fim, Pauline despiu-se do medo que a impedia de seguir em frente. Aproximou-se de Johan-Marcel tão silenciosamente que ele só notou sua presença quando ela tomou-lhe o braço. Ele virou rapidamente a cabeça na direção dela e fuzilou-a com seus olhos, de um azul-claro, penetrante e arguto.

– O que é isto? – exaltou-se ele, tendo o cuidado para não elevar a voz. – Ficaste louca?

– Precisava vê-lo, Johan-Marcel. Estava morrendo de saudades.

– Solta-me – pediu ele tentando se livrar das mãos de Pauline.

– Não está feliz por me ver?

– Feliz?

– Sim, meu amor.

– Tu achas que eu posso estar feliz sendo agarrado por uma mulher que está doente e pode me deixar tão doente quanto ela? Ora, enxerga-te, garota, põe-te no teu devido lugar.

– Eu preciso do seu amor, Johan-Marcel. Preciso mais que tudo. Quero ficar com você, casar-me com você o quanto antes.

– Por acaso achas – disse ele num tom áspero apontando o dedo indicador contra a face dela – que eu ia perder todo este conforto por tua causa? Para morar num cortiço? Não creio que foste capaz de acreditar numa coisa dessas.

Johan-Marcel não foi além disso, pois Pauline cobriu suas palavras, dizendo:

– Quer dizer que tudo o que me dizia era mentira?!

Ela parou, incapaz de continuar a falar. Então, acenou grave e tristemente a cabeça, dizendo:

– Fui uma tola. Uma tola por acreditar em você. Acreditar que me queria do mesmo modo que eu o queria. Que pudesse me dar todo o amor que eu estava disposta a dar para você. É verdade, a mais pura verdade, agora sei, quando dizem que o que começa errado, no fim, acaba errado. Que amante é sempre amante. Nunca será outra coisa senão amante.

– Terminaste?

– Sim.

– Se tu sabias disso o tempo todo por que te espantas?

– Porque sou uma mulher, e os sentimentos de uma mulher são sempre verdadeiros. Quando nós amamos, amamos de verdade.
– Por esse motivo é que são chamadas de tolas e bobas... O defeito das mulheres é amar demais. Fazer do amor o elixir da sua vida. Ninguém deve amar tanto alguém... Deve-se amar e só...
– E isso basta para você?
– A luxúria basta para qualquer homem. Agora, deixa-me em paz, sua branquela, esquálida, doente.

Subitamente, um grito atravessou os lábios finos, delicados e rachados pela febre de Pauline; a jovem caiu de joelhos junto a Johan-Marcel, agarrou-se na barra de sua calça e protestou:
– Eu sei que me ama. Eu sei... eu sinto...
Johan-Marcel girava a cabeça ao redor tomado de desespero. Receoso, profundamente receoso, de que algum conhecido ou mesmo desconhecido estivesse nas imediações e presenciasse toda aquela comoção.
– Solta-me, antes que alguém me veja nessas condições – ordenou ele com rispidez.
Ele suava tanto por baixo das vestes que sua roupa começava a transparecer o suor.
– Solta-me – repetia ele, tentando soltar suas pernas das mãos de Pauline, que se mantinham presas às barras da calça como se fossem dois torniquetes. Ao atingir o cume do desespero, Johan-Marcel deu um safanão na moça com a perna até se libertar dela. Pauline chorou ainda mais, um choro dolorido.
– Não faça isso comigo – suplicou desesperada.
Ele rapidamente voltou o olhar para os lados e, ao se ver seguro para falar, bramiu:
– Fora daqui, doidivanas, e nunca mais me procures. Estás ouvindo? Nunca mais me procures. Quando me vires por acaso pelas ruas da cidade finge que não me conheces. Esquece definitivamente que me conheceste um dia. Porque eu já me esqueci, esqueci de tudo. Tudo não passou de um erro, um equívoco, uma ilusão. Agora, fora daqui antes que tu arruínes minha vida. A vida que batalhei muito para conquistar. Fora!
Vendo que ela não se levantava, Johan-Marcel pegou-a firmemente pelo braço e assim que a pôs de pé, puxou-a escada abaixo abruptamente. Ainda que seu gesto fosse abrupto, sem tato algum,

e sua mão apertasse seu braço, com toda a força, Pauline estava tão desesperada que nem se deu conta do que se passava, tampouco da dor que aquele aperto lhe causava. Johan-Marcel arrastou a amante até uma pequena praça que ficava a uns trezentos metros de sua residência. Quando lá, soltou-a, mirou-lhe a face, os olhos e explodiu novamente:

– Fora da minha vida!

Pauline caiu sobre ele, dobrando-se, contorcendo-se de dor que se irradiava pelo seu peito e estômago e tomada por aquela febre assassina.

– Sem você, sem o seu amor, prefiro morrer...

O rosto dele tornou-se ainda mais vermelho de cólera antes de afirmar:

– Pois então, morre! M-o-r-r-e!

Nunca, em toda a vida de Johan-Marcel, as palavras haviam saído de seus lábios com tão completa e forte malevolência. Um peso negro desceu pela testa de Pauline, atingiu a boca do estômago, fazendo-a sentir-se ligeiramente nauseada. Em seguida, estremecia de dor e mal-estar.

Johan-Marcel ajeitou o colarinho, a gravata, passou a mão pelo sobretudo para tirar qualquer amassamento, ajeitou os cabelos, deu as costas para a jovem e partiu, pisando duro, espumando de raiva.

"Seu idiota, seu asno...", repreendia-se, "como é que você foi se deixar envolver com uma *coisa* dessas?! Este caso poderia ter estragado sua vida, toda a sua vida. Todo o seu esforço e sacrifício... Onde estava com a cabeça?!"

Pauline ficou ali, caída na grama... O único som que se ouvia no local além dos grilos, era o de seus soluços de decepção e dor.

○○○

Geraldine Chevalier, esposa de Johan-Marcel, que acabara de chegar do médico, o qual passara a visitar periodicamente desde que se descobrira grávida, observou toda a cena que se passara há pouco entre o marido e a amante por uma fresta de uma das janelas de sua casa que dava para a rua.

Ela parecia ser uma mulher simples, muito afeiçoada ao lar, mas por algum motivo não parecia feliz. Havia, às vezes, uma expressão ansiosa em seus olhos que não se coadunavam com o espírito

tranquilo que aparentava ou se esforçava para que os outros assim a vissem.
— Você está bem? — perguntou ela quando o marido entrou.
Por mais que tentasse, Johan-Marcel não conseguiu esconder o susto que levou ao encontrar a mulher ali aguardando por ele.
— S-sim — gaguejou. — Estou bem. Por que não haveria de estar?
Havia um certo constrangimento na voz dele agora. Ela sorriu apática e perguntou:
— Quem era aquela jovem?
— Jovem? Que jovem? — fingiu ele espanto.
— A que se agarrou na sua perna há pouco.
— Ah! Uma mendiga qualquer querendo alguns trocados. Eu me recusei a dar e ela protestou, acredita? Ninguém aceita ouvir um não. Quando é não, é não.
Geraldine olhou para o marido com outros olhos. Havia certa desconfiança por trás deles, agora. Ao perceber o fato, Johan-Marcel foi até ela, beijou-lhe a testa, tratando de envolvê-la em seus braços.
— O que foi? — perguntou num tom ainda mais constrangido. — Por que esse olhar triste?
— Uma sensação, uma sensação esquisita... como se uma quentura me envolvesse. Como se...
— Como se? — incentivou o marido.
— Como se você ocultasse alguma coisa de mim.
Ele recuou a face, mirou fundo nos olhos da jovem mulher, e perguntou:
— Eu, ocultar algo de ti, meu amor? Nunca. Jamais. Entristece-me saber que desconfias de mim.
— Sei que não mentiria para mim, tampouco me trairia com outra mulher, só que, às vezes, receio que o que sei, é na verdade, o que quero acreditar, e não a realidade.
— Para de pensar em bobagens, meu amor. Ofendes muito minha pessoa te ver assim desconfiada do meu caráter.
— Desculpe, querido, não quis ofendê-lo.
— Desculpo. Mas que isso não volte a se repetir.
O marido tornou a envolver a esposa em seus braços apertando-a fundo contra seu peito. Acariciou-lhe os cabelos e percebeu que sua mão tremia. Aquilo tudo o deixara perturbado, gravemente perturbado, constatou.

Enquanto a esposa se deixava relaxar em seu peito, Johan-Marcel voltou seus pensamentos para Pauline e seus olhos se inflamaram de ódio, um ódio mortal.

Em silêncio, ele desabafou consigo mesmo: "se aquela miserável estragasse minha vida eu seria capaz de..." Se ela fora capaz de pegá-lo desprevenido em frente a sua casa, seria capaz, bem capaz, de entregar à esposa o caso que ele vinha tendo com ela há quase dois anos e meio. Mulheres jovens e apaixonadas já são fáceis de perder a cabeça, enciumadas e doentes tornam-se ainda mais desmioladas. Que Pauline não lhe causasse problemas. Seria melhor, bem melhor terminar aquele caso com ela de uma vez por todas. Ele já tentara, mas não conseguira, toda vez que se percebia disposto a pôr um ponto final as palavras lhe fugiam da boca... Algo em Pauline o enfeitiçava... Algo que Geraldine não podia lhe dar... algo que nenhuma das outras mulheres com as quais se envolvera até então, pudera lhe dar... O que seria?

A voz da esposa despertou-o dos seus pensamentos.

– Estive no médico esta tarde. Está tudo bem com o bebê.

O marido sorriu, fingindo-se encantado. Assim que ela se desprendeu dele para ir até a cozinha mandar servir o jantar, Johan-Marcel ficou admirando-a, seguindo o caminho... As palavras da esposa tornaram a ecoar na sua mente: "Está tudo bem com o bebê...". Mas havia um peso esquisito sobre aquelas palavras, por entre as vogais e consoantes, um peso, quase uma ameaça, de algo... algo que Johan-Marcel não soube decifrar o que era... O que seria?

☙❧

Enquanto isso, Pauline permanecia caída sobre o gramado da pequena praça, se esvaindo em lágrimas.

– Moça?! – perguntou um rapaz que se aproximara tão vagarosamente que ela nem percebeu.

Sem obter resposta, o rapaz se arrojou ao lado dela e levou sua mão direita imediatamente até os seus cabelos, passando a alisá-los, como uma mãe faz para acalmar um filho que desperta de um pesadelo. Aquele era de fato um sonho para Pauline, um sonho que se tornara pesadelo.

– Oh, minha linda... – murmurou o rapaz baixinho, jovem, de face morena e angelical.

Só então Pauline voltou o olhar para ele. Apesar do desespero e dos olhos embaçados pelas lágrimas, reconheceu-o imediatamente.

Tratava-se de Giuseppe, rapaz humilde, da mesma idade que a sua, que também vivia no cortiço e gostava dela há muito tempo, mas nunca recebera atenção de Pauline.

Ele a havia seguido assim que a viu saindo em surdina do cortiço. Por saber que ela se encontrava doente, temeu que ela passasse mal e precisasse de socorro. Não ousou impedi-la de sair porque conhecia Pauline como a palma de sua mão, teimosa como era, sabia que de nada adiantaria repreendê-la.

Por tê-la seguido, Giuseppe pôde presenciar, mesmo à distância, tudo o que se passara entre ela e o amante.

– Eu sinto muito, Pauline – acrescentou Giuseppe –, sinto muito mesmo. Você precisa ser forte. Eu sei que falar é fácil, mas é tudo que nos resta. Venha, querida, vamos para a casa. Esse sereno não lhe fará nada bem, doente como está...

– Deixe-me aqui, Giuseppe.

– Deixá-la?

– É... quero morrer.

– Não diga isso, Pauline... ninguém tem o direito de tirar a vida de ninguém, nem nós, a nossa. Seja por qual motivo for.

– Eu não quero mais viver... Para que viver se o homem da minha vida não me quer?... Mas eu sei que ele me ama, eu sei que, no fundo, ele me ama...

A voz dela foi desaparecendo. Parecia estar adormecendo. Giuseppe passou o braço em volta da moça adorada, e com muito esforço a pôs de pé. Assim, conduziu-a para o caminho que os levaria de volta ao cortiço onde viviam.

As pernas de Pauline tremiam tanto que ela mal podia andar. Se não fosse Giuseppe a guiar-lhe os passos...

Quando os dois chegaram ao cortiço, o estado de Pauline era lamentável. Arquejava profundamente, como se tivesse ficado submersa na água durante muito tempo. Seu rosto parecia ainda mais sem vida. Sua lucidez por um fio. Giuseppe teve a impressão de que ela morreria asfixiada em poucas horas.

Evelyne, uma das muitas prostitutas que moravam no cortiço, mulher sempre disposta a ajudar quem precisasse, ao ver Giuseppe amparando Pauline em seus braços, tratou logo de ajudá-lo.

– O que houve com ela? – perguntou aflita. Antes que ele respondesse, Evelyne voltou-se para Pauline e a repreendeu seriamente: – Você não devia ter saído da cama, Pauline. Não neste estado. Perdeu o juízo, por acaso?

Com toda a paciência que lhes ia na alma, Giuseppe e Evelyne deitaram Pauline na sua humilde cama e trataram imediatamente de enxugar o suor que escorria por todo o seu corpo causticado por aquela febre ardente e constante.

– Ele... Ele me ama... eu sei que me ama... – murmurava ao léu.

Para baixar a febre, Evelyne decidiu fazer compressas pelo corpo todo da moça e enquanto fazia isso, orava baixinho, pedindo a Deus por sua melhora. A jovem tremia tanto que Evelyne receou que ela morresse ali, de repente, em seus braços.

– Ai, meu Deus – exclamou tensa –, que Veronique chegue aqui o mais rápido possível.

Foi com muito custo que Giuseppe deixou Pauline acamada para ir ao trabalho naquela noite. Só foi mesmo porque Evelyne prometeu ficar de olho nela e dar-lhe os medicamentos até que Veronique estivesse de volta do trabalho. Foi com o coração opresso que Giuseppe partiu.

Enquanto isso, Johan-Marcel procurava se livrar daquela sensação esquisita que lhe sombreava a alma. Uma sensação esquisita e assustadora. Por mais que nutrisse ódio por Pauline, ondas e ondas de calor se interpunham em seus pensamentos maus; voltavam lembranças dos momentos felizes que vivera ao lado dela na cama e que o prendiam ao seu lado após o ato consumado. Algo raro, e ao mesmo tempo preocupante. Ele nunca quisera se envolver com mulher alguma senão para sexo.

Era por volta da meia-noite quando Veronique voltou para o cortiço. Assim que entrou no quarto e avistou Evelyne sentada ao lado da cama de Pauline, seu coração por pouco não parou.

– Evelyne, o que houve?

– Acalme-se – disse em tom de súplica.

Ao ver Pauline arquejando profundamente e ardendo em febre, uma súbita onda de pavor estremeceu seu corpo inteiro.

– Ela está pior, bem pior do que quando a deixei aqui nesta manhã.

– Está pior porque saiu ao cair da noite.

– Saiu? C-como?!

– Saiu sozinha. Quando voltou estava já respirando com muita dificuldade e ardendo em febre. Eu e Giuseppe a trouxemos para o quarto e ficamos aqui.
– E seu *trabalho*, Evelyne?
– Ora, Veronique, não podia deixá-la sozinha. Vale mais uma amiga do que qualquer trocado.
– Você é formidável. Nem sei como agradecer-lhe.
– Ela está repetindo o nome de Johan-Marcel com intervalos cada vez mais curtos.
– Aquele demônio. Então é isso? Ela foi atrás dele. Na certa para perguntar a ele, olhos nos olhos, se o que ele me disse era verdade ou não. Pobrezinha. A revelação deve tê-la derribado. Maldito. Maldito Johan-Marcel. Nojento. Peçonhento.
– Aposto que é casado.
– Sim. Casado e a esposa está grávida.
– Deve ter iludido a pobre Pauline só para levá-la para a cama...
– Exato. Depois prometeu que iria se separar da esposa, casar-se com ela, inclusive, e a tola, de coração inocente, acreditou. Quando soube que ela adoecera, não quis mais saber dela por medo de ser contaminado pela doença.
– Que salafrário.
– O pior é que eu avisei Pauline. Não caia nesta, Pauline. Sai disso. Tudo que começa mal, acaba mal. Você é bonita, ou melhor, linda... Merece se apaixonar por um homem livre, inteiramente livre para você. Não precisa tornar-se amante. Respeite-se. Mas ela não me ouviu, por mais que eu a aconselhasse, meus conselhos entravam por um ouvido e saíam pelo outro... No fim, como sempre acontece com os que dão conselhos, acabei me tornando chata e desagradável.
– A decepção vai matá-la. A maioria de nós é muito frágil diante das decepções que a vida nos traz, especialmente as decepções que o amor nos traz. Se é que podemos chamar esse sentimento de amor.

Os lábios intumescidos de Pauline novamente se moveram para pronunciar o nome de Johan-Marcel, provocando uma súbita onda de desespero em Veronique.
– Eu odeio esse homem. Odeio-o profundamente. Se eu fosse Deus faria o possível e o impossível para devolver-lhe todo o mal que ele está causando à minha amiga querida, pois só sentindo na própria pele é que percebemos o que causamos aos outros...

Pauline interrompeu o que Veronique dizia, com uma torrente de tosse seca. Evelyne tratou logo de pegar um copo d'água para dar para a jovem. Veronique permaneceu estática assistindo à cena inconformada, decepcionada, esvaindo-se em ódio e revolta.

Entregue à decepção, à tristeza e à depressão, Pauline teve cada vez menos forças para lutar contra a terrível enfermidade que se abatia sobre ela. Seu guia espiritual procurava lhe inspirar pensamentos bons, insuflar sua mente e, ao mesmo tempo, encher seu coração de coragem, energia e luz, mas a frase dita por Johan-Marcel Chevalier com todo o ódio e força continuava a vibrar na cabeça da jovem impedindo que qualquer ajuda lhe causasse bem. "Então, morre... M-o-r-r-e!"

Pauline Laroche faleceu uma semana depois daquela data, mais pela decepção, tristeza e depressão do que propriamente pela misteriosa doença que invadira seu corpo.

Veronique Lafayèt queria muito que o corpo da amiga querida recebesse a bênção de um padre, todos, porém, disseram-se muito ocupados para atender a seu pedido. Ela estava certa de que se Pauline fosse da alta sociedade eles teriam tempo de sobra.

Ao contar às amigas prostitutas que viviam no cortiço, uma delas, indignada, prometeu trazer um padre urgentemente. Nem que tivesse de fazer uso de chantagem. O que de fato foi preciso, caso contrário nenhum deles teria aparecido para abençoar o corpo de uma coitada, alojada num cortiço, onde moravam muitas cortesãs.

Quando o sepultamento terminou, as poucas amigas de Pauline partiram, restaram apenas Veronique, Evelyne e Giuseppe. Veronique permanecia olhando para a lápide como se estivesse em transe. Evelyne, então, passou a mão por suas costas e disse:

– Ela morreu por amor. Ela morreu em nome do amor.

– Amor? – indagou Veronique irônica. – Que espécie de amor é esse que definha uma pessoa até tirar-lhe o sopro da vida, sem dó nem piedade? Sempre ouvi dizer que o amor vem para nós para nos alegrar, fazer-nos perceber qual é o sentido da vida. E, no entanto, por mais que eu tente, eu não encontro nada disso de bom no amor. Na verdade, eu o encaro como um demônio fantasiado de anjo.

Evelyne opinou:

– O amor não acontece de forma tão triste com todo mundo como aconteceu com nossa amiga, Veronique. Muitas pessoas têm mais sorte. Infelizmente, Pauline nasceu desprovida dessa bênção. Na verdade, penso que ela foi envolvida nessa situação para que pudesse aprender algo. Algo que possa a vir a ser útil numa vida futura.

Veronique lançou um olhar de soslaio para a amiga e entre dentes falou:

– Pois se houver outra vida, eu quero nascer diferente, Evelyne. Quero nascer capaz de devolver aos homens, que fazem de nós mulheres tontas, bobas e estúpidas, só para levarem-nos para a cama, todo o mal que eles nos causam. Para que sintam na própria pele a dor que isso nos causa, principalmente, aquele demônio...

– Demônio?

– O demônio que Pauline amava. Era o demônio... nada mais do que o demônio. Se não fosse, não teria agido como agiu. É ele, é ele que eu quero que experimente o mesmo que causou a Pauline. Para saber como é difícil, tortuoso sofrer por amor... morrer por amar tão apaixonadamente um homem.

– Cuidado com o que deseja, Veronique. Pois pode se tornar realidade.

– E quero que se torne mesmo.

– Ainda assim, cuidado. O desejo de vingança pode atingir bem mais do que aqueles que almejamos nos vingar. Pode atingir quem você ama também. Tudo o que decidimos fazer quando estamos com raiva sempre nos leva a perceber que não se deve fazer nada quando se está com raiva. Porque são atos sempre cruéis que, cedo ou tarde, pesam sobre nós de forma desagradável.

Veronique estava tão entregue aos seus pensamentos de rancor, tristeza, amargor que não deu a devida atenção ao comentário da amiga. Pela mesma razão, não pôde ver que havia mais alguém ali no cemitério, a certa distância, olhando na direção do túmulo de forma agoniada, com o rosto grave e a aura infeliz.

Assim que o local ficou totalmente vazio, Johan-Marcel se dirigiu até a cova recém-fechada, baixou a cabeça e fez um grande esforço para não chorar.

A frase dita naquele momento de raiva para Pauline voltou a ecoar na sua mente: "Então, morre! M-o-r-r-e!". E ele sentiu-se arrepiar sinistramente. Antes não tivesse dito nada. Mas não, ele deixara que a raiva pusesse palavras na sua boca, palavras impensadas, desumanas, cruéis... Ofendera Pauline drasticamente, o que só serviu para agravar seu estado de saúde, levando-a à morte.

Ele enxugou uma lágrima e com pesar disse:
— Eu não podia... Eu não podia trocar todo o luxo e riqueza que eu tinha, que o casamento com minha esposa me permitiu ter, por um grande amor... Ainda que fosse um grande amor, eu não podia... Compreendes, Pauline? Perdoa-me.
Ele fez o sinal da cruz e partiu cabisbaixo.

Meses depois...

Na maternidade, logo após Geraldine dar à luz um filho, Johan-Marcel voltou-se para o médico e perguntou:
— Por que, doutor? Por que meu filho nasceu com essa deformidade?
O médico olhou-o como se estivesse a uma grande distância, e só depois de refletir por alguns segundos, deu sua opinião:
— Sua esposa deve ter sido exposta a alguma doença durante a gravidez. Catapora, por exemplo.
A resposta entrou pelos ouvidos de Johan-Marcel como uma rosa tomada de espinhos. Seu rosto tão rubro e seus olhos tão esbugalhados expressavam tanto horror que o médico pousou a mão no braço dele e perguntou:
— O senhor está bem?
Johan-Marcel não respondeu, apenas deu as costas para o médico e seguiu pelo corredor do hospital a esmo. "Foi ela", comentou consigo em silêncio, "foi Pauline quem transmitiu a doença para minha esposa, naquele dia em que se levantou da cama e foi até minha casa. Foi a última vez que nos vimos. No dia em que eu lhe disse: "Então, morre! M-o-r-r-e!". Por esse motivo, eu senti aquela sensação angustiante assim que entrei em casa e me abracei à minha esposa, e por mais que tentasse não consegui encontrar o porquê".
Agora Johan-Marcel sabia, sabia o porquê sentira aquilo. O vírus havia sido levado para dentro da sua casa e passara dele para a esposa quando ele a afagou em seus braços.
Por uma *aventura* ele acabara com a vida do filho. Seria obrigado a viver até o último dia de sua vida apunhalado pela culpa do que causara ao menino. Sim, ele tivera culpa. Se não tivesse se envolvido com Pauline não teria causado nada daquilo à pobre criança, batizada com o nome de Dariel. Toda vez que pousasse os olhos no filho ouviria

a si próprio dizer: "a culpa é sua. Toda sua... Se não tivesse se tornado amante daquela infeliz... "Maldita... Maldita, Pauline, no fundo ela era a culpada por toda aquela desgraça. Maldita... Maldita, Pauline...". Naquele momento, todo o amor que Johan-Marcel sentira por Pauline Laroche tornou-se ódio. Um ódio mortal. Que ela queimasse no fogo do inferno, desejou ele, sem dó nem piedade. Sim, que ela queimasse no fogo do inferno para pagar por todo o mal que fez a ele, ao filho e, consequentemente, à esposa. Ah, se Geraldine soubesse que o filho nascera daquele jeito por culpa dele, ela jamais iria perdoar-lhe. Transformaria, sem dúvida alguma, o amor que sentia por ela em ódio.

Mas Pauline não estava queimando em inferno algum por meio de chamas a causticar-lhe a pele. Estava numa das colônias do plano espiritual sendo assessorada por espíritos socorristas.

Ao descobrir que havia desencarnado, uma mistura de surpresa e dor se estampou na sua face. Ela preferira morrer, entregar-se à morte por causa de uma decepção amorosa para nunca mais ter de se ver naquela situação. Infelizmente, o que ela desejou, aconteceu. Mas a morte não era o fim, apenas uma transição, isso ela iria saber. Um tempo, uma reflexão profunda sobre si mesma, uma reaparição...

Havia outras jovens sofrendo do mesmo mal por ali. Tinham desejado a própria morte por não saberem lidar com uma decepção afetiva. Havia também muitas que estavam presas no umbral[*] por terem tirado a própria vida, por não aceitarem não serem correspondidas no amor. E permaneciam ali, recusando-se a se conceder o arrependimento. Era um quadro bucólico e triste de se ver.

Mas nada permanece estático no Universo. Tudo evolui, porque a todos é concedido o *direito de renascer*... renascer das amarguras, dos deslizes, dos atos impensados, imaturos e pobres de espírito.

E só se pode viver o *direito de renascer* por meio das reencarnações... Pauline, Johan-Marcel, Veronique, Giuseppe, todos ainda haveriam de se reencontrar numa vida futura para se darem, ainda que a contragosto, o *direito de renascer*. Renascer para a vida, para o melhor, para o amor no seu mais profundo sentido.

---

[*]Umbral: lugar transitório por onde passa a maioria dos indivíduos após a morte do corpo físico, no qual experimentam sofrimentos "físicos" e morais, é uma região destinada ao esgotamento de resíduos mentais (Nota do Autor).

Capítulo 2

Vida presente

Rio de Janeiro, Brasil, início dos anos setenta

Izabel da Silva, moça simples, feições delicadas, nascida e criada na fazenda da família Scarpini no interior de Minas Gerais, acabava de chegar ao Rio, no auge da bossa-nova, embalada pelas praias, pelo sol e pela energia tão pessoal da cidade maravilhosa. Havia acabado de completar sua décima oitava primavera. Seus cabelos eram pretos, quase azulados e sua pele morena, quase jambo. Havia apenas uma pequena camada de batom sobre seus lábios e o vestido rendado, tradicional do campo, um dos mais simples que uma jovem mulher pode usar, caía graciosamente sobre seu corpo esguio e belo.

A jovem tomou alguns minutos para admirar a casa da família Scarpini. Não era propriamente uma casa, e sim uma mansão de grandiosa beleza. Jamais vira edificação tão suntuosa como aquela, tampouco imaginou que uma família poderia viver numa assim.

O motorista da família incumbiu-se de levar sua bagagem simples para o interior da casa, eram duas malas e uma frasqueira. Uma das empregadas veio até Izabel e pediu que ela a acompanhasse. Izabel a seguiu. O interior da casa, iluminada pelos raios de sol que atravessavam as janelas e descansavam sobre os móveis, deixava os aposentos ainda mais encantadores.

Guilhermina Scarpini irrompeu na sala, trazendo consigo a atmosfera própria de intensa energia. Sua pele tinha o brilho que, em geral, acompanha os cabelos vermelhos. Tinha a mesma idade de Izabel, bem como seu tipo físico. Corpo delicado, mãos finas, cabeça e pescoço longo e fino. Apesar de magro, era um rosto bonito.

– Izabel! – exclamou Guilhermina com alegria. – Finalmente! Guilhermina abraçou a amiga com carinho e entusiasmo.

– Que bom que você está aqui, meu anjo. Que bom... Izabel sorriu timidamente. Guilhermina acrescentou com sinceridade:
– Estava com tanta saudade de você!
As duas tornaram a se abraçar demorada e calorosamente.
– Você está muito bonita, Guilhermina. Como sempre, muito bonita – disse Izabel com admiração. Sua voz tinha um ligeiro traço de sotaque interiorano, o suficiente para ser encantador sem ser exagerado. Mas ela não falava propriamente, e sim murmurava, tamanha sua timidez.

Guilhermina agradeceu com um sorriso meigo e com pesar disse:
– Eu sinto muito, Izabel, sinto muito mesmo pela morte dos seus pais. Tão de repente, tão em seguida um do outro.

Os olhos de Izabel pararam no nada e logo se encheram de lágrimas. Guilhermina tornou a abraçar a amiga na intenção de confortá-la. Depois disse:
– Esse é um novo começo de vida para você, Izabel. Uma nova porta que se abre, um novo caminho para percorrer e você pode contar comigo para o que der e vier. De agora em diante, estaremos juntas praticamente o tempo todo e, portanto, você nunca se sentirá sozinha nem desamparada, com saudades da fazenda.

"Se bem que é meio impossível deixar de sentir saudades de lá... daquelas terras maravilhosas onde você foi criada. Lá estão suas raízes, as boas lembranças de seus pais... Mas o Rio de Janeiro a recebe de braços abertos, com todas as suas cores vivas e brilhantes, com todo o calor humano carioca, as praias, o clima gostoso, as noites de Copacabana... O carnaval...

"Oh, Izabel, há tanto para se fazer no Rio que você não vai se arrepender de ter se mudado para cá. Encantadora como é, logo, logo, há de conquistar o coração de um belo carioca com quem se casará e será muito feliz... muito feliz ao lado dele...

"Amiga, é muito bom você estar aqui, minha querida. Que bom... Que bom..."

Nisso, Olga Scarpini, mãe de Guilhermina, chegou. Assim que viu Izabel, sorriu surpresa e dirigiu-se até ela.
– Izabel, meu anjo, não a esperava tão cedo. Pensei que chegaria só no fim da tarde.

A senhora beijou duas vezes o rosto da jovem que se manteve o tempo todo olhando para ela com certa timidez.
– Sua bênção, madrinha – disse Izabel.
– Deus a abençoe, meu anjo.
Olga Scarpini acabara de entrar na casa dos quarenta, era de estatura mediana, pele clara e cheia de vivacidade, como a da filha. Bastante conservada para a sua idade.
Batizara Izabel a convite dos pais da moça que trabalhavam como caseiros na fazenda Portal das Colinas, de propriedade da família Scarpini. O convite deixou Olga orgulhosa e desde aquela época, ela soube como ninguém exercer o papel de madrinha.
Dita a tradição que os padrinhos existem para substituir os pais caso eles venham a faltar. Bem... Olga estava honrando o seu papel de madrinha com excelência, pois com a morte dos pais de Izabel convidou a moça para morar com eles na casa da família, no Rio de Janeiro, onde ela ajudaria nos afazeres da casa para que pudesse ganhar algum dinheiro mensal.
Dormiria num dos quartos reservados para as empregadas, ainda que fosse um quarto pequeno, era bonito e aconchegante. Bem arrumadinho, lindamente pintado na cor pêssego, com o assoalho de tacos, com sinteco repassado há poucos meses.
– Dá licença, mamãe – interveio Guilhermina –, vou levar Izabel para conhecer meu quarto. – Antes mesmo de terminar a frase, Guilhermina puxou Izabel pela mão e subiu com ela a escada que levava ao andar superior do belíssimo sobrado da família Scarpini.
Olga observou as duas jovens até chegarem ao topo da escada e desaparecerem no *hall* que dava acesso a ela. Foi então para a cozinha saber como estava o almoço.
– Temos um baile para ir amanhã à noite, Izabel – informou Guilhermina segundos depois.
– Um baile?
– Sim. Amanhã, num lindo clube. Você vai amar.
– Não, Guilhermina, não posso ir...
– Claro que pode.
– Nunca fui a um baile.
– Há sempre uma primeira vez.
– Não tenho roupa para isso.
– Eu lhe empresto.

– Sua mãe não vai aprovar.
– Vai, sim. Deixa comigo.
– Eu não sei dançar...
– Finja que sabe. Depois lhe dou umas aulas. O baile será também para celebrar sua mudança para cá, para o Rio, para a nossa casa! Para comemorar seu novo começo de vida!

Após mostrar seu quarto para Izabel, Guilhermina se pôs a lhe mostrar todos os seus vestidos para que ela pudesse escolher um para ir ao baile. Não seria preciso fazer ajuste algum neles, ambas tinham corpos na mesma altura e medida.

Izabel insistia para que a amiga tirasse aquilo da cabeça, mas os protestos entravam por um ouvido de Guilhermina e saíam pelo outro. Obstinada, ela submeteu Izabel a provas e desfiles diante do espelho do quarto para ver como ela havia ficado com o vestido em questão e se era do seu agrado.

– Esse vestido caiu bem em você – observou Guilhermina –, mas está impedindo-a de mover-se com sua graça natural.

– É que eu nunca usei um vestido desses.

– Você precisa relaxar. Relaxe, Izabel. Respire fundo e relaxe. Vamos lá, um, dois, três: respire fundo e expire lentamente... relaxe. Pronto, agora, olhe-se no espelho e veja como ficou. Pare de pensar se deveria ou não usar um vestido assim, pare de se opor a tudo isso. Muito bem, agora ouça a voz que vem do coração. Não ficou linda com o vestido?

Izabel balançou a cabeça maravilhada com seu reflexo no espelho. Estava divinamente bela. Belíssima.

– Encantadora como está – observou Guilhermina radiante –, você vai arrasar no baile.

– Arrasar?

– É uma gíria. Quer dizer: prender todos os olhares.

Izabel corou, Guilhermina achou graça e disse:

– Se eu não soubesse que o Giancarlo, meu namorado, é apaixonado por mim, temeria apresentá-lo a você. Tenho certeza de que ele se encantaria por você!

– Eu jamais... – protestou Izabel chocada com o comentário.

– Eu sei, querida. Estou apenas brincando.

– Giancarlo?

– Sim. É o nome do meu namorado.
– É um nome bonito... diferente.
– Tal como o próprio Giancarlo. Bonito, diferente, inteligente, atraente... Ainda levará muito tempo para você conhecê-lo pessoalmente. Ele está na Inglaterra fazendo um curso intensivo de inglês.
Após explicar o que era um curso intensivo de inglês, Guilhermina fez um novo adendo:
– Ah... Izabel... Querida Izabel... Como é bom ter você aqui morando conosco... Sempre considerei você como uma irmã, a irmã que eu nunca tive, e irmãs devem morar perto uma da outra e não distantes... Agora, finalmente, estamos juntas, sob o mesmo teto como havia de ser.
Os olhos das duas moças se encheram de lágrimas e elas novamente se abraçaram radiantes por estarem compartilhando daquele grande momento em suas vidas.

Noite do baile...

Guilhermina acabava de retocar a maquiagem de Izabel. Ao terminar, pediu à jovem que se olhasse no espelho. Diante dele perguntou:
– E então, o que achou?
Izabel não sabia o que dizer.
– Ficou... ficou tão bonito... – balbuciou ela maravilhada
– É tão bom quando a gente se sente bonita, não?
Assim que Guilhermina viu os olhos de Izabel se encherem de lágrimas tratou logo de fazer um alerta:
– Não chore! Por favor, senão vai borrar toda a maquiagem. Respire fundo, engula o choro, a emoção, faça qualquer coisa, mas não chore.
Izabel respirou fundo e riu graciosamente.
– Agora, feche os olhos.
Izabel obedeceu. Guilhermina pendurou no pescoço da amiga um colar de pérolas e, assim que fechou o colar, disse:
– Pronto, pode abrir.
Izabel se assustou ao ver aquele lindo colar envolto em seu belo e delicado pescoço. Ela não sabia o que dizer nem o que pensar... pareceu suspensa por alguns segundos.

– Ficou lindo, não ficou? – perguntou Guilhermina, quando achou conveniente.
– Guilhermina...
– Você está linda, Izabel. Simplesmente linda.
– De quem é esse colar?
– Da mamãe.
– Eu não posso usá-lo... não é meu... sua mãe não vai gostar.
– Vai sim – retrucou Guilhermina, piscando o olho. Não se preocupe.
– Mas... – disse Izabel, empregando uma expressão muito pessoal de desagrado.
– Nem mais, nem menos... – atalhou Guilhermina com ar definitivo. – Você vai com o colar para essa festa sim, e ponto final.

Uma hora depois, as duas jovens chegavam ao clube, um dos mais bonitos do Rio de Janeiro, que àquela hora já estava tomado pela nata da sociedade carioca. Tanto Guilhermina quanto Izabel tiraram suspiros da maioria dos rapazes que se encontravam por ali. Muitos chegavam a parar próximo a elas, olhavam-nas de cima a baixo e cutucavam os braços dos colegas, boquiabertos. Nenhum deles saberia dizer qual das duas jovens era a mais bela. Ambas eram e estavam belíssimas.

– Guilhermina?! – chamou Abigail, umas das amigas mais próximas de Guilhermina no Rio de Janeiro.

As duas amigas se abraçaram efusivamente. Abigail Monjardim estava amável, encantadora e envolvente, como sabia ser quando desejava alguma coisa. E o que ela mais desejava naquela noite era se destacar entre todas as jovens ali presentes. Afinal, ela não se arrumara daquele jeito para passar despercebida.

Seus cabelos avermelhados, quase ruivos e ondulados estavam cuidadosamente penteados. O lápis preto acentuava o contorno dos olhos e o batom passado e repassado cerca de três, quatro vezes, deixava seus lábios mais carnudos, transformando-os em objeto de fantasias masculinas.

– Minha amiga... Já estava preocupada com sua demora – desabafou Abigail.

Ao ver Izabel prostrada ao lado de Guilhermina, Abigail mediu-a de cima a baixo sem esconder o descaso. Em seguida foi até o ouvido de Guilhermina e perguntou:

— Você trouxe a caipira para o baile? Onde já se viu trazer uma roceira para um baile como este, Gui?!

Com receio que Izabel as ouvisse, Guilhermina respondeu no ouvido da amiga:

— Ora, Abigail, Izabel não é uma...

— Caipira sim! Roceira! – completou a moça sem se importar se a moça ia ouvir ou não.

— Abigail, Izabel é um encanto de moça.

— Uma caipira.

— Fale baixo! – repreendeu Guilhermina seriamente.

Balançado negativamente, e suspirando em desagrado, Abigail comentou:

— Eu não compreendo você, Guilhermina, às vezes me parece tão...

— Izabel é como uma irmã para mim.

— Irmã? Enxergue-se, fofa. Você tem berço, *status*, sangue azul nas veias, essa aí nem carrapato tem por baixo dessas vestes que você emprestou a ela.

Guilhermina olhou por sobre os ombros para Izabel, receosa de que as palavras ásperas de Abigail fossem ouvidas por ela. Nem bem o fez, a amiga atacou novamente.

— Por acaso há alguma outra *roceira* no salão?

— Pensei que havia gostado dela quando a apresentei ontem à tarde na sorveteria – redarguiu Guilhermina, com certa indignação.

— Não ia dizer na cara dela que não simpatizei com ela, mas para mim essa moça não passa de uma sonsa fingida.

— Você não sabe o que diz.

— Sei sim. E digo mais. Ela se faz de frágil e coitadinha, mas no fundo não é. É tudo fingimento. Você e sua família ainda vão se arrepender de tratá-la como a tratam, principalmente por terem-na trazido para morar com vocês.

"A Dolores, amiga da minha mãe, fez o mesmo que vocês. Trouxe uma dessas moças do interior para morar na casa da família. Tinha um rosto meigo e angelical. Havia gente capaz de jurar que ela era um anjo em pele de gente. No fim da história, o anjo se mostrou um demônio disfarçado de gente. Lobo em pele de cordeiro. Sabe como é, *né*? Não só roubou o marido da própria Dolores, como voltou os filhos contra a própria mãe. Um demônio."

– Conheço Izabel desde menina. Crescemos praticamente juntas. É como uma irmã para mim.
– Cuidado.
– Sou capaz de pôr a minha mão no fogo por ela.
Abigail riu e disse ainda mais alto dessa vez.
– Vai se queimar. E queimadura de terceiro grau. Depois não diga que não a avisei.
O maxilar de Guilhermina enrijeceu, desaprovando a atitude da amiga. As três adolescentes permaneceram ali até que Carolina, amiga inseparável de Guilhermina e Abigail chegasse, só então elas resolveram entrar no clube.

Uma senhora sorridente, ligeiramente obesa, amparada pelo marido, cruzou a porta no mesmo instante em que as jovens chegaram à entrada do local. As quatro foram obrigadas a aguardar o casal atravessar a porta, já que ambos andavam vagarosamente.

– Lugar de velho é em casa, debaixo da coberta, assistindo à televisão – resmungou Abigail com desagrado. – Bailes são para moças lindas como eu, você, Guilhermina, e Carol.

– Um dia você será velha também, Abigail – observou Carolina secamente.

– Velha, eu?! Nunquinha. Minha beleza sobreviverá por muitos anos, serei sempre linda, lindíssima como agora... Além do mais, se não for para eu permanecer linda para que chegar à velhice? De que serve a velhice para alguém?

Guilhermina e Carolina trocaram olhares inconformados.

Dois jovens passaram por elas, sorrindo e falando, e embora as moças não tenham olhado para eles, ambos imediatamente mudaram seu rumo só para segui-las.

Meia hora depois, o baile já seguia seu curso encantador. Jovens enamorados dançavam descontraidamente canções que se tornaram populares na voz de Elvis Presley, Frank Sinatra, Sammy Davis Jr. e pela orquestra de Ray Conniff, entre outras, tocadas pela maravilhosa orquestra Tabajara.

Abigail, Guilhermina, Izabel e Carolina encontravam-se em pé na frente da mesa reservada para elas admirando o que se desenrolava pela pista de dança.

Abigail, para não perder o costume, volta e meia arremessava um olhar de lince para Izabel, media-a da cabeça aos pés e ria debochadamente.

– Veja só o jeito dela... Parece um espantalho – murmurou ela ao pé do ouvido de Carolina.
  – Deixa a moça em paz, Abigail. Ela não está lhe fazendo mal algum.
  – Está sim.
  – Você está com medo de que ela, bonita como é, chame mais atenção do que você – arriscou Carolina sem dó.
  – Eu?!
  – Sim. Você mesma.
  – Poupe-me... Olhe para essa sonsa e para mim... Ela pode ser bonitinha com essa maquiagem, esse colar de pérolas e esse vestido que a Guilhermina lhe emprestou, mas é uma caipira, pobretona, sem berço, e na nossa sociedade nada conta mais que berço, *status*, milhões.
  Guilhermina voltou-se para Carolina assim que Abigail olhou para a pista de dança. Carolina foi até o ouvido dela e falou:
  – Abigail implicou com a Izabel assim porque ficou enciumada ao vê-la atraindo mais olhares dos rapazes do que ela. Destruir a moça é o jeito de aliviar sua vaidade e seu ego ferido.
  – Eu conheço a Abigail. Conheço-a bem. Sempre foi chegada a exageros.
  Nisso, Abigail tirou Carolina de perto de Guilhermina para poder ocupar o seu lugar. Apertou discretamente o braço de Guilhermina e perguntou quase num sussurro:
  – Ele está olhando para mim, não está? Vamos, diga-me, Gui. Estou ansiosa.
  – Ele? – espantou-se Guilhermina. – Ele quem?
  – O Bruninho Cavalcanti. Já faz uns bons minutos que ele está olhando para cá.
  Guilhermina discretamente voltou os olhos na direção do rapaz. De fato o rapaz ocupado com uma bela taça cheia de vinho branco estava olhando naquela direção.
  – Oh! Deus! – exclamou Abigail aos suspiros – Bruninho Cavalcanti está me paquerando. Ai! Finalmente Deus ouviu as minhas preces!
  Bruno era filho dos Cavalcanti, uma das famílias mais respeitadas e invejadas da sociedade carioca. O pai era dono de uma construtora de casas e edifícios, a mais respeitada da cidade, e a mãe era herdeira direta de um dos homens mais ricos do país. Bruno não só era desejado

pelo *status* que tinha, mas também pela beleza física. Era literalmente um rapagão. Bonito e charmoso, de olhos escuros, pálpebras pesadas e movimentos fáceis e harmoniosos.
— Ele continua me encarando, não continua? Ai, ai, ai... meu Deus! Estou no céu! — murmurava Abigail apoiando-se ora num pé, ora noutro, fazendo um tremendo esforço para não olhar diretamente na direção do rapaz.
Sim, era óbvio que o rapaz estava olhando naquela direção. Se era para ela exatamente, Abigail não poderia dizer, sua miopia não lhe permitia. Sem óculos, mal enxergava três metros diante de si. Por que não usava óculos? Bem, ela usava, sim. Quando fechada dentro de quatro paredes sem o risco de ser vista por alguém, principalmente, um rapagão como o Bruno.
Os óculos viviam dentro da bolsa, envoltos num feltro, bem escondidinhos, lá no fundinho dela, sem o risco de serem vistos por alguém, até mesmo por um mosquito.
Era preferível andar às cegas, prejudicando ainda mais sua visão, a ser vista usando óculos. Tudo por causa da vaidade.
Abigail era tão míope que certa vez quando andava por Copacabana avistou alguém acenando para ela a certa distância. Pensou imediatamente tratar-se de um dos moços mais paparicados da alta sociedade carioca e, por esse motivo, retribuiu o aceno sorrindo elegantemente como era de seu feitio, quando queria agradar.
No entanto, a pessoa continuou acenando sem parar por mais que ela retribuísse o aceno. Foi somente quando ela chegou mais perto que pôde ver que se tratava de uma planta cujo galho balançava com a brisa do mar e que de longe parecia um braço suspenso a acenar sem parar.
— É horrível depender dos outros para enxergar — desabafou Abigail. — Deus se concentrou tanto na minha beleza, em me fazer tão bela, que se esqueceu de cuidar dos meus olhos. Onde já se viu criar uma mulher tão linda como eu, porém, míope?
— Não sei por que reclama, ponha os óculos e poderá ver todo mundo com nitidez — afirmou Guilhermina.
— Eu de óculos? Nunquinha! Homem nenhum gosta de mulher que usa óculos. É cafona. Antes cegueta do que feia, *né*, meu bem?
— Sem óculos você força a vista e a prejudica ainda mais.
— Enquanto eu não estiver casada, minha querida, eu não serei vista de óculos nunca! Nunquinha!

Ela sorria enquanto falava, um sorriso falso, repuxado para cima.
– Vê lá o que vai fazer, Abigail – observou Guilhermina seriamente.
– Há vários colegas do Eduardo na festa.
Eduardo Leopoldo era o atual namorado de Abigail. Rapaz humilde, esforçado e trabalhador. De excelente caráter.
– Que se dane o Eduardo! Bruninho Cavalcanti é o jovem que toda sogra pediu a Deus. Lindo, fiel, gentil e rico. Riquíssimo. Você sabe, querida, eu sempre gostei de homens que possuem iates. Imagine só eu passeando num daqueles carrões da moda, ao lado de Bruninho Cavalcanti por Copacabana? Um charme... Só de pensar me dá água na boca – ela suspirou. – Aí, meu Deus, ele está vindo para cá. Acho que vou desmaiar. Como estou, como estou, Guilhermina?
– Linda como sempre, *meu anjo*.
– E o cabelo?
Antes que Guilhermina respondesse, Abigail acrescentou eufórica, continuando a se apoiar ora num pé, ora noutro:
– Ai, segure-me se eu desmaiar.
E entre dentes acrescentou:
– Que sorte, que sorte a minha, o bocó do Eduardo não ter podido vir a este baile. Se tivesse vindo teria estragado tudo. Só pode ter sido Deus quem fez com que ele tivesse de ficar no plantão da farmácia esta noite.
– Acalme-se, Abigail.
– Eu sabia, eu sempre soube que merecia coisa melhor. O Eduardo não é para mim, nunca foi...
– Abigail, o Bruno ainda nem lhe pediu em namoro.
– Disse bem, ainda. Mas vai...
Pelo trajeto, um colega pegou Bruno Cavalcanti para conversar e era isso que estava retardando sua chegada até onde as jovens se encontravam.
– Dê-me mais um gole de champanha – ordenou Abigail a Carolina.
– Rápido!
– Você não deveria beber mais champanha, Abigail – repreendeu Guilhermina –, vai acabar bêbada.
– Bêbada, mas feliz. E se ele não gostar de me ver um tanto quanto alta é só lhe dar um dos meus beijos que ele esquece rapidinho esse pormenor e se entrega para mim.

– Bruninho não vai gostar de vê-la bêbada.
O comentário de Guilhermina foi rechaçado pelos ouvidos da amiga mais uma vez.
– Eu sonhei com isso, Deus, como eu sonhei com isso... – tornou Abigail, enquanto puxava para trás uma longa mecha de seus cabelos avermelhados, parecendo explodir de felicidade. – Obrigada, senhor, muito obrigada.
Faltou bem pouco para que ela se ajoelhasse em agradecimento.
– Prometo que vou prestar atenção a que o padre fala, de agora em diante, durante a missa, e não mais ficar pensando besteira e consultando o relógio para ver quanto tempo ainda resta para acabar aquela chatice... Obrigada, senhor... Hoje é o dia mais feliz, o dia mais feliz da minha vida.
Bruninho finalmente chegou até as quatro jovens. O jovem, que de longe já era bonito, de perto era ainda mais. Ele sorriu para elas, dizendo:
– Guilhermina, Abigail, que bom vê-las aqui...
O ar de encantamento nos olhos de Abigail foi inesquecível. Ela olhou para o atraente e bronzeado jovem à sua frente e sorriu satisfeita por crer que havia conquistado o que ela considerava o prêmio máximo da festa.
O rapaz apertou a mão dela mais do que o necessário e ela corou. Apertou os lábios como pôde para não gritar, ali, na frente de todos, de alegria e realização.
– Ai, Bruninho, você está um charme – adiantou-se Abigail com trejeitos sedutores.
O rapaz não disse nada, apenas sorriu.
– Aceito – exclamou Abigail em êxtase.
O rapaz franziu a testa sem entender. Izabel, Guilhermina e Carol também franziram a testa sem entender. E pondo a bolsinha de mão nas mãos de Guilhermina, Abigail afirmou:
– Aceito... aceito dançar com você, Bruninho...
Fingindo não ouvi-la, e talvez não tivesse ouvido mesmo, Bruno Cavalcanti voltou-se para Izabel, mirou e admirou seus olhos, com interesse por instantes, voltou-se para Guilhermina e perguntou:
– E essa linda jovem, quem é?
Guilhermina rapidamente respondeu:

– Que falta de educação a minha – desculpou-se por não ter apresentado a amiga. – Esta é Izabel, minha amiga de infância...
Ele sorriu novamente, exibindo seus dentes bonitos e bem alinhados, e disse com charme:
– Muito prazer, Izabel – tomou a mão da jovem e a beijou com ternura.
Abigail, inconformada com a reação do rapaz tomou-lhe o braço e disse:
– Adoro essa música, Bruninho... venha, vamos dançar... querido!
Ele voltou o olhar para ela, um olhar sério, tirou sua mão de cima dele e, com firmeza, disse:
– Não vai ficar bem eu dançando com você, Abigail, você bem sabe que eu e o Eduardo somos grandes amigos, o que ele vai pensar quando souber que dançamos juntos?
– Ora, Bruninho... Ele não precisa ficar sabendo.
– As pessoas comentam, você sabe... Há inúmeros amigos dele no baile.
Abigail queria dizer e só não disse por milagre: "Que se dane o Eduardo, eu quero você, meu amor, você de quem sempre fui a fim e que nunca me deu atenção", mas respondeu:
– Não se importe com o que as pessoas falam, Bruninho, mesmo porque o meu relacionamento com o Eduardo está meio abalado não sei se sabe... portanto...
Ele já não olhava mais para ela quando Abigail terminou a frase, já voltara a olhar para Izabel com a mesma admiração de antes. Disse:
– Concede-me essa dança, minha jovem?
Naquele momento, Izabel avermelhou-se como um pimentão. Nunca havia dançado com ninguém na vida e se aceitasse passaria ridículo, pensou, mas antes mesmo que ela recusasse o convite, Abigail disse:
– Ah... então era para Izabel que você estava olhando? Sei... Dance com ela, sim. – E, empurrando a moça para cima do rapaz sem nenhum tato, repetiu: – Dancem, vão, dancem, você nunca mais vai se esquecer dessa dança, Bruninho.
E aproximando-se dos ouvidos de Izabel ralhou com o descaso que podia:
– Aproveite bem, meu bem, seus quinze minutos de fama porque eles passarão voando e marcarão para sempre e profundamente sua vida.

Izabel lançou um olhar de apelo para Guilhermina que rapidamente se prontificou a ajudá-la, mas nem bem ela se moveu, Abigail se pôs no seu caminho.

Bruno, sorrindo encantadoramente, já seguia em direção à pista de dança puxando Izabel, olhos aflitos, lábios trêmulos, pela mão.

– Você perdeu o juízo, Abigail? – repreendeu Guilhermina, enervando-se com a amiga. – Onde já se viu...
– Ele a queria, não queria? Pois ele que a tenha...
– Creio que Izabel não sabe dançar...
– Eu sei, é uma caipira... mas como diz o ditado: "há sempre uma primeira vez", e a primeira vez dela ficará guardada para sempre, não só na sua memória como na de todos que estão aqui. Será também o maior *mico* que ela já passou em toda a sua vida. E o Bruninho também...
– Abigail...
– Cale-se, Guilhermina, e assista de camarote ao *show*...

Abigail pegou outro cálice de champanha que estava numa bandeja que era levada por um garçom que passava por elas naquele momento, e que por pouco não foi ao chão devido ao modo abrupto com que ela se serviu. A jovem umedeceu mais uma vez a garganta com o líquido. Seus olhos queimavam de ódio e sua boca espumava de raiva. Tinha a intenção de que a champanha acalmasse seus nervos, porém, não foi o que aconteceu. Serviu apenas para deixá-la com mais ódio e raiva.

☙❧

Só quando Bruno se posicionou na pista com Izabel é que ele pôde notar a vermelhidão que havia coberto o rosto da jovem.
– O que houve? Não está passando bem? – perguntou, aproximando-se dela.
– É que...

Izabel tentava explicar, mas o embaraço era tanto que as palavras lhe fugiam dos lábios.
– Diga-me, o que houve?
– É que eu não sei dançar.
– Não?!
– Nunca dancei em toda a minha vida.
– Há sempre uma primeira vez. Vamos, eu a ajudo...

– É melhor não.

Desta vez foi Bruno quem se avermelhou sem graça ao se ver naquela situação. Sua vaidade o fazia reprimir qualquer situação que o embaraçasse diante das pessoas.

Por sorte a música terminou e a banda começou a tocar uma música lenta, que para dançar não havia muito segredo. São apenas *dois pra lá, dois pra cá*. Ele, então, envolveu Izabel em seus braços e disse no ouvido dela:

– Relaxe, deixe que eu a guio.

Abigail assistia a tudo, com o olhar matreiro de uma gata no cio.

– Essa sonsa, jacu... – ronronou, venenosa.

– Essa sonsa e jacu, minha querida, conquistou Bruninho Cavalcanti... – observou Guilhermina contendo-se para não rir.

– Conquistou até ele saber quem é ela de verdade. Se ela pensa que vai tomá-lo de mim está redondamente enganada.

– Ora, Abigail, deixe a jovem em paz. Você já tem o Eduardo que é um pedaço de homem, lindo de morrer, de boa família.

– De que me vale tudo isso se é um pobretão?

– Mas ele a ama... qualquer um pode ver, sentir...

– E quem precisa de amor, meu bem, neste mundo? Precisamos de dinheiro em primeiro, segundo e em terceiro lugar. Amor pode vir depois... se vier...

– Ora...

– E não me venha dar sermão, Guilhermina. Dizer que isso não é verdade porque você sabe bem, muito bem que é a mais pura verdade, e se não sabe é porque sua família sempre foi rica, não é como a minha, pobre e miserável...

– Vocês não são pobres, Abigail, são de classe média.

– Classe média e pobre para mim é a mesma coisa. Mas você não pode compreender, Guilhermina, não pode porque nasceu em berço esplêndido... Se estivessem no meu lugar...

– Quer dizer então que só quer o Bruno porque ele é de família rica? Eu pensei que era porque gostasse mesmo dele.

– E gosto... gosto muito... se bem que eu também não sei direito o que é gostar... também não estou interessada em saber, só sei que gosto mesmo de dinheiro e dinheiro terei...

Subitamente, Abigail apertou firme o braço da amiga e seriamente falou:

– Você que tome cuidado com essa lambisgóia, Guilhermina, muito cuidado. Ela é capaz de passar-lhe a perna, sem dó nem piedade. Ouça o que eu estou lhe dizendo. Quem avisa amigo é. Mande-a de volta para a fazenda de vocês o quanto antes... para o lugar de onde ela nunca deveria ter saído.

– Ela está passando por um momento difícil, Abigail, perdeu a mãe e o pai recentemente, ficou sozinha... e além do mais sempre gostei muito da Izabel...

– Você vai se arrepender, não só você como seus pais...

– Você fala isso porque está enciumada.

– Enciumada, eu? – ela riu. – Imagine só se vou ter ciúmes de uma sonsa e jacu como essa garota. Além do mais, assim que Bruninho souber quem é ela de fato, virá correndo para mim...

Enquanto isso, Bruno e Izabel dançavam gostosamente, parecendo desligados do mundo.

– Está vendo, não é tão difícil assim – murmurou ele ao pé do ouvido esquerdo de Izabel. – É só relaxar e deixar o corpo fluir com a música.

Izabel sentia-se agora mais relaxada nos braços do rapaz, ainda que tensa e incomodada com os olhares dos casais que dançavam ao seu redor e dos adultos sentados nas mesas que cercavam a pista de dança.

A próxima canção a ser tocada pela banda foi Love Me Tender conhecida na voz de Elvis Presley, era uma das favoritas de Bruno e por esse motivo ele apertou Izabel ainda mais contra o peito. Ela suspirou, nunca havia sentido tamanha emoção. Nunca, em toda a sua vida, pensou que um baile seria tão agradável, muito menos que participaria de um, dançando com um rapaz tão lindo e perfumado como aquele. Tampouco ao som daquela canção cantada naquela língua desconhecida. Algo também inédito, pois na fazenda onde vivera a vida toda, mal pegava um radinho, e tudo que se ouvia nas rádios de lá era música caipira.

Nisso, Abigail surgiu do nada, como por encanto, perto dos dois, e disse no seu tom mais cínico:

– Não queria atrapalhar a dança de vocês, mas não aguentei, precisava vir até aqui dizer o quanto vocês dois formam um belo casal. O mais lindo do baile... Parece até que os dois pombinhos foram feitos um para o outro.

Bruno, sem graça, forçou um sorriso. Abigail pousou a mão no colar de Izabel e sem que ela, tampouco Bruno, percebessem, forçou-o para baixo até arrebentá-lo.

As pérolas caindo pelo chão fizeram Izabel assustar-se e dar um grito de desespero. Abigail tratou imediatamente de sair de lá. Todos os que estavam ao redor pararam de dançar, e Bruno se viu perdido, sem saber se ajudava a jovem a recolher as pérolas do chão, ou se permanecia em pé, ou...

Izabel, desesperada, tentava recolher as pérolas... enquanto lágrimas de desespero vazavam de seus olhos aflitos.

– Venha – ordenou Bruno pegando em seu braço e forçando-a se levantar.

– Meu Deus... o colar não é meu...

– Desista, você não conseguirá pegar as pérolas em meio a esse mundaréu de pessoas, além do mais está atrapalhando a dança...

– Desculpe, não foi minha intenção, é que...

– Eu sei.

De repente, Izabel levou a mão à testa, estancou e começou a chorar.

– *Ei*, acalme-se, por favor. Não fica bem chorar aqui, diante de todos... – E, baixando o tom, acrescentou: – É vergonhoso. Por favor.

– Meu Deus, o que eu vou dizer para a dona Olga? O colar era dela, Guilhermina me emprestou sem sequer pedir sua permissão...

O rapaz bufou, transparecendo impaciência.

– Eu sinto muito, mas agora não é hora para discutir a questão.

Quando eles chegaram até onde Guilhermina se encontrava, ela, que estava de *tête-à-tête* com Dinoráh, uma antiga amiga de colégio, nem se deu conta do que acontecera e assustou-se ao ver o estado desesperador em que Izabel retornou à mesa.

Enquanto Izabel tentava explicar o que havia acontecido, Abigail se aproximou de Bruninho e, usando seu pior tom de ironia, disse:

– As pessoas jamais vão se esquecer do episódio, meu querido. Vexatório, hein?

– Foi você, não foi?

– Eu? O quê?

– Que arrebentou o colar da moça.

– Ora...

E puxando pela memória, ele tornou a acrescentar:

— Sim, foi você.
Transferindo seu tom irônico para um sério, Abigail falou com firmeza:
— Prestei-lhe um favor, meu caro. Devia me agradecer.
— Ora, que favor?
— Essa belezinha aí é filha dos caseiros da fazenda da família Scarpini. Não passa de uma caipira, nunca foi a um baile e nunca soube quem é Elvis Presley, muito menos Celly Campello. Não passa de uma roceira de rostinho bonito. E com sotaque carregado. Porta, torta, horta... Você não se tocou porque pouco conversaram.
— Ainda assim não é motivo para fazer o que fez.
— É motivo, sim. Conheço sua mãe muito bem, tanto quanto você. Como ela se sentiria ao saber que o filho que tanto ama e que pretende seguir carreira militar se interessou por uma fulaninha qualquer sem eira nem beira, um bicho-do-mato?
— ...
— Compreendeu-me agora, fofo? Não precisa me agradecer já, não! Depois... a sós... Homens são todos iguais, logo se encantam por uma jovenzinha de rosto bonito sem se ater ao que há por trás do rostinho de boneca.

Izabel pôde perceber que Guilhermina não gostou nada do que aconteceu e se arrependeu amargamente de ter pegado o colar da mãe emprestado, ainda mais sem ter lhe pedido permissão. O que diria para a mãe? Que situação...

— Agora se acalme, Izabel — pediu Guilhermina seriamente. — Daremos um jeito nisso tudo.

Quando Izabel voltou os olhos na direção em que Bruno havia parado, não o encontrou mais, somente Abigail se encontrava ali, olhando para ela com desdém. Ela levantou-se e foi até ela. Antes mesmo que perguntasse sobre o rapaz, Abigail se adiantou:

— Bruninho é sempre assim, encanta-se pelas garotas e, logo em seguida, desencanta-se. Bastou aparecer uma de rostinho ainda mais bonito e angelical que o seu e pronto: lá foi ele tentar conquistar seu coração.

— É mesmo? — espantou-se Izabel na sua ingenuidade.

— Se quer um conselho meu, Izabel, conselho de amiga, fique longe de rapazes como ele. Digo, da alta sociedade carioca. Nenhum presta. Eles só querem garotas como você até as levarem para a cama

e roubar-lhes a virgindade, depois... quem avisa amiga é. Digo isso porque sei que é uma jovem inexperiente, ainda mais com os hábitos da cidade grande. Se não a precaverem... Falo também porque lhe quero bem, muito bem. Ouviu?
— Sou muito grata a você, Abigail.
— Que é isso... amigas são para essas coisas, fofa.
E Abigail sorveu mais um pouco de champanha e se alvoroçou quando sentiu a bebida queimar-lhe o estômago.
Nisso, Anselmo se juntou a elas. Ele era irmão de Guilhermina, três anos mais velho. Já estava no último ano da faculdade de engenharia civil, profissão escolhida pela mãe e incutida em seus pensamentos pela força de sua persuasão.
— E então, Izabel, está se divertindo? — perguntou assim que se viu ao lado da jovem.
— Sim... muito — respondeu ela um tanto incerta.
— Que bom. Este será o primeiro de muitos bailes que você vai participar.
O comentário fez com que Abigail olhasse de soslaio para o rapaz.
— Bem, eu já vou embora... — disse ele. E, voltando-se para Guilhermina, repetiu: — Já vou indo, mana.
— Já? — espantou-se Guilhermina. — Tão cedo? O que deu em você?
— Tédio.
— Anselmo Scarpini com tédio num baile repleto de garotas lindas dando sopa, é sinal de que está doente — observou Abigail irônica.
— Ora...
Antes que Anselmo dissesse alguma coisa para Abigail, Izabel interveio:
— Posso ir embora com Anselmo, Guilhermina? Se ele não se importar, é lógico.
— Mas é tão cedo, Izabel, você mal aproveitou o baile — repreendeu a amiga.
— Não estou acostumada a ficar acordada até tão tarde...
Abigail interrompeu a moça:
— Vá mesmo, querida, vá descansar... — e conduzindo a moça na direção de Anselmo reforçou: — Você está muito abatida... Ficar acordada até tarde só serve para lhe dar olheiras profundas no dia seguinte... acelerar a velhice. Vá dormir com os anjinhos e nos deixe em paz com os *diabinhos*.

Anselmo tomou Izabel pela mão e saiu com ela do salão. Por onde passava arrancava suspiros das moçoilas por seu encanto e condição social, e olhares invejosos e desprezíveis das mesmas para Izabel que o acompanhava.

Assim que os dois entraram no carro, Anselmo sugeriu:
– Que tal se formos dar umas voltas de carro pela cidade? Há lugares que ficam lindos sob a luz do luar. Tenho certeza de que você vai adorar.
– Não sei se devo.
– Ora, Izabel, por que não?
– Sua mãe pode não gostar.
– Conhecemo-nos desde crianças, somos quase primos, quase irmãos... Fique tranquila, mamãe não vai se importar, nem papai, nem ninguém... Além do mais, se eu não levá-la para esses passeios, quem a levará? Se bem que, jovem e bonita como é, não tardará a conquistar o coração de um rapaz, ou melhor, de uma centena deles.

Anselmo ligou o motor e partiu. Pelo caminho foi contando alegremente as histórias existentes por trás dos lugares que visitavam. De fato, o Rio de Janeiro sob o luar era tão encantador quanto sob o Sol. Um lugar privilegiado pela natureza, dentre poucos no planeta, observou Izabel.

– Gosto da sua companhia Izabel, sempre gostei... – disse Anselmo a certa altura.
– Eu também, Anselmo, sempre gostei da sua companhia.

Desde essa madrugada inspiradora, Anselmo passou a levar Izabel, nas suas horas de folga, para conhecer os pontos turísticos da cidade maravilhosa. Certas vezes Guilhermina ia com eles, principalmente quando iam às praias.

Quando Olga notou o crescente contato entre Izabel e o filho, sua paz se recolheu às sombras. Estaria Anselmo se interessando por Izabel? Não seria de se espantar, bonita como era, encantaria facilmente o coração de um jovem.

Certo dia, quando Anselmo chegou contando que havia terminado o namoro de sete anos com Valquiria Vasconcelos, sua mente virou do avesso. A notícia foi tão chocante que Olga precisou se escorar na parede para não ir ao chão, tamanho o baque.

– C-como assim terminou o namoro, Anselmo? São sete anos de namoro... Sete longos anos, e não se termina um namoro de tantos

anos assim de uma hora para outra, seja qual for o motivo alegado, pelo contrário, case-se.
— Eu não amo a Valquiria, mãe. Acho que nunca a amei. Foi empolgação de adolescente.
— C-como assim empolgação de adolescente? Valquiria não é uma garota qualquer, é filha de um dos homens mais ricos do Rio de Janeiro.
— Dinheiro não é tudo, mamãe.
— Você vai reatar esse namoro com ela agora mesmo.
— Não vou, não, senhora.
— Vai sim. O que a família dela vai pensar da nossa?
— Sei lá. Pensem o que quiserem. Eu não namorava a família da Valquiria, namorava ela, portanto não lhes devo satisfação.
— Espere até seu pai ficar sabendo disso.
— Ele já sabe.
— Sabe? C-como assim?
— Contei para ele em primeiro lugar.
— Contou?! Ele não me disse nada.
Olga sentou-se na ponta da poltrona e começou a chorar. Anselmo ajoelhou-se ao lado dela, pousou sua mão sobre seu joelho, massageou-o carinhosamente, e disse:
— Mãe... Eu nunca seria feliz com Valquiria, nem ela comigo. E o que eu, ela, bem como todo mundo quer na vida é ser feliz, principalmente no amor. Que sentido tem a vida se não encontramos aquele amor que possa nos fazer feliz?
— Anselmo, você não sabe nada sobre a vida, absolutamente nada.
— Posso não saber, mas sei um pouco de mim, do que se passa em meu interior, no meu coração, o que almeja a minha alma, e vou seguir seu *chamado*.
— Siga a emoção, o que dita o seu coração, sem um pouco de razão, e terá, cedo ou tarde, uma grande decepção na vida.
— Será?
— Sou uma mulher experiente. Sei do que estou falando. Se o aconselho é para o seu próprio bem.
Ele se pôs de pé num salto e adquirindo um tom animado falou:
— Deixe-me ir. Combinei de pegar Guilhermina e Izabel na casa da Carolina e levá-las para dar um passeio na bica do Padre, na Baía de Guanabara.

Ele curvou-se sobre a mãe, deu-lhe um beijo na testa e saiu apressado, exalando entusiasmo.

"Izabel" murmurou Olga entre dentes. "Então é isso... é ela que está por trás deste rompimento... É ela a responsável por essa desgraça. Maldito o dia, maldito o dia em que a convidei para vir morar aqui. Mas isso não vai ficar assim. Não pode ficar!" Prometi aos pais de Izabel cuidar dela na sua ausência, como implica o juramento de uma madrinha, mas permitir que o meu filho querido se case com uma matuta como ela, isso eu não posso permitir jamais.

ෆ෴

Quando Armisia Montenegro chegou à mansão dos Scarpini encontrou Olga, sua melhor amiga, abatida e desolada da vida. As duas se fecharam numa das salas da casa e Olga então dividiu com a amiga o que tanto a afligia.

– Estou preocupada com o Anselmo. Não sei por que ele resolveu terminar com a Valquiria Vasconcelos.

– Terminaram?

Os olhos de Armisia saltaram das órbitas com a exclamação.

– Inacreditável, não?

– Uma pena, isso sim, formavam um belíssimo casal. Eu podia jurar que os dois se casariam, e em pouco tempo.

– Pois é, todos, creio eu, pensamos o mesmo.

– Bem que dizem que namoro muito longo termina mal. Tem que namorar e se casar o quanto antes. Não pode passar de dois anos, no máximo três. Os rapazes enjoam.

De repente, algo estalou no cérebro de Armisia.

– Mas não é só isso que a está afligindo, não é mesmo, Olga? Há algo mais sério a perturbando.

– Tem razão.

Olga precisou de um momento para transformar seus pensamentos em palavras. Tentou controlar os nervos. Afastou alguns fios de cabelo e disse:

– Você se lembra que eu lhe disse que a filha do caseiro da nossa fazenda viria morar conosco?

– Lógico, como é mesmo o nome dela?

– Izabel.

– Sim, e daí?
– E daí que ela veio e descobri que o Anselmo está arrastando asinhas para cima dela. É uma jovem linda, sem dúvida, um encanto de moça, mas não foi isso que eu sonhei para o meu Anselmo. Izabel só estudou até a quarta série, não sabe nada sobre a vida, tampouco como se portar diante dos outros, ainda mais na sociedade carioca, exigente como é, seria avacalhada, sem dó nem piedade.
– Converse com Anselmo
– E adianta? Anselmo não é mais aquele garoto fácil de ser manipulado por mim como antigamente.
– Que situação, Olga. Antes você não tivesse trazido a garota para morar com vocês.
– Eu sei. Já pensei nisso também. Que situação delicada em que me pus. E agora, o que faço?
– Primeiro, acalme-se. Não vai conseguir pensar em nada se não ficar calma. Para tudo há sempre uma solução. Sempre há... Só para a morte que não. Vou ajudá-la a encontrar uma saída. Fique tranquila.
– É inaceitável que depois de tudo que um pai e uma mãe fazem por um filho, esforçam-se para pagar a melhor escola do Rio de Janeiro, o melhor clube para ele frequentar e poder se enturmar somente com garotas de nível, da nata da sociedade carioca, ele se interesse por uma caipira. É decepcionante!
– Tem razão, Olga, toda razão. Mas... – batendo na madeira do braço da poltrona, Armisia Montenegro acrescentou: – Mas isso não vai ficar assim. Vamos encontrar uma solução para esse problema.

Armisia Montenegro voltou para o apartamento em que morava com o marido e as duas filhas esbanjando sorrisos. Assim que viu Mariana, sua filha mais velha, correu até ela e a beijou no rosto diversas vezes, efusivamente.
– O que deu na senhora, mamãe? Ganhou na loteria, por acaso?
– Eu não filha, mas você sim. Você ganhou!
– Eu?
– Sente-se e me ouça, por favor. Tenho uma notícia ótima para você! Ou melhor, uma notícia excelente! Acabo de saber que Anselmo Scarpini terminou com Valquiria Vasconcelos.
– Terminou? Mas eles me pareciam o casal mais entrosado da sociedade carioca!

– As aparências enganam, meu anjo. Enganam. O que importa agora e que ele está livre... livre para você, minha adorada... como eu sempre roguei a Deus que estivesse.
– A senhora acha certo?
– Certíssimo! Vocês formam um belo casal.
– Não é isso que eu queria dizer. Acha certo pedir a Deus para que casais que se amam se separem para que o rapaz fique livre para sua filha?
– Filha, você é dez vezes melhor que a Valquiria.
– Como a senhora pode saber?
– Sou mãe... eu sei.
– Toda mãe pensa o mesmo a respeito dos seus filhos.
– Não diga besteiras, Mariana. Toda mãe sabe muito bem, no íntimo, quando seu filho não vale nada.
– E mesmo que saiba, finge não saber, não reconhece nunca seus erros.
– Às vezes você me cansa com esse seu modo de encarar a vida, é igual seu pai, igualzinha... cheia de filosofia e bons modos, tudo o que não tem a ver com o nosso mundo real. Seu pai deveria perder mais tempo trabalhando do que fazendo serviço social. Principalmente ajudando aquele Centro Espírita que ele insiste que eu frequente. Não dá. Se ao menos nos pagasse alguma coisa... Bom, não importa. O que importa é que Anselmo Scarpini está livre, livre para você e vocês hão de se casar, com a graça de Deus e o mais breve possível...
– Anselmo me vê apenas como uma amiga, não tem interesse em mim como namorada.
– Terá. Nada como uma boa dose de champanha... um vestido sensual, um lugar aconchegante, a sós...
– A senhora está insinuando por acaso que eu...
– Estou sim. Quando dizem que se prende um marido pelo estômago não estão querendo dizer exatamente que é por meio de pratos suculentos e seus dons culinários.

Mariana ficou chocada mais uma vez com a total falta de compostura da mãe.

– Você vai prender Anselmo Scarpini pelo *estômago* o quanto antes e, por via das dúvidas, vamos prendê-lo também na boca de um sapo.

Mariana mal podia acreditar no que ouvia.

Armisia Montenegro era capaz de sugerir até para a jovem que considerasse adequada para tornar-se sua nora que engravidasse de seu próprio filho, somente para forçá-lo a se casar com ela. Garantindo assim, um casamento ideal segundo seus critérios.

Ela própria fizera de tudo na vida para que seu plano de casar com um homem rico vingasse. Chegou a prender o nome do marido, na época, seu pretendente, na boca de um sapo. "O que é meu ninguém tasca!" Esse era e continuava sendo o seu lema sagrado. Acreditava que o amor era um jogo e que se a mulher não fosse hábil perderia o jogo. Não para os homens, mas para as mulheres, sendo muitas delas suas próprias "amigas".

Mariana sentiu pena da mãe, de sua pobreza de espírito, lembrou-se das palavras que ouviu da boca de uma simpática senhora do Centro Espírita que frequentava: "Reze por sua mãe, sua presença na vida dela é muito importante, por esse motivo você nasceu ao lado dela, como filha".

ぐ3හා

Naquela noite, mais uma vez Olga Scarpini estava inquieta, procurando desesperadamente um modo de afastar Izabel de sua casa e consequentemente de seu filho.

A novela das oito, que ela não perdia um capítulo e não permitia que ninguém conversasse durante sua exibição para não atrapalhar sua concentração, naquela noite passou despercebida.

Nem bem a novela terminou, Olga ligou para uma amiga, Adalgisa Pimentel, que morava em São Paulo e expôs sua agonia. A amiga, quem sabe, poderia ajudá-la a encontrar uma solução para o caso. Adalgisa disse que pensaria numa solução para aquela delicada situação e que assim que a encontrasse ligaria para ela. Assim o fez, dois dias depois, logo que o dia amanheceu.

– Olga, querida, achei a solução para o seu caso.

Nem bem Olga desligou o telefone chamou Izabel até a sala de visitas e se trancou com ela. Pediu a Izabel que se sentasse na poltrona e olhando firme em seus olhos disse:

– Querida, você sabe o quanto eu lhe quero bem, não sabe?
– Se sei, dona Olga. A senhora é como uma mãe para mim.

– E você é como uma filha para mim, meu anjo. Por esse motivo me vejo na obrigação de aconselhá-la quanto aos rumos que deve tomar na sua vida, indicando-lhe um futuro feliz e promissor.

"Se ficar morando aqui conosco exercerá sempre o trabalho de uma empregada doméstica, pois não há outro serviço, digo, um cargo melhor aqui em casa para lhe oferecer."

– Mas não se preocupe, dona Olga, me dou por feliz trabalhando como doméstica aqui para vocês.

– Mas esse não é um emprego para você, minha querida. Você merece coisa melhor. Um trabalho mais digno, mais bem remunerado.

E com um rápido movimento de cabeça, Olga acrescentou:

– Por tudo isso, eu gostaria de lhe propor algo melhor que uma vida de doméstica. Algo que pudesse abrir seus horizontes como pessoa e, bem, surgiu uma oportunidade. Uma proposta de trabalho na cidade das oportunidades: São Paulo. Como dama de companhia de uma senhora idosa, inválida, e o trabalho é bem melhor que o de doméstica.

– Dama de companhia?

– Sim, querida. O salário é bem melhor do que o que eu posso lhe pagar e – fingindo-se de abatida Olga acrescentou: – a Carmem, pobrezinha, a minha ex-empregada, que eu tive de demitir para poder pôr você no lugar, veio até mim anteontem, suplicando para que eu lhe devolvesse o emprego.

"A pobre coitada tem um casal de filhos e o marido está desempregado e eu não podia deixar de atender ao seu pedido. Por tudo isso, devolvi-lhe o emprego, pois sabia no íntimo que iria me compreender, Izabel."

– É lógico que a compreendo, dona Olga.

– Que bom, filha. – E pegando nas mãos de Izabel e apertando-as carinhosamente Olga acrescentou: – Você partirá ainda esta noite para São Paulo, vou lhe dar um dinheiro para poder se virar por lá até que comece a receber seu salário. Minha amiga apanhará você na estação rodoviária e vai hospedá-la em sua casa. Vai levá-la para a entrevista na casa da tal senhora e se você for contratada arranjará uma pensão para você morar... você não terá de se preocupar com nada. Ela cuidará de tudo e vai instruí-la no que precisar.

E, agravando a voz, Olga acrescentou:

– Izabel, não me decepcione. Faça o possível e o impossível para conseguir esse emprego. Haverá, com certeza, outras candidatas para o cargo, não deixe que elas tomem de você essa oportunidade... Pode ser a única na sua vida. Por esse motivo, não me decepcione. E quando estiver contratada, agarre esse emprego com unhas e dentes. Não o deixe escapar de suas garras por nada. Emprego está difícil de conseguir, ainda mais para uma moça inexperiente como você, e somente com a quarta série de estudo.

Izabel assentiu com o olhar e com o queixo ligeiramente trêmulo.

Assim que Alceu Scarpini chegou para o almoço, tomou conhecimento da decisão da esposa de mandar Izabel para São Paulo.

– Acha mesmo que essa é a melhor escolha para Izabel? – perguntou ele, ressabiado.

– Qualquer escolha que possa fazê-la se afastar do meu Anselmo, nosso filho, é a melhor escolha para ela e para nós.

– Tem certeza de que Anselmo está realmente interessado em Izabel?

– Coração de mãe nunca se engana, meu marido.

– E se...

Olga cortou a frase do marido ao meio:

– Melhor não trocar o certo pelo duvidoso, Alceu. Em outras palavras, melhor não arriscar. Agora nem mais um pio, venha que o almoço vai esfriar.

ಜೀಜಾ

– São Paulo? Dama de companhia? – espantou-se Guilhermina ao tomar conhecimento dos novos rumos que a mãe havia traçado para Izabel. – Como assim, mamãe?

– Vai ser melhor para ela, Guilhermina. Acredite.

– Mas Izabel é inexperiente, como vai se virar em São Paulo?

– Muito bem. Adalgisa é um doce de mulher e vai instruí-la em tudo o que for preciso, não se preocupe.

– Não sei, mamãe... Estou achando tudo isso muito precipitado.

– Não podemos perder a oportunidade, *meu doce.*

Guilhermina sabia que a mãe tinha razão. Ser dama de companhia seria bem melhor do que trabalhar como doméstica. Não só o salário era melhor como também as condições de trabalho. Ainda assim, por motivos sentimentais, Guilhermina preferia ter Izabel morando ali com eles, ainda que trabalhando como doméstica, do que longe dela. Quem sabe, por sorte, conheceria um jovem de classe média carioca que poderia lhe dar um futuro mais promissor.

Nisso, o telefone tocou e a empregada atendeu. Era para Guilhermina, Giancarlo, de Paris. Ela correu imediatamente para atendê-lo e ficou a conversar com ele por cerca de dez minutos. O que pareceu para a jovem dez segundos, tamanha a saudade.

A tarde caiu serena e a hora de Izabel partir para a rodoviária chegou. Olga despediu-se da jovem com certa rapidez, receosa de que Anselmo chegasse naquela hora e descobrisse os novos rumos que ela traçara para a moça.

– Quero muito que seja feliz, querida, muito mesmo – desabafou Guilhermina ao pé do ouvido de Izabel. – Lembre-se sempre de que pode contar comigo para o que der e vier.

Izabel abraçou a amiga ainda mais forte.

– Quero que passe todas as suas férias aqui conosco. Para matarmos a saudade – acrescentou Guilhermina com profunda sinceridade. E, voltando-se para a mãe, acrescentou: – Não é mesmo, mamãe?

– S-sim... é lógico... – gaguejou Olga com os olhos a ir e vir do relógio para a porta da entrada da casa.

– Que pena – tornou Guilhermina –, que pena que não vai poder conhecer Giancarlo, mas no nosso casamento você virá...

– Vocês já marcaram a data?

Guilhermina riu.

– Não. Mal começamos a namorar quando ele foi estudar na Europa. Mas hei de me casar com ele, morrerei se não casar.

– Morrer? Não deveria dizer isso, Guilhermina.

Guilhermina riu diante da repreensão da amiga.

– Você só compreenderá as minhas palavras, Izabel, quando se apaixonar por um homem, apaixonar-se perdidamente como eu me apaixonei por Giancarlo. Vai compreender também o porquê das canções como as compostas por Tom Jobim, Dolores Duran, Maísa, Vinícius de Morais, entre outros gênios da música popular brasileira, que nos tocam profundamente. Parecem até que foram escritas para nós, parecem falar de nós...

Izabel sorriu singelamente mais uma vez e Guilhermina acrescentou:

– Boa sorte, meu anjo, boa sorte em São Paulo.

Nem bem o carro levando Izabel partiu, Guilhermina voltou os pensamentos para Giancarlo e sentiu um aperto no coração, um aperto de saudade. Uma saudade esmagadora. Mas que em breve seria curada, assim que ele regressasse para o Brasil.

O motorista da família levou Izabel até a plataforma para pegar o ônibus, conforme Olga o havia instruído. Era preciso, se deixasse a pobre moça sozinha ali ela ficaria perdida sem saber qual rumo tomar, com sérios riscos de ser assaltada ou ludibriada por alguém mal-intencionado.

Izabel aconchegou-se na sua poltrona e quando o ônibus partiu, ela voltou seus pensamentos a Deus para que Ele a protegesse durante todo o percurso até São Paulo e na vida que ela teria por lá.

Ela estava deveras impressionada com as mudanças tão drásticas e rápidas que estavam ocorrendo em sua vida. Mas por nenhum momento sequer ela pensou em voltar atrás, regressar para sua vida pacata na fazenda onde nasceu e cresceu. Não, não podia. Viver lá se tornara insuportável após a morte dos pais. Cada canto e recanto em que pousava seus olhos, uma saudade louca dos pais envolvia seu coração a ponto de lhe tirar o ar dos pulmões. Longe de lá, ainda que em meio a inseguranças, era melhor, pois mantinha a sua mente ocupada, amordaçando a saudade.

Durante pelo menos uma hora de viagem Izabel chorou calada, tomando cuidado para não ser notada, lembrando-se do pai e da mãe querida que tanto amara. Que Deus os tivesse ao seu lado.

Naquela noite, Guilhermina ficou com os pensamentos se alternando entre Giancarlo e Izabel, Anselmo ficou inconformado com a mudança de Izabel para São Paulo e Olga finalmente sentiu-se mais tranquila como há tempos não se sentia desde que suspeitara que o filho estivesse se apaixonando por Izabel da Silva. Mas estaria Anselmo de fato se apaixonando pela jovem?

Capítulo 3

São Paulo

Se o Rio de Janeiro assustou Izabel, São Paulo com seu corre-corre assustou-a muito mais. Como combinado, Adalgisa Pimentel foi buscá-la na rodoviária. Mulher impaciente no seu modo de tratar as pessoas, principalmente subalternos e pobres, com Izabel não foi diferente, foi curta e grossa.

Adalgisa Pimentel era completamente o avesso da descrição feita por Olga. Na certa, pensou Izabel, com seus botões, Olga descrevera a amiga daquele modo tão meigo por desconhecer seu verdadeiro modo de ser, jamais mentiria para ela, acreditava Izabel, na sua doce inocência.

Se não fosse por Letícia, doméstica da casa dos Pimentel, uma baiana viçosa e generosa, Izabel nem sequer teria comido naquela noite.

Foi com o mesmo carinho que a simpática baiana estirou uma coberta dobrada no meio do pequeno espaço que havia entre sua cama e a parede do minúsculo quarto onde dormia, forrou-a com lençol e ajeitou outra coberta sobre o lençol para Izabel dormir naquela noite.

— Desculpe o desconforto, *menina*, mas são ordens da patroa — explicou Letícia enquanto punha uma fronha esgarçada numa almofada para a visitante usar como travesseiro.

— Não há do que se desculpar, Letícia, eu durmo em qualquer lugar — respondeu Izabel com sinceridade, afinal, nunca fora de luxo.

— É melhor deitarmos — acrescentou a baiana —, amanhã você terá um dia cheio e eu também. Não que isso seja alguma novidade.

As duas puseram seus trajes de dormir, apagaram a luz e se embrenharam debaixo das cobertas. Ficaram conversando em meio à escuridão ofuscada apenas pela luz do luar até serem tragadas pelo sono, o que não demorou muito para acontecer.

Na manhã do dia seguinte, Izabel arrumou-se com esmero conforme as ordens de Adalgisa que, em seguida, levou-a para a casa da senhora para se submeter à entrevista de emprego de dama de companhia.

"Não me decepcione", Izabel lembrava da voz de Olga se repetindo incansavelmente em sua cabeça. "Conquiste a senhora, não deixe esse emprego escapar de suas mãos... oportunidades como essa são raras...".

Izabel, na sua inocência, acreditou piamente que não teria outra chance de conseguir um bom emprego como aquele na vida e orou, orou fervorosamente para que a senhora inválida gostasse dela e lhe desse o emprego.

– Chegamos! – anunciou Adalgisa, logo após brecar o carro com rispidez. – A casa da mulher é essa aí. Desça! – ordenou, grosseiramente. – Depois, como, combinado, ligue-me de um orelhão para que eu possa vir buscá-la. Veja lá, garota, não vai perder esse emprego por nada. Olga não vai gostar nadinha se você não for contratada pela *velha*. Vai... vai, desça! Está esperando o que?!

Izabel desceu tão apressada que torceu o pé de maneira dolorosa. Por pouco não gritou de dor. Enquanto procurava se desvencilhar da dor, tomou alguns segundos para admirar a casa da senhora que precisaria de uma dama de companhia. A entrada era suntuosamente decorada com plantas e flores.

– Toque essa campainha, sua mongol! – berrou Adalgisa de dentro do carro. Mais ríspida do que nunca, no cume da impaciência e da falta de educação.

Vencendo a insegurança e a timidez, Izabel fez o que ela ordenou, tocou a campainha com a mão trêmula e aguardou.

Dentro de aproximadamente um minuto a porta da frente da casa se abriu e uma mulher de cerca de 45 anos de idade apareceu na soleira da porta. Estudou Izabel com os olhos por alguns instantes e só depois foi atendê-la.

Dali a pouco, Izabel foi levada a uma sala pequena, na qual havia três mulheres, na certa candidatas à vaga de emprego. Só uma delas respondeu ao "bom-dia" de Izabel, as outras duas miraram-na de cima a baixo e torceram o nariz com pouco caso.

Uma delas se debatia com um ponto complicado de crochê, na certa para acalmar os nervos e a ansiedade que apunhalava o seu coração diante da entrevista de emprego.

– Cinco lisos, duas laçadas, oito lisos... – Bah! – rosnou ela, em falsete. – Errei de novo! De repente, do corredor adjacente, elevou-se uma voz malcriada de mulher. Uma voz rouca e cansada.
– Quantas vezes eu vou ter que dizer que este mel é falso? Mel puro tem outro gosto!
– Mas, dona Valentina – protestou a cozinheira da casa –, o mel só não é puro quando açucara na garrafa, este não açucarou.
– Pois mesmo não açucarando, afirmo que esse mel é falso!
A criada suspirou tão forte que mesmo distantes, as quatro candidatas puderam ouvir o suspiro.
– A não ser que vocês estejam colocando veneno no meu leite com mel – acrescentou a dona da casa num tom histérico. – Por esse motivo é que o gosto está diferente.
– Dona Valentina, pelo amor de Deus, não diga uma coisa dessas nem por brincadeira.
A voz malcriada elevou-se rispidamente mais uma vez:
– Tolo quem pensou que conseguiria me envenenar tão facilmente. Pobrezinho...
E a voz da criada tornou a soar, insegura:
– Posso mandar a primeira moça entrar?
A voz malcriada elevou-se ainda mais.
– Moça?! Que moça?!
Ouviu-se uma porta se fechar a seguir e depois um ligeiro zunzunzum. A criada certamente preferiu dar a explicação a portas fechadas ao perceber que poderia ser ouvida por quem estivesse na sala.
– Deus pai nos proteja... – sibilou a única candidata que respondeu ao "bom-dia" de Izabel. Chocada com os berros vindos do quarto. – Somos nós quem deveríamos tomar informações dos patrões antes de nos candidatarmos a um emprego, e não o contrário.
Um minuto depois, a cozinheira entrava na sala pela porta em arco que dava acesso ao corredor segurando uma bandeja na qual serviria o café da manhã para a patroa ranheta. Ao ver as candidatas procurou imediatamente e diplomaticamente dissipar do rosto o ar de contrariedade.
Sorriu, avermelhando-se feito um pimentão, enquanto procurava imediatamente disfarçar o embaraço.

– A pobrezinha acordou hoje um pouquinho irritada. Só um pouquinho – explicou a mulher sem graça.

Se aquela cena presenciada há pouco era sinal de baixa irritação, imagine só quando a dona da casa estivesse realmente irritada, pensou uma das candidatas.

Não vai ser fácil trabalhar aqui, pressentiu Izabel. Nada fácil. Mas como seu pai dizia... nada na vida é fácil. Para que as coisas deem certo para nós é preciso uma boa dose de sacrifício de nossa parte.

Além do mais, emprego algum consegue satisfazer por completo as pessoas em geral, por mais que gostem do que façam. Há sempre pormenores que aborrecem a todos.

– Bem – tornou a empregada – o nome da dona da casa é Valentina Villalba. É uma senhora inválida. Vive praticamente o dia todo na cama, quando não, sentada numa poltrona. Tem setenta anos. O horário do trabalho é das 13 às 21 horas, com um dia de folga na semana. Jamais nos fins de semana. E, bem... acho que é só. Dona Valentina vai conversar com cada uma de vocês, uma de cada vez, agora.

As entrevistas começaram pela ordem de chegada. A primeira a entrar foi a mulher de meia-idade, de rosto sisudo e olhar desconfiado. E que lembrava e muito um daqueles generais de exército que se veem em filmes. Entrou com passos decididos e com o rosto ligeiramente empinado para o alto. Ao sair, trazia consigo um olhar mais alegre e olhou para Izabel e as duas outras candidatas como quem diz "sinto muito, queridas, o emprego é meu".

A segunda candidata chamada foi aquela que se mostrou simpática com Izabel. A mulher respirou fundo para ter coragem e caminhou para o quarto da senhora com ares de um condenado que caminha pelo corredor da morte.

A entrevista com ela demorou bem mais tempo do que com a primeira. Ao sair, a moça estava com os olhos cheios d'água, quase chorando. Voltou-se para Izabel e disse:

– Se eu não estivesse precisando tanto de um trabalho essa seria a última pessoa na Terra com quem eu trabalharia. Que mulher odiosa. Ela sabe como nos ferir. Ferir a alma.

A pobre mulher enxugou os olhos, despediu-se das duas candidatas e partiu. A seguir foi a vez da que fazia crochê. A entrevista com essa foi a mais curta das três.

Bem, chegou a minha vez, pensou Izabel. Que Deus me ilumine. Izabel entrou no quarto com passos miúdos e com os olhos voltados para os pés. Por mais que tentasse, não conseguia olhar diretamente para a mulher estirada sobre a cama, presa ao leito por invalidez.

A dona da casa estava deitada numa bela e confortável cama de casal revestida com um lençol de seda belíssimo em tom dourado. Seu cabelo grisalho estava arrumado de forma harmoniosa e sua face continha uma boa camada de ruge para acobertar senão tudo, pelo menos um pouco da sua palidez. Seus lábios continham também uma fina camada de batom pelo mesmo propósito.

A mulher manteve-se calada, olhando Izabel meticulosamente por trás das grossas lentes dos seus óculos. O silêncio pesou no ar. E quando partiu foi como se um raio fulminante tivesse caído naquele aposento escuro e sem vida.

– O gato comeu sua língua? O vampiro sugou sua educação? Onde já se viu entrar no quarto de uma pessoa que nunca viu antes sem dizer bom-dia? Boa-tarde? – observou Valentina, impaciente.

Izabel tratou logo de providenciar o "bom-dia, como tem passado?", que se esquecera de fazer de tão nervosa que estava. A mulher não respondeu. Izabel, então, estendeu-lhe humildemente a mão e mais uma vez a senhora não correspondeu ao gesto. Por fim, chacoalhou a mão como quem espanta um cão ou uma galinha enquanto disse:

– Vá... vá... vá... sente-se ali para que eu possa vê-la melhor.

– Como se chama mesmo? – perguntou Valentina, subitamente.

A resposta de Izabel soou tão baixo que a voz malcriada se elevou novamente:

– Sou uma mulher de setenta anos, inválida, quase surda, como espera que eu ouça o que diz com essa vozinha que mais parece um miado?

A cor assomou ao pescoço de Izabel enquanto ela providenciava imediatamente uma resposta num tom de voz mais elevado.

– Meu nome é Izabel da Silva, minha senhora.

A mulher pareceu não ouvi-la, logo sua voz interpelou a da jovem dizendo:

– As lorotas que estas mulheres dizem só para conseguir um emprego são uns absurdos... Sinal de total falta de caráter. Pensam que me enganam. Coitadas. E quanto a você, qual é a lorota que vai me contar para conseguir esse emprego?

– Lorota nenhuma, minha senh...

Valentina interrompeu-a, sem a menor cerimônia, novamente.

— Ah, por favor, poupe-me... todo mundo mente para conseguir um emprego. No currículo principalmente.

Izabel apertou os olhos diante da palavra "currículo". O que seria aquilo?

— Fale-me de você — tornou a mulher no extremo de sua impaciência — de onde vem, o que quer da vida, por que escolheu esse emprego? Vamos, desembuche.

— Sou do interior de Minas Gerais, minha senhora. Nasci e fui criada na fazenda da família Scarpini. Uma família muito idônea. Estudei somente até a quarta série, pois a única escola na região que tínhamos acesso só tinha o primário*.

"Para dar continuidade aos estudos eu teria de viajar até a cidadezinha mais próxima, mas não tínhamos carro, só carroça e trator. De trator ficava muito caro, de carroça exaustivo para o meu pai, pois ele teria de ficar aguardando meus estudos até que eu terminasse, ir e voltar, depois ir e voltar novamente seria por demais cansativo, além do que ele tinha que trabalhar.

"Meu pai adoeceu gravemente no começo do ano passado e veio a falecer poucos meses depois que o médico descobriu a enfermidade. Minha mãe morreu em seguida, de desgosto, creio eu."

A mulher riu com desprezo e disse:

— O mundo é maluco mesmo. Algumas mulheres fazem de tudo para se livrar do marido, até promessa para que eles morram o mais cedo possível e assim lhes deem sossego e outras não conseguem superar sua perda... Admirável...

A seguir, Izabel contou por que foi para o Rio de Janeiro e agora se encontrava ali fazendo entrevista para aquele trabalho.

— Que estranho... — murmurou Valentina num tom de voz mais paciente.

— O que é estranho, minha senhora?

— A atitude que sua madrinha tomou para com a senhorita, primeiro a convidou para morar com ela como uma filha, bem, quase uma "filha", depois a despachou para São Paulo de uma hora para outra. Esquisito, muito esquisito...

Izabel continuava encarando a reação de Olga como normal. Fez-se um breve silêncio até que Izabel perguntasse, olhando desta vez com menos embaraço para a mulher acamada.

— E a senhora, casou-se, teve filhos?

---
*(atual ensino fundamental — ciclo I) (N. do. A.)

Valentina fechou o cenho como o tempo se fecha para arremessar uma forte tempestade. Gravemente falou:
— Que indelicado da sua parte querer se intrometer na minha vida, minha jovem. A entrevistada aqui é você, minha vida em nada interessa a sua pessoa.
— Desculpe-me.
Outra vez o silêncio se fez presente entre as duas. Um silêncio abominavelmente constrangedor. A inválida continuou olhando para a candidata fixamente sem que seu olhar vacilasse. A figura de Izabel parecia ter se encolhido na poltrona. Por fim, Valentina disse:
— Interiorana, de olhar tímido e submisso, polida... mas inexperiente... é uma pena...
A expressão de Izabel mudou diante das palavras da senhora. Sua voz elevou-se para se defender, era preciso, percebeu ela, caso realmente quisesse ficar com o emprego.
— Sempre fui muito aplicada e trabalhadora, minha senhora. Acordava todo o dia assim que o galo cantava, sei que posso ser uma ótima dama de companhia para a senhora, só preciso de uma chance para lhe provar, por favor.
A mulher refletiu por alguns segundos. Por fim, limpando a garganta, disse:
— Está bem. Vou lhe dar uma chance. Mas saiba desde já que sou uma mulher exigente e intolerante ao extremo.
— Sei que a senhora não vai se arrepender.
— Espero mesmo. Trouxe sua carteira de trabalho? Muito bom, agora falemos de assuntos burocráticos.
Valentina voltou-se para a mesinha ao lado, uma espécie de criado-mudo, pegou um sininho de prata que estava ali e o tocou. Em questão de segundos a cozinheira apareceu, esbaforida como sempre e com o cabelo todo desmantelado.
No instante em que a mulher entrou no quarto, a patroa readquiriu seu tom de voz alto, agudo e malcriado:
— Quantas vezes já lhe disse para arrumar esse cabelo, Selma? Quantas?! Cale a boca! Poupe-me de suas desculpas. Se eu encontrar um fio de cabelo seu na comida você estará no olho da rua em seguida. Ouviu?! No olho da rua!
A cozinheira engoliu em seco. A patroa então lhe explicou por que a chamara.

Acertou-se então o salário, as horas de trabalho e outros pormenores.

Izabel partiu da casa de Valentina realizada. Graças a Deus havia conseguido o trabalho. Não seria fácil, nada fácil trabalhar para aquela mulher grosseira, mas antes aguentar sua intolerância e grosseria do que perder a chance de conseguir um bom trabalho como aquele.

Novamente as palavras de Olga ecoaram em sua mente: "Não me decepcione, Izabel, não me decepcione". Pois bem, eu não a decepcionarei, pensou ela.

Izabel chegou a ficar por cerca de meia hora procurando pelo tal *orelhão* que Adalgisa havia lhe falado, mas não encontrou nenhum.

– Estranho... ela me disse que havia praticamente um em cada esquina – comentou consigo mesma.

A jovem não encontrou *orelhão* algum porque estava nas nuvens de tão feliz, por ter conseguido o emprego e também por nunca ter visto um. Cansada de procurar pelo tal *orelhão*, Izabel se viu obrigada a entrar num boteco para pedir informação.

– No que posso ajudá-la, moça? – perguntou um dos funcionários com um sotaque nordestino carregado.

– Preciso de um *orelhão*.

– Pode ser o meu? – brincou o homem, exibindo uma de suas orelhas para ela.

Os homens que estavam ali presente gargalharam sem dó.

Izabel cobriu-se da cabeça aos pés de constrangimento.

– *Óxente*, tem um logo ali, ó, bem em frente ao boteco – informou o nordestino.

Que vergonha, repreendeu-se Izabel ao ver o aparelho telefônico bem na frente da porta pela qual ela havia passado para entrar no bar. Mas também não era à toa que ela não o vira ali. Nunca havia visto um *orelhão* antes na vida.

Izabel ficou cerca de dez a quinze minutos tentando fazer a ligação. Enquanto isso os homens da construção do outro lado da rua zoavam com ela fazendo-lhe as propostas mais indecentes que uma mulher pode ouvir.

Izabel estava tão aturdida que nem se deu conta de que havia um adolescente atrás dela, esperando para usar o telefone.

– Ô, moça, vai ligar ou não? – perguntou o rapaz, impaciente. – *Tô* com pressa!

– É que...

Nem bem ela abriu a boca para se explicar o adolescente deu um chega *pra* lá nela, tomou o aparelho de suas mãos e ligou para quem queria. O rapaz deve ter ficado dependurado no telefone por cerca de quinze ou vinte minutos. Izabel já estava aflita de preocupação quando ele desligou.

– Será que você poderia me ajudar a fazer uma ligação?! – pediu ela ao jovem assim que ele pôs o aparelho no gancho.

– Ah, vá, vá procurar sua turma – explodiu o rapaz irritado.

A face escura e austera de Adalgisa apareceu diante dos olhos de Izabel, a seguir, agravando ainda mais seu desespero.

– Eu hei de conseguir – repetiu ela para si mesma, umas três vezes.

Eis que então, surgiu por trás de Izabel, um moço alto, de olhos e cabelos claros que lhe disse:

– Precisa de ajuda, moça?

– Sim.

Com a ajuda do estranho todo solícito, Izabel finalmente conseguiu ligar para a casa de Adalgisa. Foi a mesma quem a atendeu, espumando de raiva.

– Que demora é essa, garota?! Onde esteve até agora?! Onde está?!

Meia hora depois, Adalgisa parava o carro no meio-fio da calçada para apanhar Izabel.

– Ah, que pena, já vai é? – berrou um dos pedreiros.

– Ô, formosura... volte logo, viu?! – brincou outro, sempre acompanhado de uma risada maliciosa.

Na tarde daquele mesmo dia, Izabel da Silva mudou-se para a pensão de Eulália e Belmiro. Tudo previamente arranjado por Adalgisa.

Nem bem a jovem desceu do carro da mulher, Adalgisa pisou fundo no acelerador e partiu. Não houve tempo nem para ela dizer-lhe obrigada, muito menos adeus.

Desse momento em diante Izabel nunca mais viu Adalgisa Pimentel, tampouco teve notícias dela.

Sessenta por cento do seu salário seria para pagar a pensão, mas compensava, pois a pensão era perto da casa de Valentina, bem, para São Paulo poderia ser considerada perto. Cerca de doze quarteirões de distância entre um local e outro. Compensava também porque economizaria o dinheiro que teria de gastar na condução caso morasse mais longe.

O quarto onde Izabel iria dormir na pensão não era propriamente um quarto, era um cubículo, essa era a palavra mais certa para descrever o aposento, um cubículo modesto, no entanto, só dela. O banheiro era coletivo e ficava no fim do corredor que dava acesso aos quartos. Para Izabel, que nunca fora de luxo, tampouco tinha frescura, estava ótimo.

O casal dono da pensão, tinha por volta de cinquenta anos de idade.

Belmiro era um homem avantajado, com atitudes que sugeriam grandes reservas de força. Falava pausadamente fazendo com que suas palavras fossem bem articuladas e soassem importantes. Usava óculos de lentes espessas, e por trás delas os olhos de um castanho claro bonito observavam e refletiam. Ele não só parecia ser um doce de homem, era de fato.

Eulália, sua esposa, era certamente cerca de dois anos mais jovem que o marido. Parecia ligeiramente nervosa, conversava de forma um tanto compulsiva como se tentasse esconder o fato.

Izabel logo percebeu que a dona da pensão não gostava de intimidades com as inquilinas, muito menos que elas tivessem com o seu marido. Era uma daquelas pessoas que se esforçam ao máximo para serem desagradáveis com as pessoas, para que ninguém guardasse boas lembranças suas.

ଔଔ

O primeiro dia de trabalho de Izabel na casa de Valentina foi caótico. A jovem ouviu tantos berros e repreensões que voltou para a pensão ao findar do expediente com dor de ouvido e uma ligeira enxaqueca.

Adormeceu, pedindo a Deus que interviesse a seu favor, fazendo com que Valentina tivesse mais paciência com ela. Mas suas súplicas pareciam não chegar até Deus, pois a idosa inválida continuou ranheta para com ela nos dias que se seguiram.

Em meio a toda essa mudança de vida, Izabel lembrou-se de escrever para Guilhermina para contar-lhe as novidades, passar seu novo endereço, como havia lhe prometido fazer assim que tivesse se ajeitado.

Mas ao pousar a ponta do lápis no papel, Izabel deteve-se. O medo de escrever alguma palavra errada ou inadequada travou sua mão. Ela sempre tivera dificuldades com a língua portuguesa e, por mais que se esforçasse para superá-las, ela se mantinha presa a elas.

Após muito lutar consigo mesma para romper a vergonha de escrever algo errado, Izabel achou por bem escrever apenas o endereço da pensão onde morava acompanhado das seguintes frases: *"Estou bem... trabalhando... feliz... escreva-me... querida... beijos..."* É lógico que ela havia mentido ao fazer uso das palavras "feliz" para descrever seu estado de espírito. Estava com medo, apreensiva, sentindo-se solitária, desamparada, quase perdida naquela cidade estranha onde só havia desconhecidos. Estas sim seriam as palavras certas para descrever seus sentimentos, mas... para que preocupar a amiga querida?

Em questão de dias Izabel recebeu uma resposta de Guilhermina:

Querida Izabel,
Fico imensamente feliz por ter conseguido o emprego e estar gostando do trabalho e de São Paulo. Assim que der, darei um jeito de trazê-la de volta para cá. Não quero que fique distante de nós, cercada de pessoas estranhas, numa terra estranha. Não sei onde minha mãe estava com a cabeça quando a mandou para São Paulo. Pouco importa, só sei que a trarei para cá assim que possível, nem que seja para trabalhar na minha casa após me casar.

Pois é, o Giancarlo voltou na semana passada da Europa e para minha surpresa me pediu em noivado, é lógico que aceitei imediatamente, apaixonada como estou por ele, só sendo louca para recusar.

Meu irmão me repreendeu o gesto, disse que eu estava me precipitando, mas que precipitação que nada, gosto do Giancarlo e ele gosta de mim, posso dizer que o amo e ele me ama tanto quanto, vejo em seu olhar, sinto em sua alma. Que precipitação há nisso? Nenhuma. Por tudo isso aceitei e vou ficar noiva no próximo fim de semana. Que pena você não estar aqui. Mamãe fez questão de comemorar a data com um jantar maravilhoso aqui em casa para ficar para sempre guardado em nossa memória.

Oh, minha amiga, não imagina o quanto estou apaixonada... Tenho a certeza de que Giancarlo é o homem da minha vida, sempre tive essa sensação desde que meus olhos pousaram nele... Tornei-me uma daquelas mulheres apaixonadas que, se lhes for permitido, são capazes de falar de seu namorado, noivo ou marido durante as boas vinte e quatro horas do dia.

A Abigail ficou enciumadíssima ao saber do noivado. Ela ainda está a fim do Bruninho Cavalcanti. Continua namorando o Eduardo só para não ficar só, assim como fazem muitas outras garotas. É uma pena, pois o Eduardo é muito legal. Um rapaz de caráter maravilhoso. Uma criatura virtuosa.
Escreva-me logo para contar as novidades...
Beijos, com carinho...
Guilhermina

Izabel ficou redondamente feliz por Guilhermina, ninguém mais do que ela merecia ser feliz.

Nesse momento, voltaram à lembrança as palavras que sua mãe sempre usava para descrever a filha do dono da fazenda:

– Guilhermina não passa de uma garota mimada, infantil e ciumenta.

Izabel discordava, sua mãe revidava:

– Ela gosta de você, Izabel, porque você diz amém para tudo o que ela fala e faz. Discorde dela apenas uma vez e você verá a verdadeira face por trás de Guilhermina Scarpini.

Não, ela definitivamente discordava das palavras da mãe. Guilhermina era boa, sempre fora, principalmente para com ela. Era rica, sim, filhinha de papai, sim, mas com um coração de ouro. Ao menos com ela.

Outras observações da mãe voltaram à lembrança de Izabel naquele instante:

– Toda pessoa que tem mais do que deveria ter, quase sempre se convence de que não tem o bastante e acaba vivendo tão insatisfeita quanto aquela que tem muito menos que ela ou simplesmente, nada. O que só serve para nos fazer perceber que o dinheiro não é a solução para os nossos problemas como muitos pensam. Pode dar status, melhores condições de vida a uma pessoa, mas paz e contentamento, algo incomum na vida das pessoas, raro.

Izabel sorriu para si mesma, as palavras da mãe ecoaram tão fortes em sua mente que era como se ela estivesse ali ao lado dela fazendo mais um de seus comentários sobre a vida. Uma lágrima deslizou de seu olho direito por sentir aquela emoção, ao mesmo tempo em que a saudade da mãe vibrava dentro dela como uma onda de calor.

Já havia se passado um mês desde que Izabel se mudara para São Paulo e a vizinhança da qual ela agora fazia parte já não a assustava mais como no princípio. Os moradores já a olhavam com simpatia, o que era acolhedor para ela, uma completa estranha na cidade.

Vicente era um desses moradores, um senhor de pele negra, sorriso simpático, de noventa anos de idade, com aparência de setenta, sempre disposto a acenar e brindar Izabel com um sorriso toda vez que ela passava em frente a sua casa.

Izabel estava mais uma vez seguindo caminho em direção à casa de Valentina para trabalhar, quando uma placa em frente a uma casa humilde a despertou de seus pensamentos. Nela lia-se: "Centro Espírita Bezerra de Menezes". Centro o que? Ela tornou a ler. O que seria aquilo? Uma escolinha para crianças? Uma repartição da igreja?

Quando Valentina lhe deu uma chance, Izabel perguntou a respeito. A mulher de repente começou a se avermelhar de tal modo que Izabel pensou que ela estava tendo um treco. Sem pensar duas vezes, Izabel saltou da poltrona onde se encontrava sentada e correu em direção à porta gritando por ajuda.

Nisso, a inválida explodiu numa gargalhada alta e espalhafatosa. Izabel voltou-se para ela petrificada de choque. Valentina ria tanto, tanto que se chacoalhava inteira e seus olhos lacrimejavam como se chorasse compulsivamente.

– O que foi, a senhora está passando bem? – perguntou Izabel aflita.

Izabel nunca havia visto uma mulher rir tanto assim, especialmente Valentina. Era na verdade a primeira vez que ela a via rir daquele jeito. Quando a senhora conseguiu se controlar, voltou-se para Izabel e perguntou:

– Nunca ouviu falar de um Centro Espírita, menina?

Izabel negou prontamente com a cabeça.

– Nem do espiritismo?

Izabel negou novamente. Envergonhada mais uma vez como se houvesse cometido alguma indiscrição. Novos risos.

– Em que mundo você viveu essa vida toda, minha jovem?

Valentina suspirou. Balançando a cabeça negativamente, comentou:

– Pobrezinha, não passa de um bicho-do-mato. Também não é para menos, viveu enfurnada a vida toda numa fazenda, no meio do capim, que conhecimento poderia ter? Nenhum. No entanto, toda essa sua inocência e ignorância é o que me encantam, minha jovem.

"Infelizmente, a inocência e a ignorância não são bem-vindas nesse mundo capitalista selvagem em que vivemos. Nele só os espertos, os mais espertos sobrevivem porque sabem muito bem como aproveitar dos inocentes, tolos e ignorantes. Por tudo isso cuidado, minha jovem, muito cuidado."

Ao mudar a cabeça de lugar, Valentina, por meio das lentes espessas de seus óculos, pôde ver nos olhos castanho-pálidos de Izabel, que sua inocência e falta de malícia eram tantas que ela mal podia fazer ideia do que ela estava se referindo. E mais uma vez ela sentiu certa pena da moça, aquela jovem por quem cada dia mais sentia certo afeto.

&&&

Já haviam se passado três meses desde que Izabel havia chegado a São Paulo e, ao contrário do que pensara, acostumava-se cada dia mais com a cidade. Nesse ínterim, Valentina suavizou seu modo de tratar sua jovem dama de companhia. Izabel tornou-se para a inválida o que podemos chamar de exceção à regra, visto que com as outras pessoas a mulher mantinha-se a mesma, ríspida e implicante.

A certa hora, Izabel teve a impressão de que Valentina infernizava a pobre Selma para se divertir. De fato, ela estava certa. Nada divertia mais Valentina Villalba do que a pobre mulher afobada e assustada diante dela.

Certo dia, Selma ficou tão aturdida com os rompantes de Valentina que acabou se atrasando nos seus afazeres, especialmente na cozinha, e se tinha uma coisa que Valentina não suportava era que o almoço atrasasse ou que fosse requentado.

– Meu Deus, estou perdida – desabafou Selma, visivelmente aturdida. – São onze horas e eu ainda nem fui à feira.

Izabel havia chegado como de costume bem antes da hora de começar seu expediente, então se prontificou em fazer a feira para a cozinheira, que nessa época já a considerava uma grande amiga.

– Faria isso por mim, Izabel? Jura?! Nem sei como agradecer-lhe. Prometo recompensá-la de algum modo.

Selma passou a lista do que era para ser comprado na feira, o dinheiro, e lá foi Izabel cumprir o prometido. Viver uma nova experiência, afinal, ela jamais havia estado numa feira antes, mas como sua mãe dizia: "para tudo existe sempre uma primeira vez".

Obviamente que, a princípio, a jovem se viu perdida, sem saber ao certo por onde começar, para onde ir. Foi comprando tudo sem pesquisar os preços, sem pensar em momento algum que cada barraca punha um valor diferente nos seus produtos. E o melhor, que podia pechinchar.

Ela estava apalpando uma laranja lima entre os dedos quando alguém passou e esbarrou nela sem querer. O solavanco a fez derrubar a laranja da mão que assim que atingiu o chão rolou até ir de encontro a um bico de sapato masculino, preto e bem lustrado de um transeunte.

Envergonhada, Izabel, tratou logo de recuperar a fruta. Ela estava prestes a apanhá-la quando o dono dos bonitos e lustrosos sapatos apanhou a laranja e estendeu para ela.

Houve um pequeno espasmo no olhar quando os olhos de Izabel encontraram-se com os do moço. Era um olhar bonito, vivo e atraente, tanto quanto seu rosto, impecavelmente escanhoado, que sob os cabelos claros, bem aparados, devidamente repartidos, acentuavam o seu ar de príncipe.

Ele a acolheu com um sorriso bonito enquanto punha nas mãos dela a fruta que apanhara do chão.

– Obrigada – agradeceu Izabel coberta de embaraço sem saber ao certo por que.

– De nada – respondeu o jovem olhando-a com admiração.

Izabel sorriu vagamente e voltou para onde havia deixado o carrinho. Escolheu as laranjas até juntar uma dúzia, pagou por elas, ajeitou-as no carrinho e continuou suas compras.

Foi então que percebeu que o estranho ainda continuava a observá-la. Izabel pensou: "Ele está me observando...". Nunca um homem fora tão ousado como aquele. Com a coragem de olhar para ela tão descaradamente. Ainda que seu modo lhe parecesse assustador, ao mesmo tempo lhe era encantador.

Izabel já havia terminado as compras e já seguia de volta para a casa de Valentina quando o estranho jovem de rosto bonito reapareceu na sua frente como por mágica. Ela certamente não esperava por aquilo, tão surpresa ficou que chegou a soltar um pequeno grunhido de susto.

– Desculpe-me se a assustei – disse amavelmente. – Não era minha intenção.

O rapaz tornou a sorrir delicadamente, e tomou a mão direita da moça num gesto bonito, fora de moda, mas altamente sedutor. Seu gesto pegou Izabel desprevenida mais uma vez. Ela ia se soltar das mãos dele quando ele se apresentou:
— Meu nome é Rodrigo Lessa.
Suas mãos tornaram a apertar a dela num aperto quente, amigo, encorajador. Por mais que ela quisesse libertar sua mão, algo a detinha. Sem saber ao certo o que dizer, Izabel acabou falando a primeira coisa que veio a sua mente:
— Eu preciso ir, com licença.
— Antes, porém, diga-me seu nome. A voz dele também era encorajadora, cheia de interesse e simpatia.
Deveria? Perguntou-se Izabel. Não. É lógico que não. Letícia a havia alertado aquela noite no quarto, antes de dormirem, para tomar cuidado com estranhos, principalmente, em São Paulo.
— Você está com medo de mim? — indagou ele. — É isso, não é? Tudo bem, eu respeito sua precaução.
— Izabel — respondeu um tanto insegura.
— Izabel — repetiu ele em tom sonhador. — Nome bonito, suave, encantador... Encantador como você.
— Obrigada. Bem, eu, agora, preciso realmente ir...
— Quer que eu a acompanhe?
— Não. Obrigada.
— Gostaria de revê-la.
Izabel se fez de desentendida:
— Preciso ir...
— Não tenha medo...
Izabel foi se afastando, fingindo-se agora de surda, lutando com o desejo crescente de ficar ali um pouco mais à sombra daquele rapaz de olhos sedutores e voz melodiosa.
— Nós ainda vamos nos reencontrar aqui mais vezes — afirmou ele, resoluto. — Você verá... ninguém desvia o destino, Izabel.
As palavras dele fizeram com que ela apertasse o passo, sem saber ao certo por que. Rodrigo Lessa ficou ali observando a jovem encantadora ganhar distância, admirando sua timidez e precaução. Sentindo seu coração bater fora do ritmo.

Capítulo 4

Novo Amanhecer

Assim que Izabel se viu fora do campo de visão de Rodrigo Lessa, ela diminuiu o passo enquanto Rodrigo voltava a ocupar seus pensamentos. Aquele rapaz era uma novidade para ela; mais uma entre tantas que despencavam na sua cabeça desde que deixara Portal das Colinas, a fazenda onde nascera e crescera.

Rodrigo Lessa não se parecia em nada com os homens que conhecera, se bem que ela não tivera a chance de conhecer muitos. Na verdade, bem poucos.

Ele não era apenas um rapaz, jovem e educado, com olhar e jeito de estrangeiro, havia algo nele que o tornava mais que um homem, que o elevava à categoria de anjo. Um anjo de rosto bonito.

Com certeza ela nunca mais o veria, fora apenas mais um daqueles encontros que se têm e ficam marcados para sempre na memória de uma pessoa, deixando tremenda saudade pelo resto da vida. Que pena que a vida os unira por tão pouco tempo.

No entanto, tempo suficiente para que ela tivesse a nítida sensação de que Rodrigo parecia um velho conhecido seu, não ele propriamente, mas algo na sua atmosfera. Era como se já tivessem passado juntos algumas longas e gostosas primaveras.

Duas semanas depois, lá estava Izabel novamente na feira para poupar Selma do excesso de trabalho e também para, quem sabe, reencontrar o rapaz de olhar e porte de estrangeiro.

Ela andou, andou de um lado para o outro por diversas vezes, percorrendo com atenção o rosto das pessoas que cruzavam por seu caminho na esperança de encontrar Rodrigo mais uma vez transitando pela feira, mas sua busca foi em vão.

Izabel tomava o caminho da casa da patroa, puxando o carrinho com as compras da feira, que naquele dia parecia mais pesado que o normal, pesado como a tristeza que desabou sobre ela por não ter encontrado o rapaz de aparência estrangeira. De repente, a voz de Rodrigo soou atrás dela:

– Quase não chego a tempo de encontrá-la!

Izabel voltou-se para trás, certa de que o que ouvira não passara de uma voz projetada por sua mente. Mas, ao ver Rodrigo vindo todo sorridente pela calçada na sua direção, suas pernas bambearam, era ele de fato, Rodrigo Lessa, em carne e osso quem estava ali.

Um sorriso lindo e encantador teria iluminado sua face se ela não tivesse, com grande esforço, impedido-o de nascer. Não ficava bem uma garota se mostrar tão sorridente ao rever um rapaz, ainda mais um desconhecido.

Rodrigo tratou logo de manifestar novamente a satisfação de reencontrá-la ali àquela hora.

– Cheguei a pensar que nunca mais pudesse reencontrá-la, mas tratei imediatamente de repudiar essa ideia. Se a vida havia me feito encontrá-la uma vez, haveria de me fazer reencontrá-la novamente, pensei, otimista. E não é que eu estava certo? Aqui estou eu mais uma vez diante de você.

Izabel permaneceu olhando para ele sem reação.

– Almoça comigo?

– Almoçar? Eu... eu não posso...

– Por favor. Será uma honra almoçar com você.

– Tenho de levar essas compras para a casa da minha patroa.

– Por favor. É um convite. Nem que seja apenas por meia hora. Eu imploro.

E, apontando com o dedo na direção de um restaurante do outro lado da rua, ele acrescentou:

– Podemos almoçar ali mesmo, a comida é boa, bastante saborosa.

Izabel queria dizer não, mas ouviu-se dizendo sim, sim, sim, aceito. Era seu coração falando mais alto, enfrentando a razão, levando-a ao chão.

– Bem... Se for somente por meia hora...

– Sim, meia hora... é pouco, mas o suficiente para matar pelo menos uma fatia da saudade que eu estava de você.

– Antes preciso levar o carrinho para a casa.

– Eu a acompanho. É muito longe daqui?

– Não.

– Ótimo.

Rodrigo tomou os minutos que se seguiram até a casa de Valentina para falar um pouco dele, sabia que se não se abrisse para Izabel, ela não falaria nada sobre ela.

– Sou administrador de uma companhia de teatro. Ou seja, sou eu quem administro as vendas dos ingressos, patrocínios, salários, tudo, enfim, que cerca uma produção teatral.

Teatro? Ela já ouvira falar a respeito. Ir a um, nunca. Comentou Izabel consigo primeiramente e depois com ele.

– Teatro... eu já ouvi falar, mas nunca fui a um.
– Não?! Pois não faltará oportunidade de agora em diante.

Izabel franziu a testa sem entender.

– Oportunidade, como assim?
– Se nós nos tornarmos *amigos* poderei levá-la para assistir as melhores peças teatrais em cartaz.

Ainda que Rodrigo tivesse falado um pouco de si, Izabel, não se abriu como ele esperava.

"Não conte sua vida em detalhes para estranhos, não enquanto eles não se tornarem bastante conhecidos. Conte apenas o básico sobre o que faz, minta se for preciso. Diante dos homens, principalmente. Invente que tem dois irmãos, *quatro por quatro*, para deixar bem claro a qualquer um que queira abusar de você com quem está mexendo. Isso ajuda muito nós, mulheres, a nos protegermos de malandros". Lembrou-se Izabel do conselho que recebeu da baiana Letícia, empregada de Adalgisa naquela sua primeira noite em São Paulo.

Seria Rodrigo um safado, ainda que bem-vestido, com um carro luxuoso, usando um perfume que ela jamais sentira num homem? Por via das dúvidas, era melhor ficar com o pé atrás.

Dez minutos depois, Izabel sentia-se muito melhor, e começou a pensar que talvez sua decisão de ter aceitado o convite para almoçar com Rodrigo não fora tão precipitada como pensara.

Os dois entraram felizes, lado a lado, no pequeno restaurante que ele havia sugerido. Conseguiram uma mesa perto da janela, por ser mais arejado e se puseram a olhar o cardápio.

Atrapalhada pela multiplicidade de escolhas, Izabel não soube o que pedir. Resolveu então discretamente correr os olhos pelos pratos servidos nas outras mesas para ver se algum deles lhe agradava. Era bem melhor do que fazer um pedido às cegas.

Ao perceber sua indecisão, Rodrigo achou por bem sugerir um prato. Um que lhe agradara imensamente quando comeu ali certa vez: fuzili e rondeli de queijo mussarela e presunto ao molho branco, com muito queijo ralado por cima.
– O que acha? Bom? Ótimo. Garçom...
Uma delícia, Izabel nunca havia provado pratos tão saborosos como aqueles, ainda mais tendo uma companhia tão agradável quanto Rodrigo, que falava entusiasmadamente sobre a cozinha italiana, sua favorita.
Izabel ouvia tudo com interesse, vez ou outra sorrindo afetuosamente. Por um segundo, Rodrigo se perguntou se não estaria falando demais ou parecendo pedante.
– Desculpe, creio que estou falando demais, não?
– Que é isso? Gosto de ouvi-lo, fala com tanta empolgação sobre tudo...
Ele pousou a mão sobre a dela e afagou-a carinhosamente. O gesto fez Izabel conter a respiração de tensão.
– Gosto da sua companhia, Izabel – confessou ele. – Gosto imensamente.
A jovem corou até a raiz dos cabelos. Ele riu e voltou a falar entre as garfadas.
No fim, o garçom trouxe dois cafés como cortesia da casa. Rodrigo prontificou-se a adoçá-los com açúcar mascavo e os mexeu com a colher sem tirar os olhos de Izabel.
– Pronto agora está docinho – falou gentilmente –, docinho como você.
Izabel sorriu, era mais um esboço de um sorriso do que propriamente um sorriso. Ainda assim, Rodrigo pareceu recebê-lo com estima.
– Queria muito, muito mesmo, Izabel, que você me desse a chance de conhecê-la melhor... Que você me desse a chance de namorá-la.
Ela, que o encarava por sobre a borda da xícara de café, tratou logo de recolocar a xícara de volta sobre o pires antes que caísse de suas mãos de tão trêmulas que ficaram, após ouvir a proposta de Rodrigo.
– Na-namorar?!
– Sim, quero namorá-la, Izabel, nós dois juntos, não seria maravilhoso?! – ele parou, engoliu em seco, antes de perguntar: – Você já tem namorado?

— Não!
— Então...
O silêncio se fez presente entre os dois, nesse ínterim, a respiração de Izabel tornou-se lenta e conturbada. Foi preciso grande esforço para estabilizá-la novamente e resgatar também seu equilíbrio interior. Só quando o fez, foi que conseguiu dar uma resposta à proposta daquele rapaz de olhar e porte estrangeiros. A resposta que ouviu ecoar do seu coração menosprezava a razão.
— Está bem, eu aceito, acho que posso aceitar...
O rosto de Rodrigo se iluminou. Com uma voz embargada ele falou:
— Ao aceitar a minha proposta não sabe o quanto me faz feliz, Izabel.
Rodrigo tornou a pousar sua mão esquerda, forte e viril, sobre a dela, que repousava sobre a mesa, massageando-a com grande carinho. Desta vez Izabel acolheu o gesto em calmaria.
Os dois continuaram ali sentados, sem tirar os olhos um do outro, felizes sem se darem conta do avanço do tempo. Ambos pareciam o espelho do outro, divergindo apenas no sexo.
— Meu Deus, preciso ir, estou atrasada... — exclamou Isabel de repente, como que despertando de um transe. — Dona Valentina detesta atrasos.
— Eu a levo de carro, não se preocupe. Assim você chega rapidinho.
— Não precisa se incomodar.
— Não será incômodo algum.
Ele pagou a conta, deixando uma gorjeta generosa para o garçom. Os dois entraram no carro e dez minutos depois Izabel entrava pela porta lateral da casa de Valentina parecendo mal tocar os pés no chão. Ela flutuava de felicidade, uma felicidade que nunca sentira antes e que a deixou suspensa no ar exalando o doce perfume que só a paixão sabe produzir em nós.

Sete dias depois...

...no mesmo dia da semana e hora lá estava Rodrigo novamente diante de Izabel, sorrindo afetuosamente para ela. Mais uma vez os dois almoçaram juntos num restaurante aconchegante nas imediações da feira.

De repente, em meio ao almoço, Izabel se viu conversando descontraidamente e logo compreendeu por que: algo em Rodrigo a convidava a falar desenvoltamente, o que era surpreendente, uma vez que sempre sentira dificuldade para se abrir com estranhos.
Após o almoço, durante o trajeto entre o restaurante e a casa de Valentina, Rodrigo parou numa joalheria.
Izabel, que nunca estivera numa, espantou-se ao ver a quantidade de joias que havia por lá.
– Meu Deus, eu nunca vi tanta joia junta... são tão lindas! – exclamou na sua simplicidade de sempre.
Nisso, o vendedor, um homem de calvície reluzente, saudou ambos com a amabilidade que cerca todos os vendedores que cativam os fregueses.
– Em que posso ajudá-los?
Rodrigo fez um sinal discreto para uma das bandejas de veludo forradas de anéis. O homem deu uma piscadela para ele como quem diz "é para já, senhor". Assim que ele empurrou a bandeja forrada de veludo tomada de anéis de prata e ouro com brilhantes de diversos tamanhos, Izabel e Rodrigo curvaram-se sobre os anéis brilhantes, enquanto o vendedor discreto os observava.
– São todos tão lindos – comentou Izabel maravilhada.
– Vamos lá, Izabel – disse Rodrigo –, escolha um.
– Escolher um? C-como assim?
– Será seu de presente.
– Meu? De presente?! Não, onde já se viu?
– Ora, como não? É um presente meu para você. Para marcar o início do nosso namoro.
– Por favor, Rodrigo...
– Vamos lá...
– Não sei se devo. Ou melhor, não devo.
– Se você não escolher, eu escolherei por você.
– Acho que seria melhor.
– Está bem.
Rodrigo percorreu atentamente os olhos por todo o mostruário de anéis e minutos depois se decidiu por um solitário. Não era um diamante muito grande, mas uma pedra de considerável beleza, cor e brilho.
– Que tal este? Dê-me o dedo, vamos ver como fica.

Quando Rodrigo pegou a mão de Izabel, pôde perceber que ela tremia ligeiramente. Ele deu-lhe um beijo na testa na intenção de relaxá-la e só então colocou o solitário no seu dedo médio da mão direita. Izabel admirou o anel, encantada.

– Perfeito! É seu.

Enquanto Izabel permanecia olhando para o brilhante com admiração Rodrigo passou um cheque num valor alto e voltou sorrindo para a namorada.

– Agora você ficou ainda mais linda – disse tornando a beijá-la carinhosamente na testa.

ೞ೫ಌ

– Como passou a manhã, dona Valentina? – perguntou Izabel assim que entrou no quarto, dando início ao seu período de trabalho.

O tom de Izabel despertou a atenção da mulher, havia alguma coisa nele de diferente que não se coadunava com o tom habitual da jovem.

– Seus olhos... – murmurou a senhora, observando atentamente o rosto de sua jovem dama de companhia.

– Meus olhos? O que têm eles? – perguntou Izabel com certa aflição, indo ao encontro do grande espelho da cômoda para olhá-los.

– Eles brilham diferente hoje – explicou Valentina, com uma guinada súbita no humor. – E o brilho em seu olhar me diz que você está apaixonada.

– Apaixonada? Eu?!

Valentina fez brilhar um par de olhos divertidos enquanto falava.

– Não precisa sentir vergonha por estar apaixonada, Izabel.

– Mas eu...

– Ninguém escapa da paixão... Um dia, ela sempre vem ao nosso encontro – acrescentou a mulher, voltando os olhos para o seu passado.

E, de repente, sem se dar conta, Valentina começou a contar para Izabel como ela se descobriu apaixonada pela primeira vez.

Fernando trabalhava com ela na loja de material de construção de seu pai. No bairro da Bela Vista, nas proximidades do Bexiga, próximo à rua Treze de Maio e da avenida Brigadeiro Luiz Antonio, ali mesmo na cidade de São Paulo.

Rapaz de família humilde, mas o que podemos chamar de lindo por fora e por dentro. Um encanto de jovem.

Valentina e Fernando almoçavam juntos todos os dias e ela estava quase certa de que ele eram recíprocos os sentimentos que cresciam dentro dela.

Num fim de semana ele a convidou para dar um passeio no Jardim Botânico, próximo ao zoológico de São Paulo. Valentina acreditou que seria ali, em meio àquele lugar lindo, simplesmente lindo, composto de árvores de diversas espécies e tons de verde, flores de diversas cores, em frente ao lago artificial, cheio de vitórias-régias, que ele a pediria em namoro.

E, então, enquanto estavam sentados num banco de alvenaria, às margens do lago, com os olhos voltados para uma vitória-régia, ele lhe fez uma confidência. Fernando amava outra.

A revelação caiu sobre Valentina como um raio cai dos céus. E ela, que já estava mais do que disposta a revelar para Fernando o que há muito se passava em seu coração, diante da confissão, escondeu os seus sentimentos. Temeu que, caso contasse, ele se afastaria dela, o que seria ainda mais doloroso do que saber que ele amava outra.

Naquele momento, naquele exato momento, Valentina soube que jamais amaria outro homem como amava aquele. E, em nome do amor que sentia por Fernando, em vez de se revoltar contra ele, optou por se manter ao seu lado, desempenhando o papel de amiga fiel. Era a única solução.

– Mas vocês acabaram se casando, não? – perguntou Izabel, entristecida com a história.

– Não – respondeu Valentina calmamente. – Casei-me com outro.

– E a senhora nunca declarou seu amor para o Fernando? Ele nunca percebeu?

– Não. Ele desconfiava, creio eu, de que eu gostava dele, mas por ser filha do patrão... Creio que ele não me revelou que amava outra mulher, bem antes daquele dia no Jardim Botânico, por medo de que eu me revoltasse e pedisse a meu pai para demiti-lo. Ele precisava do trabalho, mais que tudo. Era com seu salário que ele, muitas vezes, pagava o aluguel da casa onde morava com seus pais e irmãos.

– Mas a senhora foi feliz, não foi com seu marido?

– Poderia ter sido feliz, mas... O problema é que quando uma mulher se apaixona perdidamente por um homem que não corresponde ao seu amor, mesmo que chegue a namorá-lo, noivá-lo, mas depois não se casa com ele por algum motivo, essa mulher vai viver eternamente buscando noutros homens aquele que amou e não pôde ficar junto.

"Se encontrar outro para se relacionar viverá sempre o comparando com aquele que não pôde ficar junto. Não podendo jamais então ver suas qualidades, tampouco sentir o amor que ele está disposto a compartilhar com ela.

"Quão tolas somos nós, que nos deixamos levar pela vida desse modo. Não deveríamos. Infelizmente, só percebemos isso quando ficamos mais velhos...

"E eu lhe pergunto: será que esse homem por quem me apaixonei era realmente para ser o grande amor da minha vida, ou tudo não passou de uma ideia preconcebida? Será que casados daríamos certo? Será que pensei que daria certo porque nunca vivemos de fato essa realidade, casados, no dia-a-dia? Deve ser por esses motivos que tenho a ideia de que essa grande paixão seria perfeita para mim, porque nunca vivemos sob o mesmo teto.

"Pode reparar, a grande paixão da vida das pessoas, especialmente das mulheres, é para a maioria aquela considerada inacessível. Duvido muito que essa paixão se manteria no posto de grande paixão se tivéssemos nos casado e vivido sob o mesmo teto, enfrentando as variações de humor que temos diariamente, principalmente diante dos altos e baixos da economia deste país e dos imprevistos que a vida nos traz.

"Em resumo, Izabel, creio que deveria ter sido mais dedicada ao meu marido, me permitido vê-lo com os sentidos da alma, sem que aquele que considerei a grande paixão da minha vida, Fernando, se pusesse entre nós e o ofuscasse por longos anos.

"Meu marido era um homem bom, maravilhoso, o homem certo para mim, mas eu percebi isso muito tarde, quando ele já se encontrava nos seus últimos anos de vida.

"No seu leito de morte, lhe agradeci por ele ter vivido ao meu lado. O meu defeito sempre foi deixar as coisas para a última hora. Não existe ditado mais sábio do que aquele que diz: 'Não devemos deixar para amanhã, o que se pode fazer hoje'. Inclusive amar.

"Não pense que com os homens acontece diferente. Muitos enfrentam o mesmo problema que nós, mulheres. Não podem ver a esposa com quem se casaram como a grande paixão de sua vida, porque ainda consideram amar outra, que, ou não correspondeu ao seu amor, ou então não pôde ficar com eles por motivo de força maior. Eles ofuscam a mulher com que se casaram, especialmente suas qualidades."

Izabel refletiu por alguns segundos, depois perguntou:
– Desculpe a pergunta, mas e quanto a Fernando, o que houve com ele? Ele se casou com a mulher que tanto amava?

A voz de Valentina tornou-se mais terna ao responder:
– Sim. E confesso que, ao contrário de muitas mulheres, fiquei feliz por vê-lo se casando com a mulher que tanto amava. De que adiantaria forçá-lo a se casar comigo se ele gostava de outra? Se eu o amava de verdade, queria vê-lo feliz, mesmo que sua felicidade dependesse do casamento com outra mulher.

"As pessoas, a maioria pelo menos, quando se apaixonam perdidamente por alguém não estão preocupadas realmente com a felicidade de quem amam profundamente. Só pensam na sua própria felicidade que, segundo acreditam, vai se concretizar se ficarem com a pessoa que amam.

"Poucas estão preocupadas em saber se a pessoa as ama reciprocamente. Se ela ama outra, não se conformam e são capazes de amaldiçoá-la só para poderem ficar com ela e saciar seu desejo.

"Uma atitude dessas não é sinal de amor, é sinal de egoísmo. De puro egoísmo. Quem ama de verdade o outro, permite que ele seja feliz ao lado de quem o coração dele pulsar mais forte. Se for você ótimo, se não... abençoe sua decisão, sinal de verdadeiro amor e respeito aos sentimentos alheios."

Valentina, que outrora lembrava uma pessoa má, agora se mostrava como uma caixinha de surpresas. Surpresas até mesmo para si mesma. Nunca, desde que Izabel começara a trabalhar ali, a patroa falara com ela com tanta vontade e paciência. A própria mulher deveria estar se espantando consigo mesma.

– E o rapaz por quem está apaixonada? – perguntou Valentina. – Fale-me dele.

– Ah – suspirou Izabel –, eu nem sei por onde começar... Conheci-o na feira... Chama-se Rodrigo, é muito bonito, encantador... trabalhador...

E, estendendo a mão na direção da senhora, Izabel disse:

– Veja o anel que ele me deu.
– É muito bonito. Ele deve gostar muito de você para ter-lhe dado um presente tão caro.
– A senhora acha mesmo?
– Sim. Com certeza.
Nisso, Dolores, a faxineira, entrou no quarto pedindo licença para informar que o farmacêutico havia chegado.
– Pode mandá-lo entrar – respondeu Valentina num resmungo.
Sua reação surpreendeu Izabel, fazendo-se perguntar: "Onde foi parar a mulher doce e amável que conversava comigo até a interrupção da diarista?".
O farmacêutico pediu licença e entrou. Quando Valentina o viu ficou em estado de alerta.
– Quem é você? Quem é você?! – perguntou elevando cada vez mais a voz. – Socorro, socorro, isso é um assalto... Selma, Dolores, chamem a polícia. A polícia!
– Acalme-se, acalme-se, dona Valentina – pedia o rapaz, vermelho.
– Sou o filho do *seu* Espinosa, esqueceu-se? Já nos vimos antes. Estive aqui com meu pai.
– Você não passa de um farsante!
– Minha senhora, sou eu mesmo, é que antes eu usava barba e agora não uso mais. Olhe bem para o meu rosto – o rapaz aproximou-se da cama para que ela pudesse vê-lo melhor. A mulher se arrepiou toda como uma gata, que se sente acuada e ameaçada.
Naquele exato momento, Selma e Dolores entraram no quarto, brancas como cal, uma segurando um rolo de macarrão de madeira enorme e a outra uma panela de pressão.
– Se é mesmo quem diz ser, qual é o nome da filha do senhor Espinosa?
O moço não se conteve, riu.
– Ele não tem filhas, minha senhora. Só filhos homens – explicou.
– O nome deles?
– Ricardo, Carlos e eu, Emilio.
– Emilio?
– Emilio César.
– Onde moram Carlos e Ricardo?
– Um mora no Mato Grosso, Cuiabá. E o outro em Campo Grande, Mato Grosso do Sul. Um é médico, o outro veterinário.

A mulher soltou um suspiro de alívio.
– Posso aplicar a injeção agora? – perguntou o rapaz sem perder a polidez.
– Não antes de me responder onde está seu pai.
– Tirou férias. Ele com certeza deve tê-la informado. E passou para mim suas visitas habituais.
– Férias para que? Para onde?
– Paraná...
– Com o meu dinheiro...
O moço não se conteve mais uma vez e riu gostoso. Foi só quando deu a volta pela cama para chegar do outro lado dela que Emilio César avistou Izabel sentada, toda encolhida, na bela poltrona revestida de couro.
– Desculpe... – disse ele – não a havia visto.
Ela sorriu timidamente, enquanto a voz malcriada de Valentina vibrava pelo quarto mais uma vez:
– Vamos logo, meu rapaz, chega de lengalenga, aplique-me logo essa droga, pois tenho muita coisa para fazer.
Por pouco o rapaz não riu novamente, afinal, o que uma mulher inválida teria tanto para fazer?
Assim que Emilio César deixou o aposento acompanhado de Selma e Dolores, Valentina voltou-se para Izabel e, retomando o seu tom de voz ponderado, disse:
– Ele gostou de você!
– De mim, ora... – espantou-se Izabel.
– Gostou sim. Estava o tempo todo voltando os olhos na sua direção.
– Se o fez, não percebi.
– Por que acha que ele ficou mais tempo que o habitual? Farmacêuticos estão sempre com pressa, principalmente os mais novos. Ele ficou contando sua história pausadamente para ter mais tempo de admirá-la.
– A senhora só pode estar brincando comigo!
– Não estou, não. Quer apostar como ele voltará aqui em menos de uma semana, inventando uma desculpa qualquer só para poder revê-la?
Desta vez foi Izabel quem não conseguiu conter o riso. Rindo disse:

– Dona Valentina, a senhora está imaginando coisas.
– Veremos – desafiou a inválida num tom malicioso. – Veremos! – ecoou resoluta.
Izabel voltou para a pensão naquela noite, após o expediente, sentindo-se como se fosse a mulher mais feliz do mundo. Girando, volta e meia, o anel no dedo, maravilhando-se cada vez mais toda vez que o diamante brilhava, brilhava tanto quanto seus olhos, sua tez, sua aura. Um brilho intenso de alegria.
Brilhava tanto que assim que a jovem pôs os pés na pensão prendeu a atenção de Eulália, a dona da pensão.
– E depois dizem que a pensão está cara. Agora, dinheiro para comprar joias isso lá elas têm. Safadas. São todas umas safadas – resmungou Eulália para o marido assim que avistou o brilhante solitário no dedo de Izabel.
Baixando a voz, seu Belmiro repreendeu a esposa:
– Não deveria falar das nossas inquilinas assim, Eulália. Mesmo que não nos paguem a quantia que você acha que seria o certo, ainda assim é com esse dinheiro que nos sustentamos.
– Você agora deu para me censurar, Belmiro?! Eu que não abra os olhos e você me troca rapidinho por uma dessas domestiquinhas de luxo.
– Acha mesmo que eu faria tal coisa?
– Acho. Homem é tudo igual. Nenhum presta, todo mundo sabe disso. Se puderem trocar suas esposas por duas de 20 eles trocam sem dó. Mesmo tendo filhos, mesmo frequentando a igreja.
– É você quem está dizendo.
– E tudo o que eu digo é certo. Certíssimo.
– Você anda muito amarga com a vida, Eulália. Você não era assim no passado.
– A vida nos deixa amargos, Belmiro. É tal como o tempo que envelhece a todos. Não perdoa ninguém.
– Você deveria pelo menos procurar não se deixar amargurar tanto.
– Para parecer uma boba alegre? Não sou hipócrita. Não consigo fingir que a vida é linda e colorida, um arco-íris de cores reluzentes, sendo que não é nada disso. A Terra não deveria ter sequer uma gota de azul na sua coloração. Deveria ser negra, totalmente escura para espelhar a cor da realidade de todos.
– De todos?

— Sim. De todos.
— Eu sou feliz, Eulália. Admiro e aprecio a vida.
— Você pensa que é feliz, Belmiro. Como a maioria pensa ser. No íntimo, somos todos infelizes. Não importa a raça ou cor. Somos todos irremediavelmente infelizes. E sabe por que? Porque a vida é pirracenta. Recusa-se a dar aquilo que tanto queremos. Deve fazer de propósito para nos judiar. Deve sentir prazer em nos ver judiados.
— O que a vida não lhe deu, Eulália, que a magoou tanto?

A mulher girou a cabeça ao redor lançando um olhar de descaso para os quatro cantos do aposento antes de responder:
— Começando por esse lugar. Por esse trabalho. Por essas inquilinas...

Ela ia continuar, "por você", já que havia sonhado em se casar com um homem que pudesse lhe oferecer uma situação financeira melhor, com pelo menos uma ida a Paris anualmente.
— Eulália... Eulália... Eulália... tem gente que tem muito menos, praticamente um décimo disso tudo que nós temos e é feliz... ainda bem que temos o que temos, pouco ou muito ainda é bem melhor do que não termos nada.
— Você se contenta com pouco.
— E você, meu bem, não se contenta com nada. Sempre foi assim. Incontentável. Enquanto não tínhamos um carro se dizia infeliz por não ter um carro. Quando conseguimos comprar um, logo se sentiu insatisfeita por não termos o modelo mais novo. Quando compramos o modelo mais novo, você logo achou que aquele modelo de carro não era digno para você. Compramos outro, e outro, e outro, e logo vinha você sempre descontente com o carro que comprávamos.
— O meu sonho sempre foi ter uma Mercedes. Que nem o marido da Rosinha tem.

O marido não lhe deu ouvidos, prosseguiu:
— Com a casa foi a mesma coisa. Juntamos dinheiro para comprar uma casa melhor, compramos, e logo você estava novamente insatisfeita com a nova casa. O problema agora era a casa e o bairro. Vendemos a casa e compramos outra num bairro melhor, como você queria. Aí o problema era o trabalho. Você insatisfeita com o trabalho. Como a casa era grande surgiu a ideia de transformá-la numa pensão para moças e assim ter seu próprio negócio. Você pediu demissão e abriu a pensão. Sucesso! Mas logo a pensão começou a se tornar um fardo para você, como era um fardo o trabalho antigo, como era um

fardo ficar desempregada, e como será um fardo mesmo que mude de trabalho.
— Você falando assim parece até que eu sou a pior pessoa do mundo.
— Você não é, não foi, nem nunca será a pior pessoa do mundo, meu amor. Mas é a pior pessoa consigo mesma.
— Eu sempre gostei de melhorar minhas condições.
— Quanto mais tem, mais quer...
— Que mal há em querer melhorar a situação financeira e o status social?
— Acontece, meu anjo, que quem tem mais do que precisa quase sempre se convence de que não tem o bastante...
Eulália fez bico. O marido acrescentou, entusiasmado:
— Aprecie as coisas que possui, minha esposa, sejam elas poucas ou muitas, valorosas ou não tão valorosas, aprecie. Faça o mesmo com o ser humano.
— Sabe qual é o seu problema, Belmiro? Sério mesmo, são esses cursos que você faz no Centro Espírita. Desde que começou a fazê-los, ficou como a Poliana*. A vida é linda... A vida é bárbara... A vida é cor-de-rosa... Lilás... Cheia de borboletas coloridas e beija-flores esvoaçantes pelo céu...
— Cursos que você deveria frequentar, minha cara. Iriam ajudá-la muito diante dos seus "problemas".
— Tenho mais o que fazer.
— Ficar horas e horas no salão de beleza, fazendo unhas, cabelo, pés e falando mal da vida dos outros?
A mulher voltou seus grandes olhos esverdeados para o marido, tomada de indignação e protestou:
— Os outros falam de nós também, sabia?
— E porque eles falam mal você tem que revidar?
— Sabe o que você é, Belmiro? Um inocente, um simplório. Um hipócrita.
O marido deu de ombros. Eulália era páreo duro. Ela bufou e voltou a ler o prospecto que estava sobre o balcão.

---

*Poliana: história em que uma menina ensina as pessoas sobre sua relação com o jogo do contente, que havia aprendido com seu pai no dia em que esperava ganhar uma boneca e recebeu um par de muletinhas. Seu pai lhe explicou que não existia nada que não pudesse nos fazer felizes, e ela então ficou contente por não precisar das muletinhas. E, depois desse dia, criou o jogo de procurar em tudo o que existia ou acontecesse, alguma coisa que a fizesse contente, e assim passou a ensinar isso sempre que encontrava alguém triste, aborrecido ou mal-humorado (N. do A.).

– Que prospecto é esse que você está lendo? – perguntou Belmiro tomado de certa curiosidade.

– De uma clínica de cirurgia plástica. Estou pensando em dar uma recauchutada no corpo. É preciso. Se eu não me cuidar, você me troca rapidinho por uma ninfeta.

– Quanta bobagem, para não dizer futilidade.

– Futilidade, é? Sei...

Belmiro sentiu mais uma vez pena da esposa, a mesma que sentia das pessoas que não conseguiam se contentar com nada que produziam na vida, e no caso, era boa parte da humanidade. Um mal que se abatia sobre todos como uma espécie de câncer.

Feliz daquele que despertar em seu interior uma boa dose de contentamento. Feliz daquele que conseguir se desapegar pelo menos um pouco das futilidades que a ilusão material traz... Que perceber que há coisas mais carentes de atenção pelo mundo, tal como a solidariedade, o bem, que despertam a beleza interior que, afinal, é só o que o ser humano pode levar consigo para o Além.

As reflexões de *seu* Belmiro foram truncadas pela voz aguda e destoante da mulher:

– Mas essa tal de Izabel não passa de uma safada. Uma safada de marca maior.

– Não julgue as pessoas, Eulália. Não é certo.

– Você ainda verá que ela não é flor que se cheire. Ouça o que eu lhe digo. Guarde bem na memória porque você ainda há de me pedir perdão por ter duvidado da minha intuição.

Seria mesmo Izabel uma jovem leviana, perguntou-se Belmiro em silêncio. Mas nem bem a pergunta foi feita ele ouviu as palavras que foram ditas na última sessão que estivera no Centro Espírita. "Não tome o julgamento dos outros como certo sem antes consultar o seu interior, o seu coração, o seu guia espiritual."

E seu guia espiritual continuava a lhe dizer que Izabel era uma moça idônea, uma jovem admirável. E foi a essa opinião que ele se apegou.

Aquela noite foi para Izabel como um sonho bom do qual não se quer acordar jamais. No dia seguinte, acordou mais do que disposta para trabalhar, e também para viver. Nunca se sentira tão entusiasmada com a vida como agora.

Que bom, percebeu ela, que havia mudado para São Paulo; talvez, morando no Rio de Janeiro, não tivesse a mesma sorte de conhecer um moço tão simpático e bem-intencionado como Rodrigo Lessa. A ele, certamente não o conheceria, visto que morava e trabalhava em São Paulo. Sem a mudança para lá nunca haveria de ter conhecido aquele que acreditava ser o homem da sua vida.

Antes de partir para a casa de Valentina, Izabel pôs um bilhete sobre a cômoda para lembrá-la de escrever uma carta-bilhete para Guilhermina para dividir com a amiga a grande novidade, a alegria que estava sentindo desde que Rodrigo Lessa entrara na sua vida. Ah, o amor... Ah, a paixão...

Já eram onze horas da manhã e Izabel, como sempre, estava a caminho da casa de Valentina quando teve uma agradável surpresa. Vicente, o vizinho bondoso, que muitas vezes ao vê-la passar sorria para ela e acenava carinhosamente, desta vez chamou-a para lhe oferecer uma flor.

– Para você – disse o homem, com um vozeirão bonito. – Uma flor para uma flor.

Izabel sorriu encantada. Agradeceu:

– O senhor é muito generoso.

Os dentes fortes e brancos do simpático senhor tornaram a brilhar ao sol da manhã. Nisso, o cão de estimação de *seu* Vicente latiu:

– Esse é o Tobias – apresentou o homem – e eu me chamo Vicente.

– Muito prazer, sou Izabel – e, baixando os olhos até o cão, Izabel comentou:

– Ele é adorável.

– Só ele?

Izabel divertiu-se com a pergunta:

– O senhor também.

O simpático senhor tornou a sorrir e Izabel comentou:

– Eu também tinha um cão, mais de um na verdade, quando morava na fazenda. Ninguém nos faz tanta companhia como eles, não?

Vicente concordou com a cabeça e deu sua opinião:

– O cão tem a capacidade de levantar o ego dos homens, pois para ele o dono é como um deus amado e idolatrado. Possuir um cachorro faz com que as pessoas se sintam importantes e poderosas. Eleva sua autoestima. Sua companhia nos faz perceber também o quanto é bom desfrutar da companhia de um ser vivo, algo que está se diluindo com o corre-corre que esses tempos modernos trouxeram para a vida das pessoas.

"No atual estado de decadência em que vivemos, os cães são essenciais para o ser humano, pois seu amor incondicional faz com que todos percebam que não há nada mais atraente e tocante do que dar ao próximo um amor incondicional.

"Essa dedicação e esse amor incondicional nos inspiram a pensar: imaginem como seria o mundo se todos amassem uns aos outros incondicionalmente, aguardassem pela companhia do outro com a alegria com que um cão aguarda a companhia daqueles com os quais convive.

"Se todos se encontrassem e se abraçassem, como velhos conhecidos, descobrissem que se amam e se unissem na verdade dos amigos, chegariam ao que Jesus pediu: *amai-vos uns aos outros como eu vos tenho amado.*"

E, baixando a voz, o senhor sorridente acrescentou:
– Eu tenho uma fraqueza na vida, Izabel. Gosto de ver as pessoas felizes.

A jovem voltou seus olhos castanhos para o simpático senhor sem esconder a surpresa. Jamais em toda a vida pensou conhecer alguém que sentisse necessidade de ver as pessoas felizes. Aquilo era admirável. Com carinho ele acrescentou:
– Gostaria de vê-la feliz, minha jovem. Muito feliz.

Suas palavras repercutiram tão fortemente dentro de Izabel que ela por pouco, não chorou de emoção. De repente, sentiu-se muito agradecida a Deus por ter lhe permitido conhecer um ser humano tão amável e cheio de boas intenções para com o próximo como aquele bondoso homem. Ah, se todos fossem iguais a ele... – pensou Izabel – quanto orgulho Deus sentiria de nós... Quanta satisfação por ter nos criado.

Capítulo 5

O casamento

Como Valentina previra, em menos de uma semana, lá estava Emilio César novamente visitando-a com a desculpa de que não se lembrava se havia passado por lá ou não.

Chegou a ficar uma hora falando com a inválida e procurando o tempo todo encaixar Izabel na conversa. Valentina não se divertira como naquele dia, fazia muito tempo.

Ainda que soubesse que Izabel estava apaixonada por Rodrigo Lessa, namorando-o seriamente, algo lhe dizia que seria bom que Izabel conhecesse Emilio César, ao menos para tirar a prova dos nove. Saber exatamente se o que sentia por Rodrigo era de fato amor.

Na crença de que para isso Izabel precisava conhecer Emilio César um pouco melhor, ela resolveu dar uma mãozinha. Fez o possível e o impossível para aproximar os dois.

Assim que o rapaz se levantou para partir, algo que retardou até não poder mais, Valentina disse:

– Explique para a Izabel o que ela deve fazer se eu tiver algum problema, tal como falta de ar, taquicardia, acesso de tosse...

– Bem... – gaguejou o rapaz, apreciando intimamente a sugestão.

– Não aqui – ralhou a dona da casa –, por favor, estou cansada – e, voltando-se para Izabel, ordenou: – Vá, filha, acompanhe o rapaz até a sala e ouça as explicações.

Um sorriso bonito estampou-se na face de Emilio César, enquanto outro despencava da face de Izabel.

Antes que os dois saíssem, Valentina acrescentou:

– Convide Emilio César para almoçar, Izabel. Selma, sempre faz comida para um batalhão e hoje tem estrogonofe...

– Não é preciso... – agradeceu o rapaz.

– De frango...
– Eu agradeço...
– Com batata palha...
Ele sorriu:
– Bem, a senhora conseguiu me deixar com água na boca, agora tenho de aceitar.
– Izabel vai lhe fazer companhia – adiantou Valentina, fazendo um aceno com a mão para sua jovem dama de companhia.
Izabel mal podia acreditar no que se passava. Estava literalmente boquiaberta com Valentina. De repente, a senhora parecia mais uma daquelas adolescentes que adoram interpretar o cupido na vida das amigas para uni-las com o sexo oposto.
Durante o almoço, Emilio César se esforçou ao máximo para envolver Izabel numa conversa agradável e amigável. Visto que ela pouco falava de si, talvez tivesse dificuldades para isso, ele resolveu falar de si mesmo.
Sua voz – a voz de um jovem entusiasmado – era cheia de orgulho. Era uma daquelas pessoas que gostava da vida. Não da vida em si, mas do prazer de existir.
Assim que a moça se viu novamente a sós com Valentina, a surpreendente senhora explicou:
– É bom que você conheça e se envolva com outros homens, Izabel, para que possa saber realmente se o que sente em relação àquele que namora é de fato amor. Compreendeu?
– Se essa era a intenção da senhora já tenho a resposta. É do Rodrigo que eu gosto. E com quem, se Deus permitir, vou me casar.
– Gosta dele porque ele foi o primeiro. É sempre assim. A primeira paixão sempre põe as que vêm depois no chinelo. Mesmo que a primeira tenha sido canalha.
– Mas o Rodrigo não tem nada de canalha.
– Eu sei, minha querida. Estava apenas dando um exemplo.
Ela ouvira mesmo Valentina dizer "minha querida?", daquele modo tão gentil ou estaria imaginando coisas? Perguntou-se Izabel, mais uma vez espantada com a reação da patroa.
No dia seguinte, como combinado, Izabel se encontrou mais uma vez com Rodrigo Lessa. Por ser seu dia de folga, ambos puderam passar o dia todo juntos. Sabendo que Izabel desconhecia praticamente tudo o que São Paulo podia oferecer de bom aos seus

moradores e visitantes, Rodrigo fez questão de levá-la para conhecer esses lugares.

Começou com um passeio no Parque do Ibirapuera, depois a levou para visitar o Museu do Ipiranga, e mais tarde para assistir a um filme numa das mais belas salas de cinema do centro da cidade.

– Você está adorável, Izabel – comentou ele, assim que se aconchegaram no escurinho do cinema.

– Você também, Rodrigo. Estou adorando os nossos passeios, sua companhia.

A seguir, ele a beijou carinhosamente no rosto, provocando uma onda de calor densa e deliciosa em Izabel. Após um suspiro de prazer ela acrescentou:

– Gostaria muito de conhecer o Jardim Botânico um dia...
– O Jardim Botânico? – espantou-se ele. – No Rio de Janeiro?
– Não. O que fica aqui em São Paulo.
– Ah... é lógico, o de São Paulo... – riu ele – só eu mesmo para pensar no do Rio.

– Gostaria de conhecê-lo porque minha patroa me falou muito bem dele, disse que é lindo de se ver...

– É lógico que a levo, meu amor. No seu próximo dia de folga. Combinado?

E como combinado, Rodrigo Lessa levou a namorada para visitar o Jardim Botânico na semana seguinte. O lugar era um convite à introspecção, à paz, à comunhão com Deus.

Valentina não havia exagerado em nada quando se referiu ao lugar como um dos mais encantadores da cidade, concluiu Izabel.

Diante do lago cheio de vitórias-régias, Izabel se lembrou da triste história que Valentina viveu ali com Fernando. E teria se sentido mais uma vez invadida de pena da mulher se não houvesse se lembrado do que ela lhe disse: "E confesso que ao contrário de muitas mulheres, fiquei feliz por vê-lo se casando com a mulher que tanto amava".

– No que está pensando? – perguntou Rodrigo ao perceber que a namorada estava com a mente longe.

– Estava pensando no amor.

– Ah, no amor...

O rapaz que se mantinha olhando para ela, encantado, parecia também compartilhar da mesma felicidade que ia na alma de sua doce namorada.

Izabel voltou para casa naquele fim de dia sentindo-se a mulher mais feliz do mundo, descobrindo-se ainda mais apaixonada por Rodrigo Lessa, querendo viver para sempre ao seu lado.

Nos meses que se seguiram, Emilio César continuou visitando Valentina com a desculpa de que gostava muito de conversar com ela. Chegou a almoçar mais vezes por lá por insistência da dona da casa, como se fosse realmente preciso insistir, e, como sempre, na presença de Izabel como ela ordenava.

Aquilo se tornou para Valentina uma tremenda diversão, a maior que já tivera nos últimos anos, como uma novela em que se aguarda ansiosamente para saber o que vai acontecer com seus personagens nos capítulos seguintes.

Tanto Emilio César como Rodrigo eram jovens bonitos, encantadores e trabalhadores e, ao que tudo indicava, encantados por Izabel, observava Valentina. Só havia uma diferença entre os dois: Rodrigo era melhor de situação financeira e Emilio César de classe média baixa, só isso... Mas o fato de Rodrigo ter melhores condições financeiras nada significava para Izabel. Ela nunca se ativera ao fato. Gostava de Rodrigo de qualquer maneira. Mesmo se ele não tivesse um centavo sequer.

Revendo os fatos, Valentina percebeu que havia sim uma segunda diferença entre os dois rapazes, Rodrigo entrou primeiro na vida de Izabel e Emilio César em segundo, e por ser o segundo, como Valentina acreditava, tinha menos chances de conquistar o coração da jovem. O que era uma pena, porque, por algum motivo, até então inexplicável, algo lhe dizia que ele, só ele, poderia fazer Izabel feliz.

Pena, uma pena, que mesmo após Emilio César ter lançado sobre a moça indiretas e um desfile de sorrisos encantadores, nada disso conseguiu sequer arranhar a superfície do coração da jovem.

É, não adiantava querer se enganar, haveria de ser com Rodrigo Lessa que Izabel da Silva acabaria se casando, não só por eles já estarem namorando há meses, mas porque Izabel o amava. Amava-o como ela amou um dia Fernando e mais tarde, Humberto, seu marido, concluiu.

Não seria justo também da parte dela torcer somente por Emilio César, acreditar, segundo sua intuição, que só ele poderia fazer Izabel feliz. Ela ainda não tivera a oportunidade de conhecer Rodrigo pessoalmente para poder tirar suas conclusões, quando o fizesse, poderia ter outra impressão a respeito do rapaz, chegar à conclusão de que ele é que era realmente o homem certo para Izabel se casar.

Valentina riu ao se ver refletindo a respeito, surpresa consigo mesma por querer ver Izabel feliz na vida, muito feliz... Exatamente como uma mãe almeja para sua filha.

Sem se dar conta, uma sequência de palavras escapou de seus lábios:

– Dois homens que amam profundamente uma mesma mulher...

– ela já vira isso e sabia o quão perigoso era. Muitos destes casos acabavam em tragédia.

Valentina arrepiou-se inteira e tratou de puxar o lençol até rente do seu nariz como se ele fosse um escudo para protegê-la dos seus próprios temores.

෬෩

Durante os meses que se seguiram, Rodrigo Lessa se fazia presente o maior tempo possível na vida de Izabel. Se não fossem as viagens que tinha de fazer todo fim de semana com o grupo de teatro que administrava, ele passaria mais tempo ainda ao seu redor.

Izabel tornou-se tão apaixonada por Rodrigo que passou a caminhar pelas ruas, murmurando as palavras que queria lhe dizer toda vez que os dois se reencontravam. Sua imaginação criava cenas da chegada de Rodrigo com os braços abertos... louco de amor por ela, louco de saudades dela. Pronto para lhe dizer aquelas frases tolas que toda mulher anseia ouvir toda vez que o homem amado a reencontra: "Eu te amo...", "Você é tudo para mim...", "Sem você minha vida não faz sentido...", "Sem você eu não sou nada", "Com você tudo se torna mais colorido...", "Eu te amo... mil vezes te amo, meu bem..", "Case-se comigo...", "Quero tê-la para sempre, para todo o sempre ao meu lado...", entre outras.

Tão absorvida vivia Izabel nessas fantasias, que um dia não se apercebeu que Vicente vinha em sua direção, carregando as compras que tinha acabado de fazer na cidade.

– Tem gente que parece ter visto um passarinho verde na janela hoje, de tão feliz que está – comentou o simpático senhor.

Izabel sorriu, sem graça e tratou logo de ajudá-lo.

– Bom dia, *seu* Vicente, deixe-me ajudá-lo.

– Não precisa se incomodar, minha jovem.

— Faço questão.
Ela tomou das mãos do senhor uma sacola e carregou para ele até sua casa. Durante o trajeto os dois foram conversando.
— No passado eu já vivi o mesmo que você, minha filha. Foi uma grande história de amor.
— É mesmo?
— Sim. Uma linda história de amor, ainda que tenha tido um fim diferente, mesmo assim, uma linda história de amor.
Ele usou um tom diferente para pronunciar a palavra "diferente", observou Izabel.
— Conte-me — pediu ela. — Fale-me sobre ela... Adoro histórias de amor.
— Conto sim, *fia*. Não é tão longa, mesmo que fosse, ainda valeria a pena ouvi-la *tintim* por *tintim*. O nome dela era Hercília. Um encanto de moça. Apaixonamo-nos à primeira vista. Nessa época eu era porteiro do Clube Pinheiros aqui em São Paulo e ela trabalhava como faxineira por lá. Uma semana depois a pedi em namoro e ela aceitou. Em questão de dias nos tornamos as pessoas mais felizes do planeta.
"Procurávamos ficar juntos o maior tempo possível como se receássemos que esse tempo fosse terminar de uma hora para outra sem razão.
"Tudo ia bem até que ela descobriu que tinha apenas seis meses de vida. Foi certamente um choque para toda a família. Principalmente para nós. Eu não queria acreditar. Não podia. Ela, no entanto, recebeu a notícia aparentando tranquilidade. Se era fingimento, eu nunca saberei. Sua única tristeza diante daquela notícia devastadora era, por incrível que pareça, não poder realizar seu maior sonho. Entrar numa igreja toda decorada de flores vestida de noiva para realizar seu casamento.
"Sabendo que seu maior sonho era esse decidi me casar com ela imediatamente. Em um mês ajeitamos tudo e nos casamos na igreja de São Judas, no bairro do Jabaquara, aqui mesmo na capital.
"Hercília estava linda, linda de doer... Uma formosura... Sua alegria saltava-lhe aos olhos. Após a cerimônia houve uma festa, simples, logicamente, mas feliz. Depois partimos para a nossa lua-de-mel... Que também foi linda e inesquecível."
Ele parou para enxugar os olhos.
— E depois, o que houve? — perguntou Izabel ansiosa.

– Ela faleceu. Exatamente como o médico havia previsto. Seis meses depois do diagnóstico da doença. Ô doença ruim...
Ele permaneceu em silêncio por um ou dois minutos, os olhos obscurecidos pela lembrança.
– E o senhor como ficou? – perguntou Izabel quando achou propício.
– Fiquei ciente, *fia*, de que Hercília desencarnou bem mais feliz do que se não tivéssemos nos casado. Isso confortou meu coração. Nunca encarei a morte como o fim do ser humano. Sempre a encarei como uma passagem, uma nova oportunidade de vida. Principalmente para aqueles cujo físico adoentado não pode mais abrigar o espírito.
"Sempre carreguei dentro de mim, assim como carrego minha sombra, a certeza de que todos nós podemos nos reencontrar com todos aqueles que amamos e que agora se encontram no plano espiritual. Essa certeza tranquilizou o meu coração diante da saudade."
Ele parou ao ver a face linda de Izabel sendo riscada por lágrimas de dor e de emoção.
– Desculpe-me por chorar – disse ela. – É uma história de amor tão comovente e ao mesmo tempo tão triste, *seu* Vicente...
– Não se desculpe, *fia*. Não há quem não chore quando eu conto esse trecho de minha vida.
– Como o senhor se recuperou disso tudo? Como se reergueu? Se fosse comigo eu não me recuperaria jamais.
– A vida nos faz mais fortes do que pensamos, *fia*. Bem mais fortes.
"Será?", pensou Izabel em silêncio. O que o senhor Vicente disse a seguir espantou Izabel ainda mais.
– Eu cheguei a me comunicar com Hercília depois de sua morte.
– C-como?!
– Por meio de um médium que psicografou uma carta ditada por ela.
– Médium? O que é isso?
– São pessoas que têm habilidade para se comunicarem com os mortos, *fia*. Escrever cartas e livros ditados por eles. Apesar de todos nós termos o dom da mediunidade, ela não está desenvolvida na maioria de nós. É aí que entram os médiuns, por ser o meio mais prático para aqueles que desencarnam se comunicarem com seus entes queridos. Dizer o que não puderam dizer por uma questão de

espaço e tempo. Na carta que Hercília ditou para o médium ela me agradecia mais uma vez por tudo o que eu fizera por ela nos seus últimos meses de existência terrestre.

– C-como sabe... Como sabe que a carta foi realmente ditada por sua esposa falecida e não algo inventado por esse tal médium?

– Porque nela havia pormenores que só nós dois tínhamos conhecimento. Citava as promessas que fizemos um para outro nos tempos de namoro e que realizaríamos quando a vida permitisse nos unir de novo. Na carta ela reforçava também o pedido que me fizera antes de partir. Que eu me casasse novamente, que tivesse os filhos sonhados, pois essa era ainda a minha missão. Por essas palavras, só nossas, eu pude ter a certeza de que só ela mesmo é que poderia ter ditado aquela carta.

"Tempos depois, fia, eu cumpri o que lhe prometi. Casei-me outra vez, com uma jovem encantadora, tive meus filhos, um casal que me deu lindos netos e bisnetos. Depois de quarenta anos de casado, minha segunda esposa desencarnou. Foi sofrido também. Eu a amava muito. Mas tinha de me conformar, ela cumprira sua missão para esta reencarnação e uma vez cumprida havia de partir.

"Eu que pensei que minha história chegara ao fim descobri que nunca há fim para história alguma. Por mais que alguns queiram finalizá-las, há sempre tempo para vivermos novas experiências e descobrirmos que a vida pode nos surpreender bem mais do que pensamos.

"Aos setenta anos conheci Elvira, quarenta anos mais jovem que eu. Foi amor à primeira vista. À primeira vista também foi a certeza de que ela era minha querida Hercília que havia reencarnado como Elvira e que se unia a mim novamente para que pudéssemos viver o que não pudemos viver no passado. Estamos juntos até hoje, já faz vinte anos."

Izabel guardou para si o pensamento: Como podia um homem tão gentil e simpático acreditar que a jovem com quem se casara era a primeira esposa falecida? Por fim comentou:

– Quer dizer que o senhor já tem...

– Sim, fia. Noventa anos. Essa é a vantagem da pele negra. Esconde a idade como ninguém.

"Muitos pensam que só poderão se reencontrar com seus entes queridos que desencarnaram no plano espiritual ou numa próxima reencarnação, mas não, esse reencontro pode ocorrer aqui mesmo durante sua permanência na Terra desde que um dos envolvidos na história permaneça reencarnado. Foi o que ocorreu comigo. Há muitos casais espalhados pelo mundo que também comprovam esse fato.

"Izabel, minha querida Izabel, não se esqueça jamais de que por trás das nossas histórias de vida há sempre um motivo. Muitos porquês fogem a nossa compreensão, mas quando os vemos pela lente do amor e da reencarnação, podemos encontrar a resposta para tudo."

ଔଃ୬

Nesse ínterim, Guilhermina marcou oficialmente a dada do seu casamento com Giancarlo e escreveu para a amiga querida para lhe contar a grande novidade.

Querida Izabel,
Não sabe o quanto estou feliz... Imensamente feliz... Eu e Giancarlo marcamos a data do casamento. Vai ser em maio, no mês das noivas, como eu sempre quis.
Quero muito que venha para o casamento e seja minha madrinha ao lado do meu irmão. O Anselmo está solteiro, como você bem sabe, e entrou numas de querer levar essa vida de solteiro por um bom tempo, portanto, não creio que arranje uma namorada até lá, mesmo que sim, você e ele serão os meus padrinhos e não se fala mais nisso...

Izabel ficou verdadeiramente feliz por Guilhermina, desejando do fundo do seu coração que Giancarlo fizesse da amiga querida uma mulher tão feliz quanto Rodrigo Lessa fazia dela.

Noutro trecho da carta lia-se:

Venha passar o fim de ano conosco. O réveillon no Rio de Janeiro é lindo.

Como poderia ela passar o fim de ano no Rio, suas férias só seriam em fevereiro quando completasse um ano de trabalho, além do mais não poderia deixar Valentina sozinha durante essas datas comemorativas, não seria justo passá-las só. Ela iria sim para o Rio, mas em maio, para o casamento.

Quando Guilhermina contou a mãe que convidara Izabel para ser sua madrinha de casamento ao lado de Anselmo, Olga fê-la mudar de ideia na hora.

— Perdeu a cabeça, filha?
— É lógico que não, mamãe. Qual o problema de eu convidar Izabel para ser minha madrinha? Gosto dela. Tenho-a como a uma irmã, a senhora bem sabe. Os padrinhos dos noivos devem ser pessoas que admiramos e que queremos bem.
— Izabel não sabe se portar num altar cercado de pessoas da alta sociedade, Guilhermina. Vai ser ridículo para você, para todos e, principalmente, para Izabel se ver diante de uma situação dessas. Reflita.
A mãe tinha razão, Izabel era de fato muito simples, ainda assim...
— Ainda assim ela não vai ser sua madrinha e ponto final. Ainda mais com seu irmão. Onde já se viu? A filha do caseiro da fazenda ao lado de Anselmo Scarpini, irmão de Guilhermina Scarpini. O que as pessoas vão pensar e o pior o que vão dizer por aí?
É, a mãe tinha razão mais uma vez, observou Guilhermina com certo desapontamento.
Guilhermina não mais se ateve a esse detalhe e acabou por não confirmar a presença da madrinha. Estava muito ocupada com os preparativos para o casamento: convites, vestido de noiva, igreja (certamente a da Candelária, a preferida da alta sociedade carioca), ornamentação, salão para a festa, bufê, orquestra, escolha da comida do bufê etc.

Abril

O convite do casamento de Guilhermina e Giancarlo foi entregue pelo carteiro na pensão em que Izabel morava. Ao recebê-lo, Izabel mal se conteve de alegria.
— Casamento... É? — perguntou Eulália com desdém ao ver a alegria tomar conta da moça. — Coitada, mais uma a cair nessa cilada — comentou ainda com pouco caso.
Izabel não percebeu o tom de descaso de Eulália de tão feliz que estava pela notícia.
Assim como seu Vicente, ela queria muito ver as pessoas felizes, especialmente Guilhermina, por gostar muito dela.
Naquela mesma noite, Guilhermina ligou na pensão para falar com Izabel.
— Você vem para o meu casamento, hein, tem de vir, não aceito desculpa — disse a moça imperativa.

– Farei o possível, Guilhermina – prometeu Izabel com sinceridade.
– Faço questão da sua presença. Dê-me o número de sua conta no banco, agência e tudo mais para eu depositar uma quantia em dinheiro para você pagar a passagem, comprar ou alugar um bom vestido... Quero vê-la linda. Você ficará hospedada aqui em casa. Já falei com a mamãe.
– Veja lá, não precisa mandar dinheiro algum. Eu me viro.
– Precisa, sim. É um presente meu para você.
– Eu é que tenho de lhe dar um presente.
– Sua presença já será um grande presente para nós. O melhor e maior de todos.
– Estou tão feliz por você, Guilhermina. Tão feliz...
– E eu por você. Por vê-la se dando bem em São Paulo, namorando... Feliz... O convite é extensivo a você e seu namorado, obviamente.
– Se Rodrigo puder ir o levarei comigo. – Antes de desligar Izabel reforçou o que havia dito há pouco: – Estou tão feliz por você, Guilhermina. Tão feliz...

Infelizmente, na véspera do casamento Valentina passou muito mal. Teve uma diarréia violenta que a deixou muito mal. Pobrezinha.

– Vá, querida, vá para a rodoviária antes que perca seu ônibus – falou a pobre mulher em meio a fortes dores no estômago e grande mal-estar.

– Ela não deveria ter abusado do camarão – comentou Selma entre dentes. – Camarão é gostoso, mas sabe desandar o intestino de uma pessoa como ninguém.

– Cala essa boca, mulher – protestou a patroa, enraivecida.
– Mas é verdade, dona Valentina. A senhora não deveria ter abusado do camarão. As pessoas abusam e depois não querem ouvir repreensões...

– Se eu precisasse de sermão eu chamava o padre Benedito da igreja São Luiz.

Izabel fez um aceno com a cabeça para que Selma se calasse antes que provocasse ainda mais a ira da patroa, piorando o seu estado desalentador.

Ao ver Valentina tão mal, Izabel passou a mão no telefone e ligou para Emilio César.

Ele, assim que reconheceu a voz da jovem do outro lado da linha, foi às alturas de alegria ao pensar: "Finalmente ela me ligou. Que maravilha".

– Emilio, desculpe estar ligando a essa hora, mas é que dona Valentina não está nada bem. Está com diarréia, suando frio, se seu pai ou você...

Alarme falso. O motivo da ligação era outro, mas isso pouco importava. Só o fato de Izabel ter se lembrado de ligar para ele já era um grande sinal.

Vinte minutos depois, Emilio César entrava no casarão de Valentina e era conduzido imediatamente para o quarto da mulher.

– Você vai acabar perdendo o ônibus, meu anjo, vá agora – insistiu a inválida com a voz por um fio para Izabel.

– E deixar a senhora nesse estado?! – revidou Izabel. – Não posso, não me sentiria bem.

– Emilio César está aqui, meu bem, não há o que se preocupar. Ele vai dar um jeito em mim.

E, voltando-se para o rapaz, perguntou:

– Não é mesmo?

– Se eu não puder ajudá-la, chamaremos o seu médico – respondeu ele no seu tom de voz metálico, tranquilo e sereno.

– Não conseguiria relaxar no casamento sabendo que a senhora não está bem – reforçou Izabel com sinceridade.

– Mas vou melhorar.

– Se você quiser, Izabel, eu levo você para a rodoviária de carro – ofereceu-se o farmacêutico.

– Agradeço muito sua oferta, Emilio César, mas creio que não daria tempo de chegarmos à rodoviária.

– A que horas parte o ônibus?

Izabel mentiu sem pensar duas vezes:

– Às nove horas.

Era às dez, mas ela não queria em hipótese nenhuma deixar Valentina naquele estado deplorável. Antes perder um casamento do que perder uma amiga, como ela passara a considerar a mulher nos últimos meses.

Quando Izabel e Valentina novamente ficaram a sós a senhora comentou com sinceridade:

– Você é muito boa, Izabel, boa demais. Os bons neste mundo não têm vez.

– Ora, como assim?

– Você deveria ter ido, é o casamento de sua amiga, de sua melhor amiga...

– Guilhermina no meio de tanta gente bonita, rica e bem-vestida nem vai dar por minha falta.

– Você ligou para avisá-la?

– Sim. Falei com dona Olga. Expliquei a situação. Ela compreendeu. Assim que puder, irei visitar Guilhermina e Giancarlo na casa do casal.

– Giancarlo?

– Sim, é o nome do rapaz com que ela vai se casar.

– Bonito nome. Raro de se ouvir.

– Eu também nunca tinha ouvido falar antes. Por que será que há nomes que se destacam mais que os outros?

– Por soarem mais bonito aos nossos ouvidos. Valentina é também um nome raro. E sabe de uma coisa, eu gosto do que é raro.

Izabel se sentiu menos preocupada ao ver a patroa conversando com ela com mais naturalidade, arfando menos, parecendo estar com a saúde mais recuperada.

cs&o

Trajando um lindo vestido de cetim branco, com buquê composto de azaleias e crisântemos, belas damas de honra, tudo que um casamento merece ter, Guilhermina Scarpini se casou com Giancarlo Vommaro. Uma cerimônia maravilhosa e inesquecível. No meio da correria, Olga acabou se esquecendo de contar para a filha que Izabel ligara, explicando que não poderia estar presente na cerimônia por causa de um imprevisto.

– Você viu a Izabel? – perguntou Guilhermina a certa altura da festa para Anselmo.

– Não.

– C-como, não? Ela não veio com você?

– Não. Lá em casa ela não apareceu.

– Mamãe, cadê a Izabel?

– Izabel Bellavenutti?

– Não, mamãe, a Izabel, filha da dona Palmira e do *seu* Argemiro da fazenda...

— Ah, filha, esqueci de lhe dizer, ela ligou e...
— Pobre Izabel, que pena, que pena que ela não pôde vir.
Ao ver o cenho fechado da esposa, Giancarlo perguntou:
— Aconteceu alguma coisa, meu amor?
— Uma amiga, uma grande amiga minha que não pôde vir ao casamento.
— Não deixe que uma coisa dessas estrague a sua noite, a nossa noite, venha, vamos dançar.

Giancarlo beijou Guilhermina mais uma vez nos lábios e a puxou para a pista de dança onde muitos dos convidados, principalmente os casais, dançavam de rosto colado ao som da bela orquestra contratada para tocar e alegrar a festa.

Naquela mesma noite, alta madrugada, o casal partiu em lua-de-mel para Nova York. Somente quando regressaram e Guilhermina conseguiu pôr toda sua casa em ordem é que ela escreveu para Izabel contando sobre o casamento, a lua-de-mel e exigindo que ela fosse ao Rio o mais urgente possível para conversarem pessoalmente e ver as fotos do casamento.

Izabel escreveu prometendo que, assim que pudesse, estaria lá. Era uma promessa. Nem que fosse sem o Rodrigo, que recentemente andava mais ocupado com os negócios que o normal.

Dois dias depois de remeter a carta para Guilhermina, Izabel ouviu da boca do seu homem amado aquilo tudo que toda jovem apaixonada quer tanto ouvir.

— Case-se comigo...

Ela sonhara ouvir aquele pedido, mas não pensara que seria feito em tão pouco tempo.

— Casar?!

— Sim — afirmou Rodrigo. — Casar! Só nós dois, para sempre, juntos... Quero ter você para sempre, para todo o sempre ao meu lado, Izabel.

Izabel deixou que seu sorriso bonito, ainda que acanhado, respondesse por ela. Sim, foi isso que ele expressou. É, desta vez, foi ela quem beijou Rodrigo com seus lábios quentes, loucos de desejo e paixão.

— Sairemos à noite, esta noite para jantar e comemorar. Que tal?
— sugeriu Rodrigo empolgado.

Izabel quis dizer não, não ficava bem uma moça sair com um rapaz à noite, só os dois, ainda mais de carro, mas a saudade que lhe queimava a pele e apunhalava o seu coração lhe fez dizer sim, sim, meu bem, sim. Também não haveria por que se preocupar, os dois em breve estariam casados para sempre e felizes.

Naquela noite, Izabel vestiu-se com mais cuidado, tomou alguns minutos para escolher um vestido e desfilou em frente ao pequeno espelho com cada um dos quatro vestidos que tinha em seu humilde guarda-roupa, a fim de escolher qual caía melhor para a ocasião.

Acabou escolhendo um que fora usado por Guilhermina e que ela lhe dera de presente pouco antes de ela partir para São Paulo.

Era um vestido num tom de rosa, bonito e discreto, que sobre sua tez realçava ainda mais sua pele morena e delicada.

A seguir, Izabel penteou os cabelos de forma diferente e partiu quase que flutuando para o encontro.

O jantar foi maravilhoso, até o vinho, que ela provara tão poucas vezes na vida, teve um sabor diferente naquela noite, mais suave e adocicado, mais encantador.

Assim que os dois deixaram o restaurante, Rodrigo propôs levar Izabel até o apartamento onde ele vivia. Já quisera levá-la anteriormente, mas ela se recusara terminantemente.

Aquela noite, no entanto, Izabel aceitou o convite. Talvez por estar ligeiramente alta, não por causa do vinho, a dose que tomara não seria suficiente para embriagá-la, mas por estar embriagada de paixão.

O apartamento não era muito grande, mas era extremamente bem decorado e limpo. Rodrigo foi até o toca-discos e pôs uma música de Dolores Duran para tocar.

"Hoje, eu quero a rosa mais linda que houver... E a primeira estrela que vier... Para enfeitar a noite do meu bem... Quero, a alegria de um barco voltando... Quero a ternura de mãos se encontrando... Para enfeitar a noite do meu bem..."[*]

A seguir, envolveu Izabel em seus braços e ficou dançando dois *pra* lá, dois *pra* cá naquela sala iluminada apenas pelo abajur, até se perderem num beijo quente e audacioso. Ele então a arrastou para o sofá onde ficaram trocando beijos e juras de amor.

---
[*]Dolores Duran – A Noite do Meu Bem (N. do A.)

— Eu quero muito você, Izabel, muito... — sussurrava ele no ouvido dela.
— Eu também... Rodrigo, eu também...
Izabel estava tão embriagada de paixão que levou um tempo para que ela se desse conta por onde passeavam as mãos do rapaz em seu corpo.
— Não — disse ela a certa altura.
— Não tenha medo, meu amor. Sou eu, Rodrigo, esqueceu-se? Aquele que a ama e vai se casar com você. Por esse motivo não precisa ter medo.
Izabel nunca permitira que nenhum homem entrasse em sua intimidade. Aquele que o fizesse, seria aquele pelo qual o seu coração falasse mais alto. E seu coração não falava alto por Rodrigo, berrava, gritava e até esperneava de paixão.
Além do mais, ela confiava nele, confiava perdidamente. Afinal, ele só lhe dera motivos para confiar nele. Motivos mais do que suficientes... Tentou acalmar-se. Sentia que se ficasse muito ansiosa, seria pior.
E quando a calmaria chegou, ela se entregou a ele. Entregou-se perdida e apaixonadamente. Foi um momento maravilhoso, marcante, inesquecível... Jamais pensou que sua primeira vez seria tão maravilhosa assim...
Rodrigo a beijava com ternura, suave e intensamente ao mesmo tempo, até onde seus lábios podiam alcançar. Deixando-a consciente de seus movimentos e ao mesmo tempo inconsciente... Quase em coma...
— V-você... — suspirou Izabel, em êxtase. — V-você é tudo o que eu tenho no mundo. O que há de mais importante...
— V-você também, Izabel, você também...
Uma nova torrente de beijos impediu Izabel de continuar falando. Quando o sono veio Izabel se permitiu dormir ali mesmo, ao lado daquele que seria seu futuro marido sem atiçar seus temores. Foi a primeira vez desde que ela se mudara para a pensão que ela dormira fora. E tão feliz...

Meados de agosto

Por exigência de Valentina, Izabel acabou finalmente tirando suas férias, já fazia um ano e meio que trabalhava para a senhora e se deixasse por conta dela, acreditava Valentina, não tiraria férias nunca. Algo errado, pois todo mundo precisa se dar um tempo de folga para relaxar, aproveitar a vida. Com isso, Izabel pôde finalmente cumprir o prometido a Guilhermina, visitá-la no Rio de Janeiro.

Desta vez Izabel resolveu fazer a viagem para lá de trem, um desejo antigo que até então nunca pudera ser realizado. Era uma agradável manhã de sábado quando Izabel tomou o trem na Estação da Luz em São Paulo, aconchegou-se numa das poltronas desconfortáveis do vagão e pensou: dentro de algumas horas estarei novamente ao lado da família Scarpini... Sentindo os velhos ecos do passado que sempre emergem quando me vejo ao lado deles...

Por diversos momentos durante o trajeto, Izabel se pegou observando a paisagem por onde passava a locomotiva. Ao avistar as casas simples de madeira, com fumaça saindo de suas chaminés, ela se lembrou de sua casa na fazenda onde nasceu e viveu até os dezoito anos.

A lenha e o cheiro de pinheiros e folhas macias e úmidas do outono... A garapa que o pai fazia durante o verão... O cheiro gostoso de pão sendo assado pela mãe no fogão de barro, o mesmo que ela e a mãe se sentavam ao lado para se aquecerem nos dias de inverno rigoroso.

Ah, que saudade daqueles tempos, tempos que não voltariam mais, tempos que nunca se apagariam da sua memória, tempos que ela guardaria com carinho para sempre dentro dela.

Os ecos do passado levaram lágrimas até os olhos de Izabel, lágrimas que ela enxugou com um lencinho de linho, presente que ganhara de Natal de Selma. Teria derramado muito mais lágrimas se não tivesse procurado desviar seus pensamentos para Rodrigo e o futuro que viveria ao lado dele, com os filhos sendo criados pelos dois com os princípios que ela herdara de seus pais.

Guilhermina, como prometido, estava na estação aguardando pela amiga. Quando avistou Izabel descendo da locomotiva correu até ela e a abraçou fortemente. Minutos depois, as duas se encontravam sob o teto do belo casarão onde Guilhermina residia agora com o marido.

– O fotógrafo me prometeu entregar as fotos do casamento na semana que vem. Estou louca para vê-las e para mostrá-las a você. Foi tão lindo, uma noite tão perfeita, pena que passou tão rápido.

Agora, venha, vou levá-la até seu quarto para que possa tomar um banho e tirar o cansaço da viagem.
– Parabéns, Guilhermina, a casa ficou linda – saudou Izabel com sinceridade.
– Não é um sonho?
– Sim. Um *sonho*... – concordou Izabel achando graça da expressão.
E pegando na sua mão, Guilhermina guiou a amiga até o quarto de visitas especialmente preparado para recebê-la. Depois de explicar como se tirava água quente do chuveiro, o que não seria necessário devido ao inverno ameno do Rio, em todo caso... Guilhermina deixou Izabel a sós.
– Se precisar de mim é só me chamar – disse pouco antes de fechar a porta.
– Obrigada.
Assim que Izabel se viu só, voltou-se novamente com admiração para o quarto, limpo e decorado belamente, como tudo mais na casa, por um dos melhores decoradores do Rio de Janeiro.
A seguir, tirou algumas roupas da mala, pendurou-as nos cabides dentro do guarda-roupa, depois se despiu e foi tomar seu banho. Nada melhor do que um banho para revigorar as energias. Quando terminou, vestiu-se, perfumou-se e só então desceu os quinze lances de escada que conduziam ao *hall* do térreo.
Ao vê-la, Guilhermina tomou-lhe a mão e a puxou, dizendo:
– Venha, Giancarlo acabou de chegar, está no escritório vendo a correspondência, vou apresentá-los.
Izabel foi levada até uma sala pequena, na qual viu um rapaz de cabelos claros sentado junto a escrivaninha. De costas para ela.
– Meu amor, esta aqui é a Izabel de quem eu falo tanto.
O rapaz empurrou a cadeira para trás, levantou-se e só então voltou-se na direção de Izabel.
– Como vai? – perguntou sorrindo amavelmente.
O sorriso desapareceu imediatamente do rosto da jovem. Ou aquilo era um pesadelo, uma alucinação, ou uma brincadeira de muito mau gosto. Diante dela estava, nada mais nada menos, que Rodrigo Lessa, seu namorado.

Capítulo 6

A decepção

Foi o aperto da mão de Guilhermina sobre a sua que despertou Izabel do transe.
– Ele não é um sonho, Izabel? Não é?
– S-sim, um sonho... – respondeu a amiga de infância com a voz retorcida.

Giancarlo estendeu a mão para ela e ainda que trêmula Izabel levou a dela até a dele para trocarem um aperto de mãos, o que ele fez sem tirar os olhos dos dela, mergulhando fundo em seus olhos, querendo dizer alguma coisa por meio deles.
– Muito prazer.

Ela não respondeu, por mais que tentasse, nada conseguia ser articulado em sua garganta.
– Izabel também não é um sonho, Gian?

O canto dos lábios dele se repuxaram num sorriso maroto antes de concordar:
– Sim. Um sonho...

As palavras pareceram explodir dentro de Izabel. O rosto dela contorceu-se dolorosamente. Suas pupilas contraídas, olhavam o espaço, para além dele.
– Seja bem-vinda – acrescentou Giancarlo com cautela.

Seu tom dava a entender: "Isso... continue a disfarçar o choque fingindo que nunca me viu".
– Bem, eu vou tomar meu banho – anunciou Giancarlo a seguir.
– Vá mesmo, querido, o jantar já está quase pronto.

Ele parou mais uma vez diante do rosto rubro de Izabel e disse com certa malícia:
– Até daqui a pouco, Izabel.

Ela assentiu com a cabeça, balançando-a de cima a baixo lentamente.

Assim que ele pisou no primeiro degrau da escada, voltou mais uma vez o rosto na direção da jovem que permanecia olhando para ele aturdida. E novamente ela percebeu a mensagem que ele lhe transmitia pelo olhar: "Isso... continue a disfarçar o choque e fingir que nunca me viu".

Guilhermina, de tão empolgada com o encontro, não percebeu nada. Deixou a amiga ali parada, aflita e petrificada, e saiu correndo para a cozinha dizendo:

– A torta, a torta de palmito está queimando.

Izabel permaneceu inerte sem saber o que fazer. Aquilo não podia ser real, não podia. Algo estava errado naquilo tudo. Giancarlo era Giancarlo Vommaro e Rodrigo era Rodrigo Lessa, duas pessoas distintas. Ambos não podiam ser a mesma pessoa. A revelação era chocante demais para ser absorvida de uma vez.

Quando a mão de Guilhermina pousou sobre o ombro de Izabel, ela por pouco não gritou de susto.

– Assustei você? Está tudo bem contigo?

– S-sim... – gaguejou Izabel procurando recuperar a naturalidade. – Estou apenas um pouco cansada da viagem só isso... Importa-se se eu me recolher em meu quarto para descansar até o jantar ficar pronto? Sei que deveria ajudá-la, mas é que...

– Fique à vontade, minha querida. Suba, deite e relaxe um pouco. Eu vou chamá-la assim que o jantar estiver pronto.

Assim que Izabel fechou a porta do quarto de visitas, passou o trinco e se escorou contra ela para não ir ao chão. Ela queria gritar de desespero, chorar de decepção, mas não podia, se fizesse deixaria seus olhos roxos e todos saberiam que ela havia chorado e perguntar-lhe-iam o motivo, e isso não poderia ser dito em hipótese alguma pelo bem da família Scarpini.

Seria melhor não descer para o jantar, alegar cansaço, indisposição e ficar no quarto. Seria horrível, deprimente e ultrajante, ser obrigada a jantar na companhia de Guilhermina e do marido, de dona Olga e de *seu* Alceu, que logo mais estariam ali para jantar com eles a convite da filha. Só de pensar em ter de encarar nos olhos Rodrigo ou Giancarlo, fosse qual fosse seu nome verdadeiro, ela já se sentia nauseada.

Desgraçado... nojento, perverso... como ele pôde fazer uma coisa dessas com ela, enganá-la tão desprezivelmente? Como? Perguntava-se interiormente.

O que Izabel sentia era o choque natural que se sente quando se descobre uma faceta desconhecida numa pessoa que se julga conhecer profundamente.

Haviam se passado trinta e cinco minutos desde que Izabel se trancafiara no quarto de visitas quando Guilhermina chamou por ela. Antes que a voz da amiga ecoasse por mais tempo pela casa chamando-a, Izabel achou por bem responder ao seu chamado.

– Repousou um pouquinho, querida? Está se sentindo melhor? – perguntou Guilhermina assim que a viu vindo na sua direção.

– S-sim – mentiu Izabel.

– O que achou da mesa? – perguntou Guilhermina a seguir.

Izabel olhou-a com admiração crescente nos olhos e disse com sinceridade:

– Está linda.

Guilhermina agradeceu sorrindo.

– Estou tão feliz, Izabel, tão feliz... jamais pensei que a vida de casada fosse tão boa. Como lhe disse certa vez, eu amo Giancarlo. Morreria sem ele.

Izabel sentiu uma mão invisível apertar sua garganta forçando-a a contar a verdade para Guilhermina para quem sabe, juntas, tentassem compreender o que estava realmente se passando com Giancarlo. O que o havia feito se passar por Rodrigo Lessa, mentir descabidamente para ela? Nisso, a campainha tocou.

– Deve ser a mamãe e o papai. Vou recebê-los.

Assim que a mãe entrou na casa, Guilhermina perguntou:

– E Anselmo, mamãe, cadê?!

– Ele já tinha um compromisso para esta noite com a namorada – mentiu Olga, que não lhe passara o convite e fez o marido jurar de pé junto que não diria nada também. Nem para o filho, nem para a filha a respeito.

Olga temeu que se Anselmo reencontrasse Izabel poderia despertar novamente em seu coração sentimentos outrora acalentados por ela. O que seria inaceitável.

– Qual das namoradas, mamãe? – perguntou Guilhermina num tom maroto.

Voltando-se para Izabel, Guilhermina cochichou:
— Anselmo virou um namorador inveterado. Que pena que não veio. Mas não faltará oportunidade para vocês dois se reverem.

Os padrinhos cumprimentaram a afilhada com carinho. Foi só nesse momento que Giancarlo se uniu a eles. Cumprimentou o sogro e a sogra com a mesma afabilidade de sempre. Prestando melhor atenção em Izabel, Olga comentou com uma pontinha de inveja:
— São Paulo fez muito bem para você, Izabel. Nunca esteve tão bonita.
— É verdade — concordou Alceu Scarpini. — Se seus pais estivessem vivos se orgulhariam de você, menina, digo, da ousadia de ter ido para São Paulo com a cara e a coragem.
— É mesmo, Izabel? — comentou Giancarlo entrando na conversa.
— Meus sinceros parabéns. O que você fez é admirável.

E pedindo licença às mulheres, o genro se recolheu com o sogro na sala de estar onde conversaram, enquanto sorviam duas doses de uísque.

Cerca de meia hora depois, Olga apareceu na porta avisando que o jantar estava servido. Cada um sentou-se na cadeira indicada pela anfitriã e o jantar teve início.

Não levou mais que alguns minutos para que Olga se incomodasse com a atmosfera que circulava a mesa.

A atmosfera, pensou a mulher, não estava muito agradável, embora ela não soubesse a origem daquele desconforto. Tudo parecia ter um ar de alegria forçada.

Especialmente para Izabel. Não estava lhe agradando nada o modo como a jovem estava se comportando. Parecia atenta, alerta, incapaz de relaxar. Seus olhos, com olheiras, brilhavam demais. Quando respondia a uma pergunta, respondia-a depressa e quase sem fôlego. Ela estava literalmente fora do eixo, visivelmente transtornada com algo... Mas o quê? O que será que havia transtornado Izabel? Justo ela, que sempre pareceu ser tão segura de si.

O jantar transcorreu sem muitas novidades. No final foi servida como sobremesa um delicioso pudim de leite condensado.

— E você, meu bem, quando se casa? — perguntou Olga para Izabel, enquanto comia seu pedaço de pudim de leite condensado com calda de açúcar queimado.

A pergunta fez Giancarlo lançar um olhar reto e direto para a moça. Um olhar divertido e debochado ao mesmo tempo. Mas Izabel não respondeu. Foi como se a pergunta não houvesse alcançado seus ouvidos. Dona Olga tornou a repeti-la.

— Desculpe-me, Guilhermina, o que foi que você disse?

— Fui eu quem fez a pergunta, Izabel — explicou Olga —, pelo visto a viagem a deixou aérea.

— Tenho trabalhado muito, por essa razão estou tão desatenta, desculpe-me.

"É", disse Olga, para si mesma. "Essa jovem não está bem. Nada bem." E se agradeceu mais uma vez por tê-la afastado de Anselmo.

Novamente, por mais que Izabel evitasse os olhos grandes e bonitos de Giancarlo, eles tornaram a colidir com os seus provocando como sempre aquela fisgada no peito, aquele arrepio que lhe atingia até a alma.

Desta vez, porém, a troca de olhares entre os dois foi percebida por Olga, mas ela fez o possível para não deixar que ambos percebessem o que ela viu.

Após o jantar todos se reuniram na sala com lareira. Guilhermina serviu a todos um saboroso licor caseiro de jabuticaba.

— Esse licor não é uma delícia, Izabel?

Era Olga quem mais uma vez lhe dirigia a pergunta. Mas novamente a pergunta pareceu não atingir os ouvidos da moça. Mãe e filha se entreolharam, pensativas.

— Pobrezinha, está muito cansada — comentou Guilhermina, com a mãe.

Voltando a si, Izabel perguntou:

— Guilhermina, querida, você disse alguma coisa?

As mãos da amiga flutuaram de modo expressivo.

— Foi mamãe, minha querida. Falou apenas do quanto esse licor é saboroso, não é mesmo?

— S-sim, muito bom — concordou Izabel forçando um sorriso.

Novamente os olhos de Giancarlo e Izabel se encontraram e ele pareceu sentir prazer, um prazer mórbido, ao ver o que ele provocava nela.

Olga, que se mantinha discretamente atenta aos dois, pegou mais esse encontro de olhares, o que a deixou ainda mais curiosa.

De repente, subitamente, Izabel se pôs de pé e disse:

– Você se importa, Guilhermina, se eu for até o jardim tomar um pouco de ar? Está um tanto abafado aqui dentro.
Guilhermina levantou-se:
– Em absoluto. Quer que eu vá com você?
– Não precisa se incomodar, querida.
Izabel caminhou até a belíssima porta de vidro que dava acesso ao jardim, abriu-a e saiu.
Atravessar aquela porta foi para ela como voltar à superfície da água depois de ter ficado além dos limites físicos embaixo dela. Nunca o ar da noite lhe caiu tão bem quanto naquela hora, e ela nunca se sentiu tão necessitada dele como naquele instante.
Olga, depois de um momento de hesitação, resolveu ir atrás da moça. Encontrou-a de pé, no meio do jardim, olhando para o céu.
– O que a preocupa, Izabel? Ou a aborrece? – perguntou a mulher, cismada.
Os lábios de Izabel chegaram a se mover, mas nenhuma palavra conseguiu atravessar seus lábios.
– Vamos lá, abra-se comigo. O que a está aborrecendo? Pode se abrir comigo... Sou sua madrinha de batismo, tenho por finalidade ampará-la e protegê-la.
A jovem estava prestes a desabafar com Olga quando Guilhermina se juntou a elas.
– Então vocês estão aqui?!
Guilhermina enlaçou Izabel por de trás com o braço e a puxou para junto dela.
– Estou tão feliz por ter Izabel aqui conosco, mamãe.
Olga forçou um sorriso. Izabel imitou seu gesto. Após Guilhermina contar sobre sua viagem de lua-de-mel as três mulheres voltaram para o interior da casa onde haviam deixado Giancarlo conversando com Alceu.
Assim que Izabel pisou no recinto, sua expressão, altamente condenatória, voltou a distorcer sua face.
Giancarlo deliciava-se com o ar cada vez mais atônito de Izabel e o esforço que ela fazia para não deixá-lo transparecer. Enquanto tomava seu drinque, ria interiormente de todos os presentes, imaginando a cara que fariam se soubessem o que estava se passando por lá.

Emergindo de suas reflexões, o dono da casa aproximou-se de Izabel e, mirando bem em seus olhos assustados e num tom forçosamente cortês e educado, sugeriu:
– Tome um drinque, Izabel, vai lhe fazer muito bem.
– É melhor não...
– Ora por que, Izabel? Tem medo de ficar alta? Perder a compostura? Falar coisas que não deve? Revelar segredos? – brincou ele maliciosamente.

Os olhos escuros de Olga estavam fixos em Izabel, estudando atentamente as reações causadas pelas palavras do genro. Algo passou por sua cabeça naquele instante. Algo absurdo, mas não improvável. Conhecendo o genro como ela julgava conhecê-lo, tudo era possível.

Quando Guilhermina voltou a encarar Izabel com os olhos mais apurados, assustou-se ao ver as feições serenas da jovem contorcidas por estranha emoção.
– O que houve? – perguntou ela preocupada.

Para ter um motivo para se recolher Izabel fez com que sua voz soasse aborrecida e sonolenta.
– Uma indisposição...
– Deve ser por causa da viagem. Você não está acostumada, principalmente a viajar de trem. Aquele balanço deve ter embrulhado seu estômago. Se quiser se recolher para descansar não se sinta acanhada em fazê-lo.
– Vou aceitar sua sugestão, querida.

Izabel lançou um último sorriso a todos e se recolheu.

Olga caminhou até o pé da escada, de onde acompanhou com os olhos a jovem subindo até desaparecer no andar de cima. Uma nova interrogação vincou-lhe a face.

Izabel mal soube como conseguiu chegar até o quarto de visitas e se trancar dentro dele. Aquilo não estava acontecendo, não podia, quem, quando e onde haveria de ter feito uma maldade tão grande como aquela com ela? Não, aquilo só podia ser um pesadelo. Em breve ela acordaria e tudo voltaria ao normal. Giancarlo voltaria a ser Giancarlo, o marido amado de Guilhermina e Rodrigo voltaria a ser seu Rodrigo de antes, de sempre e que ela tanto quis ter para sempre em sua vida até que a morte os separasse.

Ela tirou o vestido pela cabeça e deixou-o cair sobre a cadeira. Foi um gesto involuntário, nem se deu conta do que fez, pois sua cabeça fervilhava de pensamentos querendo urgente e desesperadamente se ordenar.

Ela ia apagar a luz, mas preferiu deixá-la acesa, como se a claridade pudesse organizar seus pensamentos. Impedir que ela mergulhasse de vez nas trevas. A seguir, embrenhou-se debaixo do lençol e se encolheu toda, ficando na posição fetal.

De repente, um toque na porta. Izabel estremeceu. Era ele, Deus, era ele... O que fazer, fingir que não ouvira... O quê? Novo toque desta vez mais forte.

– Izabel, querida?

Para seu alívio era Guilhermina. Ela saltou da cama e abriu a porta com rapidez.

– Seria bom que você tomasse um chá de camomila para relaxar a tensão da viagem e dormir mais tranquila – sugeriu Guilhermina.

– N-não... – agradeceu Izabel, prontamente –, obrigada, muito obrigada, querida.

– Se precisar de alguma coisa não se acanhe em me chamar. Mesmo que seja durante a madrugada.

Izabel assentiu com o olhar. Guilhermina beijou sua testa e reforçou o que dissera minutos atrás:

– Durma bem... – e, com uma voz que parecia conectada ao coração, acrescentou: – Que bom, que bom que você está aqui, Izabel, estava realmente com muitas saudades de você.

Izabel forçou novamente outro sorriso, fechou a porta e voltou para a cama. Sua voz então soou baixinho; como que por vontade própria. Disse:

– Por esse motivo que Rodrigo nunca podia estar comigo nos fins de semana... Bem como em muitos dias da semana... Por esse motivo que disse que trabalhava num grupo de teatro... Para poder explicar sua ausência, principalmente nos fins de semana. Por esse motivo se ausentara por um mês... Por causa da lua-de-mel... Meu Deus, quanta mentira... Rodrigo... Giancarlo... Era uma farsa... Safado, pilantra... Devia fazer aquilo com várias outras mulheres, especialmente as inocentes e virgens até conseguir o que tanto queria, levá-las para a cama... Tudo estava mais do que claro agora.

E agora? O que faria ela?

O nevoeiro dos pensamentos de Izabel adensou-se. Quando ela voltou a falar consigo mesma sua voz estava mais do que assustada, estava completamente tomada de pânico:

– Meu Deus, que vergonha... Que vergonha pelo que fiz... Errei, errei feio... Não devia jamais ter me entregado para ele... Cresci ouvindo dizer que isso era errado e, no entanto, fiz o que era errado...

Izabel procurou afastar de si mesma os pensamentos antes que eles a deixassem mais furiosa com Giancarlo e, principalmente consigo mesma, por ter sido tão tola.

Só lhe restava procurar pelo sono, como se quando ele chegasse pudesse ser como uma borracha que apaga tudo. Mas o sono parecia um pássaro muito distante a voar noutra direção.

Foi a exaustão provocada pela procura da resposta que a fez adormecer, caso contrário teria passado a noite em claro.

ಞ

Naquela mesma noite, Giancarlo dormiu saboreando uma sequência de perguntas: Será que Guilhermina suspeitara de algo? Não? Até que ponto ela realmente o conhecia? Será que Olga havia percebido o rosto fascinado de Izabel perdida de amor por ele? Provavelmente, não. Mulheres geralmente são tolas. As da terceira idade então... nem se fala.

Há tempos que ele não se divertia tanto... E por mais que os homens dissessem que nada dava mais prazer que os esportes radicais, muita cachaça, cigarro e futebol... Para ele nada superava o prazer de viver uma situação delicada e arriscada como aquela. À beira do abismo. À beira de um colapso nervoso.

Os homens gostavam de viver perigosamente, ele principalmente, e nada era mais perigoso do que viver correndo o risco de ter relacionamentos extraconjugais sem ser descoberto. Ele também gostava de viver o desafio de fazer com que as moças, as mais inocentes, caíssem na sua lábia e se entregassem para ele pela primeira vez. Tão prazeroso quanto tudo isso era saborear depois a decepção varrendo dos rostos belos, inocentes e angelicais dessas jovens, toda a alegria que aquele amor cego e inconsequente lhes causara.

Por que ele gostava de viver assim? De provocar isso nas mulheres? Bem, ele nunca parou para refletir. É óbvio que havia uma razão profunda por trás disso tudo, como sempre há em todas as esquisitices humanas.

Manhã do dia seguinte...

Vendo que Izabel estava demorando a descer, Guilhermina foi até seu quarto para ver se estava tudo bem com ela. Izabel lhe deu a desculpa de que ainda estava indisposta e por esse motivo preferia permanecer no quarto ao longo da manhã. Guilhermina se ofereceu para chamar um médico, o que Izabel recusou.

A seguir pediu a uma das empregadas que levasse o café da manhã até seu quarto sobre uma bela bandeja de inox. Era um café forte, com muitas iguarias. Suco de laranja, salada de frutas, *croissant*, minibaguete, manteiga e geleia, leite e café, iogurte etc. Ainda que cheiroso e parecendo tudo tão saboroso, Izabel não conseguia comer, tampouco beber nada. Pegou simplesmente uma bolacha de água e sal e comeu com mordidas pequenas e mastigando bem devagar.

Novo toque na porta. Ali estava Guilhermina outra vez, pensou a jovem.

– Pode entrar, Guilhermina, a porta está aberta – disse Izabel num tom rouco.

A porta se abriu cautelosamente e para a surpresa de Izabel era Giancarlo quem entrou e a cumprimentou com afabilidade enquanto fechava a porta e passava a chave. Izabel perdeu a cor de vez.

– O que você está fazendo aqui? Saia daqui imediatamente!
– Ora, por que haveria? A casa é minha.
– .... – ela não soube o que dizer.
– Vim conversar com você – interveio Giancarlo enquanto começava a caminhar lentamente pelo aposento.
– Saia, por favor, antes que Guilhermina o encontre aqui – insistiu Izabel, tremendo inteira.
– Guilhermina deu uma saída, fique tranquila.
– ... – novamente faltaram palavras para Izabel se expressar.

Ambos caíram num silêncio profundo. De repente, ele começou a rir, descabidamente. Por fim, disse entre risos:

– Com tantas mulheres para eu me envolver em São Paulo e eu fui me envolver justamente com você. Que ironia do destino. Uma das amigas queridas de Guilhermina. Ela falava mesmo de uma Izabel,

mas quantas Izabéis não existem por aí, não é verdade? Jamais pensei que fosse você.
 Desta vez Izabel prestou bem atenção às palavras usadas por ele. Ele usara "me envolver" e não "me apaixonar".
 – É coincidência demais. Parece até algo mandado.
 – Parece um pesadelo, isso sim – respondeu Izabel, triste e decepcionada.
 – Você precisava ver a sua cara quando me viu... foi deveras hilário... Pensei por segundos que teria um surto... que cairia mortinha, durinha, ali, entre mim e Guilhermina...
 Nova gargalhada despudorada por parte dele.
 – Ah... Izabel...
 Mas a frase não foi além disso, pois Izabel perdeu o controle e começou a cuspir-lhe palavras:
 – Você me enganou. Enganou-me desprezivelmente!
 – *Bah!* – rilhou ele em falsete. – Quanta bobagem...
 Ela parou, incapaz de continuar. Ficou por quase um minuto balançando grave e tristemente a cabeça, inconformada.
 Ele tornou a rir descabidamente.
 – Você deveria sentir vergonha do que fez – trovejou Izabel furiosa.
 – Poupe-me dos seus sermões – retrucou ele tornando-se sério novamente.
 – Como pude me entregar a um homem que pertencia a outra mulher? – falou Izabel talvez mais para si mesma que para ele.
 – Pertencer? – perguntou ele desafiador –, eu não pertenço a ninguém, senão a mim mesmo, Izabel.
 Izabel encarou-o com seriedade antes de perguntar:
 – E quanto ao voto de fidelidade que você fez no altar?
 – Nunca fui infiel... Sou fiel aos meus princípios.
 – Belos princípios.
 – Belos, sim. Graças a ele você pôde usufruir de bons momentos ao meu lado.
 Izabel levantou-se da cama e aproximou-se dele tão rapidamente que ele nem percebeu, só voltou a cair em si ao ouvir o estalo do tapa que ela lhe deu no rosto. Ele tornou a exibir os dentes num sorriso bonito e seus olhos brilharam mais uma vez como os de um gato matreiro. Pegou repentinamente nos punhos dela e os segurou firmemente enquanto ela procurava se soltar em desespero.

– Negue, vamos, negue, olhando bem no fundo dos meus olhos que não foi bom. Negue! Izabel... Negue!
Ela começou a chorar, a chorar de ódio. Ele soltou seus punhos e voltou a rir, espalhafatosamente.
– Foi bom, Izabel, pare de reclamar. Graças a mim você se sentiu mulher pela primeira vez. Graças a mim soube o que é sexo.
– Eu me entreguei a você... – desabafou entre lágrimas.
Ele roubou suas palavras num raio:
– Entregou-se para mim por que me amava? É isso que vai me dizer? Você nem sabe o que é o amor, Izabel. Por falar nisso, vamos parar com essa discussão que não vai levar a nada. Para que ficarmos brigando se juntos podemos fazer coisas tão melhores, tão mais proveitosas, bem mais gostosas, na cama. Largue de manha. Venha cá.
Ele tornou a agarrar o braço dela com sua mão direita e puxou-a contra seu peito:
– Não me toque – protestou ela, enojada – não me toque, seu nojento.
– Você gosta de mim. Gosta muito, eu sei. Não de mim, exatamente. Mas do que eu posso lhe propiciar na cama. Como toda mulher... Poucas, pouquíssimas gostam realmente do homem com quem vivem. No início é paixão, até que é paixão... depois é sexo, depois é porque nós as sustentamos... É também pelos presentes que lhes damos... não necessariamente nessa ordem. Algumas só casam para não ficarem solteironas diante das "amigas" e também porque casar é uma atitude politicamente correta...
"Quando o fogo da paixão se vai e a mulher cai em si, poucas, muito poucas se dão por contente com o homem com que se casaram, isso quando não se arrependem amargamente de terem se casado com ele...
"Aí começa a enxaqueca, eternas crises de enxaqueca, bem na hora em que sabem que serão procuradas por seus maridos... *ups*, desculpe-me, para fazer *amor*... ou é dor de barriga, ou qualquer coisa que sirva como desculpa para não ter de fazê-lo.
"Aí, quando o marido as trai fazem aquele estardalhaço, sentem-se com o ego ferido, a paixão vira ódio, agridem e ainda acham que têm razão e motivos de sobra para isso..."

– Guilhermina o ama, nunca o traiu com ninguém, nem nunca vai traí-lo.
– Como você pode assegurar isso?
– Eu a conheço desde menina, conheço-a bem.
– Você conhece Guilhermina superficialmente, Izabel. Para conhecer alguém de verdade você precisa estar em contato com ela pelo maior tempo possível. Vocês só se viam durante as férias dela, num local arejado, bonito e por isso ela estava sempre bem.
– Ainda assim Guilhermina é um encanto de moça e não merece o que você está fazendo com ela. Ela o ama, ama-o profundamente...
– Guilhermina não passa de uma garota mimada, mais uma entre tantas que há na alta sociedade.
Ele bufou:
– Ai... chega de sentimentalismo barato, Izabel, venha cá, venha... Venha...
Ainda que fosse feio, nojento, Izabel recorreu à única alternativa que ocorreu naquele momento para se livrar de Giancarlo. Cuspiu-lhe no rosto. Ele reagiu exatamente como ela queria, soltou-a imediatamente, tirou um lenço do bolso e limpou a face.
– Onde foi parar aquela Izabel educada, frágil, delicada e inofensiva que conheci? Saiba que me excita esse lado seu mais agressivo... Excita-me profundamente.
Ela estava prestes a dar outro tapa na face dele quando ele segurou seu punho no ar. Novamente ela rompeu em lágrimas, lágrimas de ódio, lágrimas de dor... Deixou seu corpo sentar na pontinha da cama enquanto o choro sentido atravessava seus olhos.
Giancarlo permaneceu em silêncio parecendo esperar que ela recuperasse a calma e o controle. Se é que isso realmente seria possível.
Quando Izabel percebeu que o choro seria em vão, parou. Ele então voltou a falar e sua voz, que ela tanto apreciava e sempre caíra tão gostosamente em seus ouvidos, dava-lhe agora asco.
– Não é preciso cozinhar os miolos para encontrar uma solução para o nosso caso. É tudo tão simples de se resolver. Continuamos nos encontrando, como sempre fizemos, ninguém precisa saber de nada. Simplesmente nada. Vê como é simples.
Os olhos dele tornaram a brilhar, matreiros antes de acrescentar:
– Simples e ousado. Essas ousadias, esses riscos tornam a vida mais alegre e interessante.

– Você só pode estar brincando. Não pode estar falando sério!
– Nunca falei tão sério em toda a minha vida.
– Eu não me conformo.
– Largue de bobagem, Izabel. Pare de dramatizar as coisas, é perda de tempo. Qual o problema de continuarmos nosso *caso*. Nenhum.
– Isso não é certo.
Ele gargalhou.
– O que é certo e o que é errado?
– É imoral.
– O que é moral e imoral?
– Ela é minha amiga.
– Você é que pensa. Torno a repetir, você não conhece Guilhermina. Se fosse ela que estivesse no seu lugar, aceitaria a minha proposta sem pensar duas vezes. Ela só pensa nela, é egoísta, mimada, trata você bem porque você diz amém a tudo o que ela fala e faz.
– Sua proposta é indecente.
– Mulher não vive sem homem. Ou melhor, sem o que ele lhe propicia na cama.
– Você é realmente um indecente, um pervertido.
– Há homens e homens, minha cara. Todos têm sua espada, poucos, porém, tornam-se exímios espadachins. Eu sou bom desde adolescente.
– Eu devo respeito a essa família. Meus pais trabalharam na fazenda deles a vida toda, foram sempre exímios patrões...
– Não troque o certo pelo duvidoso. Vai se arrepender mais ainda.
– Eu sonhei com outro tipo de homem...
– Um príncipe encantado como sonha toda mulher, foi isso?! Eles só existem nos contos de fadas, Izabel. Só nos contos de fadas... Que pena...
– Queria um homem doce e gentil...
– Se quer um homem doce e gentil, procure um maricas. Os salões de beleza estão cheios deles.
Ele aproximou-se dela novamente fazendo beicinho. Num tom libidinoso acrescentou:
– *Homê bão*, só *são*, se forem como eu: rústico e elegante ao mesmo tempo. Tenho muito amor para dar. Tanto que posso ter cinco mulheres ao mesmo tempo. Dou conta das cinco. Faço felizes as cinco, sem

perder o fôlego. Sem decepcionar nenhuma... na cama, é lógico, que é só o que interessa.

Ela mirou seus olhos desfocados pelas lágrimas em Giancarlo e disse o que lhe vinha da alma naquele instante:

– Se existir dentro de você um pingo de consideração pela minha pessoa e pelas mulheres em geral gostaria que fizesse algo por nós, em nome das mulheres. Mude. Mude seu comportamento especialmente por causa de Guilhermina. Ela não merece nada disso. Nem eu... Nem nenhuma outra mulher.

– Nossa história não vai terminar assim – revidou ele asperamente.

– Se já disse tudo o que tinha para me dizer, por favor, retire-se.

– Você não vai conseguir viver longe de mim, Izabel.

– Vou sim.

– Não vai. Desista.

Não passou pela cabeça de Izabel naquele momento que Giancarlo estivesse inconscientemente falando dele próprio. Mas estava e ele só viria a descobrir isso muito tempo depois...

Ele soltou um suspiro longo e pesado antes de acrescentar:

– É melhor eu ir, antes que sua amiguinha querida do coração dê por minha falta.

E sem mais, Giancarlo se retirou do quarto.

Assim que ele deixou o aposento, Izabel continuou imóvel, a testa franzida como se houvesse sido chumbada naquela posição. Quando voltou a si caminhou até a janela. Distraída, brincou com o pêndulo da cortina. Ficou de pé ali, olhando para fora durante um ou dois minutos, procurando desesperadamente por uma saída, um modo, uma desculpa para partir daquela casa o quanto antes.

O melhor a se fazer era orar. Orar para Santa Edwiges, São Thomé, qualquer santo, que pudesse ajudá-la diante daquela situação tão delicada, e assim ela o fez. Mas as orações derramaram muito pouca luz sobre o problema que ela desesperadamente procurava resolver.

O mar, lá fora, com suas ondas a ir e vir sob o sol de inverno encantava a todos, todos que não estivessem na situação em que Izabel se encontrava.

Que vergonha, que vergonha ela sentia de si mesma. Vergonha dos pais, da família Scarpini, vergonha e pena de Guilhermina. Dó. E o pior de todos sentimentos: culpa, ela se sentia totalmente culpada.

Ela tornou a se deitar na cama, recostou a cabeça no travesseiro e fechou os olhos. Nem bem baixou as pálpebras e a imagem de Giancarlo tomou sua mente, olhando para ela, ora com os olhos, a voz e o carinho de Rodrigo, quando ele interpretava Rodrigo, e a seguir com os olhos e a voz refinada de Giancarlo.

Havia ainda outro lado dele que se alternava entre os dois, o Giancarlo que falara há pouco com ela no quarto e que Guilhermina não devia fazer ideia de sua existência. Um ser repugnante, indecente e imoral.

Novo suspiro de pavor e tristeza.

Restava-lhe ainda uma alternativa para dar fim àquela farsa, contar tudo para Guilhermina. Fazê-la saber com que espécie de homem ela se casara. Quem era na verdade o homem que dormia ao seu lado. Um lobo em pele de cordeiro. Sim, era isso mesmo o que ela deveria fazer, desmascarar aquele indecente.

Um facho de luz brilhou nos olhos da jovem diante daquela solução, mas foi passageiro, apagou-se no exato momento em que Izabel percebeu que Guilhermina não acreditaria nela. Amava Giancarlo perdidamente e como acontece com aqueles que amam assim, tornam-se cegos, surdos e mudos para com os defeitos da pessoa amada.

Sua paixão por Giancarlo seria capaz de fazê-la inverter toda a história. Acabar acreditando que foi ela, Izabel, quem seduziu seu marido, como fazem muitas mulheres e não o contrário. Iria acusá-la de imoral, falsa e pérfida. Não, Guilhermina não poderia saber daquilo jamais. Ela não merecia. Pobrezinha.

De repente, Izabel teve a sensação de que o tempo custaria muito a passar e quanto mais demorasse, mais ela demoraria a se recuperar daquele choque. Se é que poderia se recuperar algum dia.

Capítulo 7

Quem é Giancarlo?

Izabel sentiu-se mais aliviada ao descobrir que já eram dez horas da manhã. Àquela hora Giancarlo já deveria certamente ter ido para o trabalho e, portanto, ela não precisaria mais ficar trancafiada dentro daquele quarto.

Ao descer, para seu total espanto, Izabel encontrou a amiga tomando café da manhã com o marido. Esquecera que era domingo.

— Ô, minha querida, junte-se a nós, por favor — pediu Guilhermina assim que a viu.

— Eu já tomei meu café... — agradeceu Izabel.

— Mal tocou na bandeja, Izabel. Eu vi. Quem sabe agora não esteja se sentindo mais disposta a comer alguma coisa acompanhada de um bom leite com café ou chocolate. Vamos, sente-se.

A voz de Giancarlo soou então no recinto:

— Bom dia, Izabel.

O tom que ele usou para pronunciar aquelas palavras deixou as pernas da jovem bambas. Por educação, e também para não levantar suspeitas, Izabel tratou logo de retribuir a saudação. Procurando manter o máximo de naturalidade na voz ela disse:

— Bom dia.

Ainda assim, sua voz saiu ligeiramente distorcida.

— Sente-se, dê-nos o prazer de sua companhia — acrescentou ele olhando maliciosamente para ela.

Sem escolha, Izabel achou por bem sentar-se à mesa.

Guilhermina saboreava uma xícara de café com leite quando foi interrompida pelo telefone. Pediu licença, levantou-se e foi atendê-lo.

Por sobre a borda de sua xícara de café, Giancarlo observava Izabel com curiosidade. Deliciando-se cada vez mais com seu estado desesperador. Os olhos dela causavam dó de tanta insegurança.

— O café está saboroso, não está? — comentou Giancarlo assim que a esposa deixou o recinto fechando a porta de correr, com respeito e sem fazer ruído.

Izabel ignorou suas palavras. O rosto dela empalideceu-se ainda mais. Suas mãos agarraram a mesa. As pálpebras desceram-lhe sobre os olhos. Ficou sentada, quieta. Parecia uma madona esculpida em pedra.
– Gosto de tomar café forte – prosseguiu Giancarlo. – Bem forte. Deixa-me mais acordado, vivo, *excitado*.
O desespero que transparecia nos olhos da jovem se agravou. A sensação de ter sido usada apunhalava sua nuca como se houvesse de fato alguém parado ali atrás dela a lhe arremessar golpes certeiros.
Ainda que Giancarlo sentisse dó ao ver os olhos de Izabel sendo carcomidos pelo desespero e pela decepção, ele não conseguia deixar de sentir prazer em provocá-la, um prazer esmagador.
Novamente Giancarlo riu maliciosamente fazendo com que Izabel soltasse um pequeno grito, quase um gemido de temor e desespero.
– Prefiro ouvi-la dar esses gritinhos e gemidos noutro lugar, minha querida. – Havia triunfo na voz dele.
Izabel esbugalhou os olhos horrorizada com o comentário. A seguir, seu rosto expressava mais do que nunca uma grande senhora enojada por um rato. Um rato, sim, um rato sujo e imundo... Como Giancarlo, sim ele não passava de um rato sujo e imundo.
Izabel permaneceu sentada em silêncio. Uma figura congelada até que Guilhermina voltasse a ocupar seu lugar à mesa.
– Querido – disse Guilhermina assim que se sentou –, preciso de um favor urgente. O Osvaldo acabou de ligar dizendo que não pode vir hoje trabalhar porque a filha está gravemente doente então... Será que você pode ir a feira para mim. Eu iria, mas é que eu tenho de ajudar Zola a preparar o almoço. A pobrezinha é tão inexperiente.
Giancarlo pôs-se respeitosamente de pé e disse:
– Vou sim, querida, agorinha.
– Eu a ajudo na cozinha, Guilhermina – prontificou-se Izabel.
– Ajuda?! Que nada, meu anjo. Você aqui é visita. Veio para cá para passar uns dias diferentes, relaxar. Já sei! Vá com Giancarlo. Assim você sai um pouco de casa e se distrai.
– Não, obrigada. Prefiro ficar aqui a ajudando a preparar o almoço.
– Que nada. Onde já se viu você vir para o Rio de Janeiro e ficar enfurnada dentro de casa. Vá com ele, sim.
E, voltando-se para o marido, Guilhermina pediu reforço:
– Gian, querido, quer me ajudar, por favor.

— Venha, Izabel... — disse ele, com forçosa afetuosidade na voz. — Vai lhe fazer muito bem o passeio e será para mim uma ótima companhia.

Não adiantou Izabel se desfazer em desculpas, Guilhermina não aceitou o seu não. Com a mão pousada sobre o ombro da amiga, ela a conduziu até o carro. E, antes que Izabel recusasse novamente o convite, Guilhermina abriu a porta do veículo e com a mão na sua lombar empurrou delicadamente a ligeiramente zonza Izabel para dentro do automóvel.

— Divirtam-se — acrescentou Guilhermina, após entregar à jovem a lista do que era preciso ser comprado.

O carro partiu. Guilhermina entrou na casa.

ෆ๖෬

Giancarlo e Izabel permaneceram em silêncio nos segundos que se seguiram. Os lábios de Izabel estavam tão apertados que lhe causavam dor. Giancarlo, por sua vez, mantinha seus olhos desafiadores e belicosos fixos na frente. Foi somente quando o carro dobrou à esquerda, na próxima rua que ele recobrou sua postura de cafajeste diante da jovem.

— Por essa... — ironizou ele — por mais essa você não esperava, hein, Izabel?

— Não me dirija a palavra, se tem um pingo de consideração por mim não me dirija mais a palavra — adiantou-se ela trêmula.

Ele tentou conter o riso em vão, o que a fez desistir de ir com ele. Visto que o carro estava parando antes de cruzar uma esquina, Izabel não viu empecilho algum para saltar de dentro do veículo e dar um ponto final àquela tortura, mas assim que fez menção de abrir a porta, ele a segurou pelo braço. E ainda em meio a risos falou:

— Pare, Izabel! Não desista das coisas por uma razão tão tola.

Assim que a jovem se aconchegou no assento novamente, ele tornou a gargalhar. Depois perguntou:

— Conhecemo-nos numa feira, não?

— Se puder permanecer quieto, eu agradeço — retrucou Izabel friamente.

Ele escorregou o braço para perto do dela, olhou seu perfil tornando a sorrir com malícia. Arrepiada, Izabel tirou o braço do seu alcance recuando o corpo mais para perto da porta.

— Se me tocar novamente eu grito — alertou ela. — Grito, como nunca gritei antes em toda a minha vida. Com toda a força.
— Calma, Izabel, você está fazendo dessa história uma tempestade em copo d'água. Um bicho-de-sete-cabeças... Além do mais, o que houve, ou melhor, o que há entre nós é tão natural entre os casais. Quantos homens têm suas amantes, a maioria... E qual o problema?
De repente ela explodiu:
— Acho que o odeio mais do que pensei ser capaz.
A frase estava bem longe de ser verdadeira. Ela amava Giancarlo, Rodrigo, fosse qual fosse seu verdadeiro nome. Ainda o amava na mesma intensidade de quando se descobriu apaixonada por ele, meses atrás. E isso era chocante e ao mesmo tempo assustador. Deveras assustador. Como uma pessoa pode continuar amando alguém que se descobre ser um calhorda, cínico e fingido?
— Diga-me apenas uma coisa... — perguntou Izabel: — Há qualquer coisa de real no que me disse?
Ele tornou a rir, arreganhando os dentes, como faz um bom cafajeste antes de responder:
— Depende do que você chama de real.
— Tudo não passava de uma mentira deslavada, só para me levar para a cama, não foi isso?
Não foi preciso emitir uma resposta labial, o olhar dele, matreiro, acompanhado de um riso de escárnio, respondeu a pergunta. A resposta fez com que ela se arrepiasse novamente diante de tanto despeito.
— Você não tem pena de mim? — perguntou ela contendo-se para não chorar.
— Pena? — Ele fez um estalido com a língua. — Como assim, pena? Vai me dizer agora que tudo o que viveu comigo não foi bom?
Ela o interrompeu:
— Quantas? Em quantas mulheres você já aplicou o mesmo golpe? Ele deu de ombros. Disse:
— O que importa?
— E quanto a Guilhermina? Não tem pena dela? Consideração? Ele riu mais uma vez:
— Os homens só se mantêm atraentes para as mulheres quando se relacionam fora do casamento. Quando eles se assentam, tornam-se sem graça.
Izabel franziu a testa derribada pela decepção.

Ele riu. Riu com prazer mais uma vez até se conter para começar a contar para ela algumas de suas aventuras amorosas. Ele parecia contente e solto como se fosse um adolescente falando sobre suas últimas aventuras no terreno da libertinagem para os colegas da mesma idade.

Enquanto ele falava, Izabel sentiu-se novamente impelida a contar toda a verdade para Guilhermina. A vontade era tanta que chegava a fazer cócegas dentro dela. Ela tinha de pôr Guilhermina a par de toda aquela história. Impedir que continuasse sendo enganada. Sendo feita de idiota e imbecil... servindo de chacota para todos os que sabiam quem era Giancarlo de verdade. Sim, alguém devia saber. Ninguém consegue esconder suas libertinagens dos outros por muito tempo. Paredes têm ouvidos, paredes, muitas vezes, são cruelmente transparentes.

Tão forte quanto surgiu a necessidade nela de expor toda a verdade para a amiga, ressurgiram as complicações que a revelação causaria a Guilhermina, especialmente em relação a ela, Izabel.

A não ser, pensou Izabel, que ela soubesse da verdade por meio de uma carta anônima. Sim, era uma ótima ideia. Ainda assim a paixão que Guilhermina sentia pelo marido não lhe permitiria ver a verdade, encararia a carta como uma piada de mau gosto, escrita por uma invejosa qualquer disposta a pôr minhocas na sua cabeça na intenção de estragar seu casamento.

O certo mesmo em toda aquela história era Giancarlo mudar de comportamento. Tornar-se outro homem, de caráter, que aprendesse, principalmente, a tratar uma mulher com dignidade e respeito. Esse sim seria o certo.

Mas seria o ser humano, principalmente um homem da índole de Giancarlo, capaz de mudar? Seria a vida capaz de mudar uma pessoa como ele? Se sim, como? Com que meios?

Giancarlo voltou-se para ela soberbo:
— Perdeu a língua, é?
Ela não respondeu. Ele restringiu-se a exibir seu sorriso de gato. Bonito e matreiro mais uma vez.
— Ah, Izabel, Izabel, Izabel... — murmurou ele ouriçado. — Você tem muito ainda a aprender na vida, mulher. Muito mesmo.
— Seja o que for que eu tenha de aprender, que não seja você nunca mais meu professor.

– Opa! Quem a viu, quem a vê, hein? – exclamou ele, fingindo surpresa. – Você não faz ideia do quanto me excita quando reage desse modo.

Quando o carro ia parando nas proximidades da feira, Giancarlo perguntou:

– Não foi também numa manhã de inverno como hoje que nós nos conhecemos numa feira? Ou foi a Priscila que conheci numa manhã assim? – e, frisando a testa e os olhos como faz quem puxa pela memória, acrescentou: – não... foi a Denise que eu conheci numa manhã de inverno como hoje, exatamente um ano atrás, em BH. Essa é a vantagem dos homens que precisam viajar a negócios.

Ele suspirou, deliciando-se com a memória, antes de prosseguir:

– Sabe, Izabel, vou lhe contar um segredo. Mais um para ficar só entre nós. Às vezes gosto de fechar os olhos e imaginar como ficaria uma jovem simples e recatada como uma vadia... não sei por que, tenho essa mania desde que soube o que era uma mulher de vida fácil... No entanto, por mais que eu tente imaginar você como uma vadia, não consigo. Você sempre se mantém jovem, linda, simples e angelical. Se existe mesmo essa história de que a gente já viveu outras vidas, você certamente não foi muito diferente do que é hoje.

Nova torrente de risos.

De repente, ele a beliscou no braço com doçura. Algo que jamais havia feito enquanto personificava Rodrigo. No entanto, Izabel teve a estranha sensação de que já vira aquela cena acontecer entre os dois. A sensação foi tão forte que a fez voltar o olhar para ele, que o acolheu com a mesma malícia de sempre.

– O que foi? – perguntou ele. – Não vai dizer-me que teve a mesma sensação que eu tive ao beliscá-la? A sensação de que já viu essa cena anteriormente. Os franceses chamam isso de déjà-vu[*].

Ela não respondeu, abriu a porta do carro e saiu. Ele fez o mesmo.

Por diversos momentos durante as compras, Izabel sentiu enjôo e foi preciso se sentar para se recuperar.

– É melhor comer um pastel – sugeriu Giancarlo ligeiramente preocupado. – Isso que você está sentindo é fraqueza, na certa por não ter se alimentado direito durante o café da manhã.

"Como poderia ter-me alimentado direito em meio àquela situação desconfortável diante de Guilhermina?", pensou ela, diante do olhar descabido dele.

---

[*]Déjà-vu: forma que leva o indivíduo a crer já ter visto e, por extensão, já ter vivido alguma coisa ou situação de fato desconhecida ou nova para si. (N. do A).

Izabel pareceu se desligar de onde estava no minuto seguinte, voltando a si somente quando Giancarlo pôs em sua mão um pastel quentinho e cheiroso.
– Coma – disse ele seriamente. – Vai se sentir melhor depois. É de queijo, seu favorito.
Nem a lembrança de algo bom que aconteceu entre eles conseguiu diminuir o embrulho no estômago de Izabel. Nem mesmo o pastel que ela se forçou para comer por medo de desmaiar, o que só serviria para piorar as coisas entre eles, abrandou o enjôo.
O percurso de volta para a casa de Guilhermina e Giancarlo pareceu para Izabel ainda mais penoso do que o percurso entre a casa e a feira. Tão penoso quanto o almoço na presença dele com Guilhermina.
Izabel já não sabia dizer se o mal-estar que corria por suas veias se dava pela presença de Giancarlo ou por ela ter de fingir que tudo estava bem como haveria de ser entre todos dali.

Olga chegou com a desculpa de que estava passando pelo bairro e resolveu dar uma paradinha na casa da filha para dar uma beijoca em todos. Izabel inventou uma desculpa de que teria de voltar para São Paulo imediatamente ainda aquela tarde, pois sua patroa adoecera subitamente e precisava urgentemente de sua ajuda por lá.
– Que pena – reclamou Guilhermina –, você nem bem chegou já tem de partir?
– É uma pena mesmo – mentiu Izabel. Incomodada com o olhar desconfiado de Olga sobre ela, parecendo dizer que sabia que ela estava mentindo.
Izabel tratou logo de subir ao quarto de visitas para ajeitar sua mala. Olga tornou a observar com atenção a afilhada subindo a escada até desaparecer no *hall*. Cismada, a mulher perguntou-se mais uma vez: estaria ela errada no que pensara? Deus ajudasse que sim.
– Quem vai sentir muito também por Izabel ter de voltar assim tão rápido para São Paulo será o Anselmo que estava louco para vê-la.
– Não faltará oportunidade – adiantou-se Olga.
– Anselmo só pode ter se esquecido de que era nesse fim de semana que Izabel viria para cá, caso contrário não teria viajado.
A verdade é que Anselmo não se esquecera, viajara a conselho da mãe com o propósito de impedir que o filho reencontrasse Izabel, e por um lapso do destino despertasse seus velhos sentimentos por ela.

Capítulo 8

A volta

Izabel partiu do Rio de Janeiro tomada de apreensão, pensando no quanto a vida era realmente cheia de reviravoltas. Sua mãe sempre lhe dissera isso e ela não acreditara. Agora, porém... Jamais pensara, no entanto, que as reviravoltas fossem tão drásticas como aquela que desabara sobre ela.

Ela deixara São Paulo sentindo-se uma das mulheres mais felizes do mundo e voltava agora se sentindo a mulher mais infeliz do mundo.

Meu Deus, como se sentia infeliz, totalmente infeliz... Estava tão segura de que dera o caminho certo para a sua vida ao se entregar para Rodrigo e, no entanto... Que situação...

Como se não bastasse o sentimento de culpa e a infelicidade a penetrar sem dó nem piedade por seus poros, como se fossem cabos de rosas tomados de espinhos, ela se sentia também torturada pela dúvida e incerteza quanto ao que fazer diante de tudo.

Uma coisa era certa, ela nunca mais haveria de confiar num homem, muito menos se entregar a ele. Nunca mais. E aquilo era um juramento sagrado.

Do primeiro ao terceiro dia depois de sua volta, Izabel conseguiu esconder de Valentina bem como de Selma, a cozinheira, e de Dolores, a faxineira, o desespero que devastava o seu interior como uma praga de gafanhotos devasta uma plantação. No quarto dia, porém, a máscara de que tudo corria às mil maravilhas começou a cair de sua face.

Aconteceu algo desagradável com Izabel, observou Valentina Villalba com seus botões. Algo que paira sobre o coração e o espírito da jovem como uma nuvem negra, carregada. Algo que ela quer muito esquecer, e sobre o qual não deseja pensar. Algo que com certeza a assusta. Algo a ver com o rapaz com quem vem saindo. Mas o quê? O que perturba tanto a moça?

Cansada de levantar conjecturas, Valentina resolveu sondar a jovem:

– O que há com você, Izabel?
– Na-nada, dona Valentina – respondeu Izabel apressada retornando à posição ereta sobre a poltrona.
– Ora, vamos, não se faça de tola, sei que aconteceu alguma coisa. Sei muito bem que algo a está afligindo drasticamente desde que voltou do Rio de Janeiro. O que há?
– Ando apenas cansada, só isso. A viagem me deixou exausta.
– Cadê o namorado por quem seu coração estava palpitando de alegria?
A pergunta mexeu com Izabel consideravelmente, observou Valentina. Teve a impressão de que ela por pouco não chorou.
– Então é isso... – continuou a senhora. – O tal rapaz a decepcionou?
– Ora...
– Vocês não estão mais juntos?
– Não.
– Por quê?
– Porque ele não vale nada. Sempre ouvi dizer que homem nenhum presta, e agora sei que isso é a mais pura verdade.
– Você está magoada. Sentindo-se ferida, não é mesmo? Ferida na alma.
– Sim. Ferida na alma é uma boa definição para o que sinto.
– Isso vai passar. Tudo passa na vida.
– Será mesmo?
A mulher soltou um risinho curto e sem graça, acrescentando:
– Tem razão. Certas coisas nos marcam tão profundamente que custam a passar. Pensamos que passou, mas quando observamos mais atentamente esses acontecimentos ainda estão lá dentro de nós sempre dispostos a vir à tona assim que lhe dermos uma brecha.
"As nossas frustrações e decepções com os outros, principalmente com um homem amado, não passam assim tão facilmente. Ainda que passem levando consigo a mágoa, o que parece ser uma bênção concedida a poucos, deixam pelo menos uma cicatriz para que toda vez que nós olhemos para ela nos lembremos daquele episódio triste e decepcionante em nossa vida, para que reflitamos mais uma vez sobre o caso. Infelizmente, a maioria de nós só vê os danos que elas nos causaram, raramente as lições que nos ensinaram."
Valentina esfregou a mão, forçando o seu habitual sorriso antes de acrescentar:

– Você é uma jovem bonita e encantadora, Izabel, pode conquistar muitos homens, capazes de se debaterem em duelo por você. Portanto, não se desespere.
– Por que, dona Valentina?
Por que nos apaixonamos pela pessoa errada? Por que temos de passar por isso e sofrer as consequências dessa paixão?
– Fiz a mesma pergunta quando me descobri apaixonada pelo Fernando. Mas depois descobri que mesmo amores que não são correspondidos, que nos frustram ou nos magoam, têm uma razão de existir. Acontecem conosco para nos ensinar algo... Por esse motivo é que dizem que não existe amor errado...
– Amor errado?
– Sim. Amor errado. Esse amor que você viveu com esse rapaz que a decepcionou, seja qual for o motivo, aconteceu na sua vida para que você pudesse aprender algo ou despertar para algo. O tempo dirá... Revelará a você por que teve de passar por isso, é só aguardar... No mais... Não deve se fechar para o amor só porque se decepcionou com esse rapaz.
Valentina ergueu ligeiramente o tom para acrescentar:
– Lembre-se, minha querida, de que Emilio César a ama, a ama de verdade, desde a primeira vez que pousou os olhos em você. Invista nele.
– Não, dona Valentina, não investirei nunca mais em homem algum.
– Nunca diga nunca. Cada um é um. Com cada um se escreve uma história.
Izabel enxugou os olhos lacrimejantes. Valentina acrescentou:
– As coisas ruins que nos acontecem só não passam para aqueles que não querem deixá-la passar. E quem não permite que as coisas passem, vive incompleto, com um pé no passado que tanto sonhara viver e outro no futuro. O presente que é o tempo que realmente importa, que de fato é o único tempo real, onde podemos nos dar o *direito de renascer* das tristezas, amarguras e decepções, fica relapso porque você nunca o vive plenamente.
Quando Izabel deixou o quarto para ir ao banheiro, ela sentiu novamente um aperto no estômago e certa zonzeira. Tão forte foi o mal-estar que precisou se escorar contra a parede com receio de ir ao chão.

Selma, que estava chegando para buscar a bandeja que deixara no quarto da patroa com o chá, torradas e manteiga, ao vê-la correu para ajudá-la.
— O que foi? — perguntou a empregada segurando delicadamente no ombro da colega de trabalho.
— Apenas um enjôo, só isso.
— É o segundo em menos de dois dias — murmurou Selma enquanto coçava atrás da orelha pensativa. — Será que...
— Será o quê? — perguntou Izabel apreensiva.
— Você sabe...
— Não, não sei.
— Sabe sim.
— Ora, é lógico que não! Quer me dizer logo o que está se passando pela sua cabeça, antes que eu fique pior do que já estou.
— Ora, Izabel, todo mundo sabe que enjôos assim são sinais de gravidez.
— Grávida, eu? Nunca!
— Ora, por que não?!
— Porque...
— Você e seu namorado já dormiram juntos, não?
Izabel ficou rubra. Trêmula respondeu:
— Apenas uma vez. Ele insistiu. Insistiu muito. Fui uma tola em aceitar.
— Uma vez é o suficiente para engravidar, não sabia?
— Não!
— Consulte um médico o quanto antes, assim tira a cisma.
Izabel soltou um riso nervoso.
— Não posso ter ficado grávida. Não posso. Não é certo.
— Ora... toda gravidez é uma bênção e atrevo-me a dizer que assim como dizem que não existe amor errado, não existe gravidez errada também.
— Como não?
— Ora, é simples. Se um casal tem relações diversas vezes e a mulher não engravida durante essas vezes e engravida somente numa data específica, num mês específico, como se fosse programado pelos céus, então a gravidez quando surge é porque é uma vontade de Deus. Compreende?
— Nunca havia pensado nisso.
— Bem — disse Selma, cautelosamente —, agora se acalme.
— Acalmar-me?

— Você está com medo de que seu namorado não aprove a gravidez, é isso não é?
— Eu não tenho namorado.
— E quanto ao Rodrigo?
— Ele não presta. É a pior pessoa que eu poderia ter me envolvido na vida.
— Vocês brigaram... Brigas de amor são passageiras...
— Você não me entendeu, Selma. Nossa briga foi definitiva. Rodrigo não presta e eu fui uma tola, a mais tola entre todas, por ter me entregado para ele. Tudo o que fez por mim, tudo o que me disse, foi só para me levar para a cama, só isso. Antes a vida desse para todas nós, mulheres, uma bola de cristal para que pudéssemos nos precaver contra cafajestes como ele.
— Não importa o que tenha acontecido entre vocês. Se você estiver grávida aceite a criança de bom grado. Lembre-se de que ela não será o Rodrigo personificado em gente. É importante se lembrar disso para que não transfira ao seu filho o ódio que porventura sinta pelo pai.
— Eu não estou grávida. Não posso estar. Sempre fui correta. Uma filha excelente. Deus não pode ter permitido que uma desgraça dessas tenha acontecido comigo. Não pode!
Nem bem as palavras atravessaram os lábios de Izabel ela sentiu um calafrio. Aprendera desde menina que uma mulher só pode se entregar para um homem após o casamento e, no entanto, ela se entregara para Rodrigo antes de se casar. Ela pecara, sim, ela pecara segundo os mandamentos de sua religião. Se ele não a tivesse iludido? Insistido... Canalha... Como ele era canalha... Se ao menos ela soubesse... soubesse que havia tipos como ele.

Dezessete horas de uma tarde de quinta-feira, dia de folga de Izabel e lá estava ela diante de uma médica. Sem mais preâmbulos a profissional disse:
— Parabéns, minha jovem. Você está grávida.
O rosto de Izabel se apagou. Foi como se a morte houvesse pousado sobre ela, tirando-lhe o sopro da vida em um milésimo de segundo. Ela permaneceu calada, impassível, olhando para a doutora como se não houvesse escutado uma só palavra. Sua reação assustou a médica, que tratou logo de repetir o que acabara de dizer:
— Parabéns... você está grávida.

– Oh! – exclamou Izabel, chocada. – Bem... e... – balbuciou desnorteada, visivelmente desolada com a notícia.
Até a médica sentiu-se mal quando viu Izabel se apertando contra o acento da cadeira, ficando vermelha, presa de uma emoção incompreensível. Seu estado pareceu tão perturbador que a profissional temeu que algo de ruim acontecesse com ela. Nunca vira uma reação igual em todos os seus anos de profissão.
Sua paciente ficara desolada com a notícia. Isso era fato. Completamente desolada. Mas, por quê?
Enquanto a médica procurava a resposta, lembrou-se do rosto das centenas e centenas de mulheres que se entristeciam ao saber que não haviam engravidado, principalmente, daquelas que se esforçavam imensamente. Especialmente daquelas que descobriam que não poderiam jamais engravidar. Esses sim eram motivos suficientes para uma mulher reagir como Izabel, não o contrário. Toda gravidez é sagrada e deve ser recebida com alegria e entusiasmo.
– Não esperava estar grávida, não é? – perguntou a obstetra.
Izabel não reagiu à pergunta, permaneceu estática deixando a médica um tanto quanto embaraçada, momentaneamente paralisada pelo embaraço.
Os olhos de sua paciente pareciam dizer: diga que isso é mentira que tudo não passou de um sonho. Diga-me, por favor.
Logo a profissional percebeu que eles não pareciam dizer o que estavam dizendo de fato. E era bem mais que um pedido, era uma súplica, uma ordem.
Aquilo não podia ser verdade. Não podia, repetia Izabel para si mesma. Em poucos meses ela daria a luz um bebê sem dentes, sem cabelos, provavelmente choramingando o dia inteiro. O que seria dela? Mãe solteira que ganhava um salário que mal dava para sustentar a si própria quanto mais uma criança? O que seria dos dois?
Por fim, algumas palavras escaparam de seus lábios:
– Não posso ter essa criança. Não posso. O que as pessoas vão dizer? O que...
A cor assomou ao pescoço da obstetra que a interrompeu delicadamente:
– Não se fie no que os outros possam dizer sobre o fato. Neste caso, despreze a voz da razão, ouça apenas a voz da emoção. Siga o instinto do seu coração.

Superando o choque com esforço, Izabel aprumou os ombros ligeiramente caídos, pôs se de pé, agradeceu a médica, caminhou até a porta com lentidão e partiu.

A doutora lançou um último e brilhante olhar sobre ela antes de ela deixar o consultório e novamente sentiu uma pena tremenda da jovem. Se ela soubesse e visse com os próprios olhos o estado perturbador que ficam as mulheres, milhares delas que almejam ter um filho e não conseguem, ela certamente acolheria a gravidez num abraço apertado que se dá em alguém que lhe vem trazer boas notícias.

Izabel pisou na calçada e caminhou até o ponto de ônibus como se fosse guiada por uma força do Além. Mal notou como fez sinal para o ônibus parar, tampouco como entrou dentro dele. Quando se viu já estava aconchegada num dos bancos no fundo do veículo seguindo de volta para a pensão.

E agora? Era essa a pergunta que não queria calar dentro dela: e agora?

Era como se estivesse presa num labirinto procurando desesperadamente pela saída, que parecia correr dela pelo simples prazer de vê-la sofrer. Ela que, como toda mulher, sonhara ter um filho jamais o quisera ter naquelas condições.

Se já era vergonhoso ser mãe solteira na sociedade, seria triste para a criança crescer sem ter um pai ao lado. Sem saber sequer quem era. Sim, a criança nunca poderia saber quem era o canalha que lhe pusera no mundo. Nunca. Seria uma vergonha.

Que Deus pusesse uma mão sobre sua cabeça, principalmente agora, pois ela nunca precisara tanto Dele como agora.

Izabel desceu do ônibus e caminhou lentamente pela rua parecendo uma sonâmbula, sem rumo certo. Ao chegar a uma praça que ficava nas imediações, sentou-se num banco e pareceu se perder do tempo e de si mesma.

Naquele momento de silêncio, introspecção e sofrimento, ouviu-se o ruído de passos e vozes confiantes e alegres. Izabel voltou o olhar naquela direção e avistou um casal de mãos entrelaçadas sorrindo um para o outro com encanto e paixão.

Bem no momento em que o casal ia passando em frente ao banco onde ela se encontrava sentada, ela se pôs de pé e segurou firme no braço da jovem. Tanto a moça quanto o rapaz se assustaram com seu gesto repentino.

— Cuidado! — preveniu Izabel com acidez. — Não confie nele, não confie... Os homens não são o que parecem ser...

A moça chocada, arregalou os olhos. Ia falar alguma coisa, mas a voz de Izabel soou novamente cheia de rancor e dor:

— Eles têm o dom de nos iludir... Não são santos... Cuidado!

Com a mão que estava livre a jovem acariciou o ombro de Izabel e disse:

— Calma moça, você não está bem...

Izabel debulhou-se em lágrimas. O casal se entreolhou preocupado.

— Nenhum homem presta. Nenhum... — tornou Izabel aos prantos.

— Não tire conclusões apressadas, tampouco rotule as pessoas — disse o rapaz num tom ponderado. — Eu nunca traí minha ex-namorada, quem me traía era ela. Com outro colega foi o mesmo, ele sempre jogou limpo com a namorada dele, ela não. Existem tanto homens quanto mulheres que não são o que parecem...

Izabel pareceu não ouvir, chorava agora a ponto de soluçar.

— Podemos fazer alguma coisa por você, moça? — perguntou a jovem, ternamente.

— Não... Nada. Ninguém pode. Obrigada.

Ainda que andando claudicante, Izabel retomou o seu caminho. Assim que entrou na pensão e passou por Eulália e Belmiro, a dona da pensão cochichou para o marido:

— Ou essa sonsa perdeu o emprego ou aprontou alguma. Eu lhe disse que ela não prestava, eu lhe disse.

— De onde tirou essa ideia?

— Você não viu a face dela, toda retorcida, os olhos esbugalhados e vermelhos, na certa por ter chorado. Ela aprontou algo sim, algo pesado, ou foi roubo ou se envolveu com algum homem casado. É sempre assim, são todas iguais.

Belmiro repetiu para si mesmo o que sempre repetia diante daquele hábito terrível que sua esposa tinha de julgar as pessoas.

"Não julgue as pessoas, não tire conclusões precipitadas..."

Izabel trancafiou-se em seu quarto, deitou-se na cama e apagou a luz. Agora estava por dentro e por fora tomada pela escuridão. E seu lado mais deprimente almejava nunca mais voltar à claridade.

— Eu preciso de uma luz, Deus. Dê um sinal, por favor. Diga-me, aponte-me qual direção seguir. Que atitude adotar. Por favor, ajude-me. Nunca estive tão carente em toda a minha vida. Sentindo-me tão indecisa, vivendo uma indecisão atrás de outra indecisão. Por favor, governe-me e me ilumine. É muita coisa para eu decidir sozinha. O que devo fazer?

As palavras de sua mãe ecoaram na sua mente:
– Quando estiver com um problema e não souber o que fazer, pense em Deus, entregue nas mãos Dele. Tudo vai se resolver.

Quem dera ela conseguisse ter fé suficiente para pôr seu problema nas mãos de Deus. Muitas dúvidas vinham ao seu encontro ao pensar em fazer isso. E se Deus não a ouvisse e se Ele não pudesse dar um jeito ainda que tudo para Ele fosse possível? Que Deus iluminasse seu caminho, acendesse uma luz no fim do túnel, escuro e estreito, em que ela se encontrava. Que direcionasse seus pensamentos e ações.

No dia seguinte, nove e quarenta e cinco da manhã. Izabel já estava de pé, ao lado da mesinha da cabeceira, olhando através da janela para o céu quando ouviu batidas insistentes na porta do seu quarto. Um ar de espanto passou pelo rosto da jovem. Quem seria? Ao abrir a porta encontrou o rosto carregado de Eulália que parecia naquele dia mais malévola que o normal. A própria personificação do demônio sobre a Terra.

– Há uma mulher querendo falar com você – disse a dona da pensão com desagrado.

– Uma mulher? – espantou-se Izabel.

Eulália voltou os olhos na direção da recepção e baixando a voz disse:

– Escute bem o que eu vou lhe dizer porque vou lhe dizer uma vez só: se você aprontou alguma coisa por aí e envolver minha pensão num escândalo qualquer eu acabo com você. Está me ouvindo? Acabo com você, garota!

Depois de um momento de hesitação, Izabel seguiu ao encontro da visita. Ao avistar Olga Scarpini sentada numa das poltronas da sala de espera da pensão, seu coração por pouco não parou.

– Dona Olga?! – exclamou ela tomada de espanto. – A senhora por aqui? Aconteceu alguma coisa?

– Precisamos conversar, Izabel. A sós – respondeu a mulher seriamente.

– Sim, lógico.

Izabel sentiu-se literalmente com o pé atolado num formigueiro.

Capítulo 9

Um pesadelo

Despertando do impacto que a visita surpresa de Olga lhe causara, Izabel encontrou Eulália olhando fixamente para ela e fuzilando-a. Voltando-se para Olga Scarpini, Izabel sugeriu:
– Pode ser no meu quarto?
A mulher assentiu com o olhar. Madrinha e afilhada seguiram para lá.
Naquele momento, Eulália Vergatti quis se transformar num mosquito só para poder ouvir o que aquela mulher de porte austero e cara de *socialite* iria conversar com a *sonsa* da Izabel.
– Que mosquito que nada – sussurrou Eulália para si mesma. – Não há nada que esses bons ouvidos não possam escutar por trás de uma porta.
Nem bem ela deu um passo em direção ao quarto de sua inquilina chegaram duas moças pedindo informação a respeito da pensão. Eulália quis ver seu marido morto por ele não estar ali para atender as duas jovens branquelas, sardentas, sem graça, que não poderiam ter chegado numa hora mais inconveniente, impedindo-a de ouvir o que seria dito entre as quatro paredes do quarto de Izabel.
Assim que a porta do quarto de Izabel se fechou atrás de Olga Scarpini, a mulher foi direto ao que vinha.
– Eu sei, Izabel, eu sei de tudo a respeito de você e Giancarlo.
Toda delicadeza havia desaparecido das atitudes de Olga. Seus olhos escuros estavam fixos na afilhada. Parecia estar estudando atentamente as reações causadas por suas palavras.
– Sabe?! – espantou-se Izabel, boquiaberta. – Oh, dona Olga, então pode imaginar como estou me sentindo? Por nenhum momento eu pensei que Rodrigo Lessa fosse Giancarlo.
"O peixe mordeu a isca", pensou Olga.
– Então é verdade – sibilou a madrinha enquanto levava a mão ao peito.

Izabel estava tão aflita que sequer percebeu o esforço que a mulher fez para não deixar transparecer o choque. Ela supôs que havia algo entre Giancarlo e Izabel, mas jamais quis que sua suposição fosse confirmada.

A voz de Izabel, súbita e profunda, atravessou novamente seus lábios:

– Eu quero vocês muito bem. Muito bem mesmo, dona Olga. Especialmente, Guilhermina. Ela é para mim como uma irmã, a senhora bem sabe.

– Se você a quisesse realmente muito bem como afirma não teria se tornado amante do marido dela.

– Eu já lhe disse, dona Olga. Por momento algum desconfiei que Rodrigo fosse Giancarlo, o marido de Guilhermina. Ele mentiu tão bem... A senhora tem de acreditar em mim. Por tudo o que há de mais sagrado.

– Mesmo que soubesse...

– Não faria!

– Faria sim, meu bem. Quando o assunto é homem, mulher nenhuma respeita a outra.

– Eu respeitaria.

– Você diz isso agora.

– Não. Eu juro que não.

Por um momento, Olga Scarpini permaneceu em silêncio, depois ergueu a cabeça e disse:

– Só quero que saiba que eu a compreendo. Giancarlo é um homem bonito, sedutor e interessante. De classe média alta. Algo raro de aparecer na vida de moças simples como você. Moças da sua estirpe jamais conseguem conquistar um deles. É uma em um milhão. Ou são seduzidas por eles para se tornarem apenas suas amantes ou para dar uma *pulada de cerca* e nada mais. Por esse motivo, torno a repetir: eu a compreendo...

Aquele tom e aquelas palavras humilhariam qualquer mulher, qualquer ser humano, não Izabel, ela era simples e doce demais até mesmo para perceber o que era uma humilhação.

– Em respeito a nós – prosseguiu Olga em tom categórico –, por tudo que fizemos pelos seus pais e por você, principalmente, você tem de se esquecer de Giancarlo para todo o sempre. Não se envolva com ele outra vez.

– Jamais faria isso novamente. Eu o odeio, dona Olga. Odeio-o profundamente. Ele foi ordinário, maldoso, falso...

— Sim. Eu sei. Sua fama, posso dizer, corre os sete mares. Eu tentei avisar Guilhermina a respeito, mas ela não me deu ouvidos, agora é tarde. Temo por minha filha, temo profundamente, pois ele não deve ter se envolvido apenas com você, deve haver uma em cada cidade que ele visita a trabalho.

Fez-se um breve silêncio, enquanto Izabel buscava forças para contar a madrinha sobre sua gravidez. Ainda assim, foi com muito custo que ela conseguiu falar a respeito.

— Você tem certeza?! – perguntou Olga transpassada.
— Sim, senhora. Estou grávida de um mês e meio. Foi a própria médica quem me disse.
— Que tragédia – sibilou Olga, procurando um lugar para se sentar. Quando ela se ajeitou na cadeira, seu rosto era o quadro do desespero em pessoa. Estava completamente enviesado tamanho o transtorno. A luz fraca do quarto adquiria um aspecto grotesco. Cadavérico.

— Mais essa agora – murmurou a mulher sem se dar conta –, fiz de tudo para salvar meu filho de uma pobretona e caipira e com isso estraguei indiretamente a vida de minha filha.

Readquirindo segurança, Olga Scarpini sentou-se mais ereta, e disse:

— Ouça, Izabel, tão importante quanto se afastar de Giancarlo, fazer o possível e o impossível para nunca mais vê-lo para poupar nossa querida Guilhermina de qualquer transtorno, é impedir que você dê à luz esse bebê... Não é certo que ele nasça. Ele não é fruto de amor, é fruto de uma traição indecente.

Izabel balançou a cabeça num gesto de compreensão enquanto afirmava:

— Eu sei.

A mão de Izabel tremia quando foi envolvida pela mão de Olga.

— Você nos deve isso, Izabel. Por tudo o que fizemos por seus pais e por você. É mais que um dever. É um ato de caráter, de dignidade e respeito para conosco.

— Eu sei.
— Sabe mesmo?

Ela assentiu dessa vez com o olhar.

— Boa menina. Eu sabia que iria me compreender. Eu sabia que iria agir com dignidade. Sempre nos foi grata. Sempre agiu para conosco com respeito e consideração. Como seus pais...

— Vocês sempre foram tão bons para nós, especialmente para mim. Principalmente a senhora.

– Você também, querida, você também.
Olga expeliu o ar dos pulmões e se pôs de pé.
– Não se preocupe com nada. Eu cuido de tudo. Soube que há uma mulher que faz abortos em sua própria casa. Atende inúmeras jovens universitárias que engravidam inconsequentemente. Eu pago. Você não terá de gastar um tostão. Tudo o que precisa fazer é simplesmente ir até lá e deixar que ela faça o que tem de ser feito.
– Eu irei.
– Você ainda é jovem, muito jovem. Poderá ter muitos filhos. Quantos filhos quiser.

Houve uma pausa dramática antes de ela acrescentar:
– Depois do aborto darei a você alguns trocados para que compre um belo presente. Algumas meias ou calcinhas, talvez uma bijuteria, que tal?
– Que é isso, dona Olga? Não precisa me dar nada, não. Estou fazendo apenas a minha obrigação.
– Preciso sim. Um presente é sempre bem-vindo. Quem dera eu pudesse dispor de mais dinheiro para comprar algo mais para você, mas com essa crise...
– A senhora é muito generosa.
– Serei eternamente grata pelo que está fazendo por nós. Por minha filha. Sua amiga. Amiga querida e fiel.

Olga abraçou a afilhada sentindo-se satisfeita e continuou:
– Lembre-se. Nunca conte a ninguém, nem mesmo a sua melhor amiga, nem mesmo ao homem que um dia possa vir a se casar com você a respeito do que lhe aconteceu. Para o seu próprio bem. Se souberem que ficou grávida solteira será difamada pelas más línguas. Passe uma borracha sobre toda essa história. E se Giancarlo voltar a procurá-la, fuja dele, berre, peça ajuda, isso fará com que ele nunca mais se aproxime de você. Não diga a ele, sob hipótese alguma, a respeito da gravidez e do aborto. Jamais. Estamos combinadas?

Olga tomou a respiração profundamente ao proferir as últimas palavras:
– Vou embora amanhã bem cedo. Antes, porém, porei Adalgisa a par de tudo. Marcaremos uma hora com a tal mulher dos abortos e Adalgisa virá buscá-la na hora e dia combinados para levá-la até lá. Não precisa se preocupar com o retorno. Ela aguardará por você até que tudo esteja terminado e a trará de volta para cá.

Izabel anuiu submissa.

As duas mulheres se despediram e antes de Olga entrar no táxi ela voltou-se mais uma vez para Izabel, pegou em sua mão apertando-a suave e fortemente ao mesmo tempo, e tornou a repetir:
– Não se esqueça, Izabel, não se esqueça jamais: você nos deve isso.
Assim que fechou a porta, o veículo partiu. Izabel permaneceu ali com os olhos atentos no carro até ele desaparecer.

Ainda que apreensiva, Izabel trabalhou naquele dia com o mesmo empenho de sempre, procurando não deixar transparecer em momento algum para dona Valentina o baque que levou ao saber que estava grávida. Quando Selma lhe perguntou se ela já havia ido ao médico, ela imediatamente mentiu:
– Fui. Alarme falso.

Vinte e uma horas e trinta e cinco minutos daquele mesmo dia, Izabel nem bem havia posto os pés na pensão quando Eulália lhe passou a ligação de Olga Scarpini.

Havia certamente uma boa dose de tremor desandando Izabel no momento em que ela apanhou o telefone das mãos de Eulália, que mantinha seus olhos de coruja sobre ela sem desviar.
– O trabalho será feito segunda-feira pela manhã – informou Olga.
– Esteja pronta às seis e meia. Adalgisa passará aí para levá-la até o lugar, aguardará por você e a levará de volta para a pensão. Não se preocupe com nada. A mulher é muito experiente. Está no ramo há mais de dez anos pelo que soube. Relaxe, procure se tranquilizar. Vai dar tudo certo.
– Vou procurar me... – Izabel ia completar a frase com a palavra "tranquilizar", mas a cortou assim que lembrou que Eulália estava ao seu lado com o ouvido praticamente grudado no telefone.
– E, Izabel – tornou Olga antes de desligar –, não se esqueça, você nos deve isso, especialmente a Guilhermina.
– Eu sei – respondeu Izabel quase num sussurro imperceptível.
A conversa teve fim. O telefone pousou no gancho.
– Obrigada, dona Eulália – agradeceu Izabel cada vez mais incomodada com o olhar da dona da pensão.
Eulália se restringiu a fazer apenas uma careta de desagrado como resposta.

Izabel pensou que, tendo resolvido aquele assunto, poderia descansar, mas enganou-se. Naquela noite teve dificuldade para dormir. Havia algo em meio a sua revolta por Giancarlo, que parecia crescer dentro dela em proporções gigantes e infinitas, latejando como uma dor que só pode ser aliviada com uma boa dose de morfina. Era um pedido de socorro. Um pedido de reflexão, um pedido de apoio, um pedido de consideração... Todos se alternando entre um e outro, todos vindos do Além. Todos querendo dizer uma única coisa: Não me aborte!

Mas Izabel estava perturbada por demais para dar ouvidos àquele apelo vindo de outro plano.

Izabel deitada, de olhos secos e abertos no escuro, movia a cabeça agitadamente sobre o travesseiro. Cansada de procurar pelo sono, acendeu a luz ao lado da cama e olhou o relógio que ficava na mesa, ao lado do abajur. Faltavam dezessete minutos para as quatro. Ela não dormira, ficara deitada com as pálpebras queimando e com uma angústia seca, dolorosa, açoitando-a febrilmente.

"Eu não aguento...", murmurou ela em silêncio, "não aguento mais de ansiedade e desespero. Preciso dar um ponto final em toda essa história... O aborto vai me libertar de todo esse desespero... voltarei então a ser uma mulher livre. Totalmente livre... Com o aborto libertarei a família Scarpini desse pesadelo também... Especialmente Guilhermina, a quem tanto estimo."

Meia hora depois, o corpo de Izabel acabou sucumbindo à exaustão, o sono finalmente chegou e com ele o breu.

Por ter dormido mal, pessimamente mal, Izabel acabou pela primeira vez na vida perdendo a hora de acordar na manhã seguinte.

Mesmo sob a luz fraca do quarto de Valentina, a senhora pôde ver as olheiras profundas que pretejavam os olhos de Izabel.

– Pelo visto você não dormiu nada bem, Izabel. Algum problema? Está me escondendo alguma coisa?

O medo de desabafar e a mulher despedi-la deixou-a ainda mais apreensiva. Se Valentina soubesse que ela se deitara com o namorado, o que na sua concepção deveria ser encarado também como um erro, a mulher certamente se decepcionaria com ela e poderia, sem sombra de dúvidas, pô-la no olho da rua. Por esse motivo ela tinha de mentir, ou melhor, omitir a verdade, custasse o que custasse.

Mas Valentina não era boba, apenas se fazia de boba quando lhe era conveniente, sabia que algo de muito grave perturbava sua jovem dama de companhia. Algo que ia além da decepção que sofrera com o rapaz que namorava.

E para deixá-la naquele estado deprimente só podia ser uma coisa: gravidez. O patife deixara a jovem grávida. Só podia ser isso. Pobrezinha, deveria estar perdida, sentindo-se presa num labirinto sem saber o que fazer.

"Deveria ela lhe dar um conselho ou não?", perguntou-se Valentina por diversas vezes naquela tarde. Por fim, preferiu aguardar Izabel se manifestar a respeito.

Nova noite, nova tortura para Izabel pegar no sono e, quando conseguiu, foi novamente um sono conturbado por pesadelos.

Sonhou que estava andando em jardim muito florido e perfumado. Então, subitamente a sua frente, surgiu uma senhora arcada, bem idosa. Dona de um par de olhos vivos e brilhantes como se fossem dois faróis a iluminar a noite.

– Que bom que veio – disse ela amavelmente. – Eu sabia que viria. Que nada a faria esquecer-se dele.

Izabel lançou-lhe um olhar francamente inquisidor. A idosa acrescentou ternamente:

– Ele está ansioso por vê-la.
– Ele? – estranhou Izabel. – Ele quem?
– Adolfo.

Izabel semicerrou os olhos sem compreender e, após breve pausa, perguntou:

– Eu não compreendo. Que lugar é este?
– Descubra você mesma.

Para espanto de Izabel, num piscar de olhos, a mulher desapareceu de onde estava. Restou-lhe apenas seguir pelo caminho estreito cercado de flores que se estendia a sua frente como se fosse uma pluma levada pelo vento. Não muito distante dali, ela avistou uma casa, simples e acolhedora, sob a sombra de um belo carvalho irradiado por raios que vinham de cima.

Ela tomou alguns minutos para admirar o local. Algo ali a remetia ao passado, uma época longínqua, cercada de lembranças alegres e inspiradoras.

Por fim, entrou na casa cujo interior era tão agradável quanto o exterior. Seus olhos passearam lentamente por tudo ali até pousarem numa cama de aspecto humilde. Para sua surpresa havia um rapaz deitado na posição fetal, um rapaz de beleza encantadora. Lembrava e muito um anjo adormecido.

Um sorriso bonito se espalhou pela face serena de Izabel, enquanto admirava o jovem em forma de anjo, dormindo profunda e serenamente. O tempo passou, foi como se voasse como uma gaivota para o alto-mar.

Izabel então achou por bem partir, antes que o jovem acordasse e se assustasse ao vê-la ali, olhando para ele. Assim, ela deixou o pequeno casebre, a passos lentos e calculados.

Já se encontrava bem distante da casa quando sentiu vontade de voltar o olhar novamente para a pequena edificação que recebera sua visita inesperada. Assim ela o fez. Foi nesse instante que avistou uma pessoa encapuzada, segurando uma tocha de fogo na mão e indo em direção ao casebre.

Izabel apavorou-se com a cena, temeu por instantes que ela pusesse fogo no lugar. E foi justamente o que o encapuzado fez, ateou fogo na casa sem hesitar, um fogo que logo consumiu o casebre com suas labaredas.

– Não! – gritou Izabel. Mas a voz perdeu a força ao atravessar seus lábios. – Não! – tornou ela correndo na direção da casa. – Há uma pessoa dentro desta casa, um jovem, dormindo, você vai matá-lo!

De repente, ela colidiu o corpo com o que parecia ser uma parede feita de vidro. Ela batia com toda a força, mas não conseguia nem quebrá-la, muito menos atravessá-la.

– Alguém, pelo amor de Deus, ajude-me. Aquele rapaz vai morrer! Morrer!

Quando ela voltou a olhar novamente na direção da casa, para seu espanto e desespero, ela havia desaparecido. Restavam apenas as cinzas.

Não houve tempo para soltar o grito de horror que queria desesperadamente atravessar sua garganta. Uma onda quente começou a se alastrar na região de sua barriga, como se o encapuzado houvesse posto fogo nela também.

Quando Izabel voltou os olhos para aquela região do seu corpo, seu mundo caiu. Sua barriga estava em chamas, não a barriga propriamente, mas o ventre. Seu ventre era consumido por um fogo devastador, não só ele mas também o bebê que gerava. O pior de tudo é que ela podia vê-lo com vida, queimando entre as chamas.

O pesadelo acabou. Izabel estava acordada suando em profusão como se estivesse realmente sendo consumida pelo fogo.

Capítulo 10

Uma esperança

Izabel precisou levantar-se para beber um copo de água com açúcar para acalmar-lhe os nervos e refrescar seu corpo, que parecia estar sendo devorado por uma febre abissal. Sua mente estava tão atordoada que ela nem sabe como voltou para a cama. Apagou.

Acordou na manhã seguinte assim que alguém começou a bater na porta do seu quarto com muita intensidade.

– Ora, quem seria?

Levantou-se apressada, girou a chave, a maçaneta, e encontrou Eulália olhando-a com seu desagrado de sempre.

– Não sou pombo-correio, garota. Está me ouvindo? Aprenda a honrar seus compromissos. E usar o despertador.

Ao perceber que havia se esquecido de programar mais uma vez o despertador, Izabel tratou imediatamente de se desculpar:

– Desculpe, dona...

– Não aceito desculpas... – protestou a dona da pensão, rispidamente. – Vista-se rápido que a *dona* está *te* esperando.

– Dona?

Por mais que puxasse pela memória, Izabel não conseguia imaginar a quem Eulália se referia. Vestiu-se ligeira e quando chegou à sala de espera encontrou Adalgisa Pimentel aguardando impacientemente por ela.

– Dona Adalgisa?! – surpreendeu-se Izabel estupefata.

Foi só nesse momento que ela lembrou-se do combinado. Algo que havia esquecido completamente.

– Vamos, garota. Não tenho tempo a perder – disse Adalgisa no seu metálico de voz pedante de sempre.

– S-sim... – gaguejou Izabel. – Já vou. Só vou tomar um pouco de café...

– Ligeira. Temos hora marcada e eu tenho mais o que fazer.
Izabel correu até a copa, serviu-se de meia xícara de café e voltou correndo para a sala. Lá descobriu que Adalgisa já aguardava por ela no carro. Tornou a correr. Entrou no veículo apressada e partiram. Nem bem entrou, Adalgisa aumentou o rádio numa altura assustadora. A voz do apresentador do programa do rádio que naturalmente já era alta e irritante chegava a perfurar e rasgar os tímpanos. Em meio àquilo tudo, Izabel começou a ouvir outras vozes como se as estações de rádio estivessem cruzadas. Logo ela se viu presa em meio a um caos mental.

Meia hora depois o carro entrou na rua onde ficava a casa da tal mulher que fazia abortos às escondidas. Havia algumas viaturas de polícia estacionadas em frente à casa dela; muitos dos moradores das casas vizinhas se encontravam parados diante de suas casas, olhando para o local. Adalgisa abaixou o rádio e se perguntou em voz alta:

– O que está acontecendo por aqui?

Estacionaram. Adalgisa tirou o papel onde havia escrito o endereço da mulher para certificar-se do número da casa e era exatamente onde estavam os policiais e as viaturas.

– Que azar – murmurou Adalgisa. – Pegaram a mulher!

Adalgisa baixou o vidro e perguntou para um jovem que estava parado nas proximidades:

– O que houve, rapaz?

– A dona Iracema... Foi ela... Ela esquartejou aquele cadáver da jovem que foi encontrada no lixo e que os noticiários não param de falar. A garota veio para fazer um aborto e passou mal durante o processo. Não tendo experiência médica, dona Iracema não soube socorrê-la.

"Por medo de chamar a ambulância e descobrirem por que a jovem passara mal, ela se silenciou e a jovem, pobrezinha, acabou morrendo ali mesmo na casa dela.

"Para se ver livre do corpo, ela o cortou em pedaços e jogou em diferentes latas de lixo espalhadas pela cidade. Só que o saco contendo a cabeça da jovem escorregou morro abaixo e foi descoberto por um transeunte que o levou até a polícia."

O rapaz ainda falava quando Adalgisa fechou o vidro e partiu sem agradecê-lo pela informação.

– Que desgraça... Só me faltava essa... Que mulher estúpida... A Olga vai ficar decepcionada... O pior é que essa era a única mulher que eu sabia que fazia aborto. Mas deve haver muitas outras, senão médicos que aceitam fazer isso por uma bela quantia de dinheiro. Devem cobrar mais caro, mas se for a única escolha acho que vale a pena...

Ela suspirou com irritação:

– Bem, garota, vamos ter de aguardar mais alguns dias até que eu localize outra pessoa para tirar essa criança da sua barriga.

O modo como Adalgisa falou "criança" ardeu na alma de Izabel. "Tirar a criança da sua barriga!". Pareceu-lhe até que a criança estava viva e consciente. Ouvindo tudo, participando de tudo. Ela arrepiou-se e procurou imediatamente se tranquilizar lembrando a si mesma que dentro dela não havia nada além de um feto em formação, como Olga havia lhe explicado. Como ela queria acreditar.

No entanto, por mais que ela procurasse se lembrar do fato, as palavras ditas por Adalgisa há pouco se digladiavam com seus pensamentos: "Tirar a criança da sua barriga!", aumentando impiedosamente o caos mental e emocional de Izabel.

ఇ౨౦

Todos os veículos de comunicação noticiaram matérias a respeito do caso Iracema.

Aquele dia custou a passar para Izabel. Foi como se o tempo se recusasse a prosseguir na mesma velocidade de sempre. Nunca, ao menos que lembrasse, Izabel enfrentara um dia tão penoso como aquele. Por diversas vezes se pegou cochilando e se repreendeu. Ao deparar com os olhos bondosos de Valentina ela tratou imediatamente de se desculpar:

– Desculpe, dona...

A senhora não deixou que ela terminasse a frase:

– Há dias que você não anda dormindo bem, Izabel. Ninguém pode viver de bem com a vida sem dormir. O que está tirando seu sono, menina? Diga-me, abra-se comigo.

– Não se preocupe – respondeu Izabel procurando dar um tom despreocupado à voz – não é nada... apenas esgotamento provocado por esses dias frios, só isso.

Antes fosse, reagiu Izabel em silêncio.

Uma interrogação vincou a testa de Valentina Villalba.

ගෙ‍ෆා

Assim que Izabel pôs os pés de volta na pensão, Belmiro informou-a que Adalgisa havia ligado para ela umas três vezes e parecia aflita para lhe falar.

– Obrigada, *seu* Belmiro.

– De nada, minha querida.

Belmiro estava prestes a perguntar à jovem por que aqueles olhos tão tristes e profundos quando Adalgisa ligou novamente.

– Alô, dona Adalgisa? – disse Izabel aflita. – Sim, eu mesma, pode falar?

– Sim... Está bem... Nessa próxima quinta-feira, às oito da manhã, compreendo. Estarei esperando pela senhora... Não se preocupe, desta vez estarei pronta bem antes de a senhora chegar. Pode ficar tranquila... Obrigada por tudo, dona Adalgisa...

As últimas palavras pronunciadas por Izabel não foram ouvidas, pois a mulher do outro lado da linha desligou o aparelho abruptamente.

Quando os olhos de Izabel se encontraram novamente com os do dono da pensão, o gentil senhor disse no seu tom amável de sempre:

– Você não me parece nada bem, Izabel. O que há?

– Cansaço apenas, *seu* Belmiro. Nada mais... não se preocupe.

Ele tomou suas mãos num gesto carinhoso e disse, olhando firme nos olhos dela:

– Não é fácil viver sozinha numa cidade grande e sem familiares. A cidade grande nos faz muitas vezes nos sentirmos solitários e desamparados. Carentes de atenção e afeto. Por tudo isso quero que saiba agora, que você pode contar comigo para o que der e vier, Izabel. Como se eu fosse um membro de sua família. Até mesmo um pai.

Ela sorriu agradecida. Nisso, Eulália apareceu na recepção e ao ver as mãos do marido envolvendo as de sua jovem inquilina por pouco não gritou de susto e indignação. Por pouco não derramou sobre os dois sua histeria como de hábito. Ao ver os olhos grandes de coruja da esposa, Belmiro tratou logo de recolher suas mãos e Izabel de se retirar do recinto.

❦

Na tarde do dia seguinte, mais uma vez Valentina se viu perturbada com o estado deplorável de sua jovem dama de companhia. Algo nela estava errado, gravemente errado.

Seu rosto mantinha a mesma expressão perdida e infeliz dos dias anteriores. Não havia mais aquele brilho encantador em seus olhos, tampouco em sua face. Ela pouco falava e tudo o que dizia para ela parecia apenas tratar-se de uma resposta programada, no íntimo não estava prestando atenção em nada do que ela lhe falava.

Por diversos momentos Izabel perguntou:

– Desculpe-me, dona Valentina, o que foi que a senhora disse?

De repente, Valentina calou-se para ver qual a reação de Izabel com seu silêncio. Não houve reação alguma, Izabel permaneceu sentada na poltrona com aquela expressão horrível de desespero, com a mente presa e amordaçada pelo caos.

Logo um medo repentino tomou conta de Valentina, que temeu que sua jovem dama de companhia tentasse o suicídio.

– Izabel... – murmurou ela.

Mas as palavras não despertaram a moça de seu transe. Valentina olhou-a com mais curiosidade. Ela tornou a pronunciar seu nome e o resultado foi o mesmo, Izabel permaneceu calada.

– É – disse Valentina, pensativa –, algo de muito grave está acontecendo...

De repente, Valentina se surpreendeu ao se ver de pé. Ainda mais quando se viu caminhando até onde Izabel se encontrava sentada, lá pousou sua mão direita sobre o ombro da jovem e falou:

– Minha filha, o que está acontecendo com você?

Izabel rompeu-se em lágrimas. Valentina acariciou seus cabelos.

– Chore, faz bem chorar vez ou outra.

Ela suspirou pesadamente.

– Eu preciso tirar esse bebê... Eu preciso tirar esse bebê – explodiu Izabel, fora de si.
– Como eu supus, você está grávida.
– Eu devo isso a eles... Eu devo... Não é certo...
– Acalme-se. Acalme-se. Apoiando-se nas paredes, Valentina conseguiu deixar o quarto e seguiu caminho até a cozinha. A boa e gentil criada Selma, ao vê-la parada na soleira da porta, não conseguiu conter o grito que atravessou seus lábios como um estopim. Parecia estar vendo uma assombração.
– Ora, mexa-se, sua inútil. Pare de olhar para mim como se estivesse vendo um fantasma e me arranje um copo de água com açúcar.
– Dona Valentina? C-como...
– Faça o que lhe digo. Já.

Um minuto depois, Selma seguia a dona da casa levando consigo o copo com água açucarada que foi servido para Izabel, conforme Valentina ordenou assim que se viram diante da moça.
– O que houve com ela? – perguntou Selma aflita.
– Ela está grávida.
– Bem que eu suspeitei.
– Pois é... Está grávida e arrependida. Estou preocupada. Receosa de que ela cometa alguma barbaridade. Atente até contra a própria vida.

De repente, Izabel retomou a consciência e, ao se ver diante das duas mulheres, assustou-se:
– Oh, dona Valentina, o que houve? O que a senhora está fazendo aí sentada na ponta da cama?
– Acalme-se, querida, tome mais um pouco da água com açúcar.
– Voltando-se para Selma ordenou: – Chame Emilio César, urgentemente.

Selma lhe obedeceu prontamente. Infelizmente o rapaz havia saído em companhia do pai para atender a alguns pacientes.
– Quer deixar recado? – perguntou a voz do outro lado da linha.
Selma não respondeu, apenas desligou.
– O que faremos? – perguntou assim que se viu diante de Valentina.
Izabel se pôs imediatamente de pé.
– Ora, por que tanto alarde?! Estou bem. Juro que estou bem.

– Bem mal, você quer dizer – ironizou Selma.

– O pior cego é aquele que não quer ver – resmungou Valentina entre dentes.

– Largue de ser teimosa, Izabel, assuma, não para nós, mas para si mesma que você não está bem.

– Mas, dona Valentina...

– Nem mais, nem menos. Você não está bem e ponto final. É melhor tirar o resto do dia para descansar e, por Deus, pôr essa cabecinha no lugar.

– Não é preciso...

– Estou mandando. Selma acompanhe-a até a pensão.

– Veja lá, dona Valentina. A senhora não vai ficar aqui sozinha por nada desse mundo.

– Minha filha. Depois que eu consegui me levantar desta cama, descobri que sou bem mais capaz do que pensava. Na verdade, a minha única incapacidade era não perceber esse fato. Agora vá, estou lhe pedindo encarecidamente. Tome um chá, coma umas torradas, relaxe, descanse, só assim, quem sabe, você poderá voltar a concatenar melhor as ideias.

– Se a senhora insiste, eu vou, mas vou sozinha. Selma fica com a senhora. Não se preocupe, ligo assim que chegar à pensão.

Valentina, ainda que a contragosto, acabou concordando, e assim que Izabel partiu, ela pediu a Selma que a deixasse sozinha com seus pensamentos e reflexões. A mulher estava realmente emocionada, altamente surpresa consigo mesma. Finalmente fizera algo pelo próximo. Algo que ela sempre quisera fazer e vivera adiando... Como faz a maioria das pessoas.

Valentina passou o restou daquele dia derramando lágrimas de emoção por perceber que nunca é tarde para ajudar um semelhante. Que se tem sempre mais força e capacidade física e emocional do que se pensa... Ficou saboreando com prazer a maior lição que aprendera na vida: Nunca é tarde para aprender. Nunca é tarde para renascer e fazer algo por si, pelo próximo e, consequentemente, por Deus.

ॐ

Assim que Izabel ganhou a rua, sua tristeza, amargura e decepção cobriram sua face novamente. Longe dos olhos de Valentina ela não precisava mais transparecer calma e placidez.

Izabel seguia pela calçada como se fosse uma folha levada pelo vento de outono. O ar da noite estava frio e, no entanto, ainda que o clima fosse ideal para relaxar a tensão, nada conseguiria dissolvê-la. Novamente ela se viu querendo desesperadamente voltar no tempo. Mudar o curso de sua história. Recolher para sempre ao esquecimento, ao nada, aquele pesadelo que vivia desde que Giancarlo Vommaro entrara na sua vida. Mas quem detém nas mãos o poder de mudar o destino, o misterioso e poderoso destino? Quem? Ninguém... Ela virou a esquina e seguiu pelas ruas que levavam à pensão, totalmente alheia de si. Seus próprios olhos pareciam cegos, enquanto caminhava. Não via nada ao seu redor, também pouco ouvia. Sem sentir, Izabel foi diminuindo o passo até não conseguir dar mais nenhum. Encostou-se contra o muro da casa por onde passava e ficou ali parada, em transe.

Um senhor, que ia entrando na casa cercada pelo muro que sustentava Izabel em pé, ao vê-la correu para acudi-la.

– Minha jovem, você está bem?

Que pergunta estúpida, repreendeu-se o senhor bigodudo. É obvio que a moça não estava bem. Na verdade, nada bem.

– Venha – disse ele, solícito –, deixe-me ajudá-la.

Sem dar-se conta do que se passava, num completo estado de ausência, Izabel foi guiada pelo prestativo senhor para dentro da casa. Não se tratava de uma residência, e sim do Centro Espírita Bezerra de Menezes, na frente do qual Izabel sempre passava quando ia e vinha do trabalho, lugar que ela jamais pensou em pôr os pés um dia. Tampouco compreendia ao certo o que se passava ali dentro.

Minutos depois, Izabel foi levada pelo gentil senhor para conversar com uma senhora chamada Santina. Era uma mulher pequena, de no máximo um metro e cinquenta e cinco de altura. Ar lívido, cabelos grisalhos. Seu sorriso era cativante e foi assim que ela saudou Izabel.

– Como vai, querida. Pode se sentar. Fique à vontade.

Àquela altura, *seu* André, o senhor que acudiu Izabel na calçada, já havia explicado para Santina onde encontrara a moça e em quais circunstâncias físicas e mentais.

– Seus amigos de luz a fizeram parar bem aqui para poder ser ajudada – explicou Santina para André.

Os dois deram um passe em Izabel para que ela recobrasse a calma ofuscada pelo desespero.
– Onde estou? Que lugar é esse? Como vim parar aqui? – perguntou Izabel assim que melhorou.
Santina sorriu e amigavelmente lhe explicou. Em seguida, disse para André:
– Sirva mais um pouco de água para ela, André, e a leve para o grupo de oração e vibração. Isso certamente fará com que ela se acalme e se revitalize.
De fato o grupo de oração conseguiu acalmar Izabel. Foi nesse dia que ela pôde perceber mais claramente o poder da leitura do Evangelho, o poder da oração sobre as pessoas.
Criar o hábito de fazer o Evangelho no Lar, com a obra *O Evangelho Segundo o Espiritismo*, de Allan Kardec, abrindo-o ao acaso, contribui para a evolução espiritual e reforma íntima.
Cerca de cinquenta minutos depois, Santina chamou Izabel para uma segunda conversa.
– O que a aflige tanto, minha jovem? – perguntou a disposta senhora. – Por que se sente tão culpada e perdida?
Izabel tomou coragem e expôs para a mulher toda a sua triste história. Santina fez um gesto de compreensão com a cabeça e explicou:
– Quando tudo está perdido sempre surge um amigo encarnado ou desencarnado para nos ajudar. Essa ajuda sempre vem, infelizmente, poucos a aceitam de braços, coração e mente abertos.
"Muitas vezes essa ajuda vem por meio dos sonhos ou sinais, coincidências. A ajuda está sempre a nossa disposição, vinda de todos os cantos possíveis e impossíveis. Basta apenas abrirmos os olhos para ela, procurarmos por ela.
"Foram os seus guias espirituais ou anjos da guarda, como Chico Xavier os chama, que a fizeram vir parar aqui, justamente na frente do nosso humilde Centro."
Ao indagar por que o destino fizera aquilo com ela, Santina respondeu:
– O destino quis, sem sombra de dúvidas, unir você a esse rapaz chamado Giancarlo, que se passava por Rodrigo. Digo isso porque São Paulo é uma cidade grande, mais que grande, enorme, com milhares de habitantes. Por que haveria justamente você de se envolver

com o marido de sua amiga e ele justamente com a amiga de sua mulher no meio de tanta gente?

"Aparentes coincidências têm motivos mais profundos, meu bem. Um dia certamente você compreenderá por que tudo isso lhes aconteceu, se não neste plano, com certeza, no plano espiritual. Pois é, muitas coisas só nos são reveladas por lá, por ser, na maioria das vezes, o tempo e o espaço certos para que se haja uma compreensão mais profunda e uma reflexão a respeito.

"Quando perguntaram a Chico Xavier por que ele estava se mudando de Pedro Leopoldo para a cidade de Uberaba, se ele havia vivido a vida toda dele ali, criado suas raízes naquela cidade, ele respondeu: 'O porquê você só vai compreender quando estiver no plano espiritual'."

As sobrancelhas de Izabel arquearam-se, curiosa.

– Chico? Quem é esse Chico de quem a senhora está falando?

Santina sorriu amavelmente e explicou:

– Chico é um homem admirável. Dono de um dos corações mais generosos que existe sobre a face da Terra. Uma pessoa digna de ser conhecida pela humanidade. Quem sabe um dia você o conhece pessoalmente.

Izabel pareceu mais relaxada. Santina acrescentou:

– Você, minha querida, uniu-se a esse rapaz de forma totalmente inocente. Tenho absoluta certeza de que, se soubesse quem era ele de fato, jamais teria se deixado envolver por seu jogo de sedução. Isso tudo é sinal de que essa união já havia sido traçada no plano espiritual.

"Você não deve mais se sentir culpada pelo que aconteceu. Muito menos culpar o filho que cresce em seu ventre. Aceite essa gravidez de bom grado. Conceda a esse espírito que reencarna desta vez como seu filho o direito que é de todos nós por graça divina, o *direito de renascer.*"

– *Direito de renascer?*

– Sim. O *direito de renascer.* Ninguém deve privar ninguém do *direito de renascer.* Nem a si próprio. E nós, espíritas, dizemos *renascer* e não *nascer* porque cada ser que nasce neste planeta já viveu aqui anteriormente, por esse motivo está *renascendo.*

– Mas eu não posso levar adiante essa gravidez, prometi isso a dona Olga Scarpini, que muito tem me ajudado.

– Você pode querer ser agradecida, prestativa e devotada a alguém que a ajudou muito na vida, mas jamais deve demonstrar seu apreço e gratidão privando alguém do seu *direito de renascer*.

"Quando há aborto espontâneo é sinal de que o espírito não estava preparado para reencarnar. Ali ou naquelas condições. Mas esse não é seu caso. Portanto, aceite essa criança. Conceda a ela o *direito de renascer*.

"Vou ler para você como a Doutrina Espírita trata de maneira clara e objetiva esse assunto do abortamento, na questão 358, da obra *O Livro dos Espíritos*, de Allan Kardec:

"'*P. – Constitui crime a provocação do aborto, em qualquer período da gestação?'*

"'*R. – Há crime sempre que transgride a lei de Deus. Uma mãe, ou quem quer que seja, cometerá crime sempre que tirar a vida de uma criança antes do seu nascimento, pois isso impede uma alma de passar pelas provas a que serviria de instrumento o corpo que se estava formando'.*"

Izabel deixou o Centro que as misteriosas mãos do destino a conduziram naquela noite sem aquele olhar vago que trazia consigo quando ali chegou.

Voltou para a pensão sem conseguir tirar dos seus pensamentos as palavras que a simpática senhora havia lhe dito. Tudo o que ela dissera fazia sentido. Um tremendo sentido.

A vida unira ela a Rodrigo. Esforçara-se radicalmente para uni-los. Por qual motivo? Um dia saberia...

De todas as palavras ditas pela simpática senhora a que mais se repetia dentro dela era: *"Ninguém deve privar ninguém do direito de renascer. Nem a si próprio..."*.

Quando Izabel deu por si estava alisando seu ventre, algo que nunca havia feito desde que se descobrira grávida. Cinco, dez minutos depois, uma onda de calor esquentava-lhe a mão, como se ela estivesse envolvida pela mão de outra pessoa, trocando um aperto de mão forte, sereno e carinhoso.

Izabel terminou aquele dia e atravessou a madrugada sentindo-se menos perturbada. No entanto, o combinado com Adalgisa ainda estava de pé, na quinta-feira, pela manhã, ela passaria novamente na pensão para apanhá-la e levá-la ao médico. Novamente sua mente se viu invadida pelas palavras de Olga, na sua visita à pensão: "Você nos deve isso, Izabel".

Sim, ela devia aquilo à família Scarpini. Não podia voltar atrás, embora tudo o que Santina havia lhe dito fizesse muito sentido para ela.

De novo a juventude desaparecera do rosto de Izabel. Seus lábios tornaram-se retorcidos, amargos por uma dor súbita e aguda. Seu mundo caía novamente.

Quinta-feira, faltavam cinco minutos para as oito horas da manhã. Izabel já se encontrava no consultório médico aguardando a chamada. Quando o enfermeiro chamou seu nome, por um momento Izabel não percebeu o que ele dizia. Ele precisou tocar no seu ombro para se fazer ser ouvido:

– Desculpe-me. O que foi que disse?
– É sua vez, Izabel.

O moço sentiu que ela se assustou um pouco. Mas a voz de Izabel saiu normal e calma:

– Sim. É a minha vez.

Ela se levantou e caminhou na direção que o enfermeiro indicava. Ao passar por ele, o rapaz perguntou:

– Você está se sentindo bem?

Izabel fingiu que sim.

– Fique tranquila – tornou o rapaz num tom carinhoso – vai correr tudo bem.

Não levou mais que um minuto e o médico apareceu na sala. Tinha um rosto jovial, extremamente bonito. Trinta anos de idade, não mais que isso. Cumprimentou Izabel com uma frieza assustadora enquanto passava mais uma vez pela testa um lenço para enxugar o suor que parecia minar incessantemente de seus poros.

– A paciente ainda não está pronta?! – zangou-se com o enfermeiro. – Quantas vezes vou ter de lhe dizer para me chamar somente quanto a paciente estiver pronta para fazer o procedimento?

Disse isso e se retirou da sala, a passos duros e irritados. Izabel baixou o olhar para o chão, enquanto sua mente era invadida pelas palavras de Santina e pelas imagens do misterioso sonho que tivera, onde seu ventre se dilacerava em chamas, queimando vivo o bebê que crescia ali dentro.

Izabel suava frio quando perguntou aos céus: seria o sonho um sinal? Teria realmente ela ido parar no Centro para que as palavras de Santina pudessem ser ouvidas por ela na esperança de impedir aquele aborto?

Izabel suspirou tensa enquanto palavras formavam frases na sua mente:

– Eu preciso de uma luz, Deus. Dê-me um sinal, por favor. Que me diga, que me aponte qual direção devo tomar. Que atitude devo adotar? Por favor, ajude-me. Nunca estive tão carente de ajuda em toda a minha vida. Sentindo-me tão indecisa. Vivendo indecisão atrás de indecisão. Por favor, governe-me e me ilumine. É muita coisa para eu decidir sozinha. O que devo fazer.

Nesse momento uma luz pairou sobre a cabeça de Izabel, uma luz vinda do Além, guiada por espíritos de luz que ouviram seu apelo e estavam dispostos a ajudá-la.

– O que há? – perguntou o enfermeiro assim que notou seus olhos dilatados voltados para ele, parecendo que iriam saltar das órbitas.

Houve um brevíssimo momento de hesitação antes que ela respondesse:

– Eu estava certa quanto a abortar esse filho até que...

O rapaz a incentivou prosseguir com o olhar.

– ... – as palavras perderam-se na garganta de Izabel.

O enfermeiro aprumou-se ao lado dela, mergulhou fundo nos seus olhos e falou calmamente, mas com firmeza:

– Se você não está mais certa quanto a fazer esse aborto, então não o faça!

Ela lançou-lhe um olhar francamente inquisidor.

– O que vou dizer para a mulher que me trouxe até aqui? O acordo era que eu abortasse essa criança, se eu não cumprir o prometido ela vai me matar.

– Minta para ela, minha cara, minta.

– Mentir? Nunca menti em toda a minha vida. Não é certo.

– Sei que não é, mas neste caso mentirá por uma boa razão. Para proteger essa criança que está crescendo dentro de você. Para impedir que seja morta.

A palavra "morta" doeu na alma de ambos ali.

– Você acha que devo mesmo?

— Deve.

A palavra *dever* trouxe à memória as palavras que Olga Scarpini usou para convencê-la a fazer aquele aborto: "Você nos deve isso, Izabel".

Como se tivesse lido seus pensamentos, o enfermeiro falou:

— A única coisa que você *deve* realmente fazer, Izabel, é o que dita o seu coração.

— Mas eu prometi. Prometi para dona Olga que faria esse aborto, e promessa é dívida.

— Às vezes prometemos coisas numa hora impensada. Por esse motivo temos todo o direito de voltar atrás, de descumprir o prometido. Acredite-me, Izabel, você vai se sentir muito mais feliz tendo esse filho. Vai se agradecer um dia por ter mudado de ideia.

— Mas ele é fruto de um ato inconsequente. O pai dele não vale nada, enganou-me, mentiu... É casado...

— Não importa. Ponha-se no lugar dessa criança que está a caminho da Terra. Você gostaria de estar na mesma situação que a dela? Pense...

Entre lágrimas, ela reconsiderou.

Ele a acolheu mais uma vez com um belo sorriso.

— Suas palavras me confortam.

— Sua presença me conforta também.

Nisso, o médico voltou para a sala. Ainda suava em profusão como se estivesse sob um sol de quarenta graus.

Pôs a máscara cirúrgica sobre o nariz e quando ia iniciar seu trabalho, o enfermeiro falou:

— Doutor.

Ele voltou os olhos para o rapaz, no cume da impaciência. O funcionário não se deixou intimidar e explicou:

— Ela desistiu de fazer o aborto.

— De-sis-tiu?! C-como assim desistiu?!

— Desistiu...

O médico voltou-se para Izabel:

— Tem certeza?! Veja lá, hein? É mais uma boca para alimentar. Mais um trombadinha no futuro se você não souber educá-lo. O mundo já está cheio demais dessas pessoas.

Izabel permaneceu calada, olhando assustada para o profissional, embaralhando suas convicções novamente.

– Ainda assim – acudiu o enfermeiro – ela está decidida a ter essa criança.
– Não é porque desistiu que você não vai ter de pagar por meus serviços, garota! – atacou o médico, num tom cortante. – Vai sim. Fez ou não o aborto, o problema é seu. Eu não devolvo o dinheiro.
– Não devolve o dinheiro?! – espantou-se Izabel.
– Não! Lógico que não! – a afirmação saiu quase que num berro.
– Pensa o que? Vem aqui, toma o meu tempo, o horário que poderia ter sido usado por outra garota, e depois desiste simplesmente me deixando no prejuízo?! Não mesmo. Tempo é dinheiro. Por esse motivo eu cobro adiantado para não ser prejudicado por jovens indecisas como você.

O profissional bufou. Enxugou mais uma vez a transpiração que cobria seu rosto e desembuchou mais uma vez sem nenhum tato:
– Se não vai tirar mesmo essa criança aí de dentro da sua barriga vai *saltando fora* que eu tenho mais o que fazer.

Antes que o patrão perdesse ainda mais a compostura e intimidasse Izabel um pouco mais, fazendo-na voltar atrás, o enfermeiro encaminhou a jovem para fora da sala de cirurgia.
– Se o doutor não devolve o dinheiro como vou devolver essa quantia para dona Olga? – perguntou Izabel mais para si mesma do que para o enfermeiro que a acompanhava.
– Não será preciso – acudiu o rapaz mais uma vez. – Pois para eles você fez o aborto, e se fez, foi pago.
– Não sei... Isso é mentira.
– Não, minha querida, é outra vida que se salva.

Ela repassou a frase em pensamento apreciando-a cada vez mais. Depois, sem saber ao certo por que, Izabel perguntou:
– Qual é mesmo o nome do doutor?

Baixando a voz, como se a resposta fosse altamente confidencial, o enfermeiro respondeu:
– Mathias Albuquerque.
– E o seu?
– André Luiz.
– Muito obrigada, André, por tudo.
– Você disse que há uma mulher lá fora aguardando por você. Que ficará muito brava se souber que você desistiu do aborto. Seja

firme. Não deixe que ela perceba em momento algum que desistiu de fazê-lo. Se ela suspeitar, negue, em nome do seu filho, negue! Não foi preciso negar. Por momento algum passou pela cabeça de Adalgisa Pimentel que Izabel havia desistido.

Assim que Izabel entrou no carro, Adalgisa tornou a aumentar o volume do rádio e partiu sem falar uma palavra sequer durante todo o trajeto. Tampouco no momento em que parou o carro em frente à pensão para deixar a moça.

Izabel entrou na pensão envolta numa névoa de alívio e incerteza. Alívio por não ter abortado o filho. Incerteza, por não saber se havia agido corretamente omitindo o que fizera para Adalgisa e, consequentemente, para sua madrinha de batismo, Olga Scarpini.

Naquele mesmo dia, logo após Olga receber o telefonema de Adalgisa informando-a que tudo havia corrido como combinado, sem imprevistos, ela, após certificar-se de que não havia ninguém por perto, ajoelhou-se no chão, fez o "Nome do Pai" e num sussurro agradeceu a Deus:

– Obrigada. Muito obrigada, meu senhor. Pode deixar que ainda este mês hei de dobrar a quantia que pago pelo dízimo. Amanhã mesmo dou uma passadinha na igreja e acerto tudo. Em vez da contribuição habitual, darei uma em dobro.

Um suspiro de alívio foi expelido por Olga no mesmo instante em que disse para si mesma mentalmente:

"Pronto, agora está tudo resolvido. Posso voltar a viver em paz. Principalmente dormir em paz. Guilhermina foi mais uma vez protegida de uma injustiça do destino. Antes fosse sempre assim. Se não fosse meu genro, o safado do meu genro, nada disto teria acontecido.

"Pobre Guilhermina... para não dizer estúpida. Com tanta gente para se apaixonar foi se apaixonar justamente pelo mau-caráter do Giancarlo. Por que? Por que não se apaixonou por um rapaz de boa índole, bom caráter, respeitador?

"O que ela e Alceu haviam feito de mal para receberem uma ingratidão dessas, hein vida?".

A pergunta era dirigida a Deus, ela bem sabia, mas preferia usar a palavra "vida" por receio de ofendê-Lo.

– Nada! – respondeu Olga em seguida.

Ela e o marido não haviam feito simplesmente nada de errado para receberem essa ingratidão! Frequentavam assiduamente a missa, davam alguns trocados para os pobres pelo menos uma vez no ano... Que mais poderiam fazer de bom? Aquilo já era muito.

O problema é que a *vida* era muito injusta com certas pessoas. Eles eram mais uma prova disso. A filha também. Pobrezinha, que mal Guilhermina havia feito na vida para se casar com um marido tão mau-caráter como Giancarlo? Que mal?

Olga levantou-se procurando desesperadamente se livrar daquele mal-estar que suas reflexões lhe causaram. E nada como um banho de loja, uma bela tarde num salão de beleza para renovar suas energias, embelezar a pele, rejuvenescer.

ඥං

Aquela noite, a pedido, Izabel deixou o emprego mais cedo, pois queria passar no Centro Espírita Bezerra de Menezes para ver Santina. Queria não só receber um *passe*, se fosse possível, mas expor seus temores com relação ao que havia feito naquela manhã. A mentira que permitira ser levada para sua madrinha, Olga.

A mulher saudou a jovem com grande alegria. E elogiou seu ato com entusiasmo.

– Você ouviu sua alma, Izabel. E a alma fala por Deus. Parabéns. Meus sinceros parabéns pelo que fez.

– Mas será, dona Santina, que o que fiz é certo? Dona Olga pensa que eu abortei a criança... Não gosto de mentir, enganar as pessoas, não acho certo. Receio que o que fiz foi errado.

– O tempo vai lhe dizer, Izabel, se o que fez foi certo ou errado, como sempre diz a todos. Mas já posso lhe adiantar a resposta que o tempo vai lhe dar: "Você fez o que era certo, Izabel. Muito certo. Parabéns. Pois ninguém, a não ser em raríssimos casos, deve negar o *direito de renascer* a alguém. Ninguém". Mas não será propriamente o tempo que vai lhe dar essa resposta, será o seu próprio filho. Aguarde e verá!

Izabel sorriu e, após um dar um carinhoso beijo na face rechonchuda da pequena senhora, deixou a sala. Ela passava pela sala de espera quando um dos presentes ali, aguardando sua vez para tomar um *passe*, chamou-lhe a atenção.

A pessoa assim que se viu reconhecida virou o rosto na outra direção, mas seu gesto deselegante não foi percebido por Izabel. O indivíduo estava agora de costas para ela, com o olhar voltado para a parede do fundo da sala quando Izabel pegou em seu braço com delicadeza e perguntou:
– Doutor Mathias?
Ele voltou-se para ela fingindo surpresa com sua chegada.
– Ah... Olá... Como vai? – disse ele procurando fazer o social. – Nós nos conhecemos? – fingiu ele não se recordar dela.
Izabel baixou a voz ao dizer:
– Sim. Estive hoje de manhã na sua clínica.
Ele fingiu puxar pela memória. Izabel perguntou a seguir:
– Nunca pensei que o senhor frequentasse um lugar desses?
O médico riu.
– Nem eu. Acabei vindo parar aqui por indicação de um amigo. É que... de repente, de uma hora para outra, não consegui mais encontrar conforto, tampouco paz na religião onde me escorava. Comecei a ficar perturbado, sentindo um peso na nuca, nas pálpebras uma coisa esquisita e o pior... foram as vozes... – ele girou o pescoço antes de acrescentar – comecei a ouvir muitas vozes...
Os olhos de Izabel brilharam cheios de interesse.
– E o que elas lhe diziam?
Ele engoliu o fôlego rapidamente antes de lhe responder:
– Elas a princípio não diziam nada, apenas choravam. Um lamento repetitivo e ensurdecedor. Em meio ao pranto começaram a soar algumas palavras...
"A princípio pensei que tudo não passava de algo criado pela minha mente, fruto do cansaço do trabalho. Depois... durante uma conversa com um amigo que é espírita ele me disse que isso que eu estava sofrendo era chamado pelo espiritismo de obsessão espiritual. Aconselhou-me então a procurar um Centro. Aqui estou."
– Obsessão espiritual?...
– O que é isso? Foi a mesma pergunta que lhe fiz. Meu amigo me explicou que os gritos, o choro e as palavras que volta e meia ouço em minha cabeça são dos espíritos que estavam prestes a encarnar e cuja reencarnação foi privada por causa dos abortos que realizo nas jovens que procuram por meus serviços.
Izabel arrepiou-se.

– É de arrepiar – concordou o médico acrescentando: – Se isso é verdade ou não, eu não sei, só sei que desde que comecei a tomar os *passes* diminuíram as perturbações mentais. Assim que elas retornam, eu venho aqui e tomo mais um *passe*, alívio imediato novamente.
– Mas se o senhor vem se sentindo perturbado pelo que faz por que não deixa de fazer? – perguntou perplexa a jovem.
Mathias soltou novamente um risinho curto e cínico.
– Não posso! Preciso do dinheiro que esse *trabalho* me dá. É o que me garante um bom lucro no fim do mês. Você acha que eu passei seis anos ralando numa faculdade e mais dois de residência, fora o tempo que gasto fazendo especializações, para ganhar uma merreca de salário no fim do mês? Não! Não dá para se contentar com pouco depois de tudo isso!
– Mas o preço que o senhor está pagando para concretizar sua ambição é muito alto. Será mesmo que vale a pena suportar uma mente perturbada por causa do dinheiro?
Os olhos dele, num misto de tristeza e ao mesmo tempo de frieza, responderam que sim. Ele soltou novamente um de seus risinhos curtos e cínicos, baixou a voz e acrescentou:
– Depois que vim aqui neste Centro não tenho mais com o que me preocupar, basta tomar um *passe** que as vozes se silenciam, fico novo em folha. Não é assim que a maioria das pessoas faz em relação aos seus deslizes e maldades de diferentes gêneros, que cometem contra si mesmos, com o próximo e para com Deus?
"Assim que a culpa, o remorso ou o medo de que Deus se zangue caia sobre elas, correm para cá para tomar um *passe* e tudo volta a ficar bem."
– Do jeito que o senhor fala pouca importa se as pessoas continuam cometendo os deslizes e maldades...
– Exato. Pois bastou cometê-los, o *passe* nos livra dos tormentos que eles possam nos causar.

O Passe Espírita, ou Fluidoterapia, como é também conhecido, é uma transfusão de uma certa quantidade de energias fluídicas vitais (psíquicas) ou espirituais, utilizando-se a imposição das mãos, com o propósito de atuar em nível periespiritual, usada e ensinada por Jesus, como se vê nos Evangelhos. Origina-se das práticas de cura do Cristianismo Primitivo.
"Como a todos é dado apelar aos bons Espíritos, orar e querer o bem, muitas vezes basta impor as mãos sobre a dor para a acalmar; é o que pode fazer qualquer um, se trouxer a fé, o fervor, a vontade e a confiança em Deus" - (Allan Kardec - Revista Espírita, Setembro, 1865). (N.A.).

Izabel não soube mais o que dizer, despediu-se do homem e partiu. No entanto, estava tão chocada com o que acabara de ouvir da boca de Mathias Albuquerque que precisou procurar por André para ter uma conversa com ele a respeito. Após explicar a ele o que havia conversado com o médico, o prestativo senhor disse:

– O passe traz à pessoa "fluidos" ou "energias" benéficas, oriundos do próprio passista, de bons espíritos, ou ainda de ambas as fontes somadas. Sua intenção é de aliviar sofrimentos, curá-la de algum mal, ou simplesmente fortalecê-la. Mas o passe jamais irá tirar a responsabilidade que cada um tem por seus atos. O passe dará forças para que a pessoa assuma suas responsabilidades, mas jamais para que fuja delas. Porque assumi-las é evoluir e evolução é a proposta da nossa existência. Se os espíritos de luz, Deus em si, libertassem as pessoas de suas responsabilidades por meio de uma cadeia de passes eles estariam impedindo esse indivíduo de aprender o que é necessário para galgar níveis mais elevados de evolução.

"Para a maioria das religiões, a todo aquele que faz algo errado, Deus perdoa, basta frequentar os cultos, se confessar, pedir perdão ou pagar o dízimo, que é o mais importante para eles, e tudo bem, Deus perdoa.

"Mas reflita comigo: se basta você se arrepender do que fez, pedir perdão a Deus que Deus perdoa toda vez, que mal há em você continuar fazendo o mal a si próprio, ao próximo, ao planeta e a Deus? Nenhum, não é mesmo? É por tudo isso que a maioria das pessoas que frequentam essas religiões, assim que deixam seus templos retomam sua velha postura diante da vida e continuam praticando o mal."

"Mas será mesmo que basta pedir perdão a Deus para que tudo se resolva assim tão facilmente?

"É lógico que não. Se assim fosse, seria o mesmo que uma professora perdoar a um aluno toda vez que ele tirasse zero na prova, permitindo que ele se graduasse numa profissão sem ter capacidade alguma, o que seria um perigo para quem necessitasse dos seus serviços.

"Deus quer a integridade e a qualidade, não a embromação...

"As religiões fazem uso dessa regra propositadamente para cativar os fiéis e o dinheiro que eles podem lhes dar todo mês. Porque o que todo mundo mais quer no fundo é se livrar de suas responsabilidades e irresponsabilidades. Mas essa teoria sobre Deus foi criada pelo homem que usurpa de Deus e Jesus para enriquecer. Não tem nada a ver com as leis reais criadas por Deus que regem o Universo. E a lei de Deus, do universo, é: ninguém tira de você suas responsabilidades. Nem Ele.

"Muitas pessoas optam por dar alimentos aos pobres, doar-lhes roupas, móveis, livros e brinquedos usados porque aprenderam, equivocadamente, que basta serem solidárias que serão redimidas do mal que seus atos inapropriados causaram ao próximo.

"Agem assim também para se sentirem menos culpadas diante da miséria e por medo de chegarem ao Céu e não serem bem-recebidas por não terem realizado nada de bom ao próximo. Não fazem porque sentem na alma que é algo bom, algo humano e espiritual. Algo que realmente conta no fim de tudo.

"Mas será mesmo que basta ser solidário para se livrar das consequências de seus atos irresponsáveis? Se assim fosse, o Universo seria um lugar dominado totalmente pela injustiça. E não creio, em absoluto, que Deus seja injusto. Na verdade, Ele é a justiça plena.

"Você pode se esconder de seus atos para consigo mesmo e para com o próximo por meio de um *passe*, um gesto de caridade ou simples palavras de arrependimento. Mas a verdade é que não há lugar algum no mundo, nem no Universo, em que o homem possa se esconder dos erros que comete ou cometeu.

"Você faz, a vida cobra. Pode parecer que não, mas sempre cobra. Quando você menos espera, quando você nem sequer lembra mais.

"E cobra para nos fazer crescer, evoluir. A vida, no seu esforço infindável de fazer com que todos cresçam, evoluam, leva todos a despertarem de estágios letárgicos, imaturos, pobres de espírito, a fim de que sejam tocados e mergulhem numa profunda reflexão libertadora."

As palavras de André tocaram Izabel mais uma vez, tudo o que ele dissera fazia sentido dentro dela. Com isso ela pôde voltar para a casa, sentindo-se mais aliviada.

ርዝஓ

Enquanto isso, Mathias Albuquerque recebia um passe de Santina. Ao terminar, a mulher sentiu-se ligeiramente tonta. Foi preciso se sentar, se não iria ao chão. A reação de Santina impressionou o médico.

Quando ela se sentiu melhor, pediu a ele que a acompanhasse. Ele a seguiu até uma pequena sala onde ambos sentaram-se. Após olhar com atenção para o rosto do médico, a solícita senhora disse:
— Eu sei o que o traz aqui — disse ela, com certa seriedade.
— Sabe? — perguntou num tom cínico.
— Sim. Mas devo preveni-lo de que os *passes* que recebe são como remédios que aliviam a dor e curam. O que causa o problema ainda está lá, dentro da pessoa, e se ela não lidar com a causa, o problema de saúde voltará.
— Quando voltar eu tomo mais remédios — ousou o médico com cinismo.
— Cuidado, meu semelhante, o problema pode voltar em proporções que nenhum remédio pode combatê-lo.
Um sorriso estranho enviesou os lábios do médico. Com cautela, Santina acrescentou:
— Tudo o que você faz, a vida cobra. Pode parecer que não, mas sempre cobra. Quando você menos espera. Quando você nem se lembra mais do que fez.
— Quando ela cobrar, eu pago.
— Cuidado, pois o preço pode se tornar impagável.
— Ainda assim, eu aceito o desafio.
O jovem médico teve novo estranho sorriso. Sem se intimidar Santina comentou:
— Você é um médico, com o poder de curar e salvar vidas. Poderia fazer tanto pelos carentes...
— Não nasci para ser um Bezerra de Menezes, minha senhora. Acho até bonito seu gesto, mas... Não para mim!
— Cada um tem seu momento para despertar! Infelizmente, esse momento ocorre de forma dolorida, muitas vezes, brutal, principalmente, para os que têm conhecimento de que o que fazem é errado e ignoram.
O sorriso estranho de Mathias tornou-se mais intenso. Santina prosseguiu:
— Saiba, doutor, que você pode se aliviar de seus atos inadequados para consigo mesmo e para com o próximo por meio de um *passe*, um gesto de caridade ou simples palavras de arrependimento. Mas não há lugar algum no mundo, nem no Universo que o homem possa se esconder dos erros que comete ou cometeu.

Como diz Allan Kardec em seu livro *Iniciação Espírita*: *"Aquele que pede a Deus o perdão por suas faltas só o obtém se modificar a sua conduta. As boas ações são as melhores preces, pois os atos valem mais que palavras"*. No entanto, as ações têm de ser espontâneas, altruístas e não feitas na intenção de acobertar atos e pensamentos inapropriados.

– Minha gentil senhora, para que devo eu me preocupar agora com as reações de minhas ações se elas só voltarão para mim numa vida futura?

– Cuidado, meu rapaz. A sua irresponsabilidade com seus estudos nos tempos de escola não esperou outra reencarnação para que você recebesse as más consequências por sua irresponsabilidade. O mesmo acontece no trânsito ou em relação ao seu corpo físico, sua mente ou seu lado espiritual. As reações vêm, boas ou más, elas vêm nessa mesma reencarnação.

"Por mais que alguns estudiosos da mente afirmem que você pode mudar as consequências negativas de seus atos com o poder da mente, esse poder só serve para lhe dar força para lidar com o que virá mediante seus atos inadequados. Escapar deles, jamais. Pois não há força no mundo que possa fazer o homem se livrar de suas responsabilidades. Só há forças para ajudá-lo a encará-las e superá-las."

Um novo risinho curto e cínico escapou da boca do doutor Mathias Albuquerque. Ele agradeceu a simpática senhora e deixou a sala envolto na sua petulância de sempre. Tudo o que Santina havia lhe dito fizera sentido dentro dele, mas sua teimosia, ganância e prazer em desafiar a vida, ser do contra, gritava mais forte dentro dele.

Ele estava determinado a continuar agindo do modo que agia, certo de que, toda vez que se visse atormentado por aquelas vozes, bastava recorrer ao Centro, tomar um *passe*, rezar um Pai-Nosso ou dar uma esmola a um pobre e pronto. Ponto final. Seria poupado das consequências de seus atos, como a maioria das pessoas pensa.

O importante era continuar recheando cada vez mais sua conta bancária, que era o que mais lhe importava na vida. O que dava sentido a ela, o ânimo de viver.

Se os dirigentes daquele Centro se recusassem a continuar lhe dando um passe, ele mudaria para outro Centro para recebê-los. Um que desconhecesse seus reais propósitos de vida. E seria assim sempre. ......*Sempre?!*......

☙❧

Izabel voltou naquela noite para a pensão sentindo-se bem melhor, como há tempos não se sentia. Abriu as venezianas do seu quarto e deixou o perfume da noite entrar no aposento. Deixou então seus olhos pousarem nas luzes da cidade que, ao longe, piscavam como lindos vaga-lumes enquanto seus pensamentos se elevavam mais uma vez a Deus, em gratidão por sua intervenção.

Pela primeira vez, em muitas semanas, Izabel sentiu-se calma e em paz desde que fora envolvida por tudo.

Agora havia dentro dela uma promessa de futuro que ela não tinha compreendido anteriormente. Como se o futuro fosse uma flor que se tem prazer de cuidar porque se tem conhecimento que dela depende sua alegria de viver. Não que sem ela não houvesse. Haveria de ter sim, mas não na mesma intensidade.

Ela acariciou seu ventre de forma tão carinhosa que sentiu uma onda de calor alastrar-se dali e inundar todo o seu corpo. Poderia descrever aquele momento como um momento de amor, o mais puro e sincero amor entre uma mãe e um filho. De repente, a alegria de descobrir que reside nas mãos da mulher o dom de gerar e manter a própria vida, descortinou-se diante dela. Algo de que até então não havia se dado conta.

"Como não percebi antes... Somos nós, mulheres", murmurou encantada, "que temos o poder de gerar e manter a própria vida no planeta porque é por meio de nós que a raça humana se reproduz". Ela tornou a acariciar seu ventre com carinho, enquanto lágrimas de emoção escorriam por sua face.

☙❧

Dias depois, Valentina chamou Emilio César em sua casa para ter uma conversa muito séria com ele em particular. Foi durante essa conversa que ela expôs ao jovem tudo o que estava acontecendo com Izabel. Ao findar disse:

— Contei-lhe tudo isso, meu rapaz, porque sei do imenso amor que sente por Izabel. Um amor capaz de superar esse deslize por parte dela. Se é que devemos definir assim.

— A senhora tem razão, dona Valentina, toda razão. Amo Izabel desde a primeira vez em que a vi sentada bem ali naquela poltrona com seu olhar tímido e submisso.

Houve uma pausa até Valentina perguntar:
— E o que pretende fazer, agora, meu jovem?
Um sorriso bonito iluminou a face de Emilio César.
— O que dita o meu coração — respondeu resoluto.
Minutos depois, Emilio César estava sentado numa poltrona na sala de estar da casa de Valentina diante de Izabel. Ele pensou que ela ficaria chocada, até mesmo envergonhada, após saber que ele estava a par de tudo o que lhe acontecera, mas não, Izabel reagiu naturalmente diante dele como se já esperasse por aquela conversa. Não foi preciso Izabel se perguntar onde, quando e como, Emilio César havia sabido de tudo. Dona Valentina é que obviamente o deixara a par de toda a sua história.
— Estou aqui — disse Emilio César bastante sério — falando disso tudo com você, Izabel, para prestar-lhe o meu apoio. Você pode contar comigo. E também quero lhe dizer que... gosto muito de você, gosto desde a primeira vez em que a vi e que me daria muita alegria se aceitasse namorar comigo.
— Você me parece bom e honesto, Emilio César. O homem que me engravidou parecia ser tal e qual você e, no entanto, era um canalha. Um mentiroso.
— Eu sou diferente. Dê-me ao menos uma chance para provar que sou diferente.
Izabel achou por bem usar de sinceridade, mesmo que ela ferisse o rapaz:
— Eu sinto muito, Emilio César. Eu não consigo. Eu perdi a fé nos homens. Por mais que eu tente, não consigo acreditar em nenhuma palavra do que você me diz.
— Dê-me uma chance — insistiu o moço —, apenas uma chance. É tudo que lhe peço.
— Eu sinto muito.
— Você mudará de ideia. Nada melhor que o tempo para cicatrizar as feridas, renovar nossos pensamentos. E eu aguardarei o tempo que for necessário para que isso aconteça.
— Não sei se deve. Não creio que possa mudar. Você verá.
— Ainda assim aguardarei — e balançando a cabeça em compreensão, o jovem acrescentou com sinceridade: — Gosto tanto de você que estou disposto a dar o meu sobrenome ao seu filho. Como se eu fosse o pai dele. Sei o quanto significa para a criança e para você. Ficaria muito alegre se aceitasse o que lhe proponho.

Ela acolheu suas palavras com imenso carinho. E fazendo uso mais uma vez da sinceridade disse:
— Aprecio muito seu gesto, tem certeza de que isso realmente o agrada?
— Muito.
— Pois bem, se você quer assim eu lhe agradeço em meu nome e em nome do bebê.
Um sorriso bonito cobriu a face de Emilio César.
Assim que Izabel se viu diante de Valentina, a senhora quis saber o que ela havia achado da proposta que ela, indiretamente, havia sugerido para Emilio César. A decisão de Izabel desapontou drasticamente a pobre mulher.
Valentina foi enfática:
— Você está sendo tola em não aceitar a proposta de Emilio César. Eu, se fosse você, aceitaria sem pensar duas vezes. Mas certamente as pessoas comentariam: Onde já se viu uma velhota de namorico com um rapagão cinquenta anos mais jovem que ela?. E eu lhes diria: Onde já se viu? Aqui mesmo, ora! Se existe amor de verdade o que importa a idade?
O rosto sério de Izabel se desarmou com aquelas palavras. Riu gostoso como havia muito tempo não ria.
— Como já lhe disse, Izabel, se eu não tivesse aceitado Humberto, dado uma segunda chance para eu amar outro homem, eu não teria vivido tudo o que vivi de bom ao lado dele.
Por mais comovente e inspiradora que fosse a atitude que Valentina tomou diante do amor no passado, após ter se decepcionado, a história não foi suficiente o bastante para que Izabel derrubasse suas defesas e desse uma nova chance para o amor, para Emilio César, para si mesma.
Mas Izabel haveria de mudar de ideia, torceu Valentina, em segredo, para o seu próprio bem e para o bem do próprio filho que crescia em seu ventre. Afinal, Emilio César não estava só disposto a dar um sobrenome para a criança, estava disposto também a ser seu pai, um pai de grandes qualidades, um dentre poucos. Disso ela não tinha dúvidas.
Uma semana depois desses acontecimentos, por volta de nove horas, Izabel estava voltando para a pensão quando Giancarlo saltou de dentro do seu carro estacionado a poucos metros da casa de Valentina disposto a conversar com ela.

O susto foi tanto que Izabel por pouco não gritou.
– Psiu – sibilou ele maroto. – Não vai acordar a vizinhança.
Os olhos dela tornaram-se vermelhos de medo e pavor.
– Estava com saudades, Izabel – continuou ele, vindo para cima dela.
– Não me toque! – preveniu ela, recuando um passo.
– Largue de besteira, Izabel, vim buscá-la para passarmos a noite no meu *apê*.
As palavras dele foram abafadas pelo barulho do motor de uma moto que passava na rua. Giancarlo limpou a garganta, firmou a voz e, segurando em Izabel, disse num tom ordinário:
– Vamos, dê-me um beijo, eu sei que está louca de saudades dos meus beijos molhados.
Foi nesse momento que a voz forte e sonora de Emilio César ecoou até eles:
– Solte-a, cara!
Izabel mal podia acreditar que o motoqueiro fosse Emilio César. Foi para ela como se ele houvesse sido chamado pelos anjos para estar ali naquela hora e protegê-la.
– Deixe-a em paz! – tornou Emilio César aproximando-se do casal.
Giancarlo voltou-se para trás enfurecido.
– Quem você pensa que é para falar assim comigo?! – indagou ele, vermelho de raiva. – Vá cuidar da sua vida. O assunto ainda não chegou ao chiqueiro.
– Você não precisa saber quem eu sou – respondeu Emilio César –, ainda que eu saiba muito bem quem é você. Afaste-se de Izabel. Você já a fez sofrer demais.
Giancarlo riu com escárnio e disse com todo descaso que alguém podia expressar:
– Sofrer demais?! Qual é? – e, voltando-se para Izabel, Giancarlo comentou: – Quem diria, hein, Izabel, você tão inocente... Bastou eu ficar longe alguns dias e você já arranjou outro. Jamais pensei que fosse tão rápida...
– Solte-a! – bramiu Emilio César no limite de sua impaciência.
Giancarlo soltou o braço de Izabel e foi para cima de Emilio César, mas o jovem, rápido como um foguete, fechou o punho e acertou o nariz de Giancarlo com tanta ligeireza que ele sequer teve tempo de se defender. Quando estava prestes a revidar o soco, Emilio César deu-lhe uma rasteira que o levou ao chão.

Caído, com o nariz se esvaindo em sangue, sentindo-se zonzo e humilhado, Giancarlo rosnou:
— Isso não vai ficar assim. Não vai!
Muito nervoso, Emilio César empunhou o dedo na direção de Giancarlo e o alertou:
— Não se aproxime mais de Izabel, seu canalha, pois ela não o quer mais, ela não o merece. Compreendeu? Ela não o merece!
Assim que Emilio César acolheu Izabel, trêmula e chorosa, em seus braços, encaminhou-a até a motocicleta. Ajudou-a a se ajeitar na garupa e partiu dali com ela direto para a pensão. Giancarlo ficou sentado no chão, espumando de raiva e queimando de indignação.
Assim que Emilio César e Izabel chegaram à pensão, o rapaz fez questão de acompanhar a jovem até o seu quarto. Nem bem eles se fecharam lá dentro, Eulália bateu na porta. Izabel a abriu imediatamente:
— Está pensando por acaso que isso aqui é um motel, garota? Mas é muito descarada mesmo...
Izabel ia se defender, mas a voz de Belmiro soou no corredor no mesmo momento:
— Eulália, deixe a moça em paz!
Assim que a esposa se juntou ao marido, ela desabafou:
— Não gosto dessa guria. Ela pode enganar qualquer um com seu rostinho e jeitinho de anjo, menos eu. Para mim ela não passa de uma safada.
— Você está vendo coisas, Eulália. Vendo maldade onde não há, julgando quando não se deve. Falta Deus em seu coração.
Enquanto isso, no quarto de Izabel, Emilio César dizia:
— É melhor eu ir. Se precisar de alguma coisa é só me ligar.
— Você foi muito bacana comigo, Emilio César. Foi Deus quem o pôs no meu caminho esta noite.
Izabel deu-lhe um beijo no rosto, ele retribuiu e partiu.
Nesse ínterim, Giancarlo já se encontrava dirigindo o seu carro. Estava explodindo por dentro, batendo com a mão na direção, enquanto palavras de ódio escapavam-lhe da boca:
— Quem ele pensa que é? Ninguém me trata assim... Vou ensinar-lhe uma boa lição para ele e para a idiota da Izabel. Ela não vai me tratar assim, nenhuma mulher me tratou assim antes, não será agora.

Capítulo 11

Três meses depois...

Izabel estava dobrando suas roupas e colocando-as na pequena cômoda de seu quarto quando a porta se abriu e Guilhermina entrou. Usava um vestido de algodão florido, nas cores rosa e azul claro e um cinto largo de couro rosa-choque que combinavam com os sapatos no mesmo tom. Adornando o pescoço, dois colares de pérolas muito bonitos e reluzentes e no terceiro dedo da mão direta um anel de considerável brilhante.
– Guilhermina?! Você aqui?!
– Quis lhe fazer uma surpresa, minha querida. Estava com saudades. Não podia vir a São Paulo e deixar de vê-la, não é? Como está?
– B-bem... muito bem... E você? – perguntou Izabel enquanto trocavam os habituais três beijinhos no rosto e um abraço caloroso.
– Ótima.
– E...
– Giancarlo?
– Bem também. Trabalhando feito um louco como sempre. Uma hora ali, outra hora aqui... você sabe, um homem de negócios nato. Não posso reclamar, nem tenho esse direito. É um marido e tanto, não deixa faltar nada em casa.
– Estimo.
Mesmo estando grávida de cinco meses, a barriga de Izabel ainda se mostrava discreta. Poucos perceberiam que estava grávida se não dissesse.
Pareceu que Izabel ia falar mais alguma coisa, mas não teve força suficiente.
– O que há, minha querida? – perguntou a amiga. – Você me parece preocupada.

– De fato estou – respondeu Izabel desta vez olhando para a amiga com certo receio.
– Se puder ajudá-la.
– Na verdade estou preocupada com você, Guilhermina.
– Comigo?
– Sim. Com você.
– Por que? Minha vida segue às mil maravilhas, não há por que se preocupar, meu anjo.
– Ainda assim tenho bons motivos para me preocupar com você, querida.
– Nossa, Izabel, eu nunca a vi falando assim.
– Às vezes é preciso – respondeu a jovem com presteza.
– Diga então o que a preocupa tanto em relação a mim, por favor, seu tom conseguiu me deixar preocupada.
– O que tenho a lhe dizer só vou dizer porque tenho esperança, ainda que vaga, de que será capaz de me entender.
– Entender? Entender o que? – precipitou-se Guilhermina, com a sensação cada vez mais crescente de perigo iminente.
– Eu ensaiei tanto... como lhe contar... que palavras usar... para lhe dizer o que é preciso dizer e, no entanto, ainda assim, as palavras me fogem.
– Ora, diga logo, Izabel. Está começando a me deixar nervosa.
– Giancarlo...
– Giancarlo... – ecoou Guilhermina.
– Pois bem... Giancarlo, eu... Eu o já conhecia... Quero dizer, já o conhecia bem antes daquele dia em que fomos apresentados na sua casa no Rio de Janeiro.
– Conhecia-o? E por que não me disse nada?
– Eu quis, quis muito, mas...
– Mas?
– Ele pediu-me para não lhe dizer nada.
A voz de Izabel falhou a seguir, tornando um sussurro rouco.
– Eu o conheci numa feira, aqui mesmo em São Paulo. Ele se apresentou para mim com o nome de Rodrigo, Rodrigo Lessa. Disse-me que trabalhava com uma companhia de teatro...
A angústia na voz de Izabel agora era notável.
– Disse-me também que era... solteiro e depois de alguns encontros me pediu em namoro e eu, bem... aceitei... Jamais, em

momento algum, suspeitei que ele estivesse mentindo, inventado um nome falso para que eu não descobrisse que fosse noivo e pudesse assim me conquistar...

Nada mais se ouviu senão o som do silêncio. No entanto, foi passageiro, Guilhermina logo explodiu em gargalhadas.

– Você e Giancarlo, namorando?!

Izabel assentiu com a cabeça, balançando-a de cima a baixo rapidamente.

– Falo sério, Guilhermina, muito sério. Não brincaria jamais com uma coisa dessas!

Izabel parecia afogueada quando retomou a fala:

– Ouça-me, Guilhermina, por favor. Você não faz ideia do esforço que fiz para arrancar de dentro de mim a coragem necessária para lhe contar tudo isso agora. Se não tivesse me encontrado com certa moça no Centro Espírita que freqüento, acho que jamais teria tido a coragem.

A tal moça está fazendo um tratamento espiritual para se livrar de uma doença venérea gravíssima que contraiu de um homem com quem se envolveu. Um que lhe parecia muito responsável, sério e íntegro, mas que não passava de um mau-caráter, mulherengo, namorador, como ela descobriu mais tarde.

Izabel calou-se por instantes, o tempo suficiente para enxugar uma lágrima que escorreu pelo seu rosto, a primeira de tantas que viriam.

– Receei – continuou ela –, como já havia receado no passado quando descobri toda a verdade sobre Giancarlo, que ele, por se envolver com outras mulheres, transmitisse alguma dessas doenças venéreas a você, pondo em risco a sua vida. Mas, entre lhe contar tudo ou evitar seu sofrimento, optei por não lhe contar na época.

O rosto de Guilhermina tornou-se pela primeira vez sério. Izabel prosseguiu:

– No entanto, ao me ver diante dessa moça desesperada e decepcionada com o que lhe aconteceu, eu senti na alma que o nosso encontro foi um sinal para que eu lhe pusesse a par da verdade que se esconde por trás de Giancarlo antes que ele ponha sua saúde em risco.

Havia qualquer coisa entre o medo e o riso na voz de Guilhermina quando ela voltou a falar:

– Giancarlo... Rodrigo... Namoro... Centro... Que tipo de brincadeira é essa, Izabel?
– Antes fosse brincadeira, Guilhermina. Antes fosse... Infelizmente é a mais pura verdade, eu sinto muito.

Houve uma pausa infinitesimal até que Izabel acrescentasse:
– Precisava lhe contar, mesmo que a verdade doesse em você, eu precisava lhe contar, não só para preveni-la contra uma doença sexualmente transmissível, mas também porque não acho justo que você continue casada com um homem como Giancarlo. Você não merece... Não merece de jeito algum. Boa e generosa como é, merece viver ao lado de um homem que seja íntegro e que a respeite. Como toda mulher merece.

Guilhermina permaneceu em silêncio por um ou dois minutos, ainda que seus olhos transparecessem certa fobia, Izabel percebeu que ela ainda se recusava, com grande esforço, a acreditar em tudo. Com um suspiro, voltou ao presente. Olhou novamente para a amiga prostrada a sua frente com um olhar cheio de esperança e disse:
– Izabel...

Os lábios de Guilhermina se entreabriram, mas logo se fecharam; seu rosto tornou-se mais grave. Ela estava, pensou Izabel, absorvendo a ideia. Uma ideia que não queria ser absorvida em hipótese alguma.
– Eu sinto muito, Guilhermina – lamentou Izabel com veemência.
– Jamais, em toda a minha vida, gostaria de estar nesse papel.

Guilhermina deu um tempo, esperando que Izabel se rompesse numa gargalhada e afirmasse que tudo aquilo que acabara de dizer não passava de uma *pegadinha*. Mas os segundos foram avançando, tornando-se minutos, e nada de Izabel reagir como ela esperava. Só lhe restava fazer uma pergunta:
– Por que? Por que está fazendo isso comigo?

O olhar de súplica da amiga dava pena. Suas mãos então se abriram num gesto curioso de desespero. O silêncio tornou-se mortal. Tão mortal quanto a voz que ela usou para dizer mais uma vez:
– Você só pode estar brincando comigo, Izabel, só pode...
– Antes estivesse, minha amiga, antes estivesse.

Guilhermina ficou tão estática, que mais parecia uma estátua de cera. Aquela imobilidade deixou Izabel ainda mais abatida, sentindo cada vez mais como se o chão estivesse se estreitando por debaixo dos seus pés. Quando Guilhermina tornou a falar, suas palavras destilavam amargor e indignação.

– A vida não pode ter feito isso comigo. Não pode... Não pode! – repetia ela enquanto andava desorientada pelo cômodo. – Isso só pode ser uma brincadeira, uma brincadeira de muito mau gosto.
– Eu sinto muito, Guilhermina.
A frase não foi ouvida pela jovem aturdida. Izabel insistiu:
– Eu juro, juro por Deus, por tudo o que há de mais sagrado, que jamais teria feito o que fiz se soubesse que Rodrigo era Giancarlo.
Guilhermina voltou-se para ela como um raio, seus olhos cada vez mais vermelhos de espanto ardiam agora de raiva. Ela cortou Izabel bruscamente elevando a voz:
– Jura?
– Sim – respondeu Izabel aflita –, do fundo da minha alma. Giancarlo me enganou...
– Enganou-a? Ora, não espera que eu acredite em você, Izabel.
– Você tem que acreditar, Guilhermina. Estou dizendo a verdade.
– Mentira! – explodiu Guilhermina insana.
– Pelo amor de Deus, Guilhermina, ouça-me!
– Não ouço, não! Sua mentirosa. Você sabia, sempre soube, o tempo todo, que ele era o meu noivo. O homem da minha vida. A razão da minha existência.
– Não! Eu juro que não!
– Sabia... Sabia sim. Fez de propósito. Seduziu Giancarlo propositadamente.
– Jamais faria isso com você!
– Faria sim!
– Somos amigas desde criança.
– Você sempre teve inveja de mim, Izabel.
– Inveja? Eu? Nunca...
– Teve sim. Eu era a filha do patrão, rica, bonita e querida e você a filha do empregado, pobre e miserável.
– Era pobre, sim. Ainda sou, mas jamais, jamais senti inveja de você. Nunca me deixei deslumbrar pelo dinheiro...
– Ora, ora, ora... Não existe ninguém que não se deixe deslumbrar pelo dinheiro, pela riqueza, pelas posses materiais.
Guilhermina tomou ar, enxugou os olhos lacrimejantes, ajeitou o cabelo e quando voltou a olhar para Izabel, era um olhar assassino. Disse:
– Não tem jeito mesmo. Bem que Abigail diz que não dá para ter amizade com pobre, nem confiar neles quando se é rico. Todos morrem

de inveja de nós. Não há um minuto sequer sem que almejem que percamos tudo o que temos para nos juntarmos à pobreza deles. Quando veem que não podem derrubar-nos financeiramente, procuram derrubar-nos de outro modo, estragando a nossa vida afetiva, tal como você está fazendo com a minha.

Izabel aproximou-se de Guilhermina, pousou a mão delicadamente sobre seu antebraço e com delicadeza falou:
– Guilhermina, eu...
As palavras a seguir foram literalmente cuspidas da boca da jovem:
– Tire suas patas de mim!
– Guilh...
– Eu odeio você, Izabel! Odeio-a profundamente. Acho que a odeio mais do que pensei ser capaz de odiar alguém um dia.

As palavras da jovem destilavam tanto veneno que Izabel se encolheu toda. Num tom ainda mais ácido, Guilhermina acrescentou:
– Mas se você pensa que vai destruir a minha vida com Giancarlo está muito enganada, Izabel, não vai! Não vai mesmo! Ele me ama. E é só a mim que ele ama enlouquecidamente. Nenhuma pobretona medíocre vai estragar a nossa relação, diluí-la com sua inveja e podridão.

Algo dessa vez fez com que Izabel se defendesse.
– Se não acredita em mim pergunte a Giancarlo. Pergunte a ele toda a verdade. Se ele tiver um pingo de caráter há de lhe dizer a verdade, senão...
– Ele há de confirmar a verdade, sim. A única disponível. Que foi seduzido por você de forma descabida e deslavada.
– Talvez ele realmente afirme isso, Guilhermina. Não por ser a verdade, mas por medo de perder o *status* que tem por viver ao seu lado.

Nem bem Izabel pronunciou a última sílaba, Guilhermina deu-lhe um tapa no rosto. Um tapa com uma força descomunal, deixando na bela face da jovem uma marca vermelha como se houvesse sido queimada por uma mão em brasa.

Calada, respirando ofegante, Guilhermina passou a mão na bolsa e se dirigiu apressada para a porta. Izabel, que se mantinha acariciando a face com a mão direita, segurando-se para não chorar alto, só despertou do transe quando a porta do seu quarto bateu com força.

– Guilhermina, espere! – exclamou indo atrás da moça. – Espere, pelo amor de Deus.

Quando Izabel alcançou a calçada, Guilhermina acabava de bater a porta de seu carro. Estava tão trêmula que levou alguns segundos até que conseguisse enfiar a chave na ignição. Enquanto isso, Izabel batia contra a janela do carro suplicando que ela a abrisse:

– Pelo amor de Deus, Guilhermina, abra essa porta. Você não tem condições de dirigir nesse estado. Por favor...

Mas Guilhermina sequer ousou olhar para ela, pisou fundo no acelerador e partiu com o carro cantando os pneus, deixando Izabel parada no meio-fio, tomada de desespero e arrependimento por ter lhe contado a verdade.

Antes não tivesse dito nada. A mentira para certas pessoas, senão a maioria, é sempre a melhor opção. Poucos gostam da verdade... Poucos querem a verdade. Se pudessem escolher ficar longe da verdade, o fariam sem hesitar.

Guilhermina dirigia imersa em seus pensamentos.

– Idiota... Idiota... – repetia para si mesma. – Ninguém vai tirar Giancarlo de mim. Ninguém. Nem sobre o meu cadáver. Eu acabo com essa sonsa, pobretona, de algum jeito. Acabo com ela!

Com o carro ganhando velocidade, ela mudou de marcha e, ao mudar, o câmbio grunhiu.

O sinal do qual se aproximava já estava verde há algum tempo. Ainda assim, Guilhermina acreditou que ele não se fecharia antes de ela atravessá-lo. Nem que fosse preciso acelerar mais um pouco para isso, e foi exatamente o que ela fez. Pisou fundo no acelerador ao mesmo tempo em que apertava os maxilares. O carro zuniu. O sinal tornou-se amarelo e quando ela passou por ele já havia ficado vermelho.

Os automóveis que vinham na transversal pisaram fundo no breque e alguns buzinaram para manifestar indignação.

Guilhermina foi trazida um pouco mais para perto da realidade, meio minuto depois, com a buzina ardida de uma ambulância. Ao ver que os carros se abriam para dar passagem a ela, Guilhermina aproveitou para tomar o lugar do veículo num arrancada brutal e estúpida. Por pouco não provocou um acidente entre seu carro e a ambulância. Se não fosse a habilidade do motorista, os dois veículos tinham se chocado gravemente. A brecada chegou a deixar marca de pneu no chão e por pouco não derrubou o homem deitado sobre a maca que era levado para o hospital. Quatro esquinas depois, um sinal obrigou Guilhermina a pôr o pé no freio violentamente.

Enquanto esperava o sinal abrir, ela curvou-se sobre o volante respirando pesada e dificultosamente. Espumava de raiva, e seus olhos lagrimejavam de revolta e indignação. Ela, até aquele dia, não conhecia sua própria capacidade de sentir um ódio tão amargo, tão brutal. Era quase como um punhal a lhe riscar a pele.

O sinal abriu, mas ela não notou, se não fossem os motoristas atrás dela apertarem fundo a buzina ela levaria ainda um bom tempo para perceber. Então, apertou o acelerador e o carro reagiu, mas, em seguida, sem conseguir acompanhar a pressão do acelerador, morreu. Ela continuou a pisar fundo no acelerador, mas o veículo continuava parado. As buzinas atrás dela se intensificaram. O nervoso se agravou, o ódio subiu à cabeça principalmente quando ela percebeu que havia se esquecido de ligar o motor. Nem bem ligou, tirou o pé da embreagem tão rápido que o carro se afastou da faixa onde estava com um pulo.

– A culpa é dela – amaldiçoou Guilhermina –, daquela desgraçada. Mas ela há de me pagar por todo o mal que está me causando.

ცෟ෪ට

Quando Izabel entrou novamente na pensão, encontrou Eulália olhando para ela com um descaso ainda maior que o habitual. Sua língua se projetava para fora da boca em forma de flecha, como faz um girino feio e insignificante.

– O que será que a pobretona aprontou desta vez? – sibilou ela, com desdém. – Eu sabia, sabia que por trás desse rostinho de anjo havia um diabinho escondido. As jovens quietinhas, de olhar angelical são sempre as piores. Especialmente as pobretonas.

As palavras da mulher feriram Izabel ainda mais, ela até pensou em se defender da acusação, mas sabia que seria em vão, Eulália era uma mulher imutável em relação ao seu julgamento, não admitia nada mais que seus julgamentos. Além do mais, ela não estava em condições de argumentar com ninguém. De jeito algum. Por tudo isso, voltou para o seu quarto e se trancou. Sentou-se na ponta da cama e chorou baixinho toda a sua amargura e desespero.

Enquanto isso no Rio de Janeiro...

Giancarlo havia acabado de chegar em sua casa depois de mais um dia exaustivo de trabalho.

De repente, sentiu um forte cansaço. Era um daqueles momentos em que a vida nos faz baixar nossas defesas, arrogância e teimosia para que possamos ver e sentir se o rumo que estamos dando para a nossa vida nos dá prazer.

Ele não podia deixar mais de admitir o que no íntimo já admitira para si havia algum tempo. Suas aventuras amorosas o estavam cansando mais que o próprio trabalho. Não era um cansaço físico, nem mental, mas sim espiritual, ele bem sabia. Surgiu então, de repente, tomando conta da sua mente, a imagem de Izabel com seu sorriso simples e bonito, quase infantil.

Já havia algum tempo, sentia-se incomodado. Na verdade, desagradava-lhe fortemente ter feito o que fez com Izabel. Algo lhe dizia que ela não merecia. Era mais que uma voz interior a jogá-lo diante daquela conclusão repetidas vezes, era uma sensação. Uma estranha e incompreensível sensação, vinda do íntimo de seu ser.

"Pobre Izabel", pensou, "com seu altruísmo e sua necessidade permanente por agradá-lo". Havia uma vontade cada vez mais crescente dentro dele de estar ao lado dela, de ser menos calhorda, ser, enfim, o que ele nunca fora para nenhuma mulher: delicado e sincero.

Já ouvira falar que quando o homem encontra a mulher certa para viver ao seu lado, a necessidade de ter outras mulheres se esvai. Por mais que as mulheres despertem sua atenção e libido ele não mais se rende à tentação. Pois bem, havia meses que ele não se interessava mais por outra mulher e quando se esforçava, sua mente logo se via dominada pela lembrança de Izabel. Talvez fosse ela a mulher da sua vida e por esse motivo ele já não era mais o mesmo canalha. Por esse motivo sentia a necessidade crescente de se assentar e de ficar com ela.

– Não está certo, Izabel é uma moça e tanto... uma jovem inocente, meiga e gentil... Onde estava eu com a cabeça quando fiz o que fiz... Preciso me desculpar com ela, pedir seu perdão, declarar tudo o que se passa em meu coração.

"Guilhermina", pensou ele com tranquilidade, "que se vire, é uma garota mimada, intragavelmente mimada, que só se preocupa com o próprio umbigo... Está mais do que na hora de crescer". E a melhor coisa que ele poderia fazer na vida era se livrar dela. Dessa forma, estaria se livrando daquela casa, que por mais bela que fosse, dava-lhe a sensação de estar o tempo todo aprisionado, fatigado e amordaçado.

– Izabel! – exclamou pondo-se de pé. – Preciso vê-la. Preciso falar com ela, pedir-lhe desculpas. Dizer-lhe tudo o que sinto agora sem demora... Urgentemente.

Giancarlo apanhou as chaves do carro, a carteira e caminhou até o carro, estacionado em frente a sua casa. Ligou o motor e partiu.

Havia um sorriso despretensioso, quase triste pairando em seus lábios.

Assim que ganhou a estrada pisou fundo no acelerador. O carro respondeu. Logo o velocímetro ultrapassava os oitenta. Pouco depois, o ponteiro chegou aos cem. Não era seu costume dirigir perigosamente. Ele gostava da velocidade, mas de risco calculado. Naquele dia, porém, ele abriu uma exceção, queria chegar a São Paulo o mais rápido possível. Havia uma necessidade urgente de encontrar Izabel o quanto antes, um receio crescente de que se ele não chegasse em menos de quatro horas na capital paulistana, nunca mais a veria em carne e osso. Era como se ela fosse partir para sempre da cidade, do Estado, do país, até mesmo da Terra.

Nem mesmo durante as curvas Giancarlo diminuía a velocidade. Ainda que se visse tão desesperado para encontrar a mulher que se revelava agora para ele bem mais especial do que supôs, ninguém tinha o direito de correr daquele modo, nada justificava a alta velocidade. Não só porque punha em risco a vida do próprio motorista como a dos demais que dirigiam pela mesma rodovia.

Durante o tempo todo em que a paisagem passava pela janela, ele permanecia dialogando consigo próprio, com os olhos fixos na estrada. Tão envolto estava em seus pensamentos que pisou ainda mais fundo no acelerador sem se dar conta.

Passando por uma colina, teve a sensação de que já vira aquela cena. Aquele lugar. Era como se soubesse o que estava por vir assim que passasse aquela elevação da natureza.

– Que calor! – murmurou.

☙❧

Enquanto isso, em São Paulo, Guilhermina continuava dirigindo de volta para a casa da tia com sua mente presa num torvelinho.

– Rio – murmurou ela. – Ela devia seguir diretamente para o Rio. Passaria na casa da tia, arrumaria suas coisas e seguiria para o aeroporto, não daria explicações. Quando soubesse de tudo, sua tia haveria de compreender.

Izabel permanecia em seu quarto chorando baixinho. Sentindo-se a pior pessoa do mundo por ter revelado a Guilhermina toda a farsa armada por Giancarlo.

Sorte que ela nada dissera a respeito de sua gravidez, só Deus sabe o que a amiga poderia ter lhe feito se soubesse.

No mesmo ínterim, o carro guiado por Giancarlo seguia a mais de cem por hora, rasgando o chão, enquanto ele continuava preso a inúmeras reflexões.

"De onde nascera aquele desejo interminável de querer trair as mulheres com que se envolvia?" Perguntava-se insistentemente.

"Onde nascera aquele desejo de punir as mulheres por meio da dor que a descoberta de uma traição provoca nelas? Com o abandono, com a mentira e a enganação? Onde?"

Estava tão entregue aos seus pensamentos que sequer se ateve ao estalo que ecoou até seus ouvidos de forma estrondosa e aguda.

Uma onda intensa de calor envolveu-o de repente, uma onda de calor forte que subitamente ardeu em suas entranhas e vãos.

Algo então chamou-lhe a atenção, algo na estrada, um carro, sim, um carro, um carro capotado cujas rodas ainda giravam. Ele desprendeu-se de seus pensamentos, procurando se concentrar ao máximo no que havia ocorrido.

Caminhou ainda que trôpego em direção ao carro capotado, com seu corpo transpirando em profusão, em meio a arrepios que mais pareciam calafrios a corromper seu coração.

Para seu espanto e desespero logo avistou o motorista preso entre as ferragens do veículo. Ainda que se curvasse não dava para saber se a vítima era um homem ou uma mulher. Isso também pouco importava, o necessário agora era pedir ajuda e foi o que Giancarlo fez. Começou a gritar por ajuda desesperadamente.

– Pelo amor de Deus alguém ajude. Alguém me ajude...

O que ele deveria fazer? Tirar a vítima de dentro do carro? Esperar o resgate? O que? Que dúvida desesperadora.

Nisso, um carro parou a poucos metros dali e um senhor saltou de dentro dele e correu até lá.

– Que bom que o senhor chegou – disse Giancarlo assim que o homem se aproximou dele. – Precisamos ajudar esse pobre coitado.

– É melhor esperar o resgate – disse o homem, sem olhar para ele.

– Foi o que pensei. Vai que deslocamos alguma vértebra.

Sem lhe dar trela, o homem ajoelhou-se rente à janela procurando pelo pulso da vítima. Localizou-o. Um minuto depois, largou o pulso do motorista, recuou o corpo mantendo-se ajoelhado, fechou os olhos e se pôs a orar.

Não era nem preciso explicar seu gesto, o acidentado havia morrido. Jamais em toda a sua vida Giancarlo pensou que um dia se veria diante de uma situação tão hedionda. Até mesmo ele, que nunca fora religioso, sentiu vontade de orar. Tão forte foi a necessidade que ele assim o fez.

Nisso, a esposa do homem, que até então aguardava no carro, aproximou-se do marido. O marido voltou seus olhos cheios de lágrimas para ela assim que ela pousou a mão sobre seu ombro.

Os outros veículos que vinham pela estrada, ao avistarem a cena, começaram a diminuir a marcha para poder ver o acontecido com mais detalhes.

– Não! – exclamou Giancarlo, de repente. – Talvez o motorista não esteja morto, foi apenas impressão...

E num repente de solidariedade, de profundo amor ao próximo, ele ajoelhou-se rente a porta e curvou-se para ver a vítima na esperança de encontrar algum indício de que ainda estivesse viva.

Quando seus olhos avistaram o rosto do motorista, ele sentiu uma pontada no coração. Uma pontada aguda e dolorida. O que via não podia ser real, não fazia sentido. Só podia ser um delírio, nada mais que uma quimera. Um sonho, um pesadelo.

Diante dele, preso no cinto de segurança estava ele mesmo, esvaindo-se em sangue.

Capítulo 12

A realidade

Giancarlo se manteve mudo, olhando fixamente para o seu corpo físico, preso entre as ferragens do carro enquanto lágrimas e mais lágrimas de autocomiseração saltavam-lhe dos olhos.
– O que é isso? – perguntou ele trêmulo. – O que está acontecendo?! Alguém quer me explicar, por favor.
De repente, ele sentiu vontade de rir; controlou-se com algum esforço, mas foi em vão, a risada rompeu sua garganta alta e histérica.
Aquilo só podia ser um delírio, um delírio nada mais... E o pior é que ele nem havia bebido naquele dia. Ainda. Mas iria... Assim que chegasse a São Paulo beberia muito até cair como costumava fazer.
A voz da mulher parada em pé, ao lado do marido ajoelhado, soou a seguir:
– Tem certeza de que não há nada que possamos fazer?
– Sim – respondeu o marido, absorto. – Ele está morto.
Ao ouvir o comentário, Giancarlo se pôs de pé num salto. Voltou-se para o casal, furioso, e afirmou:
– Não estou morto, seu otário. Veja! Estou bem aqui na sua frente! Seu cretino, imbecil! Palerma!
A voz de Giancarlo se elevava cada vez mais conforme as palavras saltavam-lhe da boca. Ele repetiu as palavras impondo ainda mais força na voz e aguardou uma reação do estranho. Mas o olhar vazio do homem ajoelhado ao lado do carro virado de ponta cabeça indicava que seus olhos não podiam alcançá-lo por mais que berrasse ou se agitasse diante dele.
"Isso não pode ser... Não pode estar acontecendo...", tornou Giancarlo inconformado, com as palavras se repetindo em sua cabeça dolorida, intensificando a dor, "Isso não pode ser... Não pode estar acontecendo...".

Sem ter escolha, Giancarlo procurou se acalmar, aprumou o corpo, voltou-se para o casal e disse:

— Meu senhor, minha senhora, eu não morri. Estou aqui. Bem aqui, ó...

Seu tom de voz agora era completamente diferente da anterior. Havia suavidade e calma.

Sem obter mais uma vez reação alguma por parte do casal de estranhos, Giancarlo abrandou ainda mais a voz:

— Meu nome é Giancarlo, sou casado... moro no Rio de Janeiro...

— Hum — fez o homem.

Giancarlo se alegrou, finalmente ele conseguira fazê-lo ser ouvido pelo estranho. Mas o que o homem disse a seguir acabou com os últimos resquícios de esperança que ecoavam em seu coração.

— Pobre coitado, era tão jovem...

Giancarlo continuou encarando o homem aguardando ansiosamente por palavras avessas àquelas, mas nada mais foi dito. Ele novamente balançou a cabeça em sinal de inconformação.

— Não posso estar morto, não posso... Izabel... Preciso falar com Izabel... Ela precisa me ouvir. Pelo amor de Deus ela precisa me ouvir.

Subitamente, a paisagem onde ele se encontrava enevoou-se, desfez-se e quando voltou ao foco, Giancarlo já não estava mais na beira da estrada onde ficara o carro capotado, e sim no quarto da pensão onde Izabel residia.

Ao vê-la, ele sentiu uma onda de calor vibrar em seu interior em meio àquela corrente fria de desespero.

— Izabel? — disse ele com ponderação. — Sou eu... sou eu, Izabel... você pode me ouvir, não pode? Diga que sim, pelo amor de Deus, diga que sim.

A angústia na voz de Giancarlo era notável. Um arrepio estranho percorreu Izabel naquele instante. Subitamente, muito subitamente, Izabel teve a impressão de ter visto um vulto se locomovendo por seu humilde quarto.

— Desculpe por tudo o que fiz a você, Izabel, mil desculpas — continuou Giancarlo. — Eu nunca havia me arrependido pelo que fiz a uma mulher até conhecê-la. Eu não sei onde e quando nasceu esse desejo louco de punir as mulheres, fazê-las pagar por algo que eu nem sei se elas merecem pagar...

"Sei que sou um crápula, um mau-caráter que nunca teve consideração alguma pelos sentimentos dos outros, especialmente das mulheres, mas quero que saiba, sim, você precisa saber urgentemente que você mudou o meu ponto de vista.

"Eu estava disposto a me separar de Guilhermina, jogar todo o *status* que ela me dava pela janela para poder ficar com você... Ou melhor, ainda estou disposto a fazer isso, pois não morri, estou vivo, vivíssimo como pode perceber, e assim que me tirarem daquelas ferragens do carro e me despertarem do coma eu vou fazer tudo isso que estou dizendo.

"Eu lhe prometo. Prometo-lhe, meu amor..."

Ele tentou tocar o rosto dela, úmido de lágrimas, mas suas mãos, para sua surpresa e aflição, atravessaram sua pele como se fossem feitas de névoa. Ele imediatamente recuou as mãos, olhando-as horrorizado.

A dor que abatia sua alma se intensificou ainda mais, fazendo o seu espírito abraçar-se a si mesmo com vigor, fechar os olhos e apertar gravemente as pálpebras em busca de algum alívio, algum conforto interior. Mas não havia conforto algum dentro ou fora dele.

Ao reabrir os olhos, Giancarlo se viu novamente diante do carro com as rodas voltadas para o céu. Seu corpo físico ainda se encontrava preso entre as ferragens. Ao vê-lo, nova torrente de lágrimas correu por sua face. Lágrimas quentes, tão quentes que pareciam queimar sua pele.

"Eu preciso ser tirado das ferragens, urgentemente e com vida", pensou. Era preciso dar um ponto final em toda aquela história grotesca e hedionda. Que alguém tivesse compaixão dele.

Enquanto isso, Guilhermina voltava para o Rio de ponte área, mal se contendo de ansiedade para conversar com o marido e tirar a limpo toda aquela história.

Giancarlo permanecia olhando para seu corpo procurando desesperadamente por uma explicação. Sua mente ia e vinha em desespero, assim como um animal preso numa armadilha.

— Eu estou aqui — exclamou, atordoado. — Estou aqui, não posso estar aí. Não sou dois, sou um só. Um só.

E, voltando-se para o casal, que permanecia orando, Giancarlo berrou:

– Olhem para mim! Olhem para mim! Estou aqui, vivo! Pelo amor de Deus, olhem para mim!
Nisso, Giancarlo avistou um homem por volta dos cinquenta anos aproximando-se do local.
– Meu senhor – disse ele indo na sua direção. – Não sei o que está acontecendo, mas...
– Acalme-se, meu rapaz – respondeu o estranho olhando para ele.
Junto a um suspiro de alívio, Giancarlo falou:
– Que bom. Que bom que o senhor chegou. Por um minuto pensei que havia morrido e...
O estranho pousou a mão no ombro de Giancarlo e disse firmemente:
– Ninguém morre, meu rapaz. Jamais. A única morte que há, se é que devemos chamar de morte, é o desmembramento do corpo físico do espírito. Da vida eterna, não podemos nos separar jamais, porque Deus criou o espírito preso eternamente à eternidade.
Giancarlo franziu o cenho diante das palavras do estranho. Apesar de fazerem sentido pareciam fora de lugar. Não combinavam com o momento.
– Preciso continuar a viagem para São Paulo o mais rápido possível, tenho algo muito importante a fazer.
– Acalme-se, meu rapaz. Procure se acalmar.
De repente, a vontade de chorar que Giancarlo procurava conter dentro de si transbordou. Ele se entregou ao pranto. O homem continuou ali, ao lado dele, procurando evocar a luz da compreensão.
Somente quando Giancarlo deu sinais de que havia resgatado um pouco do equilíbrio perdido, foi que o estranho voltou a se manifestar.
– Preste atenção, Giancarlo, muita atenção, ali entre aquelas ferragens está seu corpo, o corpo que recebeu para viver esta reencarnação. Você não está mais conectado àquele corpo, agora você está conectado somente ao seu espírito.
Giancarlo riu.
– Eu me sinto, eu me vejo. Quem morre não vê, nem sente nada. Veja, esse é o meu punho que vai acertar a sua cara se continuar me falando besteiras.
– O que você vê é o seu perispírito.

– Perispírito? Sei... – a ironia se intensificou. – Ora, por favor, poupe-me.
– Sei que é difícil para você aceitar os fatos, mas é preciso. Estou aqui para ajudá-lo diante desse difícil regresso ao mundo espiritual.
– Não posso ter morrido. Não antes de fazer o que precisava.
– Nem sempre conseguimos fazer o que tanto acreditamos que era preciso, principalmente, por uma questão de espaço e tempo. Deus contou com isso durante a criação do Universo e da vida e por esse motivo criou o espírito com o poder de encarnar e desencarnar conforme suas necessidades, eternamente.
– Esse papo de vida após a morte não me convence, nem nunca me convenceu.
– Pode não ter convencido seu ego e sua vaidade porque se deixam ser escravizados e alimentados pela razão que sobrepuja quaisquer outras forças extrassensoriais que compõem a vida. Mas se consultar sua alma, por meio de uma meditação profunda, a realidade da vida vai se abrir para você serena e cristalinamente como um sol que desponta no horizonte e inunda a manhã de luz.

"Digo consultar sua alma e não o coração, como a maioria das pessoas aconselha, porque o coração se polui com a razão e as ilusões materiais que cercam esse planeta com regime capitalista. A alma não!

"Por tudo isso, muita gente que se guia pelo coração comete erros. E mais tarde protesta diante do ditado: 'O coração nunca se engana' dizendo: se engana sim, eu sou a prova disso!

"Todos no íntimo, na alma, sabem que não morremos, basta observarmos uma pessoa que ama outra que está à beira da morte dizer a Deus: "Que me leve... eu dou a minha vida por ela". Elas não percebem exatamente o que dizem, mas só dizem porque sabem, inconscientemente, que a vida continua.

"O fato de a vida continuar após a morte não quer dizer que as pessoas devam deixar de viver sua vida atual na esperança de que sua vida futura, numa próxima reencarnação, seja melhor que esta.

"Engana-se totalmente quem deixa de fazer suas obrigações nesta reencarnação, na esperança de que sua próxima reencarnação será melhor e, principalmente, terá suas obrigações amenizadas.

"Esse pobre coitado vai se decepcionar amargamente ao se ver na próxima reencarnação diante do que evitou, desistiu, abortou. Tudo terá um peso ainda maior na nova vida, exigindo muito mais trabalho, sacrifícios e doação do que na vida anterior. Será assim até que ele assuma por inteiro, no aqui e agora, a responsabilidade que Deus lhe pôs nas mãos.

"Não há lugar algum no Universo onde o homem possa se esconder das suas obrigações para consigo, para com o próximo, para com Deus."

O bom senhor procurava ajudar Giancarlo a compreender sua transição entre o plano terrestre e o plano espiritual, e, permanecia, por meio de suas mãos, emanando energias positivas sobre o espírito do rapaz.

Esse procedimento é feito com todas as pessoas que desencarnam, especialmente com as que são tomadas pelo apego às ilusões materiais, porque elas têm mais dificuldade para compreender e aceitar a transição entre um plano e o outro, tornando o processo penoso.

Sim, a passagem entre os dois mundos torna-se penosa para os que são agarrados à matéria, pois eles sofrem para se desapegar do físico, ainda que esteja incapacitado para abrigar seu espírito por mais tempo e sofrem para se desapegar de suas posses materiais.

— Quem é você?! — perguntou Giancarlo.

— Eu sou um espírito socorrista — respondeu seriamente o espírito.

Nisso, o resgate finalmente chegou e, com cuidado, os paramédicos retiraram o corpo de Giancarlo das ferragens e o removeram para a ambulância.

Giancarlo fez questão de acompanhar todo o processo. Temeu que se não ficasse junto de seu corpo, roubaria de si mesmo a chance de voltar à vida assim que os paramédicos tentassem reanimá-lo.

O simpático senhor achou por bem segui-lo. Deixá-lo à mercê de si mesmo só serviria para agravar seu desespero e sua relutância em querer aceitar sua nova realidade de vida.

Alguns, os mais vaidosos e egocêntricos, só conseguem se desapegar de seu físico quando começam a vê-lo ser consumido pelo fogo durante uma cremação ou quando são sufocados pelos pequenos metros quadrados de um túmulo.

Daí um dos motivos por que Francisco Cândido Xavier pediu aos proprietários do crematório em São Paulo que aguardassem alguns dias para cremarem os corpos, na esperança de que esses espíritos se desapegassem do físico e evitassem sofrer qualquer impacto.

Somente no caso de pessoas acidentadas, mortas, gravemente feridas, haveria de ocorrer a cremação o mais rápido possível para que o espírito inconformado se desligasse desse apego extremamente doloroso e se permitisse receber ajuda dos espíritos socorristas.

Infelizmente, é nessa hora, diante do baque, que muitos espíritos mergulham ainda mais na revolta e mais tarde a transformam num ódio descomunal acabando por se perder no mundo das sombras. Daí a importância de serem altamente resguardados por espíritos de luz, como no caso de Giancarlo.

ଓଔ

Guilhermina já se encontrava em sua casa no Rio de Janeiro, tomando um chá para acalmar-lhe os nervos. De tão chocada que estava sequer sentiu a ponte aérea São Paulo/Rio, tampouco poderia dizer como entrou e desceu do avião. No momento ela confabulava consigo mesma:

"Ele vai chegar, dentro em breve, Giancarlo vai chegar e eu vou confirmar tudo o que penso sobre essa história. Que ele foi seduzido por aquela ingrata, mau-caráter da Izabel. Que não deve ter sossegado enquanto não conseguiu tê-lo em seus braços, só para me afrontar, criar um conflito entre nós dois para que pudesse nos levar à separação.

"Não, Izabel não haveria de destruir meu casamento como pensou que faria. Aquela invejosa, mal-amada, não haveria de triunfar na sua farsa. Jamais!"

Após tomar a última gota do chá, Guilhermina dirigiu-se para o quarto de visitas e deitou-se na cama. No íntimo ansiava dormir para que quando acordasse descobrisse que tudo não passara de um pesadelo. Tão forte foi sua intenção que acabou adormecendo.

Foi a voz forte de Olga ecoando pelo interior da casa que despertou a moça do seu cochilo. Ela nem bem havia se arrastado para a beirada da cama quando a mãe abriu a porta do quarto.

– Aí está você, Guilhermina! O que houve?! Sua tia me ligou desesperada dizendo que você voltou para a casa dela transtornada, juntou suas coisas, mal se despediu e partiu para o aeroporto. O que houve?

A filha resumiu para a mãe os últimos acontecimentos. Olga sentou-se ao lado da filha na cama e enquanto alisava carinhosamente seus cabelos disse:

– Oh, minha querida, eu sinto muito.

Não foi preciso muito esforço para fazer com que Guilhermina deitasse a cabeça sobre o colo da mãe. Com pesar, Olga acrescentou:

– Não se preocupe, meu amor, você vai superar tudo isso. Mamãe está ao seu lado, para o que der e vier. Nunca se esqueça disso.

Olga se perguntou naquele instante se deveria contar a filha que já sabia de toda a história. Seria melhor não. No estado de revolta em que Guilhermina se encontrava era bem possível que a revolta a fizesse se voltar contra ela, sua própria mãe, mesmo a amando.

Por outro lado, o motivo que fez Izabel contar-lhe toda a verdade era justo. Muito justo, refletiu Olga, Giancarlo nunca fora flor que se cheirasse, todos sabiam, menos Guilhermina, que por mais que alguém lhe dissesse a verdade se recusava a acreditar.

Mas alguém tinha de tomar uma providência antes que ele de fato pusesse a vida dela em risco transmitindo-lhe uma doença.

Esse era mais um dos malefícios da paixão. Deixar os apaixonados embriagados e cegos em relação à pessoa por quem se apaixonam. Fazendo-as acreditar que todo aquele que estivesse desmascarando os infiéis, só o faziam na intenção de denegrir sua imagem por inveja ou ciúme.

Mesmo sendo desmascarado, Giancarlo, velhaco como era, certamente negaria quando fosse posto contra a parede, confrontado, a respeito dos seus envolvimentos com outras mulheres durante suas viagens de negócio. Principalmente em relação ao seu envolvimento com Izabel. Diria, com certeza, que fora manipulado por ela e que ela, bem como qualquer outra mulher que o acusasse de ter sido seduzido por ele, é que era a verdadeira culpada, única merecedora de ódio e revolta por parte da sociedade e especialmente da esposa.

Sim, Giancarlo se safaria de suas traições com sua lábia e seu charme enlouquecedores.

E Guilhermina faria de Izabel o bode expiatório de toda aquela história, fazendo-a pagar por toda a safadeza de que ele era culpado.

Olga suspirou descorçoada enquanto sua mão macia subia e descia pelos cabelos da filha.

E tinha ainda, no meio de todo aquele escarcéu, a gravidez de Izabel. Deveria ela contar a respeito ou manter-se calada também? Era melhor contar, o quanto antes, pois a verdade sempre vence e as mentiras ou omissões sempre estão por trás dos grandes transtornos que marcam a vida das pessoas.

Se Guilhermina soubesse que Izabel aceitou se submeter ao aborto, a jovem teria mais chances de ser perdoada por ela. Mais que isso, poderia fazer com que Guilhermina percebesse que Izabel fora de fato vítima da lábia de Giancarlo e não o contrário.

Olga estava decidida a contar sobre a gravidez de Izabel quando o telefone tocou. Assim que a filha manifestou o desejo de atendê-lo, a mãe disse:
– Pode deixar, minha querida, eu atendo.
Três segundos depois Olga dizia:
– Alô. Sim... É daqui mesmo... C-como?... Você tem certeza?... Sei...
Alguma coisa na voz da mãe despertou a atenção de Guilhermina deixando-a em estado de alerta.

Olga sacudiu a cabeça vagamente e, com grande cautela, recolocou o fone no gancho. Pousou o olhar por instantes no chão antes de voltar-se para a filha. Seus ombros agora estavam caídos e ela pareceu, de repente, uma mulher velha e extenuada.
– O que houve? – perguntou Guilhermina com certa ansiedade.
O silêncio da mãe deixou a filha ainda mais inquieta.
– Conheço esse olhar, mamãe. O que houve? Diga-me, por favor – exaltou-se Guilhermina.
– Filha... você precisa ser muito forte...
– O que há? – perguntou, quando o silêncio prolongou-se.
Olga trincou os dentes e respirou tensa. Com grande dificuldade disse:
– Giancarlo sofreu um acidente, Guilhermina.
– Um acidente?
– Sim.
Guilhermina saltou da cama ao mesmo tempo em que disse:
– Precisamos ir para o hospital!
– Filha...
– O que deu na senhora? Mexa-se.
– Filha...
– Em que hospital ele está?
– Giancarlo... Giancarlo está morto, Guilhermina.
O rosto da jovem empalideceu.
– O que foi que a senhora disse?
– Seu marido morreu num acidente de carro.

Guilhermina deixou o corpo cair na poltrona, próximo ao leito, e seu olhar ficou vago, perdido no nada.
– Giancarlo... – murmurou. – Morto? Meu Giancarlo?
– Sim.
– Isso só pode ser uma piada... Uma piada muito mal contada.
Guilhermina teve vontade de gritar, rir, chorar. Pensou: "Isso não está acontecendo... Não está!".
No minuto seguinte, mergulhou numa sensação difusa como a de um filme fora de foco. Seu rosto tornou-se vazio, sem qualquer emoção.
Demorou cerca de cinco minutos até que ela saísse daquela posição rígida, olhasse para a mãe e perguntasse mais uma vez na esperança de que alguma resposta negativa fosse dada à sua pergunta:
– Giancarlo... A senhora tem certeza?
– Sim.
Sua mãe aproximou-se dela, pousou a mão sobre sua cabeça e procurou dizer-lhe alguma coisa para confortá-la diante daquele momento tão difícil, mas as palavras pareciam folhas sopradas ao longe por um vento gélido.
Levou quase um minuto para que Zola, empregada de Guilhermina, que estava prestes a entrar no quarto para avisá-las de que a sopa estava pronta, compreendesse realmente o que a mãe da patroa havia dito.
Ainda assim, acreditou não ter ouvido direito. "Como o patrão morreu? Tão jovem e tão robusto?! Não faz sentido." Ela devia estar realmente ouvindo demais.
Mas o berro de dor e desespero que Guilhermina soltou logo após, ecoou por toda a casa e fez com que Zola percebesse que ouvira certo. Muito certo. O patrão havia realmente morrido num acidente havia poucas horas.
A descoberta fez a criada se consternar.
– Coitada da patroa... – comentou Zola assim que pôs Florípedes, a outra criada da casa, jovem de vinte anos, a par do assunto. – Que coisa trágica perder o marido e de forma tão estúpida.
Florípedes observou:
– Às vezes a morte é uma bênção.
Zola olhou para ela assustada, achou o comentário um despautério, mas por nenhum momento passou por sua cabeça perguntar o porquê de ela pensar assim. Se perguntasse...

Capítulo 13

Reencontro

Era por volta das cinco da tarde quando Guilhermina, na companhia da mãe, do pai e do irmão, regressou do funeral de Giancarlo. Ela estava sendo conduzida por Anselmo para a porta da frente de sua casa quando suas pernas subitamente travaram.

A casa que sempre definira como encantadora, seu porto seguro, de repente lhe pareceu um lugar amedrontador, uma prisão fria e solitária.

Pai e mãe, preocupados, olharam para a filha sem entender sua reação.

Vendo sua dificuldade em prosseguir, Anselmo passou o braço em volta da irmã e a conduziu ao interior da casa. As pernas dela tremiam tanto que mal podia andar, não fosse o apoio do irmão a guiar seus passos.

Anselmo conduziu-a até a sala e a fez sentar-se no sofá. A família ficou ali, rodeando Guilhermina, fazendo-lhe companhia e teria ficado bem mais se ela não tivesse insistido para que eles a deixassem sozinha, após meia hora.

– Tem certeza, minha querida – perguntou o pai no seu modo afetuoso de sempre.

A filha concordou com a cabeça.

– Ficarei bem, papai, não se preocupe. Zola e Florípedes estão em casa, se eu precisar de alguma coisa peço a elas.

O pai abriu ligeiramente os olhos como quem diz: "Se você prefere assim!".

Antes de deixar a casa, Olga foi até as duas empregadas e lhes deixou a par do estado crítico que se encontrava a patroa.

– Fiquem de olho nela – ordenou. – Vão até a sala ou até mesmo ao seu quarto de quinze em quinze minutos com uma desculpa

qualquer só para ver se ela está bem. Por favor. Se perceberem algo de anormal não hesitem em me ligar. Virei correndo.
— Pode deixar, dona Olga. Cuidaremos da patroa. Deus é grandioso, não há de acontecer nada de mal com ela. Fique sossegada.
Olga se sentiu mais confortável para deixar a casa da filha. Sua intenção era dormir ali ao lado dela para protegê-la daquele abismo emocional, mas por mais que insistisse, Guilhermina recusou a sugestão.
Assim que Alceu, Olga e Anselmo partiram, Guilhermina relaxou suas costas no encosto do sofá e soltou as rédeas de seus pensamentos.
Giancarlo nunca mais estaria ali, na casa em que ela sonhara viver com ele até a velhice. Nunca mais estaria ali para implicar e se zangar com ela, para amá-la, conversar agitadamente sobre economia, sobre o que o governo deveria ou não fazer pelo país. Quais medidas deveriam ser tomadas... Política, enfim, sua paixão de sempre.
Jamais haveria outro como ele. As palavras cruzaram a mente de Guilhermina ao mesmo tempo em que recordou o que Giancarlo havia lhe dito no primeiro contato que os dois tiveram: "A união de um casal é firmada com respeito, sem respeito e fidelidade tudo rui". Foram essas palavras, um tanto quanto descabidas para o momento, que fizeram com que ela se encantasse ainda mais por ele.
"Respeito... fidelidade...", ecoaram em sua mente enquanto o silêncio pesava ainda mais no interior da casa. Um silêncio cuja única interferência era a respiração pesada da dona da casa.
As palavras que lhe pareceram ditas com tanta sinceridade eram a prova definitiva de que Izabel é quem dera em cima de Giancarlo e não o contrário, afinal, que homem diria uma frase tão bonita quanto aquela somente para iludir uma mulher?
Não, Giancarlo, não podia tê-la enganado, jamais. Guilhermina suspirou emocionada e ficou olhando bondosamente para a imagem de Giancarlo em sua mente por longos minutos. Então, subitamente avistou alguém, a silhueta de uma mulher por trás da imagem dele. A visão lhe provocou um arrepio pavoroso.
Lá estava Izabel... A jovem e matuta Izabel... que, na sua concepção, soubera fingir-se de sonsa como ninguém, para encobrir soberbamente sua esperteza. Maldita Izabel, maldita... Se não fosse ela...

Mas ela haveria de dar-lhe o troco. Uma lição para ela nunca mais se esquecer e nunca mais voltar a se envolver com um homem comprometido.

Guilhermina se prendeu ao ódio e ao desejo de vingança como acontece com a maioria dos espíritos durante as fases mais baixas da evolução espiritual.

Ela, como muitos espíritos encarnados ou desencarnados, desconhecia o fato de que pagar o mal por meio do mal, mais mal causa... Querer se vingar de alguém sem esmiuçar o problema, sem analisar a situação a fundo para perceber, no caso de Izabel e Giancarlo, que a moça jamais havia se envolvido com Giancarlo por maldade, que tudo ocorrera, ao menos por parte dela de forma inocente, ajudaria Guilhermina a não perder tempo, rogando praga e planejando uma vingança injusta para um semelhante.

Tamanha ignorância só serviria para atrair para ela mais problemas, sem contar com a dor e energia negativa que pairaria sobre o seu coração, assim como paira no daqueles que passam a comungar tais desejos maléficos e injustos.

Ela, assim como muitos, precisava aprender a analisar as situações antes de tomar alguma decisão, alguma atitude em relação a alguém. Perder alguns minutos para refletir é importante, pois eles podem clarear pensamentos, permitindo que a pessoa enxergue a situação, dentro e fora com maior nitidez, fazendo com que avance na sua evolução em vez de retardá-la.

Subitamente Guilhermina assustou-se. Ouvira, ou imaginara ter ouvido, o leve ruído de uma porta se fechando. Virou a cabeça abruptamente. A porta que dava para o jardim estava entreaberta e faria exatamente aquele ruído, caso houvesse vento. Teria o barulho partido dali?

Algo nas janelas a fez olhar rapidamente na direção delas. Pareceu-lhe que as cortinas haviam se movido. Estaria o espírito de Giancarlo rondando a casa? Quem dera estivesse e pudesse se comunicar com ela para que assim pudesse lhe responder tudo o que realmente se passou entre ele e Izabel.

Sim, o espírito de Giancarlo estava realmente ali, observando Guilhermina e se perguntando mais uma vez: por que ele sentia tanto prazer em vê-la sofrer e ser feita de tonta. Não só ela, mas também todas as mulheres com que se envolvia.

Uma rápida lembrança atravessou seus pensamentos como um raio. Nela, via-se uma moça diante de um cavalheiro muito bem-vestido, com roupas antigas. Ambos em frente de uma mansão suntuosa sob um céu de estrelas vibrantes. Quem eram eles? Giancarlo não sabia, mas já vira aquela cena... De repente, os lábios finos da moça se moveram e sua voz se propagou pelo local.

— Seria melhor que o senhor morresse para ela — disse a moça num tom cortante.

— Seria melhor, minha querida, que ela morresse... — revidou o cavalheiro, com brutalidade.

— O senhor é cruel.

— Sou realista.

— Se houver justiça nessa vida, em algum lugar desse infinito, o senhor há de pagar pelo que está fazendo à minha amiga querida. Há de sentir na pele o mesmo que ela está sentindo. Há de sofrer o mesmo que ela está sofrendo.

— Não te esqueças, minha jovem, de que ela está sofrendo porque quis. Tu mesma disseste que a alertou.

Aquelas palavras lhe eram familiares. Ele já ouvira aquilo e, observando bem a mulher, ela também lhe era familiar.

"Outra vida", ouviu Giancarlo dizer para si mesmo. "Aquilo era um fragmento de uma outra vida sua..."

Seria verdade? Estaria ele realmente se vendo numa vida passada? Cale-se... pediu ele a sua cabeça. Cale-se! Isso não faz sentido! Não faz. Não estou concatenando bem com as ideias! Pelo amor de Deus, pare!

— Giancarlo... — soou uma voz atrás dele.

Ao virar-se, ele encontrou o espírito socorrista mais uma vez o olhando calmamente.

— Ah! — exclamou com desagrado. — Você outra vez?

— Sim.

— Por que não me deixa em paz?

— Não sou eu quem não o deixa em paz, Giancarlo, é você mesmo.

Giancarlo riu, um riso nervoso, de menino. Em seguida, ele comentou com o espírito socorrista o que acabara de rever em sua memória e a conclusão a que chegara.

— Sim — respondeu o espírito, seguro do que dizia —, isso que você acaba de se lembrar foi realmente um trecho de sua vida passada, quando você reencarnou na França, como mulher.

As palavras desabaram sobre Giancarlo como uma avalanche.
– Reencarnei como mulher? – perguntou estupefato.
– Sim. E seu nome naquela época era Veronique Lafayèt.
A revelação era surpreendente demais para ser absorvida sem impacto. Fez-se uma breve pausa até que Giancarlo perguntasse:
– E esse homem com o qual eu, como Veronique, estava trocando essas palavras tão verrinosas, quem é ele?
– É uma longa história. Uma história que você precisa tomar ciência, pois nela estão os motivos que o fizeram reencarnar com a índole de Giancarlo. Nela você encontrará as respostas para as suas mais íntimas perguntas sobre si mesmo e sobre a vida.
– Por favor, então me conte. Quero saber tudo o que se passou...
– Pois bem, eu vou lhe contar. Como lhe disse, você reencarnou na França como mulher e recebeu o nome de Veronique Lafayèt. Moça interiorana, paupérrima, trabalhava arduamente. Foi morar num humilde quarto de um cortiço assim que se mudou para Paris, o único local que seu dinheiro conseguia pagar. Foi lá que Veronique conheceu Pauline Laroche. Moça tão pobre e humilde quanto ela, e que logo se tornou sua grande e melhor amiga na cidade.
"Tudo ia bem até que Pauline Laroche apaixonou-se por Johan-Marcel. Homem bonito, bem apessoado, extremamente ambicioso. O jeito gracioso e jovial da jovem logo encantou Johan-Marcel e sem perceberem, meses depois, os dois haviam se tornado amantes.
"Você, Veronique, alertou Pauline diversas vezes de que aquilo que ela estava fazendo era errado e prejudicial. Errado porque Johan-Marcel era casado e prejudicial porque a maioria das amantes nunca deixa de ser amante. Elas só são procuradas por homens casados para fazerem na cama o que eles não mais se sentem à vontade para fazer com suas esposas. Mas Pauline não lhe deu ouvidos. Acreditava piamente que um dia ela e Johan-Marcel haveriam de ficar juntos, vivendo numa casa, ainda que modesta, como marido e mulher, como sonha toda mulher apaixonada.
"Mas o sonho de Pauline estava a quilômetros de distância da realidade. Johan-Marcel gostava do que é sofisticado e cômodo, especialmente de *status* social e dinheiro, muito dinheiro, e isso ele só poderia continuar tendo se fosse casado com Geraldine Chevalier, sua esposa. Ela era muito rica. Não ele. Conclusão: ele nunca haveria de se separar da esposa para ficar com Pauline como ela tanto desejava.

Mesmo que a amasse de verdade, seu apego material falaria sempre mais alto.

"Ele haveria de fazer com ela o mesmo que a maioria dos homens casados faz com suas amantes: ficar enganando e adiando uma decisão, recheando o relacionamento de promessas que nunca serão cumpridas, iludindo, tapeando, *enrolando* com mentiras para proteger única e exclusivamente seus próprios interesses, no caso, satisfazer-se na cama e inflar seu ego, pois nada infla mais o ego de um homem de baixa-estima do que ter amantes.

"Ter muitas mulheres era para Johan-Marcel também, inconscientemente, um modo de ele se sobrepor ao poder da esposa e de todo o *status, glamour* e poderio que cercavam sua família. Poderio que o fazia se sentir por diversos momentos muito insignificante diante deles, pequeno e maltrapilho, com o ego extremamente ferido.

"Bem, Pauline Laroche certo dia adoeceu repentinamente de uma doença misteriosa. (Vale a ressalva aqui de que uma mente atribulada, ansiosa, e, ao mesmo tempo insegura, baixa o nosso sistema imunológico deixando-nos mais aptos a contrair doenças, e foi exatamente o que aconteceu com ela naquela época. Sua mente estava deveras perturbada.)

"Tudo por conta de toda a situação conturbada em que vivia. Não é fácil, devemos admitir, a vida de uma mulher (ou até mesmo de um homem) que se descobre perdidamente apaixonada e é obrigada a viver a paixão somente dentro de quatro paredes, às escondidas, sem nunca poder viver livre, leve e solta com seu bem amado pelas ruas, pela sociedade, entre amigos, na família, tampouco falar dele abertamente por aí.

"Não é fácil viver à sombra do medo pavoroso de que aconteça com você o que acontece com noventa e nove por cento dos amantes: nunca deixam de ser amantes.

"Nada baixa mais a imunidade do que quando a pessoa se vê presa a algo, principalmente sentimentalmente, que foge ao seu controle e parece que vai fazê-la desabar, cedo ou tarde, no poço escuro da desilusão.

"Nada disso é fácil. Se viver um relacionamento afetivo, a explosão da paixão e do amor verdadeiramente já é difícil para muitos, viver às escondidas é uma tortura. Tudo isso fez com que Pauline ficasse mais suscetível a contrair uma doença.

"Ela adoeceu também por um motivo muito peculiar entre as pessoas. Um motivo que atravessa milênios, mas que se dá para muitos de forma totalmente inconsciente: chamar a atenção de quem se gosta para saber se a pessoa realmente gosta dela como diz gostar. É uma tática muito usada pelos pais em relação aos filhos, filhos em relação aos pais e até mesmo entre amigos."

– Você está querendo dizer que Pauline Laroche adoeceu para testar Johan-Marcel? Para ver se as promessas que ele lhe fazia eram reais? Se o amor que dizia sentir por ela era real?

O espírito socorrista assentiu com a cabeça e disse:

– Sim. É algo muito comum entre os que ainda são muito imaturos e mimados. Mas como disse, isso ocorre para muitos a nível inconsciente.

"Pois bem, o que Pauline mais queria era que Johan-Marcel fosse vê-la no humilde quarto do cortiço em que vivia. Aquilo seria para ela uma grande prova de amor. Um sinal bem claro de que suas promessas não eram em vão, e sendo assim ela renovaria suas forças e paciência para aguardar até o dia em que ele resolvesse deixar a esposa para ficar com ela.

"Você, como Veronique, foi até Johan-Marcel, após Pauline insistir muito e conversou com ele em frente à casa onde ele vivia com a esposa. Explicou-lhe tudo o que estava se passando com Pauline e pediu-lhe encarecidamente para que ele fosse lhe fazer uma visita no cortiço. Johan-Marcel recusou-se a fazer a visita por medo de ser visto por alguém ou ser contaminado pela doença.

"No entanto, ofereceu-lhe uma quantia em dinheiro para comprar remédios para Pauline, na crença de que o dinheiro sanaria todos os males.

"Por mais que você dissesse a Johan-Marcel que o que Pauline mais precisava naquele momento era de amor, carinho e afeto, e não somente dinheiro, ele se recusou a visitar a amante."

– Foi essa a cena que passou há pouco pela minha cabeça, não foi?

– Sim.

– A conversa entre você, Veronique Lafayèt, e Johan-Marcel terminou em farpas. Sem escolha, você acabou contando para Pauline tudo o que se passara entre você e Johan-Marcel e pediu a ela que desistisse dele para sempre.

"Pauline, teimosa como sempre, recusou-se a acreditar nas suas palavras e foi até a casa dele, ardendo em febre, para conversar. Os dois se encontraram e Pauline sofreu novo baque com a realidade.
"'Tu achas que eu posso estar feliz sendo agarrado por uma mulher que está doente e pode me deixar tão doente quanto ela? Ora, te enxerga, garota, ponha-te no teu devido lugar...', foi uma das frases que Johan-Marcel disse para a amante.
"'Por acaso achas que eu ia perder todo este conforto por tua causa? Para morar num cortiço?'.
"Perdendo de vez a paciência, Johan-Marcel arrastou Pauline literalmente até uma praça que ficava próxima à sua morada e a deixou ali, caída, aos prantos."
– Que brutalidade – comentou Giancarlo inflamado de espanto e indignação.
O espírito socorrista assentiu com a cabeça e continuou:
– Giuseppe, jovem humilde, que também morava no cortiço e que há muito tempo se descobrira apaixonado por Pauline encontrou a jovem em péssimas condições e a levou de volta ao cortiço.
"Pois bem, após a decepção com Johan-Marcel e o fato de ela ter saído doente em meio àquele tempo úmido e gelado, a doença se agravou e Pauline desencarnou dias depois.
Penalizado, Giancarlo perguntou:
– Por que Pauline não me ouviu? Se me tivesse ouvido nada disso teria lhe acontecido.
– Pauline não a ouviu por causa de um dos obstáculos mais árduos que se sobrepõem no nosso caminho: a teimosia. Pauline Laroche era teimosa. Deveras Teimosa. *Do contra*, como se diz. Já havia passado por poucas e boas, como amante em existências passadas e continuava insistindo no mesmo erro.
"A morte estúpida da amiga, deixou você, Veronique Lafayèt, revoltada contra os homens, sentindo um ódio mortal por todos eles.
"*...Se houver outra vida, eu quero nascer diferente... Quero nascer capaz de devolver aos homens, que fazem de nós, mulheres tontas, bobas e estúpidas, só para levarem-nos para a cama, todo o mal que eles nos causam. Para que sintam na própria pele a dor que isso nos causa...* Essas foram suas palavras.
"Você também se revoltou, por mais que não quisesse admitir, contra a própria Pauline por ter sido tola e teimosa, por ter se deixado

abater por uma paixão que lhe roubou a vida. No íntimo, você desejou também dar-lhe uma grande lição caso houvesse oportunidade numa vida futura.

"Pauline precisava aprender a se valorizar. Valorizar mais sua pessoa, sem exageros, sem mimos, na medida certa. Declarar para si mesma, para a vida, que ela merecia ter uma vida afetiva digna. Real. Inteira para ela. Que não era preciso se submeter em nenhum segundo de sua existência àquela vida de amante, a qual se submetia por descrer que possuía requisitos suficientes para atrair um homem livre e capaz de amá-la com respeito e confiança.

"Era isso, inclusive, o que gritava a alma da própria Pauline, já há um bocado de tempo, atravessando vidas."

Giancarlo tomou um minuto para refletir, por fim disse:

– Se eu como Veronique Lafayèt quis imensamente me vingar dos homens que faziam mal as mulheres por que reencarnei como homem se os abominava? Algo indubitavelmente saiu errado, muito errado no meu plano, pois eu agi com as mulheres, na minha mais recente reencarnação, como eu tanto havia criticado os homens na minha existência anterior.

– Não, Giancarlo. Tudo aconteceu como você realmente quis que acontecesse. Você jurou vingança contra os que feriram e faziam as mulheres de tolas, e a vida lhe permitiu se vingar de alguns deles. Eles reencarnaram mulheres.

– Lógico, somente reencarnando mulheres é que eles poderiam sentir na pele o que uma mulher sente ao ser traída injustamente por um homem.

– Sim.

– Então essas mulheres mereceram tudo o que fiz contra elas. Toda ilusão que as levou para a desilusão.

O espírito socorrista respondeu com outra pergunta:

– Como se sente após ter realizado seu intento? Espere, deixa que eu diga: Apesar de tudo, ainda sente um vago desapontamento... Um vazio... Um nada...

– Eu...

– É sempre assim quando o objetivo tem caráter de vingança. Não é à toa que se diz que vingança é um prato que se come frio.

"Todos precisamos compreender que ninguém precisa se preocupar em devolver para o próximo o que acha que ele merece por ter agido mal, porque a vida se encarrega de devolver, pois toda ação tem uma reação.

"Por essa razão se diz: "Deus cuida... Deus se encarrega... Deus tudo vê... A vida ensina...". E é verdade. Ninguém precisa sujar as mãos na intenção de reparar o que julga errado. A justiça divina age sobre todos, sem exceção.

"Infelizmente, a teimosia faz com que muitos espíritos sem esclarecimento queiram fazer justiça com as próprias mãos, como no seu caso e tantos outros...

"Não devemos, ou melhor, não nos cabe fazer justiça ao próximo porque essa justiça se faz sobre o julgamento que temos com relação a uma situação. Podemos achar que está certo, mas como saber se o que achamos não é fruto do ego e orgulho feridos? Vaidade? Ignorância? Má fé? Por tudo isso, o melhor a se fazer, quando algo não se realiza conforme acreditamos, é deixarmos que a *justiça divina* tome as devidas providências, afinal, ela é sustentada por Deus que tudo vê, tudo sabe, tudo cuida e julga com precisão.

"Em outras palavras, seja qual for o aborrecimento que alguém lhe cause, por mais que doa, entregue para a *justiça divina* e siga sua vida em frente.

"Não há propósito mais medíocre na vida do que almejar reencarnar com o intuito de se vingar daquele ou daqueles que você julga estarem errados. Não só porque seu critério de errado pode estar equivocado, mas porque você perde muito tempo com algo que pode se resolver por si só. Por meio da *justiça divina.*"

Giancarlo maravilhou-se diante de significativa explicação. E, após breve pausa, perguntou:

– E quanto a Johan-Marcel, por onde anda?

– Johan-Marcel reencarnou como Guilhermina Scarpini.

Boquiaberto, Giancarlo exclamou:

– Por essa razão eu sentia tanto prazer em traí-la e vê-la sendo feita de tola. Se Johan-Marcel reencarnou como Guilhermina, ela mereceu passar por tudo o que passou nas minhas mãos, afinal, foi o mesmo que ela, como Johan-Marcel provocou nas mulheres com quem se aventurou, iludiu e feriu.

– Sim, Johan-Marcel atraiu para si tudo o que está passando como Guilhermina Scarpini nessa sua passagem atual pela Terra por ter sido um homem que só pensava em si mesmo, especialmente com relação ao seu prazer pessoal. Só se preocupava com a realização, a qualquer custo, dos seus prazeres sexuais, sem se importar em ferir as mulheres com quem se envolvia, especialmente sua esposa.

"Johan-Marcel jamais poderia compreender o que seu egoísmo e vaidade exacerbada causaram ao próximo se não provasse a mesma moeda.

"A lei da *ação e reação* vem para todos, cedo ou tarde, porém, por uma questão de espaço e tempo, a reação por atos indevidos pode chegar apenas numa vida próxima. Daí por que estarmos constantemente comunicando ou lembrando a todos que prestem bem atenção no que decidem pensar e consequentemente fazer, se quiserem ter uma vida feliz. Uma existência mais harmônica, de paz."
– Compreendo. E quanto a Pauline, o que houve com ela?
– Ela também reencarnou e se chama hoje Izabel da Silva.
– Izabel?! Meu Deus...
– Por esse motivo volto a afirmar que viver por um desejo louco de vingança não faz bem. A vingança desencadeia ondas de vibração pesadas e negativas, nada evolutivas até para quem amamos.

"No seu desejo insano por se vingar dos homens, você acabou ferindo a última pessoa que queria ferir na vida, Pauline Laroche, sua grande amiga na vida passada, que agora está reencarnada como Izabel da Silva. Você acabou provocando-lhe tanto desgosto quanto Johan-Marcel no passado.

"No entanto, Izabel precisava viver o que viveu em suas mãos para que aprendesse a se respeitar mais como pessoa, como você, como Veronique Lafayèt queria tanto que ela aprendesse, como a própria alma de Pauline desejava aprender.

"Para que toda vez que se descobrisse se interessando ou até mesmo apaixonada por um homem casado ou comprometido dissesse para si mesma: Não é isso que eu quero para mim, não é isso que eu mereço.

"Para que descobrisse também que quando há amor de verdade ninguém perde o respeito por si, tampouco, submete-se a situações como as que um amante tem de se submeter para ficar ao lado de seu amado. Quando há amor de verdade, ele nos inspira a amar sem trair o respeito devido que temos de ter para conosco.

"Izabel também sentiu na pele a dor de ser enganada despudoradamente por você, Giancarlo, para que provasse a mesma

dor que a esposa de Johan-Marcel, Geraldine Chevalier, sentiu ao descobrir o caso de amor entre o marido e ela."
— Ela descobriu? — espantou-se Giancarlo.
— Sim. Geraldine viu o que se passou entre o marido e Pauline na escadaria em frente a sua casa e apesar de não ter ouvido a conversa, deduziu o que existia entre os dois, apesar de o marido procurar ocultar tudo com grande esforço.

"Devemo-nos lembrar que Pauline sabia, na época, que Johan-Marcel era casado e mesmo assim aceitou enganar sua esposa sem respeito algum pelos sentimentos dela.

"Ninguém nunca é tão inocente quanto parece. Pauline mentiu deslavadamente para poder ficar com Johan-Marcel. Mentiu, fingiu, se fez de cínica e sonsa, desentendida, tal como você fez com Izabel nesta vida. Ferindo seus sentimentos como ela ferira os de Geraldine.

"Izabel está tendo nesta vida a lição que há muito almejava aprender em vidas passadas, para que finalmente se liberte, ainda que seja pela dor, mais uma vez, de pensamentos pobres e inadequados para sua evolução pessoal, afetiva e espiritual.

"Assim como a lição que você está aprendendo com mais essa reencarnação e sua permanência no plano espiritual."
— Mas eu não queria fazer Izabel sofrer, eu me arrependi.
— Eu sei. No entanto, foi preciso haver mais dor para que vocês se elevassem, visto que o amor pouco despertava vocês desse pobre estado de espírito.

Um sorriso apreciativo flutuou brevemente pelos lábios de Giancarlo.
— Voltando a falar sobre a vida passada. O que houve com Johan-Marcel depois de tudo aquilo? Ficou ele sabendo da morte de Pauline?
— Sim. Ele chegou inclusive a ir ao cemitério no dia do sepultamento. Ele tinha na verdade grande apreço por Pauline, mais do que supunha. Você não o viu, ninguém o viu, mas ele estava lá, e assim que o local ficou vazio ele se dirigiu até a lápide, em lágrimas, e pediu desculpas para ela pelo que havia lhe dito no último encontro.

"Johan-Marcel guardou grande carinho por Pauline em seu coração até o nascimento do filho, que sua esposa esperava, sete meses depois. A criança nasceu com uma deformidade física. O menino foi batizado com o nome de Dariel. Ao questionar o motivo de o filho ter nascido daquela forma, o médico explicou para Johan-Marcel:

"'Sua esposa deve ter sido exposta a alguma doença durante a gravidez. Catapora, por exemplo'.

"Aquilo foi o fim para Johan-Marcel, em segundos o amor que guardava em seu coração por Pauline transformou-se em ódio, pois ele a culpou pela desgraça que acontecera ao filho e, consequentemente, a eles, pais. Acreditou que por ela tê-lo procurado doente como estava e se agarrado aos seus pés, ela lhe passara o vírus, o qual foi transmitido para a esposa assim que ele entrou em sua casa e a confortou em seus braços.

"A culpa por ter feito isso chegou a corroê-lo por dentro, principalmente, quando ele punha os olhos no filho e o via naquelas condições tão difíceis de serem aceitas.

"A vida nunca mais foi a mesma para aquele homem tão ambicioso, Johan-Marcel fechou-se para tudo que cercava sua vida, sobrecarregando-se de trabalho e mais trabalho, além de solidão.

"Por ver o filho naquela condição, a esposa, e a si mesmo amargurado, Johan-Marcel foi ficando cada dia mais desequilibrado emocional e fisicamente, findando numa morte triste e prematura. Ele tinha apenas 31 anos quando desencarnou."

Giancarlo suspirou, penalizado.

– Como pode uma vida mudar tão drasticamente de uma hora para outra?

– E muda. A sua mudou. A de Johan-Marcel mudou. A de Geraldine Chevalier mudou. A de Pauline mudou. As mudanças fazem parte da vida. Não há vida sem mudanças. Mudamos de plano espiritual. Mudamos de idade, de físico, de cidade, de dimensão e de níveis pela estrada das evoluções... O que importa é como vamos reagir a essas mudanças com as quais deparamos ao longo da vida, pois o modo como decidirmos reagir fará toda a diferença em nossas futuras existências.

"Por tudo isso, Deus criou o processo das reencarnações, meu caro Giancarlo. De que serviria a vida para as pessoas se terminasse tragicamente como a de Johan-Marcel, a do filho que ele teve com Geraldine Chevalier e até mesmo a de Pauline Laroche?

"De que valeria o aprendizado para uma existência corrompida pela morte? De que serviriam todas as descobertas se não houvesse lugar algum para poder expressá-las? De que serviriam tanta ignorância e imaturidade se não pudéssemos transformá-las em bom senso? Em supremacia?

"Nenhum aprendizado é em vão porque a vida não termina com a morte, tampouco impede que o espírito fique aprisionado para sempre no plano espiritual. A todos é dado o *direito de renascer* e por meio desse *direito* é que podemos compactuar melhor com o bom senso e viver uma nova existência sem que a perturbemos com nossa ignorância e imaturidade.

"Qualquer um pode ver como funciona o processo ao notar pessoas que já nascem com o bom senso mais apurado, mais maduras, ainda que seja dentro de uma família de valores e caráter duvidáveis.

"A vida é repleta de histórias tristes. Mas a maioria das tragédias são provocadas pela ignorância. Que justiça divina haveria, se Deus não permitisse que seu filho regressasse à vida com uma nova oportunidade para que pudesse viver sem que um ou muitos atos ignorantes desvirtuassem sua existência?

"Tudo é uma questão de reflexão. Apenas de um bom momento de reflexão para se compreender a fundo os propósitos de Deus e as leis que regem a vida no cosmos*."

– Curioso... – murmurou Giancarlo. – Começo a me lembrar de tudo agora com muita nitidez. Não só quem fui quando reencarnei na França como quem sou na vida.

– Você está recobrando sua memória espiritual. Recordando mais uma vez que é um espírito infinito cuja vida vibra eternamente, pois a morte não é oposto da vida, morte é o oposto do nascimento, pois a vida não tem oposto, estamos sempre vivos, apenas transmutando de um corpo físico para outro, para que possamos ter condições de subir todos os degraus que nos levam ao topo da evolução, à evolução plena.

Giancarlo franziu a testa perplexo.

---

*Se observarmos os acontecimentos que cercam a nossa vida, muita coisa fugirá a nossa compreensão. O motivo de vivemos certas coisas passará distante de nós como um pássaro que voa longe numa direção oposta da que nos encontramos. As respostas, no entanto, estão a nosso dispor, mas para as obtermos precisamos recuar no tempo mesmo que esse tempo atravesse vidas. Só assim seremos abençoados pela graça da compreensão. Querer compreender o que se passa conosco sem recuar no tempo é o mesmo que abrir um livro na metade e querer compreender o que se passa com os personagens, o porquê de eles viverem como vivem (N. do A).

– Venha, vou levá-lo até uma colônia onde possa deitar-se um pouco para se restabelecer dos últimos acontecimentos.

Durante a conversa algo despertou a curiosidade de Giancarlo.

– Ouço gritos, gemidos, murmúrios... rosnados... O que é isso? De onde vêm?

– Venha, eu lhe mostro – disse o espírito socorrista gentilmente.

Diante do umbral os dois espíritos pararam. Ali se podiam ver inúmeros espíritos vagando na escuridão, nas sombras, na dor e na desilusão, no equívoco da ignorância, no breu da inconsequência.

– Por que eles estão ali? – perguntou Giancarlo, penalizado.

A explicação foi imediata:

– Porque eles se recusam a mudar. Não querem se desprender do ódio e do rancor. Do apego material e da mania de querer ser donos da razão, acreditam que estão certos no seu modo de pensar e agir e ponto final. São teimosos e recusam-se a reconhecer suas faltas e deficiências. E o pior, no íntimo sabem que estiveram e estão errados. Muitos espíritos recém-desencarnados ficam presos aí por vaidade; por serem apegados à vaidade física, não conseguem se libertar do corpo físico. O que é terrível, pois não há saída sem desapego.

– O que acontecerá com eles?

– Enquanto não se arrependerem de seus atos, não se permitirem rever seus pensamentos, não assumirem que estão errados, não se desapegarem de valores materiais, o resgate será difícil. Muitos podem ter uma reencarnação compulsória, ou seja, sem que sejam consultados, questionados a respeito de onde, quando e quais lições querem aprender na sua próxima reencarnação. É o mesmo que ser obrigado a fazer uma faculdade cuja matéria não suporta ou um trabalho que detesta.

– Aqueles ali são tão jovens...

– Sofrem assim por ainda comungarem tanto com o mal quanto com a culpa. Outros estão presos pelo ódio que os fez tirar a vida de quem amavam quando não corresponderam mais ao seu amor.

– E ninguém toma providência para ajudá-los?

– Veja... Há um batalhão de espíritos socorristas dispostos a ajudá-los. Bem como há um batalhão disposto a impedir que eles recebam ajuda. É como um grupo de drogados que tenta viciar um indivíduo fazendo com que as palavras de quem o previne soem como antiquadas.

– Estou recordando mais uma vez de tudo o que vivi por aqui... Eu...
– Sim. Você já esteve aí nas mesmas condições que os que se encontram agora num dos trânsitos entre uma vida e outra.
– Lembro-me agora com certa nitidez. Todos nós já passamos por aí?
– Em algum período de nossa existência, sim. O rosto de Giancarlo se alterou. A aflição tomou conta dos seus olhos e o desespero domou-lhe a voz:
– Eu preciso voltar para a Terra para reparar o mal que fiz.
– Compreendo seus sentimentos, mas...
– Mas?
– Mas o que foi feito já está feito... Daí a razão para que todos reflitam bem antes de tomar qualquer atitude na vida. Se Deus permitisse reparar os erros logo após eles terem sido cometidos, a existência nunca seguiria seu curso natural... Viveríamos sempre tentando consertar o que foi feito inadequadamente por limitações da consciência, impedindo o desenrolar da vida no cosmos. Tal como um livro cujo autor fica reescrevendo a história a cada cinco minutos, conforme sua autocrítica ou opinião, prendendo-se à primeira página.
"Tudo que precisa ser reparado poderá ser reparado, sim, mas apenas quando o tempo nos abrir a oportunidade de fazer tal reparo."
– Por que tive de desencarnar agora?
– Porque subestimou as leis que asseguram o trânsito de veículos nas estradas da Terra. A você foi dado o livre-arbítrio... Por mais que procuremos ajudar os reencarnados só podemos auxiliá-los inspirando lucidez em sua mente... Não somos super-homens, capazes de impedir qualquer infortúnio. Nosso poder vai até onde o espírito consciente nos permite. Por tudo isso que se diz: a verdadeira ajuda está para quem se ajuda. Se não fosse assim, ninguém seria dono de sua vida, todos seriam manipuláveis, meros fantoches nas nossas mãos, meros vegetais.
"Não foi só o desrespeito às leis de trânsito terrestres que o levou ao desencarne, você já vinha se sentindo, no íntimo, muito mal por viver enganando as mulheres, despertando em você uma vontade louca de se livrar desse hábito como um viciado se vê desesperado para se livrar de um vício. Brincar com os sentimentos alheios, cedo

ou tarde, pesa sobre todos os que brincam de forma dolorosa. Daí sua vida ter sido interrompida.

– Quer dizer que nós vamos atraindo para nós nossos mais ínfimos desejos?

– Sim. Tanto os bons como os maus. Giancarlo sorriu, um riso suave, mas que refletia certa angústia.

– Na colônia você será bem-recebido e amparado – informou o guia.

– Ainda assim, preciso regressar à Terra para falar com Izabel.

– Você voltará quando for o momento certo, no entanto, não se desaponte se ela não ouvi-lo, tampouco se não o vir... pois, apesar de todos serem médiuns, a habilidade de ver e ouvir dos espíritos encarnados varia conforme a atenção e lapidação da arte de se comunicar com eles.

"Por outro lado, se almeja tanto dizer-lhe alguma coisa vibre seus pensamentos até ela, sabendo que eles podem ser mais fáceis de serem captados por meio dos sonhos."

– Agora que estou aqui, do outro lado da vida, como dizemos na Terra, recobro, a cada segundo, a existência de tudo o que há por aqui, por quê?

– Porque, como já lhe disse, você já viveu aqui entre uma vida e outra. Por diversas vezes. Em breve vai se lembrar com mais detalhes de tudo o que se passa aqui. Você verá e vai se surpreender.

Giancarlo maravilhou-se. Os dois seguiram caminho em silêncio.

Nada foi tão comovente durante o seu processo de transição para o plano espiritual quanto o que Giancarlo viveu ao chegar à colônia espiritual reservada para ele *viver* aquele seu novo processo de vida[*].

---

[*] Muitos leitores podem achar estranho o emprego da palavra "vida" aqui, uma vez que Giancarlo e seu guia espiritual encontram-se no plano espiritual. Mas a verdade é que vida é sempre vida em qualquer lugar do cosmos, seja qual plano for, ela nunca deixa de existir, pois o espírito está vivo o tempo todo, encarnado ou desencarnado.
Como já dito, vida não é oposto de morte. Morte é oposto do nascimento, para a vida não existe palavra oposta, pois não existe oposto de vida, uma vez que ela é sempre viva. Daí porque o Universo é descrito pela palavra Universo que significa um verso só, não dividido em duas partes opostas. Universo e vida são sinônimos. Por essa razão se usa o símbolo lemniscata para descrever o infinito, ele mostra nitidamente que a vida dentro do cosmos vai e volta sem ter fim (N.A).

Os espíritos daqueles que foram seus pais na última reencarnação o aguardavam. O reencontro foi repleto de lágrimas de saudades, em meio a beijos e abraços apertados entre os três.
— Papai... Mamãe... Há tanta coisa que eu queria dizer para vocês e não tive oportunidade em vida.
— Em vida? — estranhou a mãe. — Vida terrestre, você quer dizer, não é, meu filho? Porque vida ainda é vida aqui também.
Giancarlo contraiu o rosto num sorriso emocionado.
— Há tanta coisa para eu contar a vocês...
— Antes, porém, você precisa repousar. Cuidar dos ferimentos. Recompor suas energias.
Giancarlo estava tão emocionado que por diversos momentos faltou-lhe voz para responder às perguntas, bem como fazê-las. A certa altura disse:
— Oh, mãe... Pai... Como é bom reencontrá-los. Sinto como se fosse o dia do meu nascimento. Vocês me acolhendo em seus braços, cobrindo-me com palavras de amor e carinho.
— Não deixa de ser um nascimento, meu filho. Ou melhor, um renascimento, não só para você como para mim e seu pai — respondeu a mãe.
Passou-se algum tempo até que Giancarlo se reencontrasse com o espírito socorrista. Quando o fez, tratou logo de lhe perguntar:
— Há algo que me esqueci de perguntar a respeito de tudo o que você me contou. O que houve com ela? Digo, com Geraldine Chevalier, a esposa de Johan-Marcel e o filho que nasceu com problema? Eles renasceram, não renasceram?
— Sim. Não importa o que você faça, a todos é dado o *direito de renascer*.
— Quem são eles nesta vida? Digo, há alguma conexão entre eles e Guilhermina, por exemplo? Sim, só pode haver, não?
O espírito socorrista manteve-se calado.
— Se Geraldine e o filho renasceram quem são eles?
O espírito lançou-lhe um olhar ponderado antes de responder:
— Você há de saber no momento certo.

Capítulo 14

Adolfo e Rafaela

Izabel não ficou sabendo da morte de Giancarlo, para ela ele continuava vivo e mau-caráter como sempre, iludindo moças inocentes por onde passava.

Foi no Centro Espírita que Izabel recebeu a notícia de sua morte, por intermédio de Santina, algo que a deixou sem chão. Apesar de tudo o que já havia vivido e aprendido de bom no Centro, ela ainda não punha fé na informação recebida. Só foi acreditar quando tomou coragem para ligar para a casa de Olga e Alceu no Rio e perguntar sobre o genro. A empregada a informou que ele havia de fato desencarnado num acidente semanas antes.

Houve uma tremenda sensação de alívio ao pôr o telefone no gancho. Mas a sensação durou pouco, logo foi sobrepujada por uma sensação esquisita de perda e tristeza. Pena especialmente do filho que crescia em seu ventre, e que jamais poderia conhecer o pai, quanto menos gozar da felicidade de ter um. Ainda que Giancarlo fosse um canalha, ele era pai da criança e a nenhuma deveria ser negado o direito de contato.

Foi depois de três semanas da morte de Giancarlo que Olga acabou conseguindo levar a filha a um médico. Guilhermina definitivamente não estava bem, vivia enjoando, sentindo-se estranha, tudo com certeza fruto da depressão que cai, nos dias que se seguem, sobre os que perdem seus entes queridos.

Mas para a surpresa das duas mulheres, o enjôo não era fruto de depressão. Guilhermina estava grávida. De um mês e meio. A notícia caiu sobre a futura mamãe como uma injeção de ânimo. Foi também recebida por todos os familiares com grande alegria e satisfação.

Aquilo era a melhor coisa que poderia ter acontecido na vida da filha, concluiu Olga. Não há nada melhor do que filhos para dar um novo rumo à vida de uma pessoa, um propósito para viver, especialmente a uma mulher, ainda mais depois de ter perdido alguém que tanto amava.

Os meses se passaram e Izabel deu à luz uma linda criança, um belo garoto, cabeludinho e bochechudo. Um encanto. A enfermeira entrou no quarto segurando o bebê. Sorriu para Izabel e delicadamente colocou a criança em seus braços. Demorou, para espanto da moça, tempo demais para que a mãe olhasse para o filho entregue em seus braços. Izabel permanecia olhando para a enfermeira parecendo ter receio de encarar a criança.

– É um bebê adorável – opinou a enfermeira com ternura.

A menção fez finalmente com que Izabel voltasse os olhos para o filho aninhado em seus braços. Depois novamente para a enfermeira, depois para o filho, repetindo o vaivém cerca de três, quatro vezes.

Uma onda de calor maternal começou a fremir no âmago da jovem mamãe. Uma onda de alegria, que só quem é mãe pode sentir. Havia também uma boa dose de agradecimento ecoando pelo seu interior, atingindo seu coração.

Graças a Deus ela não abortou aquele bebê. Graças ao bom Deus. Ela havia lhe concedido o *direito de renascer.*

– Eu vou procurar ser a melhor mãe do mundo para você, meu querido. A melhor mãe do mundo.

Nisso, ouviu-se um toque na porta. A enfermeira tratou logo de abri-la. Emilio César entrou no quarto do hospital mais sorridente e feliz que o habitual, trazendo consigo um enorme buquê de rosas vermelhas. Ao vê-lo, Izabel não conseguiu conter a emoção e se desmanchou em lágrimas.

– Para você – disse ele com um sorriso maravilhoso nos lábios. Depois, curvou-se sobre ela na cama e beijou-lhe carinhosamente a testa.

– Posso pegá-lo? – pediu ele.

Izabel concordou prontamente. Assim que o farmacêutico envolveu o menino nos braços, seus olhos umedeceram de emoção. A enfermeira, que nada sabia a respeito dos três ali presentes naquele quarto, disse:

– Ele é cabeludinho que nem o senhor. É o primeiro filho do casal?

Izabel ia responder, mas Emilio César foi mais rápido do que ela. Disse:

– Sim.

– E como vai se chamar? Pelo que sei até agora a criança não tem nome.

Izabel, que até então não havia escolhido um nome para o filho, voltou-se para Emilio César e disse:
– Escolha você um nome para o menino.
– Eu?!
– Sim. Você. Pode escolher.
– Desculpe-me, mas não sou bom para isso. Tente você mesma.

Izabel refletiu por instantes, nesse momento voltou-lhe à lembrança o Centro Espírita Bezerra de Menezes, local onde ela foi conduzida pelas mãos dos espíritos de luz, seus guias, naquela noite em que se viu dominada pelo desespero. E que graças àquele encontro ela pôde mudar o destino que achava certo dar àquele lindo menino, que agora se encontrava ali junto dela. Por fim, Izabel disse:
– Que tal Adolfo?
– Adolfo? Sim, por que não? É um bonito nome.
– É o primeiro nome do doutor Bezerra de Menezes. Vou homenageá-lo e também pedir sua proteção.
– Está decidido, o menino vai se chamar Adolfo.

Entre lágrimas de alegria e emoção Izabel sorriu. Semanas depois, diante da pia batismal*, Izabel repetia para si mesma baixinho:
– Eu vou procurar ser a melhor mãe do mundo para você, meu querido. A melhor mãe do mundo.

Valentina, que fora convidada para ser a madrinha de batismo do menino ao lado de Emilio César, atreveu-se depois de muitos anos a sair de sua casa para ir à igreja principal do bairro e participar da cerimônia. Foi com muito orgulho, toda arrumada, como se fosse para uma grande festa. Era de fato uma grande festa. Um dia muito especial.

Para Valentina foi uma experiência fantástica, que serviu para evidenciar mais uma vez o fato de que nunca é tarde para descobrir que se pode fazer bem mais do que se pensa. Não importa a idade que se tem.

ೞ⃝ಜ

Quando Izabel informou Valentina que deixaria o pequeno Adolfo sob os cuidados de uma moça na pensão para que ela pudesse trabalhar, a senhora repreendeu Izabel, imediatamente:
– Nada disso. O menino vem com você para o trabalho. Nada de querer deixá-lo com uma estranha.

---
* Izabel quis manter sua tradição católica em respeito aos seus pais e à família de Emilio César. Ainda que ela tivesse passado a frequentar o Centro Espírita (N.E).

— Mas, dona Valentina, bebês dão trabalho e quando se dispõem a chorar não há ouvidos que aguentem.
— Não importa. Trancamos a porta, pomos um chumaço de algodão nos ouvidos, mas quero o menino aqui com você. E nem mais um *piu* a respeito.
— Se a senhora insiste.
— Faz tempo que não ouço o choro de uma criança nesta casa, sinto falta... meus netos, mal pude pegá-los no colo, tampouco os vi crescer por provocação de minha nora. Portanto... dê-me esse gostinho, Izabel, esse gostinho de desfrutar mais uma vez a presença de um bebê, de uma criança, ainda que chorona, nesta casa. Por favor.

Jamais, em momento algum, alguém naquela residência imaginou que aquela senhora tida como chata e turrona haveria de aceitar a presença de um bebê novamente em sua morada, quanto mais permitir que ele tirasse seus cochilos deitado em sua cama de casal cercado por travesseiros. O pequeno Adolfo transformou a vida de todos ali, trazendo alegria, despertando compaixão, especialmente em Valentina.

Tão forte foi a transformação que Valentina fez finalmente o que há muito já queria ter feito, mas como de hábito vivia a adiar. Convidou Izabel e o filho para morarem na casa com ela. E não adiantou Izabel protestar.

Assim que pôde, Izabel levou o bebê para Vicente conhecer e também ao Centro Espírita para que Santina o conhecesse e o abençoasse.

No Rio de Janeiro...

Guilhermina atravessava os meses de gestação com todo o cuidado que uma grávida deve tomar para gerar um filho são e saudável. Ainda que fosse uma jovem aguardando ansiosamente pelo nascimento de um filho, já não se via mais a alegria e o esplendor da juventude brilhando em seus olhos. Quem olhasse diretamente para eles veria nitidamente o que ela não fazia esforço algum para ocultar: a decepção, o ódio e o rancor com a vida, por tudo o que ela permitiu que lhe acontecesse: ser traída por Izabel que tanto amava, e perder Giancarlo, que tanto amava também, tão cedo e de forma tão estúpida. Era como se ela envelhecesse um ano a cada mês.

Olga se esforçava arduamente para levar a filha à igreja para receber uma bênção, mas seu esforço era em vão. Guilhermina se recusava terminantemente a deixar sua casa para não ser vista por ninguém. Temia as más línguas e o olhar de pena das pessoas sobre ela.

Olga tinha esperança de que o nascimento do bebê conseguisse devolver a Guilhermina a alegria de viver, que a inspirasse a se dar o *direito de renascer* de toda aquela tragédia. Não era justo que a filha deixasse de viver o presente por causa de um passado mal cicatrizado.

No plano espiritual...

Quanto mais o tempo avançava no plano espiritual*, mais Giancarlo parecia tranquilo. Tudo era surpreendentemente fabuloso como tudo que compõe a vida.

Certa hora ele voltou-se para o espírito socorrista e perguntou:

– Se há colônias para receber os espíritos desencarnados, grupos de auxílio para ajudá-los a compreender o que se passou com eles na sua última reencarnação, bem como prepará-los para a próxima... Dar-lhes conselhos sobre a vida... Por que muitos espíritos reencarnam como se não tivessem aprendido nada de bom por aqui?

– Pelo mesmo motivo que leva os encarnados que frequentam os cultos religiosos de suas igrejas, encontros de casais, retomarem seu mau comportamento assim que saem dali. Do mesmo modo que muitas pessoas que frequentam cursos de autoajuda ou simplesmente leem um bom livro retomam seus hábitos nada evolutivos assim que terminam o curso ou fecham o livro.

"Durante o culto, o encontro, o curso, a leitura, muitos concordam com o que é ensinado, pois tudo faz tremendo sentido dentro deles. Chegam até a passar o que aprenderam para seus conhecidos e familiares de forma tão eloquente que comovem a todos.

"Mas quando a vida lhes cobra o aprendizado, ele já se apagou da sua memória e do seu coração. Agem como se nunca tivessem ouvido nada. Parece que tudo que foi dito durante o culto religioso, ou curso, ou livro de autoconhecimento e ajuda não foi aproveitado.

"O que importa mesmo são as atitudes que você toma no seu dia-a-dia, no desenrolar de sua existência. Conhecimento não significa evolução, integridade, sinal de caráter."

---
*A vida dos desencarnados está em andamento no plano espiritual (N. do A.).

Tudo se tornava cada vez mais claro para Giancarlo. O espírito socorrista prosseguiu:

– Há certamente espíritos desencarnados que incorporam o que aprenderam nas escolas das colônias espirituais, bem como encarnados que incorporam o que aprenderam por meio de palestras, cursos e livros de autoconhecimento e quando a vida lhes pede para pôr em prática o que aprenderam, eles assim fazem, e os resultados que obtêm são maravilhosos.

"Quando se diz que devemos contar até dez antes de tomarmos alguma decisão ou revidar um gesto, é porque podemos refletir melhor sobre a situação durante esses segundos e em vez de complicarmos as coisas, teremos a chance de resolvê-las."

Um sorriso apreciativo flutuou brevemente pelos lábios de Giancarlo.

– Não é à toa que muitos chamam a vida de grande escola, esse, no fundo é realmente seu papel. Ensinar. E por que tanto ensinamento? Ora, é simples. Porque nós, espíritos, somos como crianças necessitadas de aprendizado escolar.

"Infelizmente, muitos espíritos agem como crianças que acreditam que não é preciso aprender nada do que a escola lhes tem a ensinar porque nada daquilo lhes será útil. Pobre limitação da consciência.

"Mas todos sabemos, assim que atingimos um bom grau de maturidade, o quanto a escola nos foi e é necessária, e o quanto foi importante nossos pais insistirem para que a frequentássemos, e os professores nos repreenderem e nos estimularem a tirar boas notas.

"É por tudo isso que a vida cobra de nós, na prática, o que está nos ensinando. Sempre. E só aqueles que atingem um bom grau de maturidade e humildade reconhecem o quanto foi importante ela nos fazer o que fez e faz em prol do nosso desenvolvimento."

– Bonita comparação.
– Verdadeira.
– A escola da vida existe para melhorar a relação de cada um consigo mesmo. Com o próximo. Com Deus, com a vida em si, que não foi criada para judiar, tampouco preencher o tempo ocioso.

"Foi criada para fazer feliz, seu maior objetivo é proporcionar felicidade! Para você, a mim, a todos nós. Por esse motivo ensina que os padrões de pensamento que circulam no interior das pessoas, muitas vezes são carregados de ignorância, e não se pode alcançar a felicidade dessa forma.

"Se você observar bem, a vida está pedindo a todos nós, constantemente, que observemos se os padrões de pensamento que temos em nossa mente são evolutivos, do bem, verdadeiramente espirituais ou são negativos, equivocados, imaturos e inconsequentes.

"Por exemplo: seu padrão de pensamento pode ser: não há mal algum em pôr a mão no fogo. É um padrão equivocado, pois o fogo queima a sua mão. Cabe a você mudar seu padrão de pensamento para algo: não devo pôr a mão no fogo, pois fogo e pele não combinam. Se esse padrão de pensamento verdadeiro não for realmente absorvido, você vai se queimar até que o mude de vez. Tudo para o seu próprio bem. Para a sua proteção. Assim é com tudo na vida.

"Em outras palavras: evolução significa aprimoramento de ideias, alteração de padrões de pensamentos negativos, precários, pobres de espíritos como também são conhecidos, para padrões mais evolutivos, mais condizentes com a realidade da vida.

"Aprimorar seus padrões de pensamentos é o mesmo que lapidar um diamante para torná-lo um belo brilhante. Felicidade é tal como um brilhante, é o resultado final da lapidação do espírito.

"Todos nós, espíritos, encarnados ou desencarnados, precisamos nos dar uma boa dose de humildade para reconhecer que o que sabemos não é suficiente para despertar o melhor de nós mesmos e consequentemente da nossa existência.

"A vida nos mostra quais os padrões de pensamentos que não são dignos de Deus, não promovem o nosso bem-estar, tampouco o do próximo. Infelizmente, muitos de nós insistimos manter esses padrões dentro de nosso coração. A teimosia é um dos grandes obstáculos a serem superados pelo espírito nessa jornada chamada vida."

– Feliz daqueles que conseguem – comentou Giancarlo, apreciativo.

– Todos conseguem, Giancarlo. Todos. Uns mais cedo, outros mais tarde. Uns com mais tombos, outros com menos. Mas um dia todos conseguem. Porque a vida não se esquece de ninguém. Não se esquece de ajudar ninguém a chegar ao seu maior e mais desejado objetivo que é a felicidade.

"Devemos viver felizes. Porque felicidade é evolução, e evolução é o grande propósito reservado por Deus para todos."

Giancarlo deu um suspiro, amparado naquele sorriso triste que o perseguia como uma sombra e disse:
— Há muito mais mistérios entre o Céu e a Terra do que julga a nossa vã filosofia.
— Se há...

O direito de renascer

Santina, a pedido de seu guia espiritual, chamou Izabel para ter uma conversa:
— Estou aqui, querida, a pedido do meu guia espiritual. Você ainda deve se recordar do que lhe disse em relação ao aborto quando veio aqui naquela noite de desespero, não?

Izabel concordou com a cabeça.
— Pois bem. Disse a você que ninguém deve privar o próximo do *direito de renascer*, não é mesmo?

Izabel tornou a concordar com a cabeça. Santina prosseguiu:
— Muito bem, durante o processo de vida no plano terrestre muitas vezes somos devastados por situações delicadas, tristes, miseráveis como aquela que você passou.

"É preciso então nos conceder também o *direito de renascer* em vida, renascer das cinzas ou do fundo do poço. Da tristeza, da amargura e da depressão. Ninguém deve, tampouco tem o direito de se privar desse *direito de renascer* tanto quanto privá-lo a seu semelhante.

"Isso tudo que você viveu com o pai do seu filho pode tê-la deixado com um profundo medo dos homens.

"Medo de que todos os homens sejam iguais e que ajam com você da mesma maneira que seu ex-namorado, portanto, você acha melhor nunca mais se deixar envolver com outro homem novamente.

— A senhora está tirando as palavras da minha boca, dona Santina. Foi exatamente isso que pensei sobre os homens assim que descobri que Rodrigo Lessa era Giancarlo Vommaro.

— Mas cada um é cada um, Izabel. Cada um, uma história. Um aprendizado. Uma chance de evolução. Não devemos rotular as pessoas, meu anjo. Cada união, um aprimoramento, um estímulo... Por esse motivo lhe peço que se dê o *direito de renascer* dessa trágica história que foi capaz de marcar sua vida tão profundamente.

— *Direito de renascer...*
— Sim. Todos precisam se dar esse direito. Quantas vezes forem necessárias tanto aqui quanto no plano espiritual. Essa é uma das

grandes lições da vida. Dentre todas a maior, pois é por meio do renascimento, em todos os sentidos, que se faz a vida e a evolução. E por que precisamos nos conceder esse grandioso direito? Ora, porque a vida quer nossa evolução. Nosso aprimoramento. Nosso crescimento como espíritos. E quem se recusa a *renascer* não evolui, estagna, empobrece espiritualmente. A vida, por sua vez, faz com que todos os que se negam esse *direito* sintam uma dor muito grande. Não porque a vida quer fazê-la sofrer, mas por ser essa a única forma de ajudar uma pessoa a abandonar o estado perturbador e retrógrado, permitindo-se assim retomar a estrada da evolução.

"Vai doer muito para aqueles que se negam o *direito de renascer* até que soltem um grito e digam quase num berro: chega! Não aguento mais. Não quero mais sofrer. Quero e posso renascer. Eu mereço renascer da dor que a tragédia amorosa me causou. Do fim de um namoro, noivado, casamento, caso... Da dor que a perda de um ente querido me causou. Da saudade... Da dor das transformações que surgem com o avanço da idade. Quero renascer da dor que a frustração me causou e me causa. Dos sonhos que não se realizam. Dos rumos diferentes que a minha vida tomou. Da ilusão que virou desilusão etc.

"Seja qual for o motivo, todos precisam se dar esse *direito de renascer*. Negar isso, é se tornar mais infeliz. E o que todos queremos na vida é sermos felizes. Na verdade, é o que Deus quer para todos, pois cada passo da evolução é um passo rumo à felicidade, que se faz mais presente e é mais duradoura para quem evolui. Quem se nega ao *direito de renascer* se nega à vida. Portanto, em nome de Deus, em nome de você mesma, criatura amada e amparada por Deus, permita-se dar-se o *direito de renascer*. Hoje, amanhã e sempre."

— Eu temo o amor como temo um animal enraivecido em meio à escuridão de uma floresta.

— Pois não o tema mais. Evitar amar por medo de sofrer causa sofrimento. Ainda que amando você possa ter perturbações, pelo menos terá a chance de ser muito feliz e em proporções jamais sonhadas.

A médium pegou delicadamente na mão de Izabel e, olhando firme em seus olhos, disse:

— Prometa-me que vai pensar no assunto. Dar-se a chance de se libertar desse trauma do passado que a fez se fechar para o amor e

apostar mais uma vez nele, em você, amando, vivendo uma vida a dois.
Izabel fechou os olhos por segundos antes de dizer:
– Vou tentar.
– Isso. Pelo menos tente.
Izabel deixou o Centro Bezerra de Menezes aquela noite reflexiva. De repente, viu-se pensando em Emilio César. Ele dizia gostar muito dela, parecia gostar realmente, mas como saber se era verdade o que dizia ou apenas meras palavras para conquistá-la como fizera Giancarlo e como tantos homens fazem quando querem conquistar uma mulher apenas para se divertirem à sua custa?

Se ela pudesse ao menos confiar um pouco nele. Mas nem isso Izabel se achava capaz. Por outro lado, ela tinha de pensar em seu filho, precisava e merecia ter um pai presente, um pai que o amasse e o educasse.

Emilio César cabia muito bem no papel de pai. Gostava do menino mesmo não sendo seu pai, não para agradá-la, disso ela tinha certeza, mas por afinidade espiritual.

Quando Emilio César se prontificara a dar seu sobrenome para o bebê, fizera para agradá-la, agora, no entanto, havia se afeiçoado ao menino por amor. Algo bonito e digno.

Ah, se não fosse o trauma que sofrera com Giancarlo, se não fosse a cicatriz deixada, tudo seria bem mais fácil em relação a Emilio César.

Izabel silenciou a mente por instantes. Então, subitamente, com uma confiança alegre e orgulhosa, ela pensou: talvez Emilio César seja diferente. Seu pai fora diferente com sua mãe. Os dois se amaram até o fim da vida. Essa realidade se estendia a muitos outros casais também. Portanto, não seria justo rotular todos os homens como cafajestes, nem todo romance ou casamento ao fracasso.

Vou me dar uma chance, disse Izabel para si mesma. Uma chance para mim e Emilio César, para a felicidade, para renascer.

Se vai dar certo só saberei tentando. Mas no fundo, no íntimo, eu quero que dê certo, muito certo e vou me esforçar.

Uma hora depois, Izabel estava sentada diante de Emilio César na varanda da casa de Valentina, sua morada, agora. Após se cumprimentarem, Izabel permitiu-se, pela primeira vez, olhar diretamente para o rosto bonito do rapaz, e pôde, assim, ver e apreciar as cores quentes de sua pele, a boca generosa, os olhos firmes e os cabelos castanhos.

Ela sempre vira Emilio César como uma ameaça, como via a todos os homens. Mas, agora, olhando para ele mais de pertinho, Izabel tinha a sensação estranha de estar vendo outra face dele. Como se pudesse ver o que se esconde do outro lado da lua.

"Emilio César", pensou ela, "é real. A única coisa real que já conheci..."

Ela agora podia sentir seu calor e sua força serena, positiva, viva, real!

"É um homem de verdade... Tudo o que um homem pode ser de bom..."

– Peço desculpas a você, Emilio – disse Izabel rompendo o silêncio –, desculpas por tê-lo tratado sempre tão mal. Impondo uma barreira entre nós dois. Por nunca ter-lhe dado credibilidade. Mil desculpas.

Ele sorriu, encabulado, e disse:

– Que é isso, Izabel, você não tem nada que se desculpar... eu a compreendo, bem mais do que imagina.

Ele sorriu mais uma vez, e continuou:

– Sabe, Izabel, quando estou com você o mundo cabe na palma da minha mão.

Ela sorriu, inspirou e expirou o ar com calma, e finalmente disse para Emilio César o que ele tanto queria ouvir:

– Se você ainda quiser me namorar, eu aceito.

A resposta que o rapaz tanto quisera ouvir e aguardara tão paciente e esperançosamente encheu seus olhos de lágrimas de alegria.

– É lógico que eu ainda quero namorá-la, Izabel. Jamais, em momento algum, deixei de querê-la. Não sabe o quanto me faz feliz aceitando meu pedido. Eu quero fazê-la tão feliz quanto você me faz, quero bem mais que isso, quero fazer de você a mulher mais feliz do mundo.

Ele segurou seu queixo com carinho e levou seus lábios até os dela tocando suavemente até que as defesas dela abrandassem e ele pudesse beijá-la calorosamente.

O beijo ajudou Izabel a se desprender da tristeza e descrença no amor, nos homens. O calor dos lábios dele foi envolvendo-a de amor, um amor capaz de protegê-la e ampará-la, e a felicidade floresceu naquele deserto frio, onde Izabel vivera por tanto tempo.

Emilio César olhou mais uma vez com encanto para Izabel e disse:
— Nem todo amor nasce pronto. Ele cresce e se engrandece com o convívio. Pegar um amor e fazê-lo dar certo é a missão de muitos. A grande lição. Assim como o marido e a esposa precisam colaborar para que o casamento dê certo.

Ela sorriu e disse:
— Vamos batalhar juntos para que o nosso amor dê certo, seja grandioso e inesquecível.

Emilio César, que na vida anterior reencarnara como Giuseppe, pôde finalmente desfrutar o amor que guardara em seu coração por Pauline Laroche e que na vida atual se chamava Izabel. Se há amores que atravessam vidas? Sim, quando são de verdade.

A novidade foi saudada por Valentina com grande alegria.

— Algo dentro de mim sempre me disse que vocês haveriam de ficar juntos — disse a senhora emocionada. — E esse algo, Izabel, sempre esteve certo, não é incrível? Esse algo só pode ser Deus.

Foi por amor, aquele amor forte e infindável por Izabel, que Emilio César criou coragem para contar a seus pais a sua decisão.

— Emilio César — repreendeu sua mãe, severamente —, com tanta jovem bonita por aí para você namorar, você foi escolher justamente uma mãe solteira?!

— Eu amo Izabel, mamãe.

Dizendo isso ele contou aos pais a armação criada por Giancarlo Vommaro para conquistar Izabel. Ao término da narrativa, a mãe bufou:

— Acho que ela quer ficar com você por interesse. Para que você a ajude a sustentar esse filho.

— A senhora não conhece Izabel, mamãe.

O pai de Emilio, calado até então, opinou:

— É verdade, Emilia. Eu já a conheci na casa de dona Valentina e posso lhe afirmar que é uma moça e tanto. Tanto que dona Valentina a trata como filha e a acolheu em sua casa depois que o bebê dela nasceu.

A esposa olhou com desdém. Disse:

— Vocês homens são todos uns tolos.

Um mês e meio depois de Izabel firmar namoro com Emilio César foi a vez de Guilhermina dar à luz uma linda menina, que recebeu o nome de Rafaela. Nenhum ano poderia ter começado tão bem quanto com a chegada de uma criança.

Com o nascimento da filha, Guilhermina se voltou para Rafaela vinte e quatro horas por dia, procurando dar-lhe o máximo de atenção e carinho.

A menina tornou-se indubitavelmente seu céu, sua Terra, o mundo todo, o receptáculo de todo o seu afeto e compaixão. Era como se sua dedicação pudesse compensar a filha pela ausência do pai, reparar aquela aresta aberta pelo cruel destino.

Vivia tão dedicada à menina que era capaz de acordar no meio da noite por diversas vezes para se certificar se ela estava respirando ou tendo pesadelos que pudessem atrapalhar seu sono.

Não levou muito tempo para que a exagerada dedicação e cuidados de Guilhermina para com a filha começasse a preocupar Olga. Ninguém podia viver somente em função de uma pessoa, ainda que essa fosse apenas uma criança frágil e inocente. Seria difícil depois para Guilhermina se desapegar da menina, o que cedo ou tarde seria necessário, afinal, Rafaela não seria uma menininha eternamente, cresceria e, ao crescer, iria querer ser dona do seu nariz.

Além do mais, proteção demais por parte de uma mãe ou pai acaba sufocando os filhos e ninguém gosta de ter alguém grudado a si, nem que esse alguém seja sua mãe ou seu pai adorado. Todos querem ter liberdade para viver, sentir-se livres.

Quando Rafaela se rebelasse contra a mãe, quem sofreria por todo aquele apego absurdo seria única e exclusivamente Guilhermina, e Olga não queria ver a filha sofrendo mais. Não depois de tudo o que já vinha sofrendo após a morte do marido.

Guilhermina precisava se dar era o *direito de renascer*... o direito que todos devem se dar após uma tragédia, uma decepção, uma perda irreparável... Só assim poderia se libertar das cicatrizes do passado.

ෆ෨ඝ

Mais um ano se despediu de todos dando passagem para um novo cheio de esperanças e otimismo. Era o réveillon de 1972, o primeiro de Adolfo da Silva Pelizarri.

De pé, à luz do luar, encontrava-se Izabel segurando o filho no colo. Enquanto o menino murmurava palavras ininteligíveis, Izabel pensou em Giancarlo. Novamente surgiu a pergunta: deveria ela ou não contar ao filho que Emilio César era seu pai adotivo? Que seu verdadeiro pai havia falecido antes mesmo de ele nascer e que se chamava Giancarlo?

Ela refletiu por mais alguns minutos chegando a mesma conclusão que chegara anteriormente. Seria melhor guardar este segredo para poupá-lo de uma possível revolta contra a vida. Além do mais, Emilio César seria um pai tão maravilhoso para o garoto que nunca passaria pela cabeça do menino que ele não fosse seu pai biológico. Estava decidido, Adolfo nunca saberia nada sobre o passado. Para o seu próprio bem. Ponto final.

༺༻

Guilhermina estava na mesma noite sentada no sofá de sua sala de estar admirando Rafaela engatinhando. Encontrava-se só com a filha, porque não quisera comemorar a passagem de Ano-Novo.

Depois de pôr a menina no quadrado e caminhar até a janela, deixou que seus olhos se perdessem no bonito céu que cobria a cidade maravilhosa.

Alguns fazem votos de mudança para o Ano-Novo, Guilhermina, no entanto, não fez voto algum, manteve sob sua pele clara o ressentimento crescente que se aninhara ali desde a morte do marido. Um ressentimento que se expressava por sua pele, tornando-a cada vez mais pálida e silenciosa, ausente e obscura, como se fosse uma pintura de natureza morta, o que fazia todos que a cercavam sentirem-se muito mal.

E o tempo seguiu seu caminho... deixando saudades de quem partiu, despertando alegria com quem chegou, vidas que vão... vidas que vêm... transformando todas as ilusões em preciosas lições para o crescimento espiritual, crescimento que muitas vezes, apesar de árduo, dá a todos realmente o verdadeiro sentido da vida, a maturidade tão almejada e querida por todos.

Capítulo 15

O casamento

Foi numa tarde gostosa e ensolarada de maio que Emilio César, a contragosto da mãe, marcou a data do casamento com Izabel. Todos ficaram muito felizes exceto Emilia, obviamente. Ela, por mais que tentasse, não simpatizava nem um pouco com Izabel. Ciúmes de mãe, certamente.

Foi na tarde do dia seguinte que Izabel passou na pensão que morara para rever Belmiro e contar-lhe a grande novidade. O homem mal se conteve de alegria. Emocionado, abraçou-a. Então, subitamente a voz aguda e cheia de descaso de Eulália soou no recinto:

– Você teve sorte, garota, muita sorte em encontrar um otário para se casar com você.

– Dona Eulália?! – surpreendeu-se Izabel.

A dona da pensão não esperou que ela terminasse a frase:

– Pobre rapaz.

– A senhora nunca gostou de mim, não é mesmo? Só queria entender o porquê.

Nem bem a pergunta foi lançada, a voz de Belmiro soou:

– Não é só de você que Eulália não gosta, Izabel. É de todos.

Os olhos da esposa fulminaram o marido pouco antes de ela deixar a recepção cuspindo fogo pelas ventas.

Na data marcada para o casamento de Emilio César, outubro de 1972, o dia estava bonito e arejado. Izabel estava praticamente pronta quando a costureira foi chamada pela auxiliar para ir dirimir um pequeno problema. Izabel ficou sozinha no quarto se admirando no espelho. Só ela e seus pensamentos.

"Pois é, Izabel...", pensou emocionada. "Chegou a hora do seu casamento. Não foi bem assim que você sonhou se casar, mas a vida quis assim... Daqui a poucas horas você será uma mulher casada que poderá vir a ser muito feliz... Muito feliz...

Izabel desviou rapidamente seu olhar refletido no espelho para não chorar, respirou fundo, uma, duas vezes, até se sentir mais calma. Quando voltou a olhar para o espelho havia o reflexo de mais alguém ali, às suas costas, olhando-a gravemente. Seu corpo gelou. Ela voltou-se para trás rapidamente.

– Guilhermina, você aqui? Como entrou? – perguntou, estupefata.

– Não importa – respondeu Guilhermina enquanto invadia o ambiente com um andar retesado e sem cerimônia. Seu olhar parecia cego e o rosto estava pálido e aflito. Exangue.

Izabel estudou o semblante da ex-amiga por alguns segundos enquanto o silêncio pesava no ar.

– Então você vai se casar... – disse Guilhermina, por fim. – Depois de tudo o que você me fez você ainda conseguiu um cretino para se casar.

– Emilio César não é um cretino, Guilhermina...

– Tem razão, nenhum homem é. São espertos, astutos.

Guilhermina falava em voz alta e pausada, como se falasse a um surdo.

– Sua arte na sedução é admirável, Izabel. Aposto que se esse cretino souber o que você fez antes de conhecê-lo viverá a vida toda desconfiado, afinal, mulher fácil é sempre mulher fácil...

Izabel não lhe deu trela, apenas disse:

– Eu preciso ir, Guilhermina, já estou atrasada para o casamento.

– Não há nada mais chique do que uma noiva se atrasar para a cerimônia, não sabia? Creio que não, *jacu* como é, não deve saber de nada disso.

Guilhermina olhou para Izabel com visível aversão. Depois espiou criticamente o vestido que cobria o corpo da jovem. Era um vestido simples. Altamente simples, mas que se tornava exuberante no corpo dela. Algo raro de se ver, pois geralmente é o vestido que embeleza as mulheres e não o contrário.

– Minha querida! – exclamou Guilhermina, subitamente. – Esse vestido não é digno de você!

Ela sorriu ironicamente. Izabel permaneceu parada, estática, olhando receosa para ela.

– Sabe – prosseguiu Guilhermina, cruzando a sala e levantando a tesoura que apanhara em cima da máquina de costura –, se me permite opinar, acho que seu vestido está longo demais. Se fizermos uns cortes aqui e outros ali... Tenho a absoluta certeza de que aí sim ele ficará bárbaro em você.

– C-como entrou aqui? – perguntou Izabel voltando o olhar para a porta. – Cadê a costureira e sua ajudante?

Guilhermina a interrompeu secamente:

– Elas estão bem. Trancadas no banheiro para que pudéssemos conversar a sós sem que nos importunassem.

– Como soube que eu ia me casar hoje?

– Um passarinho me contou.

Na verdade, Adalgisa Pimentel soube do enlace matrimonial sem querer e comentou com Olga por telefone. Olga achou por bem contar à filha sobre o casamento de Izabel para estimulá-la a deixar tudo o que houve para trás e seguir em frente. Mas isso não aconteceu, serviu apenas para deixar Guilhermina ainda mais revoltada.

Assim que pôde, Guilhermina ligou para a pensão onde Izabel residira e por intermédio de Eulália, que fora convidada com o marido para o casamento, obteve as informações que queria. Por Izabel ter contado para Belmiro e ele para a esposa os detalhes sobre a cerimônia, quem faria o seu vestido de noiva e onde ela se arrumaria no dia do casamento, Guilhermina pôde descobrir o endereço da costureira. O que foi fácil, era famosa no bairro.

Não houve tempo para que Eulália comentasse sobre o filho que Izabel havia tido meses antes, razão pela qual ela se mudou da pensão. Comentou apenas que ela havia se mudado para a casa da patroa.

Izabel tomou ar e se dirigiu para a porta, ao passar por Guilhermina ela agarrou-lhe o braço com firmeza. As duas ficaram então frente a frente. Levou quase um minuto até que Guilhermina dissesse alguma coisa:

– Você vai entrar na igreja mostrando a todos os presentes o estrago que você fez na minha vida, na de meu marido e na de...

Ela ia dizer "minha filha", mas o esforço que Izabel fez para livrar seus braços das mãos de Guilhermina interrompeu sua fala.

Sem dar tempo para Izabel se defender, Guilhermina cravou as unhas no decote de seda e começou a rasgá-lo. Sua força era tanta que o vestido parecia ter sido feito de papel crepom, de tão fácil que se esfacelava em suas mãos. Izabel tentava se defender, mas não sabia por onde, logo estava a chorar de desespero. Um desespero crescente e voraz.

Quando deu por si estava caída ao chão com o vestido todo rasgado e amassado suando em profusão com os olhos borrados pelas lágrimas. Seu cabelo estava todo desmantelado e o véu todo pisoteado.

Guilhermina respirava ofegante. Em sua mão restara apenas o buquê que a seguir começou a destruir e arremessar sobre Izabel.

O mundo de Izabel mergulhou na desolação e no pânico.

– É assim, Izabel – afirmou Guilhermina num tom cortante –, é assim que você merece entrar na igreja... Aos pedaços... Porque me deixou também aos pedaços.

Ela lançou-lhe um último olhar pesado e saiu. Silenciosa como uma naja, passou apressadamente pela porta e deixou a casa.

Ainda que soubesse da urgência de se levantar e encontrar uma solução para aquela delicada situação, Izabel não conseguia juntar forças para fazer o que era preciso.

Foi com muito sacrifício que ela, cerca de cinco minutos depois, pôs-se de pé e deixou o quarto em busca da costureira e da ajudante. Encontrou ambas trancadas no banheiro como Guilhermina havia dito. A mulher estava transpassada de medo. A ajudante idem.

– O que houve com o vestido, criatura? – perguntou a costureira mal acreditando no que via. – Você está toda destruída. Cadê aquela maluca?

A ajudante olhava pasma, os olhos dilatados pelo choque.

– E agora o que faço? – perguntou Izabel entre lágrimas.

– Acalme-se, minha flor, acalme-se, daremos um jeito – acudiu a costureira procurando tranquilizar a jovem e a si mesma.

Um sorriso dorido enviesou os lábios bonitos e delicados de Izabel.

ඹ൝

Guilhermina entrou no carro e partiu. Na sua opinião, ainda havia algo muito importante a ser feito contra Izabel. Era preciso fazer um *trabalho* num terreiro de umbanda para estragar de vez a felicidade dela. E foi para um desses terreiros que Guilhermina dirigiu seu carro. Havia conseguido o endereço com a empregada de sua tia.

Enquanto isso, na igreja Nossa Senhora da Glória, no tradicional bairro do Cambuci, zona sul de São Paulo, os convidados começavam a se sentir incomodados com o atraso da noiva. Emilio César estava se definhando por dentro: teria Izabel desistido do casamento? Sim. Só podia ser isso. Desistira na última hora. Ao colidir seu olhar com os da mãe, ele novamente leu o que se passava na mente dela.

"Eu o avisei. Desde o início eu o avisei de que essa moça não era para você."

Emilio César engoliu em seco. Ainda que discordasse da mãe as evidências do agora mostravam claramente que ela estivera sempre certa. Lançando um olhar suplicante para a entrada da igreja o moço disse mentalmente: "não me desaponte, Izabel. Não me desaponte, por favor. Eu a amo e sei que posso fazê-la me amar também". Mas nenhum sinal da noiva. Sem ver solução, Emilio César voltou-se para os convidados e disse:

– Algo deve ter saído errado... Um imprevisto com certeza. Eu e minha família pedimos desculpas por tê-los feito esperar até agora... Conto com a compreensão de todos. Desculpe-nos mais uma vez.

Assim que ele se calou, caminhou cabisbaixo para uma das cadeiras do altar e sentou-se ali enquanto as pessoas iam deixando a igreja e o zunzunzum aumentava. Valentina, sentada ao lado de Selma e Dolores, queria morrer. "Izabel não pode ter jogado fora a sua felicidade", dizia para si mesma, desconsolada.

Não restava mais quase ninguém no recinto, a não ser alguns padrinhos quando a costureira esbaforida pisou no altar.

– Todos a seus postos. A noiva chegou!

Um sorriso iluminou a face de Emilio César e ele prontamente se pôs de pé. A mãe pegou-lhe o braço e o repreendeu:

– Depois de todo o vexame que Izabel nos fez passar você ainda sorri? Com ela você não se casa. Nem sobre o meu cadáver.

– Minha senhora – intrometeu-se a costureira –, não tire conclusões apressadas.

– Quem você pensa que é para falar assim comigo? – ralhou Emilia.

– Torno a repetir o que disse: não tire conclusões apressadas – frisou a costureira seriamente.

E ao seu sinal, a marcha nupcial começou a tocar, as portas da igreja se abriram, e Izabel entrou acompanhada de Vicente. A convite dela própria.

Trajava um vestido branco, simples, sem bordado algum, mas que com sua beleza natural pareceu não faltar nada.

Emilio, emocionado, aguardou ansiosamente pela chegada de Izabel ao altar. Tomou-a das mãos de Vicente com vívida satisfação, beijou sua testa e voltou-se com ela para o altar. Assim, o padre iniciou a cerimônia.

O casamento, ainda que acontecido com atropelos e imprevistos, deu a Izabel a sensação extraordinária de estar começando uma nova vida, sem aborrecimentos e assombrações do passado.

Ela deixou a igreja ao fim da cerimônia sentindo-se mais mulher, mais real, mais inteira.

Quando todos souberam o que havia acontecido, perdoaram Izabel, ainda que muitos achassem que tudo não passara de uma mentira para encobrir a incerteza que se abatera dentro dela quanto a se casar com Emilio César.

Mas estes comentários não a perturbaram, para ela o importante era que Emilio César acreditasse nela, o que ele fez de pronto, e isso bastava. Se os outros insistiam em deturpar uma história, maldizê-la, que fizessem...

Nesse ínterim, no centro de umbanda...

– O que a traz aqui, minha filha? – perguntou Davina, uma baiana mulata, de setenta e poucos anos, que aparentava uns quarenta e poucos e que vivia em São Paulo há mais de quarenta anos.

– O desgosto – respondeu Guilhermina angustiada.

– Desgosto? – espantou-se a mulher.

– Sim. O desgosto que me foi causado por uma moça muito má. Extremamente invejosa.

– Você tem certeza do que está falando?

– Absoluta. Caso contrário não estaria aqui nesse... – Guilhermina ia completar a frase com a palavra "antro", mas preferiu fazer uma careta em vez de dizer. No entanto, a boa senhora disse por ela:

– Antro?

Guilhermina semicerrou os olhos antes de responder:

– Sim. Antro. O que é um *terreiro* senão um antro?

A mulher não conseguiu conter o riso. Exibindo seus majestosos dentes brancos, fortes e preciosos como marfim.

– Vamos lá, minha senhora – insistiu Guilhermina, ansiosa –, tenho pressa, diga-me logo o que precisa para fazer um *trabalho* contra essa sonsa.

– Trabalho?
– Trabalho... Sim um *trabalho*, não é o que se faz por aqui? É por esse motivo que vim. Que outro motivo me traria a este *lugar*?
A mulher tornou a rir diante do tom de descaso com que a jovem usou para pronunciar a palavra "lugar".
– Minha jovem – disse Davina por fim –, creio que desconhece profundamente o que se passa num terreiro de umbanda.
– Engano da senhora. Conheço muito bem o que se passa aqui. – E, baixando a voz, completou: – Sei muito bem o que *fazem*... – E, antes de completar, Guilhermina voltou os olhos ao redor, para se certificar de que ninguém mais iria ouvi-la, e, quase num sussurro, falou: – Sei sobre os sacrifícios de animais, farofa, encruzilhada, velas e mais velas... macumba...
– Macumba?
– Sim... É isso que eu quero que faça contra essa jovem que tentou usurpar de mim meu marido. Seduziu-o sem ter um pingo de consideração nem por mim, nem por minha família que tanto a ajudou na vida. Seu nome é Izabel. Ela, se conseguiu outro vestido de noiva, deve estar se casando neste momento, mas não merece ser feliz, não merece. Em hipótese alguma.
– Você então quer que façamos um *trabalho* contra ela para que não seja feliz?
– Exato. Ela não merece ser feliz, não merece de jeito algum.
A ponderada senhora examinou a moça sentada diante dela por alguns instantes antes de perguntar:
– Você gostaria que fizessem o mesmo contra você?
– Se eu merecesse, sim...
A mulher, pensativa, umedeceu os lábios com a ponta da língua antes de prosseguir:
– Às vezes, para não dizer na maioria delas, pensamos que não merecemos o que estamos passando na vida, mas merecemos sim, pois tudo é efeito de nossos atos, atitudes que tivemos noutras vidas.
Guilhermina, encrespada, tratou imediatamente de se defender:
– Olhe para mim, minha senhora. Observe-me com atenção. A senhora acha por acaso que eu, que nunca fiz mal a uma mosca, mereceria estar passando por tudo o que estou passando?
– O que não merecemos são situações de aprendizado.
– Aprendizado?

A mulher concordou com seu olhar bondoso.
— Em que esse aprendizado ou qualquer outro pode me servir?
— Para sua evolução.
— Já sou uma mulher evoluída. Evoluidíssima por sinal. Basta olhar a estirpe da minha família. Nosso *status*, nossa condição social e monetária.
— Não são as condições materiais da família em que você nasce que contam, minha jovem, são as condições criadas por você no seu interior que falam mais alto, que contam para Deus. Muitas vezes uma família adquire boas condições financeiras não porque as mereça, mas porque alguém que vai renascer por meio de um deles merece. Tanto isso é verdade que muitos membros de uma família rica não chegam a aproveitar sequer um décimo do que sua riqueza pode lhes oferecer. Quem aproveita são os herdeiros.
— Chega de lengalenga... — enfezou-se Guilhermina. — Não sou de perder tempo com filosofia barata. Quero que a vida dessa Izabel seja a pior possível. Que só encontre desamor ao longo da vida, solidão e insônia. Desalento e dor.
— Tem certeza de que é isso mesmo que você quer?
— Absoluta.
A resposta soou no mesmo instante em que os olhos febris de Guilhermina arderam-se ainda mais de ódio.
— Muito bem — disse Davina em meio a um suspiro —, farei o que me pede. Que essa moça chamada Izabel tenha o que merece na vida. É isso?
— É isso mesmo.
— Está bem, vou pedir aos meus guardiões que atendam ao seu pedido. Que deem a essa jovem o que ela merece. Compreendeu? O que ela *merece*...
Houve um longo suspiro de alívio por parte de Guilhermina, ao menos pareceu ser de alívio. Davina perguntou a seguir:
— E você, meu bem, o que merece na vida?
— Bem, depois de tudo o que passei eu mereço o melhor. Somente o melhor.
— Todos acreditamos que merecemos o melhor, mas só obtemos o que realmente merecemos, o que é nosso por direito...
A frase deixou Guilhermina ligeiramente confusa. Em silêncio, ela repetiu para si mesma: *Todos acreditamos que merecemos o melhor,*

mas só obtemos o que realmente merecemos, o que é nosso por direito...
Fugia a sua compreensão aonde aquela senhora queria chegar com aquele comentário. A próxima pergunta de Guilhermina foi:
— E quanto devo lhe pagar?
— C-como assim?
— Para que faça o *trabalho*. Não quero que economize em nada, eu lhe pago o que for. Sou eu quem tenho que trazer as galinhas mortas, as velas vermelhas, amarelas, pretas, azuis, as garrafas de cachaça ou são vocês mesmo que compram todo esse material?
A mulher tomou alguns segundos para responder em reflexão.
— Não precisa se preocupar, nós arranjamos o material.
Guilhermina esfregou as mãos, satisfeita, forçando seu habitual sorriso.
— Muito bem, então já vou.
A mulher pegou com delicadeza em seu braço e perguntou:
— Só mais uma pergunta, minha jovem.
— Sim...
— Você gostava muito dessa moça, não gostava?
A pergunta desconcertou Guilhermina, a tensão voltou a enviesar sua pele, os olhos, o equilíbrio.
A palavra "gostava" pareceu doer dentro dela. Quando Guilhermina finalmente recuperou a voz, ela soou embotada e vazia:
— Sim, eu gostava... Era como uma irmã para mim, mas não teve consideração por mim. Traiu-me sem dó...
Sem mais palavras Guilhermina se despediu e partiu.
Um dos colaboradores do Centro aproximou-se então de Davina e comentou:
— Que moça petulante, hein?
— Coitada, está atormentada — respondeu Davina pensativa.
— O que ela queria?
— Veio pedir para que fizéssemos um *trabalho* contra uma jovem, que segundo ela, teve um caso com seu marido.
O senhor riu inconformado.
— Coitada, ela ainda não percebeu que tudo o que se faz e se deseja para o próximo acaba retornando para si mesmo?
— Ainda não... Mas vai descobrir... Pela dor, infelizmente.
O senhor franziu os lábios em desaprovação e perguntou:

– E o que a senhora pretende fazer?

– Pretendo orar por ela e pela outra, para que tenham forças para enfrentar o que merecem viver em consequência das atitudes que tiveram em vidas passadas. Precisamente na vida anterior a esta. Elas ainda não sabem, mas se conheceram noutra vida, conheceram-se, pode-se dizer intimamente, e a vida as uniu novamente para que se deem a chance do *direito de renascer*, tantas vezes negado.

Durante o trajeto para casa, Guilhermina foi repetindo em voz alta:

– Que Izabel viva pior que um cão sem dono. Que só encontre desamor ao longo da vida, solidão e insônia. Desalento e dor. Tenha, enfim, tudo o que ela merece...

Enquanto isso, na festa de casamento de Izabel e Emilio César tudo corria às mil maravilhas. Valentina, mal se contendo de alegria, passou o dedo pela cobertura do bolo, apanhando um bocado de glacê e passou sob o narizinho do pequeno Adolfo sentado no carrinho de bebê ao seu lado.

O menino resmungou alguma coisa numa linguagem ininteligível, dando sinal de que apreciara a brincadeira.

A mudança no comportamento de Valentina era surpreendente, até mesmo para ela. Ela se sentia literalmente uma moleca, sapeca e feliz. Nunca pensou que reencontraria a alegria de viver ainda naquela reencarnação e tudo graças a Izabel. Foi ela, indiretamente, quem lhe permitiu viver tudo aquilo desde que chegara a sua casa para trabalhar como dama de companhia. Por esse motivo, era-lhe muito grata, extremamente grata.

Na noite do dia seguinte enquanto Izabel e Emilio César passavam sua primeira noite de lua-de-mel na Praia Grande, Guilhermina Scarpini encontrava-se largada em uma das poltronas de sua sala sendo carcomida pela depressão e pela insônia.

A beira-mar, Emilio César dividiu com Izabel o que ia fundo no seu coração:

– Não queria estar casado com outra pessoa no mundo que não fosse você, Izabel. Eu a amo, nunca se esqueça disso. Eu a amo.

Izabel, comovida, sorriu. Agora ela começava a perceber que aquela sensação tranquila, de amparo, calor e afeto eram os verdadeiros sinais do amor, algo bem diferente do que vivera com Giancarlo Vommaro ao se passar por Rodrigo Lessa.

☙❧

Olga nunca chegou a tomar conhecimento do que a filha fizera contra Izabel. E se dependesse de Guilhermina a mãe nunca haveria de saber.

A alegria que contagiou Guilhermina por ter feito o que fez contra Izabel durou pouco. Logo o ódio tomou lugar em seu coração trazendo consigo o rancor, o negativismo, a decepção e a depressão. Tudo, enfim, que é um veneno para a alma.

Mesmo ciente do mal que esse veneno lhe provocava, Guilhermina, assim como a maioria das pessoas, continuou a alimentá-lo dentro e ao redor de si, sem dó nem piedade de si mesma, o que era mais deprimente ainda.

Olga entrava mais uma vez na casa da filha para vê-la.

– Está tudo bem com você, minha querida? – perguntou a mãe com certa cautela.

A filha simplesmente deu de ombros. Olga achegou-se, pegou sua mão esquerda, apertou-a carinhosamente, e, com o mesmo carinho na voz, disse:

– Filha, oh, minha adorada. A tristeza vem, mas passa...

– Nunca vai passar, mãe.

– Ora, é lógico que vai. Nada melhor do que o tempo para curar as feridas que se abrem na pele, no coração e até mesmo na alma.

– Não quero! Não quero em hipótese alguma que as feridas cicatrizem para que eu possa me lembrar eternamente do porquê elas se cravaram na minha pele e na minha alma.

– Você é jovem, bonita, Guilhermina. Merece recomeçar a vida, amar novamente.

– Amar? A-m-a-r, a senhora diz? Eu não quero amar outro homem na minha vida. Jamais. Entendeu? Pois nenhum pode ocupar o lugar de Giancarlo, o lugar que sempre foi e sempre será dele.

Olga mergulhou novamente na preocupação. Infelizmente, o nascimento da neta, que ela pensou que serviria para tirar Guilhermina do fundo do poço, não surtira o efeito esperado. O que mais poderia ela fazer para ajudar a filha a se libertar de tudo aquilo? A pergunta ficou no ar...

Capítulo 16

Decepção

Cerca de uma semana depois dos últimos acontecimentos, Guilhermina recebeu uma visita surpresa.

– Dona Guilhermina – disse Zola –, há uma moça querendo falar com a senhora.
– Moça? Que moça?
– Seu nome é Vilma.
– Vilma?! Não conheço nenhuma Vilma.
– O que devo dizer a ela?
– Espere, eu a atendo.

Um minuto depois, Guilhermina se encontrava na varanda, em frente a sua casa, olhando para a estranha, parada do outro lado do muro que cercava a propriedade.
– Pois não? O que deseja?
– A senhora é a dona da casa?
– Sim.
– É aqui por acaso que mora Giancarlo Vommaro?

A pergunta estremeceu Guilhermina. Com muita dificuldade ela respondeu:
– S-sim.
– Posso falar com ele?

O pedido calou a voz de Guilhermina na garganta. Ela fechou os olhos e deixou a cabeça pender para a frente. Foi preciso um momento para que ela se recompusesse.
– Giancarlo... – disse ela, com voz vacilante. – Meu marido está morto.

O espasmo no olhar da moça foi notável.
– Morto... – murmurou ela balançando a cabeça, chocada. – Então é verdade? Ouvi dizer a respeito, mas pensei que tudo não passasse de um boato sem fundamento.

Quando os olhos das duas mulheres voltaram a se encontrar ambos estavam rasos d'água.

– Quem é você? – perguntou Guilhermina procurando firmar a voz.

– Meu nome é Vilma Sollecito – respondeu a moça num tom indeciso – sou de Juiz de Fora... Minas Gerais...

Guilhermina caminhou até o portão, abriu-o, e assim que se viu diante da estranha perguntou:

– De onde conhecia meu marido?

– Lá mesmo de Juiz de Fora. É obvio que eu só vim a descobrir que o nome dele era Giancarlo Vommaro muito tempo depois. Para mim ele se apresentou como o nome de Alceu Scarpini.

Guilhermina gelou. A única sensação agora dentro dela era de um medo entorpecedor. Ainda assim revidou:

– Ora não espera que eu acredite numa mentira deslavada como essa?

– Não espero. Se ele me enganou tão bem deve tê-la enganado tanto quanto. Suponho que ainda mais, pois se casou com você.

– Como ousa falar assim comigo, sua despeitada?!

– Ó, Meu Deus, pensei que soubesse, que numa hora dessas já soubesse quem era seu marido... Tome, eu vim aqui somente para devolver a ele o que ele perdeu sem querer num das vezes que esteve comigo.

Ela pousou sobre a mão de Guilhermina a carteira de identidade de Giancarlo.

– Foi por meio desse deslize por parte dele que eu pude descobrir toda a verdade. Quis vir aqui para dizer-lhe umas boas, mas... cheguei tarde demais. Talvez tenha sido melhor, bem melhor que ele tenha morrido, deve ter iludido tantas outras mais...

Não houve tempo para que Vilma dissesse mais nada, pois Guilhermina explodiu subitamente num impulso de raiva e indignação:

– Vagabunda... vagabunda.... Fora daqui, sua vagabunda!

A moça tratou logo de recuar o corpo e partir antes que as mãos de Guilhermina tomadas pelo ódio e a revolta a atingissem. Mas por mais que Vilma houvesse sido ágil, Guilhermina foi mais, agarrou nos seus cabelos com as duas mãos feito duas garras e começou a puxá-los sem dó, enquanto gritava histérica:

— Vagabunda! Vagabunda!
— Solte-me! Solte-me! — rugia a moça assustada.
— Ordinária... prostituta!
Nem bem a moça virou-se para defender-se, Guilhermina soltou os seus cabelos e começou a estapear sua face. A jovem, que nunca passara por situação semelhante, viu-se incapaz de se defender. Assim que ouviram os berros, Zola e Florípedes correram para lá, e cada qual tentou segurar uma das mulheres. Nessa hora, as calçadas já estavam forradas de moradores das casas vizinhas, que assim que começaram a ouvir os berros saíram para ver o que acontecia.
Todos ali poderiam dizer que conheciam muito bem Guilhermina Scarpini, mas diante do que presenciavam agora, entre ela e aquela moça estranha, chegaram à conclusão de que estavam enganados. Ninguém de fato tem o poder de conhecer ninguém. Todos são sempre uma caixinha de surpresas.
Quando Vilma, enfurecida, viu-se livre das mãos de Guilhermina, falou em alto e bom tom:
— Só você! Só você, sua tonta, recusa-se a ver quem era de fato seu marido. Giancarlo Vommaro era um mulherengo sem igual. Todos sabem. O Rio de Janeiro inteiro sabe. Só você, sua tola, boba, iludida, recusa-se a ver a verdade. Insiste em manter Giancarlo num pedestal. Até quando, hein?! Até quando? Desperte para a vida, minha filha!
Ao ver os olhos dos vizinhos voltados para ela, Guilhermina quis morrer de vergonha.
— Tenho pena de você, mulher... — continuou Vilma —, muita pena por se apegar a uma ilusão para não ter de encarar a desilusão. Mas a única verdade que a cerca é a desilusão que você se recusa a ver.
Olga, que chegava naquele momento à casa da filha, pegou parte da discussão.
— Olhe — prosseguiu Vilma — olhe bem para este RG que pus em suas mãos. Deveria me agradecer por ter vindo aqui abrir seus olhos. Agradecer-me, isso sim...
Sem mais nada a dizer, Vilma entrou no táxi, que havia parado no meio da rua, assim como outros carros para poder ver a discussão, e partiu.
— Filha?! — disse Olga envolvendo Guilhermina em seus braços.
Mas Guilhermina pareceu não ouvi-la, tampouco sentir seus braços envolvendo seu corpo. Com a ajuda das empregadas, Olga levou a

filha para dentro da casa, observada o tempo todo pelos vizinhos que permaneciam parados em frente às suas casas, vendo tudo aquilo com grande curiosidade.

Foi só quando as três mulheres conseguiram fazer com que Guilhermina se sentasse no sofá de sua sala de estar que Olga tomou das mãos da filha o RG de Giancarlo. Ao vê-lo, arrepiou-se inteira. O desgraçado, mau-caráter, mesmo depois de morto, ainda continuava a judiar de Guilhermina descabidamente. Demônio... "Sim, Giancarlo não passava de um demônio disfarçado de gente", comentou consigo.

Zola chegou carregando uma bandeja com um copo de água com açúcar.

– Beba, Guilhermina. Beba só um pouquinho. Vai lhe fazer muito bem.

Para desespero da mãe, a filha não reagiu. Permaneceu presa ao choque, ficando assim por cerca de uma hora. Nesse período, Olga se manteve o tempo todo ao lado dela, ora orando em pensamento, ora se perguntando se deveria ou não chamar um médico. Talvez um psiquiatra.

– A uma hora dessas – disse Guilhermina por fim –, o Rio de Janeiro inteiro deve estar falando de mim.

– As pessoas falam de qualquer coisa, meu bem – confortou Olga, sentindo-se agora um pouco mais tranquila.

O rosto de Guilhermina empalideceu ainda mais. Suas mãos agarraram suas vestes. As pálpebras desceram-lhe sobre os olhos. Exclamou inesperadamente:

– Giancarlo não pode ter feito o que fez comigo, não pode! – a voz de Guilhermina soava rouca e embaralhada. – Eu o amava... eu o amava do fundo da minha alma. Com toda a minha alma.

– Eu tentei avisá-la, Guilhermina, mas você não me ouviu. Mas não se culpe, não se culpe, não, a paixão nos deixa cegos e surdos, tira-nos a vontade própria, enfraquece nosso raciocínio, o bom senso, torna-nos meras marionetes em suas mãos.

– Sempre ouvi dizer, desde menina, que nenhum homem presta. Sempre pensei que o comentário não passasse de um exagero. Agora sei que é verdade, nada além da verdade. Que tola fui eu que em vão tentei acreditar que isso não passava de um exagero. São tantos casos de homens que traem suas mulheres, que só mesmo uma tola como eu para acreditar que o meu homem era diferente.

– Filha, não seja radical. Não generalize.
– Generalizo, sim. Nenhum homem presta. Nenhum homem vale um centavo. Eu abomino todos. Todos, em geral. E jamais deixarei que outro ouse se aproximar de mim novamente. Só peço a Deus que proteja minha filha, minha filha amada...
– Sua filha crescerá, Guilhermina, e vai desabrochar para o amor tal como você desabrochou um dia.
– Se eu puder impedir...
– Ninguém pode impedir a natureza humana.
– Deus há de me ajudar...
– A natureza humana foi criada por Deus.
– Para que? Para nos fazer sofrer? Fazer de nós, mulheres, um mero capacho dos homens? Um produto descartável, que se usa e se joga fora quando bem quer? Que Deus é esse? Não, mãe. Eu vou proteger a minha filha custe o que custar das garras de um homem, de qualquer homem. Fazê-la compreender que é melhor estar só do que mal acompanhada. Antes eu tivesse prestado mais atenção nisso.
– Se assim fosse, não teria se casado, tampouco tido sua filha que tanto ama. De sua união com Giancarlo nasceu Rafaela, não se esqueça disso, e isso é maravilhoso. Veja que em tudo há sempre um lado bom...

Desta vez Guilhermina não se manifestou, permaneceu sentada, atarracada na poltrona revestida de couro, olhando vagamente para a janela.

Daquele dia em diante, surgiu uma nova Guilhermina, cuja vida se tornara ainda mais amarga e rancorosa. No dia seguinte, quando Olga passou na casa da filha para ver como ela estava, chocou-se ao encontrar a filha sem pintura alguma, de rosto lavado, algo que nunca fora de seu feitio. A mãe aproximou-se dela, pousou a mão delicadamente sobre seu ombro e o acariciou. A filha permaneceu sem reação.

– Guilhermina, marquei uma hora para você no salão de beleza. Para fazer as unhas dos pés e da mão, cortar o cabelo...
– Não vou.

A resposta soou enfática.
– Como não, filha? Você precisa...
– Eu não preciso de nada.

— Lógico que precisa, ainda mais você que sempre foi tão vaidosa...

— Daqui eu não saio. Aquele salão de beleza, como qualquer outro, é um antro de fofoca. Vão fingir pena de mim enquanto eu estiver por lá, e assim que eu sair vão dizer pelas minhas costas: *Lá vai a otária que foi enganada pelo marido... De que adianta ter nascido rica se o marido a traía...* É isso que elas vão dizer, é isso que já estão dizendo por aí, posso ouvir as vozes mesmo não estando ao lado delas. E sabe de uma coisa, mãe, elas estão certas no que dizem. Muito certas. Por tudo isso não saio mais. Nunca mais.

— Vai viver como uma prisioneira nesta casa?

Guilhermina não respondeu.

Olga inspirou o ar profundamente, sabia que de nada adiantaria insistir com a filha naquele instante para que ela fosse ao salão de beleza. Guilhermina ainda estava devastada pela dor de tudo o que acabara de descobrir. Só o tempo, só o tempo para salvá-la do choque, da vergonha, da humilhação, do orgulho ferido, e permitir que ela se desse o *direito de renascer* para a vida. O direito que todos precisam se dar quando necessário.

Mas o tempo passou... Dias se tornaram meses e meses se tornaram anos, e o tempo não conseguiu resgatar Guilhermina daquele vale de lágrimas e rancor. Pelo contrário, foi deixando-a cada vez mais atolada nele, como se fosse uma areia movediça.

"Que Izabel viva pior que um cão sem dono. Que só encontre desamor ao longo da vida, solidão e insônia. Desalento e dor", foi o que ela desejou para Izabel no dia em que esteve no centro de umbanda e, no entanto, era ela, Guilhermina, quem estava vivendo tudo isso.

Enquanto isso, Rafaela e Adolfo cresciam sem saber da existência um do outro.

Segunda Parte

"Deus nos concede, a cada dia, uma página de vida nova no livro do tempo. Aquilo que colocarmos nela, corre por nossa conta."
Chico Xavier

Capítulo 1

São Paulo... 1973

Já havia se passado quase um ano desde que Izabel e Emilio César haviam se casado e quase dois que o pequeno Adolfo havia vindo ao mundo. Era por volta das dez e meia da manhã quando Izabel passou na pensão, sua antiga morada, para levar um pão caseiro, sua especialidade, de presente para Belmiro.

Desde que ele provara, não parava de comentar. Tantos foram os comentários, inclusive no Centro Espírita que ambos frequentavam, que muitos dos frequentadores começaram a fazer encomendas para Izabel e ela, que tinha dificuldade em dizer não, atendia aos pedidos de todos.

Izabel encontrou o interior da pensão, aquela tarde, com uma atmosfera pesada, esquisita. Como se o mormaço de vários dias houvesse estranhamente ficado preso ali. Ao avistar Eulália, mordeu os lábios, era de se esperar que ela arremessasse sobre ela aquele olhar frívolo e desdenhoso de sempre, ao qual ela acabara se acostumando com o tempo e aprendendo a não se deixar mais incomodar como no início.

– Bom dia, dona Eulália, vim deixar este pão para o *seu* Belmiro... – explicou Izabel assim que percebeu os olhos da mulher borrados.

Ao curvar-se para poder enxergar melhor, Eulália desviou o rosto e disse:

– O que foi? Está olhando o quê? Se for só isso que a trouxe aqui, pode se retirar.

Izabel atreveu-se a perguntar:

– A senhora está bem?

Eulália estava absorta, o rosto vazio. Sua expressão assustou Izabel drasticamente.

– Aconteceu alguma coisa? – ela dirigiu-se subitamente para a dona da pensão na intenção de ampará-la. – A senhora não me parece nada bem.

– Vá cuidar da sua vida, garota! – respondeu Eulália num tom de voz cortante e angustiado.

Subitamente Eulália pareceu mergulhar num transe profundo. Izabel tratou imediatamente de tirar os pacotes que alguém havia deixado sobre o sofá que ficava na recepção da pensão e fez a mulher sentar-se com uma almofada às costas.

Quando Izabel ajeitou os cabelos desalinhados que caíam sobre a testa da mulher, Eulália olhou-a, surpresa, depois mergulhou num silêncio profundo e lúgubre. Sua figura tornou a ficar congelada.

Levou alguns segundos para ela se mover e quando o fez, deu um pequeno grito, quase um gemido, logo encoberto por um choro compulsivo.

– Eu... – Eulália tentava falar, mas o pranto sufocava-lhe a voz. – Eu...

– Respire fundo, dona Eulália – acudiu Izabel. – Respire fundo.

Eulália atendeu ao pedido e minutos depois se sentia um pouco melhor. Izabel deu-lhe um lenço com o qual a mulher enxugou suas lágrimas e assoou o nariz. Depois disse, espiando por cima do lenço:

– Estou perdida... Simplesmente perdida... acabada. Derrotada. Destruída...

As palavras da mulher remeteram Izabel a um trecho de sua vida em que ela repetiu as mesmas palavras, espelho do que se passava em seu interior.

– Há sempre uma solução para tudo, dona Eulália, não se desespere...

A mulher interrompeu-a:

– Você não faz ideia do que aconteceu comigo... Uma desgraça... Uma verdadeira desgraça... Estava apalpando os meus seios e descobri um caroço num deles. No esquerdo precisamente. Conversei com minha médica e ela suspeita que seja câncer de mama. Amanhã farei um exame. Estou apavorada. Não quero que o Belmiro saiba disso em hipótese alguma.

– Ora, por que, dona Eulália?

– Porque se ele souber sentirá repugnância de mim.

– *Seu* Belmiro? Jamais. Ele ama a senhora.

– Não a esse ponto.

Izabel calou-se. Pegou na mão direita da dona da pensão, apertou-a delicadamente, e disse:

– Não há de ser nada e, se for, não perca a fé em Deus.

– Não quero nem pensar se eu tiver de extrair o meu seio.

– Não será a primeira mulher.

— Se isso acontecer, não será somente um seio que vou perder, perderei também meu marido.
— Não ponha a carroça adiante dos bois. Vamos aguardar o resultado.
Eulália suspirou tensa. Izabel perguntou:
— Com quem a senhora está pensando em ir ao médico amanhã?
— Vou só, por quê?
— Eu vou com a senhora.
Eulália voltou-se para ela surpresa:
— Irá?
— Vou, com certeza.
— Mas você tem de trabalhar... Além do mais tem seu filho. Não pode ficar zanzando por aí.
— Não estarei zanzando por aí, dona Eulália, estarei com a senhora, resolvendo algo bastante sério.
— Faria isso por mim?
— Sim.
— Creio que me sentirei melhor na sua companhia.
Izabel sorriu e abraçou a mulher carinhosamente.
Infelizmente a maioria das pessoas no mundo têm mais força para desencorajar o próximo diante dessas situações imprevisíveis que a vida traz do que encorajá-los. Izabel era uma das raras pessoas dispostas a encorajar o próximo diante de uma situação tão delicada como essa.
Naquela noite, durante o culto no Centro Espírita, Izabel pediu aos médiuns e às forças espirituais que ajudassem Eulália diante daquela situação delicada que enfrentava agora, insuflando em seu coração serenidade e calmaria.
No dia seguinte, como combinado, Izabel acompanhou Eulália até o hospital para fazer uma mamografia.
Quando a mamografia ficou pronta, Izabel acompanhou Eulália à médica. Infelizmente, o diagnóstico não foi nada bom. O seio esquerdo teria realmente de ser retirado o quanto antes para impedir que o câncer de mama tomasse proporções letais.
— Eu estou perdida... – murmurou Eulália arrasada.
— Não diga isso, dona Eulália – confortou Izabel – não antes de recorrer a todos os meios possíveis e impossíveis para se curar. Muitas mulheres se curaram, lembre-se disso.
— O pior não é isso... meu problema maior é ter de tirar o seio... Sabe o que isso significa, não? Significa que vou perder o meu marido.

— Já lhe disse, dona Eulália, *seu* Belmiro ama a senhora. Vai ampará-la durante todo esse processo, a senhora vai ver.
— Pode até me apoiar, mas quando me vir sem o seio... Ele não vai suportar viver com uma aberração! Pois é isso que vou parecer, uma aberração.
— Não tire conclusões precipitadas.
Sem dar ouvidos a Izabel, Eulália acrescentou:
— Estou perdida... Morta. O que será de mim sem o homem que amo, que é a razão do meu viver? Ele vai acabar me trocando por outra com seios saudáveis e mais jovens. A vida é cruel. Horrenda, eu diria. Além de nos carregar para a velhice, tornando-nos feias, enrugadas e acinzentadas... agora quer amputar meu seio. E eu lhe pergunto, é justo?
Eulália agarrou firme no punho de Izabel e, com olhos e tom suplicantes, desabafou:
— É melhor eu não tirar o seio. Deixar tudo como está. Não posso dar esse desgosto para o Belmiro.
— Desgosto para ele seria a senhora deixar de fazer o que é preciso para evitar o câncer. Isso sim, iria deixar seu Belmiro arrasado.
— Mas é menos dolorido do que enfrentar a dor de ser rejeitada por ele.
— Ele não vai rejeitá-la, dona Eulália. Pelo contrário, vai se manter ao seu lado para lhe dar forças durante esse processo. Pode confiar.
— Não vai. Sei que não vai. Vai me abandonar.
— Só se a senhora se abandonar.
— C-como... o que disse?
— Isso mesmo que a senhora ouviu: ninguém nos abandona se não nos abandonarmos. A senhora precisa ficar ao lado da senhora. Sob qualquer circunstância.
A mulher suspirou tensa. Izabel acrescentou calmamente:
— Se a senhora quiser eu a ajudo a dar a notícia para *seu* Belmiro.
Eulália surpreendeu-se mais uma vez com a delicadeza de Izabel.
— Ora, Izabel... — Fez uma pausa, esticou os dedos sobre o joelho e olhou-os, depois deu uma olhadela rápida e amigável em Izabel e continuou: — Você foi... ou melhor está sendo tão boa para comigo... justo eu que sempre fui tão grosseira com você...
A mão de Izabel levantou-se e acariciou seu ombro.
— A vida colocou todos nós neste planeta para que uns ajudassem os outros nas suas dificuldades... Não guardo mágoa da senhora, pois ela não cabe em meu coração.

As palavras de Izabel tocaram Eulália profundamente. Ela ficou fitando os próprios dedos durante um ou dois minutos, refletindo sobre o que Izabel acabara de dizer. Por fim, levantou a cabeça, suspirou e disse:

– Você tem razão. Se Belmiro me ama ele me aceitará dessa forma. Se ele me ama de verdade gostará de mim do jeito que sou.

Izabel olhou para a mulher cheia de esperança e disse:

– É assim que se fala. Deus que tudo vê, tudo sabe, está sempre acompanhando cada um de nós. Sou testemunha disso. Ele nos leva de forma curiosa até as pessoas que podem nos ajudar quando mais precisamos. Por esse motivo é que se diz que quando nos sentimos sozinhos, sempre existe um amigo, uma luz, uma saída... Observe sua vida e a vida das pessoas e perceba que nunca estamos sós, nem mesmo nos piores momentos. Deus não permite. Deus nunca nos deixa sozinhos. Ainda que insistamos em querer ficar. É isso que eu aprendi nos últimos anos de minha vida.

"Se a senhora quiser, posso levá-la ao Centro Espírita para que tome um *passe*, vai lhe fazer muito bem."

– Não, obrigada. Tenho minha religião.

– Ótimo. Procure por ela então. Procure se espiritualizar mais, vai se sentir muito mais amparada.

Eulália apreciou mais uma vez intimamente aquelas palavras de Izabel. Por fim, disse:

– Obrigada. Obrigada mais uma vez por estar ao meu lado.

Izabel sorriu e a beijou na testa*.

Belmiro ficou literalmente surpreso ao ver a esposa chegando acompanhada de Izabel.

– Belmiro, eu tenho algo para lhe dizer. Algo muito importante – disse a esposa.

O marido olhou-a com um sorriso bonito nos lábios e olhos de quem diz: sou todo ouvidos. Eulália sentou-se muito quieta no sofá,

---

* Lidar com a vaidade é um dos maiores desafios que muitos espíritos enfrentam durante sua passagem pela Terra. Ao se condensar ao físico, o espírito se apega tanto a ele que acaba se esquecendo de que é, em essência, espírito. Devemos, sim, cuidar de nosso físico por meio de uma alimentação saudável e prática de exercícios. Ter uma dose saudável de vaidade é tão importante quanto ter uma boa dose de ambição. No entanto, apegar-se a elas de forma doentia adoece nossa alma. O mesmo em relação às posses materiais, ao *status*; as pessoas se apegam tanto às ilusões materiais que acabam se esquecendo de que as posses pertencem ao reino terrestre e não ao mundo espiritual infinito (N. do A.).

silenciou-se enquanto seus olhos mantinham-se fixos no tapete. Belmiro olhou para a esposa com curiosidade. Em seguida perguntou:
– Aconteceu alguma coisa, você está pálida.
Voltou o olhar para Izabel na esperança de que ela lhe desse alguma explicação, porém, ela manteve-se quieta, olhando fixamente para Eulália. Belmiro retomou o seu olhar sobre a esposa e tornou a perguntar:
– O que houve, Eulália? Pode falar... Abra-se comigo.
Com um suspiro, Eulália voltou ao presente. Levantou a cabeça e olhou para o marido com firmeza. Ela não olhava para ele, exatamente, mas para a parede atrás dele. Seus lábios se entreabriram, mas nada disseram. Suas mãos abriram num gesto curioso de desespero enquanto seus olhos se obscureciam pela tensão. Por fim, com muito custo, disse:
– Foi detectado um caroço cancerígeno no meu seio esquerdo, Belmiro. Vou ter de retirá-lo.
O marido imediatamente sentou-se ao lado da esposa no sofá e falou:
– Ora, meu amor. Minha querida. Se isso é preciso para mantê-la viva ao meu lado, que assim seja. Eu estarei ao seu lado em todos os momentos para o que der e vier.
Ela engoliu em seco, encarou o marido com os olhos cheios d'água e disse:
– Tem certeza de que ainda vai me querer depois de eu...
Ele afagou seu rosto e disse entre lágrimas:
– É lógico que sim, meu amor. Sempre, eternamente.
Nos dias que se seguiram Izabel continuou incluindo Eulália nas suas preces diárias, pedindo a Deus que lhe desse força e coragem para enfrentar aquela travessia árdua de sua vida, que a ajudasse, principalmente, a se dar, depois, o *direito de renascer* do choque que aquilo tudo lhe causara.
Izabel orou também pelas inúmeras mulheres que passaram pelo mesmo mal que atingira Eulália e acabaram mortas para a vida, muitas vezes, física e mentalmente por aquelas que não se deram a chance de recomeçar a vida, por vergonha do estado em que ficara seu físico após a constatação do câncer de mama e das medidas tomadas pela medicina para combatê-lo.

ඥ෨

Depois de se recuperar da cirurgia, Eulália fez questão de receber Izabel, o marido e o filho para um jantar preparado por ela mesma.

"Quem diria que isso um dia pudesse acontecer", comentou Belmiro consigo mesmo. Quem diria também que Eulália mudaria o seu jeito de tratar os inquilinos da pensão, as pessoas em geral, a vida, e, consequentemente, a si própria.

Ele podia afirmar, sem sombra de dúvida, que uma nova Eulália havia nascido daquela árdua experiência de vida. Uma Eulália não só mais humana, mas também mais feliz.

E a pergunta se fez mais uma vez presente na mente de Belmiro: "Será que é preciso acontecer uma tragédia para fazer com que as pessoas mudem o seu modo abrupto e ignorante de lidar com a vida, com tudo que há nela, inclusive consigo mesmo?".

"Renascer é sempre preciso", explicou seu guia espiritual, "senão pela força do amor, pela força da dor".

No Rio...

Olga estava mais uma vez diante da filha para repreendê-la pelo comportamento adotado nos últimos tempos.

– Agora que Rafaela já está mais grandinha – disse ela – você já pode retomar o seu ritmo de vida normal, Guilhermina. Pode...

Encarando a mãe com seu ar de sofrimento que a vida e o tempo pareciam não mais poder apagar, Guilhermina se defendeu:

– Eu odeio a vida, mamãe. Odeio! Abomino!

As palavras da filha aborreceram Olga profundamente. No mesmo instante Olga disse:

– Se você tivesse visto o paraplégico pedindo esmola que eu vi essa tarde quando fui fazer compras, você certamente daria mais valor à vida, Guilhermina. Aprenderia a aproveitá-la mais, reconheceria a bênção que foi nascer com o físico saudável. E numa família abastada.

– Pelo contrário, mamãe – atalhou Guilhermina, secamente –, se visse esse paraplégico, daria ainda menos valor à vida... Onde já se viu, Deus permitir que pessoas nasçam com deformidades pelo corpo?

– Ainda que sofridas, minha querida, elas sorriem e se alegram com a vida. Não escolhem palavras pesadas para descrever o que muitos chamam de falta de piedade de Deus.

– Bobagem – murmurou Guilhermina, fingindo desinteresse.

– Agradeça a Deus, Guilhermina, agradeça a Deus todos os dias por ter tido uma filha sadia... Reconheça o que a vida lhe deu de bom...

Guilhermina sentiu se arrepiar naquele instante. Um arrepio frio e esquisito, no mesmo instante em que apareceu em sua mente a imagem de uma criança com síndrome de Down olhando para ela, profunda e tristemente, querendo dizer alguma coisa por meio do seu olhar, já que não conseguia falar.

Ela já vira aquela criança... Sim, já a vira em algum lugar, mas onde e quando? Ela se esforçou para se lembrar, mas nada encontrou na sua memória.

Nos dias que se seguiram, a criança tornou a reaparecer na sua lembrança e, como sempre, parecendo querer-lhe dizer alguma coisa por meio do olhar. A cada aparição voltava a forte sensação em Guilhermina de já ter visto aquela criança em algum lugar do tempo e espaço, até mesmo, convivido com ela. Mas aquilo não fazia sentido... Ela nunca vivera com uma criança *especial*, nunca. Além do mais, procurava sempre que via uma, afastar-se e quando não havia solução voltava a todo custo os olhos na direção oposta só para não ter de encará-la, principalmente os olhos.

Evitava olhar para ela para evitar o mal-estar tamanho que brotava e se expandia por seu interior, atingindo até o recesso de sua alma toda vez que via uma. Era como se ela fosse culpada por a criança ter nascido daquele jeito. Culpada... Outra sensação inapropriada, afinal, que culpa poderia ter ela? Nenhuma. Ainda assim, algo dentro de Guilhermina queria saber o porquê daquela sensação...

Na esperança de se desprender daquela imagem de criança e daquela sensação descabida, Guilhermina, explodiu:

– O que saiu errado? Tracei meus planos tão estrategicamente e, de repente, tudo saiu fora da ordem...

A pergunta como sempre não obtinha resposta. Certo dia, Guilhermina voltou-se de chofre para a mãe e desabafou:

– A vida me odeia, mamãe, tanto quanto eu odeio a vida!

Olga sentiu-se novamente apedrejada por pena da filha, sem saber mais uma vez, ao certo, o que dizer para tirá-la daquele sofrimento que parecia não ter fim.

Por que?, perguntou-se Olga mais uma vez, por que Guilhermina não se interessou por João Augusto que gostava tanto dela e era de tão boa índole? Teria sido feliz com ele...

Por que será que os moços "certinhos" não despertam o interesse da maioria das adolescentes? Por que será que são sempre os homens de má índole que têm mais facilidade para encantar as jovens, enfeitiçá-las?

Por que será que muitas moças, mesmo conscientes de que o homem por quem estão apaixonadas não presta, ainda assim insistem em ficar com ele, dispostas a tudo para mantê-lo ao seu lado, crendo, no íntimo, que podem reformar seu caráter com o seu amor?

Muitas se iludem pensando: "Eu vou mudá-lo com o tempo", "Eu vou fazê-lo gostar de mim!".

"Quão tolo é aquele que pensa que pode mudar quem ama... Ninguém muda, se não houver dentro de si um profundo desejo por mudança pessoal"

A seguir, Olga sentiu certa revolta contra Deus. Por mais que ela orasse interminavelmente para que a filha se desse o *direito de renascer* daquilo tudo, Guilhermina se negava esse direito, assim como Olga quis negar ao filho de Izabel o *direito de renascer*.

Quando ela ligou os fatos, sentiu-se arrepiar da cabeça aos pés. Já ouvira dizer que tudo o que se faz ao próximo volta para a própria pessoa, bom ou mal, sempre volta.

Novo arrepio. Nova pergunta: "Estaria ela recebendo em troca o que havia feito contra o filho de Izabel? Qualquer um que tomasse conhecimento da história, diria que sim, principalmente os espíritas".

– Ô, *raça* detestável – murmurou ela.

Olga sempre se incomodara com o espiritismo, ainda que seu conhecimento a respeito da doutrina fosse superficial. Incomodava-a a ideia de ter de se responsabilizar por tudo o que fazia e recebia na vida. Como assim? Como poderia uma doutrina atrever-se a tirar das mãos do destino, do diabo, da eventualidade ou da fatalidade seus desafetos ao longo da vida para pôr nas mãos do próprio ser humano a responsabilidade por tudo o que lhe acontece?

Não, definitivamente não! Aquilo tudo que estava acontecendo com a filha não tinha relação alguma com o que ela havia mandado fazer contra o filho de Izabel. Tudo não passava de uma tremenda coincidência, só isso.

Olga desconhecia que por trás de aparentes coincidências se escondem motivos mais profundos.

Ainda que de mal com Deus, Olga tornou a pedir a Ele, em silêncio, quase numa súplica, que o tempo fizesse com que Guilhermina se recuperasse de toda aquela tragédia que se abatera sobre sua vida. Que fizesse com que ela encontrasse outro homem para amar, um capaz de fazê-la muito feliz, verdadeiramente feliz. De caráter e brio.

E os anos seguiram seu caminho...

Capítulo 2

Se não amássemos tanto assim...

O ano já era 1977 e Guilhermina Scarpini mantinha-se fiel na sua devoção para com a filha, divertindo-se altamente quando a menina chegava da escola e relatava as aventuras com a professora e as amiguinhas. Relatos que a mãe aguardava mais do que as novelas que escolhia assistir para entreter suas noites.

Tudo ia *razoavelmente* bem até que a filha mencionou o nome de um amiguinho da escola chamado Thiago, suas peripécias e travessuras. Aquilo abalou Guilhermina drasticamente, chegando a passar noites em claro em busca de uma solução para afastar a menina do garoto que ela tanto admirava.

Mudá-la de escola, percebeu ela, não adiantaria, haveria, com certeza, outros garotos que pudessem despertar a atenção de Rafaela. Pô-la num colégio interno, dirigido por freiras, seria o ideal, só assim ficaria segura de que nenhum moleque poderia encantar a filha. Ainda assim, não aguentaria ficar longe dela por mais tempo do que ficava com ela estudando num colégio regular.

Só lhe restava falar com a professora, concluiu Guilhermina, pedir a ela que repreendesse Rafaela toda vez que a visse de prosa com o tal garoto. E foi o que ela fez. O pedido foi recebido pela professora com grande surpresa e espanto. No entanto, acatado de prontidão.

Assim, Guilhermina pôde se tranquilizar novamente, na medida do possível, por mais algum tempo.

Quando Rafaela completou mais uma primavera, a data foi comemorada na própria escola onde a menina estudava, somente ao lado das colegas de classe como ordenara a mãe.

Guilhermina adotara o princípio de que em festa de menina só meninas devem ir. Criou uma espécie de "Clube da Luluzinha"*.

---

*Expressão popular inspirada nos personagens de história em quadrinhos "Luluzinha e Bolinha" criados em 1935 por Marjorie Henderson Buell.(N. do A.)

Acreditava que quanto menos a filha tivesse contato com o sexo oposto, mais protegida estaria.

São Paulo, naquele mesmo ano...

Valentina continuava deitada, procurando respirar... perscrutando com os olhos indomáveis o semblante do médico ao seu lado que a examinava.

– Fazendo-me de cobaia, doutor? – perguntou.
Ele abriu um largo sorriso.

– Se eu morrer agora – disse Valentina um tanto ofegante – morrerei satisfeita, pois nos últimos anos tomei atitudes na vida que fizeram grande diferença para a minha alma. Antes eu sentia vergonha de encarar Deus e ler nos olhos Dele: "O que quer aqui, sua inútil? Diga, fale rápido. Tenho mais o que fazer do que perder meu tempo com pessoas inúteis como você".

Ela riu e completou:

– Ao menos é isso que eu pensei que Deus me diria ao me ver diante Dele. Hoje sinto certo orgulho de mim, muito orgulho, atrevo-me a dizer. Não sou mais uma mulher fugindo da vida, escondendo-se atrás da invalidez, sou uma mulher que descobriu que nunca é tarde para levantar a poeira e dar a volta por cima, estender a mão ao próximo, mesmo que sua mão esteja inválida. Hoje sei disso e creio que se houver vida após a morte jamais me esquecerei do que aprendi.

O médico sorriu, apreciando intimamente aquelas palavras.

A única pessoa que Valentina Villalba queria que estivesse presente no dia em que ela fizesse a passagem para o plano espiritual era Izabel. E ela estava. E foi segurando em sua mão, que envolvia carinhosamente, que Valentina desencarnou.

Ainda que Izabel viesse frequentando o Centro Espírita por todos aqueles anos, provando que a morte nada mais é do que o desmembramento do espírito de seu corpo físico, foi dorido encarar a situação. Como todos que amam, ninguém quer se separar.

– A morte dói – explicou Santina, certo dia, para Izabel. – Até mesmo para aqueles que a aceitam e compreendem que ela é apenas uma passagem entre um plano e outro. Dói tanto para os que ficam quanto para os que partem, porque rompe laços afetivos, causa saudades. Na nossa limitação de consciência chegamos a pensar que o rompimento desses laços afetivos é para sempre. Não é. Tanto quanto não são os dias, as noites, o ir e vir das ondas...

No funeral de Valentina estavam presentes Izabel, Emilio César, seu pai, o pequeno Adolfo, Selma e Dolores, os vizinhos que a conheciam de longa data e o filho com a nora. Os netos não compareceram.

Izabel pensava como era incrível ela, uma estranha, apegar-se a Valentina, também uma estranha, como uma filha apega-se a uma mãe, tendo mais intimidade e companheirismo com ela ao longo da vida do que com os próprios parentes. Algo surpreendente, mas comum de acontecer entre as pessoas. Como explicara Santina, nem todos os familiares, amigos queridos e pessoas importantes na nossa vida renascem na mesma família em vidas futuras, mas chegam até nós por diversos meios, como os que levaram Izabel, Emilio César e Adolfo até Valentina.

Izabel sabia que ela jamais se esqueceria de Valentina e de tudo o que ela fizera por ela, pelo filho e também por Emilio César.

Uma semana após o funeral, Izabel foi chamada à casa de Valentina a pedido do filho dela. O porte e olhar austero do filho eram os mesmos da mãe, a fisionomia provavelmente herdada do pai, percebeu Izabel ao observá-lo melhor. A esposa dele também estava presente na casa.

Havia também um homem de aparência severa, mas por exigência da profissão. Ela já o vira antes, tratava-se do advogado que Valentina recebera certo dia em sua casa. Sem muitas delongas o homem tomou a palavra:

– Izabel da Silva Pelizarri, a chamamos aqui para pô-la a par do testamento deixado por dona Valentina Villalba.

– Testamento? – espantou-se Izabel sem compreender.

Percebendo que a moça desconhecia o significado da palavra, o advogado tratou logo de lhe dar as devidas explicações.

– Muito bem, dona Izabel. Parte da herança de dona Valentina como dita a lei foi deixada para o seu filho: Otaviano Villalba. A outra parte foi deixada para a senhora.

– Desculpe-me – disse Izabel, ligeiramente aturdida –, mas não estou compreendendo muito bem aonde o senhor quer chegar.

O homem estendeu-lhe uma carta lacrada e disse:

— Leia esta carta. Foi deixada para a senhora.

Izabel tomou a carta da mão do homem com certa precaução. Abriu-a sem esconder a aflição. Parte da carta dizia:

"Querida Izabel, quando estiver lendo esta carta já estarei longe, bem longe, da Terra. Acredito que sabe, já há muito tempo, o quanto significa para mim. Seu filho tanto quanto. Vocês trouxeram alegria para dentro da minha casa, uma casa onde só residia a solidão, o marasmo, um mórbido desinteresse pela vida.

Sou muito grata a vocês, tanto quanto a Deus por tê-los posto no meu caminho. Muito obrigada, mesmo.

Sempre quis fazer algo de significativo por alguém e nunca consegui, os motivos você bem sabe, hipocrisia, lentidão, promessas que ficam sempre para o amanhã, um eterno amanhã, enfim... Mas eu reagi, não me permiti partir desta vida cometendo as mesmas faltas ao longo da vida. E isso, acredite-me, é uma vitória para mim, com certeza uma vitória espiritual.

Muito bem, parte da minha herança eu deixei para você. Deixaria toda ela se a lei permitisse, pois meu filho já tem mais do o que o suficiente para viver, manter sua arrogância e frieza. Não posso culpá-lo, ele se espelhou nos meus hábitos, enquanto conviveu comigo.

Use esse dinheiro para ajudar a comprar uma boa casa para você e sua família e para ajudar seu filho a cursar uma faculdade. Quem sabe uma de medicina como você chegou a cogitar um dia com entusiasmo, pois sendo um médico e, tendo o nome de um dos médicos mais marcantes da história da humanidade, quem sabe não haverá de seguir seu exemplo, podendo assim ajudar muita gente necessitada.

Almejo do fundo do meu coração que isso aconteça, de verdade. Que o pequeno Adolfo forme-se em medicina e que ajude os pobres com seu dom.

A carta ainda falava de outras passagens entre as duas que ficaram para sempre marcadas na memória de Valentina e que foram um dos pontos culminantes para estimulá-la a fazer as mudanças que fizera: interiores e exteriores. Valentina terminava a carta dizendo:

Um grande beijo. Um beijo enorme. Saudades... De sua velha amiga Valentina Villalba.

Izabel terminou a leitura da carta com o rosto todo riscado de lágrimas. Ela mal conseguia articular uma palavra por não saber também ao certo o que dizer.

– ....
Quando voltou os olhos para o filho de Valentina, ela não saberia dizer o que se passava por sua mente. Havia certamente um "quê" de desconfiança transpassando seu olhar e o de sua esposa, mas seria de fato ódio dela ou ressentimento pelo que a mãe fizera por ela e por Adolfo.

Obviamente Otaviano Villalba pensou em entrar na Justiça para contestar o testamento. Pensou em alegar que a jovem havia influenciado a patroa para deixar parte da herança para ela num momento de fraqueza emocional, especialmente psíquica. Mas o advogado foi rápido em defender a jovem, como Valentina havia lhe pedido caso o filho pensasse em reagir.

– Eu sou testemunha – adiantou-se o advogado, seriamente –, o senhor Vicente, o vizinho do outro lado da rua foi também testemunha, as duas criadas idem e mais a minha secretária. Não há nada que possa invalidar este testamento. Sua mãe era muito esperta, o senhor bem sabe, fez tudo o que pôde para impedi-lo de fazer o que o senhor está pensando fazer. Ela, como o senhor também bem sabe, conhecia-o muito bem.

O filho não soube mais o que dizer.

Assim que Izabel se viu a sós com Adolfo, abraçou o menino apertado, com grande emoção e disse:

– Eu prometo, Valentina, eu e Adolfo prometemos que usaremos este presente que a senhora nos deixou para formar um ser humano que possa fazer alguma diferença positiva na vida conturbada em que vivemos. Nesta vida em que as pessoas perdem cada dia mais a noção do que é amor, afeto, caráter e respeito, tudo por ambição ao dinheiro.

Adolfo olhou para a mãe como se houvesse entendido literalmente suas palavras.

As palavras derramaram lágrimas dos olhos de Izabel. Lágrimas de alegria e de tristeza, de profundo agradecimento. Mais uma vez ela voltou-se para Deus e agradeceu por ter o menino ao seu lado.

O nascimento não só trouxera grande alegria a sua vida, mas à vida de Valentina e quem sabe, no futuro, à vida de mais pessoas. Como ela ouviu alguém dizer certa vez: Não existe amor errado, tanto quanto não existe gravidez errada, está tudo certo. De fato eram dois fatos irrefutáveis.

Capítulo 3

Rio, 1985

No Rio as coisas em torno da vida de Guilhermina se mantinham as mesmas, Guilhermina continuava vendo a filha como uma menina precisando de colo, atenção, cuidados e alimentação constantes. Uma menina destituída do poder de crescer e evoluir.

Mas Rafaela já não era mais uma menina, havia crescido, já era quase uma mocinha, e como toda mocinha queria viver as emoções que só a adolescência permite.

Guilhermina, no entanto, incutia na cabeça da filha o mal que poderia se abater sobre ela, caso se afastasse dela e, principalmente, se deixasse ser levada pelos encantos de um rapaz.

A mãe falava-lhe com tanta eloquência que chegava a assustá-la.

Olga procurava desesperadamente ajudar Guilhermina a se libertar daquele estado deprimente e revoltante, mas nada conseguia penetrar na armadura que ela construíra ao redor de si para proteger a ela e a filha após tudo o que havia acontecido no passado.

Por ver a filha naquele estado desalentador, Olga Scarpini passou a sofrer de depressão, uma depressão que se agravou drasticamente com a separação do filho, cujo casamento ela quis que fosse para todo o sempre e que deixou sequelas terríveis em Anselmo.

Foi durante esse processo trágico que Olga se viu, sentindo ódio de si mesma por ter afastado Izabel de sua casa, certa de que se tivesse permitido sua estada com eles, o filho poderia ter se casado com ela e sido feliz ao seu lado, bem como tudo o que acontecera entre Izabel e Giancarlo nunca teria acontecido.

Ela também não teria forçado a jovem a fazer o aborto e desencadeado toda aquela desgraça sobre sua vida. Sim, Olga Scarpini estava convencida nesse ponto de sua vida de que tudo de ruim que desabara sobre ela e os filhos devia-se à morte daquela criança em desenvolvimento no útero de Izabel.

Foi num Centro Espírita, indicado por uma colega que com o tempo tornou-se sua melhor amiga, que Olga conseguiu encontrar novamente um ponto de equilíbrio interior para dar sequência a sua existência.

Logicamente, a princípio, ela ia disfarçada ao Centro, usando uma peruca e roupas que não lembravam em nada a sua pessoa. Receava ser vista por algum conhecido que espalhasse pela cidade o local que ela vinha frequentando, o que não seria bem-visto nem pela alta sociedade carioca, nem pelos católicos conservadores, muito menos pelo padre da paróquia que frequentava.

Certo dia, durante interessante palestra com uma das médiuns do Centro, Olga, após muito relutância, acabou expondo os fatos que a levaram até ali. Após explicar nos mínimos detalhes o que se passara entre Izabel, Giancarlo e Guilhermina, ela queria muito saber se os problemas que se abateram sobre a filha e, consequentemente, sobre si mesma e a neta querida tinham a ver com o aborto que ela forçara Izabel a fazer. A médium lhe explicou:

– O problema que se abateu sobre vocês está mais relacionado a atos cometidos em vidas passadas do que nesta propriamente.

"Todos nós carregamos na alma as marcas do que fomos em outras vidas, e nestas *marcas* podemos encontrar a resposta para o que não conseguimos compreender e muitas vezes aceitar nesta vida atual. Somos todos responsáveis pelos grãos que colhemos no agora. Todos, sem exceção, somos frutos do que plantamos outrora. Cada gesto, cada palavra ecoa de nós e retorna para nós.

"No entanto, não encaro todos esses problemas que a senhora mencionou como problemas propriamente, mas sim como libertação."

– Quer dizer que a vida é uma sucessiva corrente de vinganças... Há um Deus vingativo pairando sobre todos nós?

– Deus não se vinga de ninguém. Acolhe e ampara a todos os seus filhos com um amor imenso, porém, sem mimar nenhum deles. Respeita a lei da ação e reação que rege a vida do cosmos. Há uma reação para tudo o que você faz para que perceba se o que faz, faz bem... a vida é muito clara... muito nítida... muito explícita... Fez, volta como um bumerangue que se lança no ar e retorna para você.

"A reação para cada ação de nossa parte existe para que percebamos se o que estamos fazendo é bom para nós ou não. Sem essa reação ficaríamos sem saber. Por mais que Jesus tenha nos orientado, a maioria só percebe o fato quando sente na pele. Exatamente como acontece entre pais e filhos. Os pais aconselham e a maioria dos filhos só lhes dá razão quando sentem na pele o que os pais tentaram prevenir.

"Deus não faz por mal, tampouco criou as leis que regem a vida para nos punir, mas para nos proteger, nos fazer evoluir... nos resgatar do fundo do poço da ignorância... evitar atos prejudiciais a nós e ao próximo.

"Como diz León Denis: '...As reencarnações são os degraus pelos quais o ser se eleva e progride'. Deus foi generoso e justo ao nos conceder o processo das reencarnações, pois por meio delas podemos reparar nossos lapsos e deslizes provocados por nossa ignorância em vidas passadas. Por meio delas podemos nos dar a chance de renascer em todos os sentidos. E poder viver, finalmente, o que nos privamos em vidas passadas por causa da nossa ignorância. Portanto, Deus não é vingativo, Deus é, na verdade, a força mais justa que há no Universo, pois concede a todos a absolvição de atos cometidos por ignorância, limitação da consciência ou obsessão... Por tudo isso é o grande Pai, a grande Mãe que educa seus filhos com amor imenso e ampara sem mimar."

Olga lançou um olhar agradecido à médium que completou:
– Sabe, Olga, sua filha precisa passar por tudo o que está passando. Não há nada na vida, nenhum acontecimento que não se tire algum proveito. Pode reparar. Há exemplos em todos os lares.

Olga ousou também perguntar se o motivo por trás de toda aquela desgraça não se dava pelo fato de eles terem nascido em uma família de posses. A mulher muito pacientemente lhe explicou:
– Tornar-se próspero financeiramente, bem-sucedido na sua profissão, não é uma afronta a nossa evolução, nem a Deus. Pois para prosperar precisamos nos empenhar nos estudos, desenvolver nossas potencialidades, e tudo isso requer empenho no trabalho, o que nos permite desenvolver o senso de responsabilidade, integridade, elevando-nos espiritualmente, e esse é o objetivo da vida. Além do mais, sua prosperidade abre oportunidades de trabalho

e sustento para muitas pessoas, além de lhe dar recursos para fazer caridade. Portanto, prosperar é bom.

"Todas as obras de caridade são feitas com o objetivo de dar aos menos favorecidos melhor qualidade de vida. Se almejar qualidade de vida e prosperidade fosse errado, antievolutivo, não haveria por que fazer caridade.

"No entanto, as pessoas que podem, devem ajudar os que estão em níveis mais baixos de prosperidade, sem impedi-los que despertem dentro de si as capacidades inatas da alma. Suas potencialidades, talentos, senso de responsabilidade, respeito ao próximo, tudo, enfim, que serve para aprimorar o nosso espírito e senso de caráter. Ajudar o próximo sem mimá-lo, sem deixá-lo mal-acostumado é ajudá-lo com bom senso. Ajudar o próximo mimando, ou seja, dando-lhe tudo de mão beijada, é o mesmo que fazer a prova para o seu filho na escola, impedindo-o de aprender o que deve ser aprendido.

"Viver só para pedir ajuda, esmolas, e ganhar sem esforço algum, não é saudável para ninguém. Todos precisam ganhar, conforme seu trabalho ou rendimento nos estudos, pois isso faz com que aprendam a valorizar o que ganham e, especialmente, o que compram com o dinheiro que adquirem. Caso não criem essa noção de valor, podem desperdiçar o que conseguem de uma hora para outra.

"Como ficariam nossos recursos ecológicos se não adquiríssemos noção do valor das coisas? Péssimo, não é mesmo? Pois bem... A verdade é que não há melhor caridade do que aquela que permite ao próximo se sentir útil na vida. Útil a si mesmo. E nada nos faz sentir mais úteis do que trabalhando. Por tudo isso, é importante oferecer trabalho ao próximo, lembrando que todos trabalham para Deus que sustenta o cosmos.

"Quem não se ocupa, preocupa-se, e preocupação é péssimo tanto para o físico quanto para a mente. Consequentemente, para o espírito.

"Não existe nada que evidencie mais o fato de que somos espíritos atravessando reencarnações num processo evolutivo do quer observar as pessoas que prosperam financeiramente desde muito cedo, muitas ainda bem jovens, que desde pequeninas mostram ter noções bem claras de economia, respeito e valorização ao dinheiro, senso de responsabilidade, empenho no trabalho.

"Em relação a elas ouvimos seus pais e familiares dizerem: 'Essa já nasceu assim'. Ou: 'É assim desde pequenininha'.

"Mas onde e quando elas desenvolveram essas habilidades, esse senso de valorização das coisas e tamanha noção de responsabilidade e garra no trabalho?

"A resposta é bem simples: elas adquiriram tais virtudes em vidas passadas. As virtudes do espírito seguem com ele através das reencarnações. São o que os Espíritas chamam de bagagem espiritual do indivíduo.

"Nem as doenças são hereditárias. Muitas vezes as atraímos por questão de convívio. Um filho pode se considerar tão igual aos seus pais ou irmãos ou outro membro da família muito querido, que, inconscientemente, atrai o mesmo tipo de doença, mas somente se ela lhe for necessária para despertá-lo para alguma coisa na vida."

A médium acatou uma pausa para respirar, prendeu novamente seus cabelos ligeiramente grisalhos atrás da orelha direita, e prosseguiu:

– Por outro lado, a prosperidade financeira pode atrapalhar e muito a evolução de um espírito. Se você fornece para o seu filho tudo de forma fácil, pode ser que ele jamais venha a descobrir suas capacidades, ponha em uso sua inteligência, empenhe-se nos estudos, evolua intelectualmente, torne-se responsável... e quem, geralmente, vive assim, cai no ócio e no tédio e nessas condições a cabeça torna-se mais susceptível a criar problemas. Daí brotam os vícios.

"Mas, atenção, o mesmo pode acontecer com pessoas em condições financeiras limitadas. A revolta por se verem reencarnados nessas condições pode prendê-las ao desânimo por pensarem que de nada adianta trabalhar, pois uma vez nascido pobre, pobre sempre será. Por mais que trabalhem nunca haverão de prosperar financeiramente. Esse pensamento leva quem pensa assim à vadiagem, o que não é bom, pois uma vida assim cansa, afinal todos queremos nos sentir úteis e quando não nos sentimos, acabamos, por exemplo, encontrando alento nas drogas e nos viciando.

"A missão dos indivíduos que nascem em condições financeiras menos favoráveis é primeiramente aprender a não se revoltar diante desse fato, lembrando que todos, no fundo, trabalham para Deus e, em segundo, adquirir fé em si mesmo e na vida, de que tudo pode ser melhor e batalhar por esse melhor, algo que não foi aprendido devidamente em vidas passadas.

"É necessário compreender que todos podem se erguer do nada, acreditando na vida, contando com Deus, sem dúvida alguma e infinitamente, essa é a história da humanidade e é repleta de exemplos de pessoas que prosperaram partindo do zero. Em terceiro lugar, desenvolver dentro de si o senso de valorização das coisas, algo que talvez não tenha sido aprendido devidamente em vidas passadas.

"E uma coisa é certa: Quem não se desfaz na miséria, prospera! É fato, pode perceber, há exemplos em toda a Terra. Quem faz manha, revolta-se, estagna e padece em cada esquina.

"Vale lembrar que uma pessoa próspera financeiramente não é aquela que conseguiu rechear sua conta bancária com uma bela e estrondosa quantia de dinheiro que nunca usa, pois teme que se usar, acabará sem.

"A prosperidade está naquela pessoa que sabe fazer dinheiro e aproveitar, pois que sentido haveria ganhá-lo senão para aproveitá-lo? Lembrando que quando as pessoas aproveitam o dinheiro, este circula, levando prosperidade aos seus semelhantes.

"Quem se torna próspero e retém o que tem, negando oportunidade de trabalho e circulação do dinheiro no comércio por temer sua falta, acaba vivendo nas mesmas condições que as pessoas com limitação de dinheiro."

A médium novamente tomou fôlego e continuou:

– Espero que minha explicação tenha clareado suas ideias a respeito de prosperidade financeira. É sempre bom falarmos sobre o assunto para dissipar qualquer confusão a respeito, afinal, vivemos num mundo onde a prosperidade se faz necessária, apesar dos muitos problemas que ela nos traz.

Olga deixou o Centro aquele dia sentindo orgulho de si mesma por ter se permitido, finalmente, conhecer alguém que pudesse ajudá-la a compreender melhor os processos da vida.

Um mês depois dessa visita ao Centro Espírita, Olga estava caminhando pela praia de Copacabana, hábito que adquiriu após abraçar alguns dos conselhos da médium, a simpática senhora de bochechas rosadas do Centro Espírita Amor e Caridade, o qual passou a frequentar.

Antes, quando caminhava geralmente exclamava a cada cinquenta metros de caminhada:

– Ufa! Não aguento mais. Chega! Estou morta.

Agora, no entanto, a conselho da médium, Olga passou a dizer para si mesma:

– Obrigada, Deus, por ter me dado um físico que me permite caminhar. E olhos para que eu possa apreciar as belezas que cercam os lugares por onde caminho. Olhos que me permitem avistar e apreciar o mar e toda a sua grandeza. Agradeço também o ar puro que respiro.

Assim, as caminhadas foram se tornando cada vez mais agradáveis e relaxantes.

– Exercitar o corpo físico de alguma forma é muito importante – explicou a médium – afinal ele requer exercícios constantes para se manter em bom funcionamento, permitindo ao espírito viver tudo o que precisa viver na Terra, cumprir a missão que lhe cabe em sua reencarnação.

"Tolo aquele que se esquece de cuidar devidamente de seu físico, sem exageros, logicamente, pois compromete negativamente o cumprimento de sua missão espiritual na Terra. Por essa razão, devemos nos lembrar de cuidar dele de maneira saudável."

A médium completava seriamente:

– Caminhe, prestando atenção às coisas bonitas que estão na natureza que cerca o lugar por onde você anda. Sinta o cheiro das plantas, das árvores, respire fundo, sinta o prazer do ar enchendo os seus pulmões, ativando a circulação. Procure pensar em coisas agradáveis. Sinta a brisa do mar, observe o mar, o vaivém das ondas, sinta o prazer do sol dourando sua pele, entre outras coisas.

"Algo simples e fácil de se fazer, mas que passa despercebido por muita gente, infelizmente" – observava a médium.

Olga não podia mais deixar de concordar com ela. Acabara de atravessar a avenida de Copacabana e seguia em direção ao local onde havia deixado o carro com o chofer a aguardando, quando teve uma surpresa inesperada. Izabel da Silva vinha caminhando pela calçada na companhia do marido e do filho.

Por mais que ela tentasse não transparecer o impacto que o encontro lhe causou, não conseguiu. Foi quando ela levou a mão ao peito, provavelmente, que despertou a atenção de Izabel.

– D-dona... Olga – perguntou a moça no seu modo submisso de sempre.

– Izabel?! V-você aqui?! – gaguejou a mulher.

Izabel aguardou que a madrinha a cumprimentasse com beijo no rosto, no seu jeito polido de sempre, mas Olga manteve-se estática, rígida como pedra, com uma expressão assustadora no olhar.

– Quanto tempo... Como a senhora está? – perguntou Izabel, procurando quebrar o gelo.

A pergunta chegou sim até os ouvidos de Olga, mas ela reagiu como se não tivesse ouvido. Foi nesse momento que Adolfo chamou pela mãe.

– Mamãe?! A senhora vem ou não?

A voz do menino despertou Olga do transe.

– É... seu filho? – perguntou voltando-se na direção do garoto.

Izabel respirou fundo e balançou a cabeça afirmativamente.

– Sim. Meu filho.

Olga fitou admirada o belo e voluntarioso adolescente.

– É uma criança adorável, não é mesmo? – perguntou Izabel, com sinceridade.

– Sim, de fato.

Apresentações foram feitas.

– O que a traz ao Rio, Izabel? – perguntou Olga assim que Emilio César pediu licença para levar Adolfo à sorveteria.

– Meu marido e meu filho queriam muito conhecer a cidade.

Ouviu-se novamente o menino chamar pela mãe. Foi nesse exato momento que alguma coisa estalou no cérebro de Olga. Ela voltou mais uma vez o olhar na direção do pequeno por um longo e tenso minuto enquanto uma onda de piedade cada vez mais forte a invadia. Quando seus olhos pousaram novamente em Izabel, ela soube de imediato, que apenas um olhar, um faiscar momentâneo de medo, seria o suficiente para que ela descobrisse se o que passava por sua cabeça era verdade ou loucura.

A fim de dispersar o embaraço, Izabel recorreu à única saída que encontrou para fugir de tal delicada situação: perguntar sobre a família.

– Como está Guilhermina, Anselmo, *seu* Alceu?

Olga não respondeu, foi como se a pergunta houvesse escapado de seus ouvidos mais uma vez. Sem rodeios, perguntou:

– Você... você não abortou aquela criança, não é mesmo? O menino... aquele menino... seu filho, é, na verdade, filho seu e de Giancarlo, não é?

Izabel se viu de repente tomada de pânico. Não sabia o que dizer, tampouco o que fazer. No íntimo queria mesmo era correr dali, retroceder o tempo, impedir que aquele encontro houvesse acontecido. Quando levou suas mãos para puxar para trás os fios de cabelo que se desalinhavam com a brisa, sua mão tremia. Por mais que quisesse responder à pergunta, ainda que desse uma resposta mentirosa, Izabel conservou-se em silêncio. Tinha a consciência de que seu coração batia forte e sentiu uma espécie de langor se apoderando dos seus sentidos, junto com a sensação de torpor. Subitamente, quebrando o silêncio, ela disse:

– Ainda bem, dona Olga, ainda bem que algo me fez mudar de ideia, minutos antes. Foi uma luz, um anjo, sei lá o quê, que iluminou meus pensamentos e me fez mudar o rumo da minha história e da história do meu filho.

Olga voltou-se mais uma vez na direção do garoto, que naquele instante chupava sorvete ao lado do pai. Procurou ver com mais detalhes seu rosto gracioso, mas sua miopia não lhe permitia tal acesso. A onda de piedade que contaminara seu sangue amoleceu suas pernas a ponto de fazer seus joelhos fraquejarem.

De repente, seus lábios tremiam e lágrimas desciam pelas suas faces. Precisou de toda a força de vontade que tinha para formular uma pequena frase. Sua voz então havia se reduzido apenas a um sussurro que Izabel, por estar a seu lado, conseguiu ouvir:

– Nem sei o que dizer...

Trêmula também de emoção, Izabel ponderou:

– Hoje sei que fazer um aborto é o mesmo que matar uma criança. É o mesmo que jogar um ácido sobre uma criança da idade do meu filho. É um assassinato cruel e desumano. É o mesmo que atear fogo a uma pessoa viva.

"Ainda bem que eu mudei de ideia, dona Olga, ainda bem, senão teria roubado de mim todos os momentos de alegria que passei ao lado do meu menino. Todos esses anos de alegria que sua presença trouxe para a minha vida."

Havia lágrimas em seus olhos agora. Houve uma pausa dramática até que Izabel acrescentasse:

– Se eu tivesse feito o aborto teria roubado dessa criança também o *direito de renascer* e viver tudo de bom que temos vivido lado a lado. Tudo... completamente tudo.

Olga tentou falar alguma coisa, mas as palavras lhe fugiam. Izabel procurou ajudá-la:

— Não diga nada, dona Olga. Não é preciso. Sei o quanto está me odiando por ter mentido para a senhora. Omitido o que fiz. Descumprido um trato. Um juramento... eu sei o quanto deve estar desapontada comigo. Eu devia isso a vocês e, no entanto... Ainda assim, não me arrependo. Pode estar certa que...

A mulher apertou delicadamente o braço de Izabel impedindo-a de prosseguir. Fez então um pedido:

— Não diga mais nada, Izabel. Cale-se. Você não precisa me dar explicação alguma. Eu jamais deveria ter lhe pedido para fazer o aborto. Você não nos deve nada. Nunca deveu. Ainda que devesse, nada é pago por meio de um aborto.

A voz falhou, o choro aumentou, e, em meio a um gesto de louvor, ela acrescentou:

— Ainda bem, Izabel — prosseguiu Olga com dificuldade —, ainda bem que você não fez o aborto, ainda bem... Bendita seja a luz que pairou sobre a sua cabeça e o seu coração naquele instante. Bendito seja Deus... Não sabe o alívio que sinto em meu coração por saber que você não fez o que eu lhe pedi. Eu só tenho a lhe agradecer. Agradecer imensamente.

A mulher abraçou Izabel se segurando a ela como se ela fosse uma âncora.

Izabel afagou seus cabelos como quem afaga os de uma criança. Olga emitiu um suspiro de tristeza e disse:

— Eu só tenho a lhe pedir perdão, perdão por tudo o que fiz.

— Está perdoada. O meu coração não suporta o rancor, por essa razão não o acolhe jamais.

— Se houver um modo de recompensar o meu gesto impensado...

— Não se preocupe, dona Olga, a vida já me recompensou o suficiente desde que eu decidi manter o meu filho crescendo em meu ventre.

Olga assentiu com o seu olhar lacrimoso. E, sem se dar conta, a boca, como que por vontade própria, disse:

— Guilhermina também teve uma filha. Uma menina, linda...

Izabel acolheu o comentário sem se dar conta a princípio do tamanho do seu significado.

— Estimo.

Foi no momento seguinte que ambas as mulheres perceberam o que ainda não haviam se dado conta: de que Adolfo e Rafaela eram irmãos por parte de pai, sem saber da existência um do outro.

Foi Izabel quem falou primeiro, e sua voz agora soava carregada de certa tensão:

– Dona Olga.
– Sim?
– Queria lhe fazer um pedido. Um pedido muito sério.
– Pois não.
– Queria que guardasse segredo a respeito da existência do meu filho, tanto para Guilhermina quanto para sua menina. Meu menino não sabe nada a respeito de Giancarlo, para ele, o pai dele, biológico, é aquele que está lá ao lado dele. Escondi dele a verdade sobre o pai para poupá-lo do desgosto e da decepção. Não quero jamais que ele saiba da verdade, ele não a merece.
– Eu a compreendo. Fique tranquila, farei o que me pede. Devo isso a você.

Izabel acolheu a decisão com um leve sorriso nos lábios.
– Preciso ir – disse Olga.
– Quer que eu a acompanhe? – ofereceu-se Izabel.
– Não é preciso. Obrigada.

Olga lançou novamente um olhar agradável para Izabel e partiu. Izabel ficou parada ali olhando sua madrinha se afastar até dobrar a esquina. Despertou somente quando Adolfo tocou sua mão.
– Mamãe.

Ela voltou-se para o menino com os olhos cheios d'água.
– A senhora está chorando, mamãe?
– Sim, filho. Mas de alegria. De muita alegria.

Em seguida, Izabel abraçou o filho com ternura. Grata mais uma vez à vida, às forças superiores de luz, aos anjos, fosse quem fosse que havia pairado sobre ela fazendo-a desistir daquele ato insano que estava prestes a cometer.

ര‍ജ്ഞ

Olga Scarpini voltou para a casa aquele dia envolta de alívio e vergonha de si mesma. O marido, quando a encontrou largada na poltrona do quarto do casal, assustou-se com sua expressão.
– Olga, meu bem, o que houve?

Ela voltou os olhos vermelhos de tanto chorar para Alceu e disse:
— Guilhermina... ela não está nada bem. Péssima, na verdade. Não creio que se recupere. Pelo contrário, receio que piore. Creio que sou a culpada por todo o mal que está lhe acontecendo.
— Você?
— Sim, Alceu. Eu. Sente-se, eu tenho algo muito importante para lhe revelar.
Foi nesse dia que ela contou ao marido tudo o que fez com Izabel.
Ao fim do relato, Alceu levantou-se da ponta da cama onde ficara sentado ouvindo a esposa, começou a caminhar pelo quarto, indo e vindo, com a expressão do rosto cada vez mais se retorcendo de desagrado.
— C-como pôde, mulher? Como pôde fazer isso com a pobre moça? Izabel sempre foi correta, deixou a fazenda para ficar sob os nossos cuidados e, no entanto... Pobre jovem, deve ter passado maus bocados, sofrido horrores...
O rosto de Olga empalideceu-se ainda mais. As pálpebras desceram-lhe sobre os olhos para se esconder da vergonha. Houve uma pausa dramática. Os olhos de Alceu não se alteraram. Seu olhar continuava grave e firme sobre a mulher. Finalmente, ele deu um suspiro e depois, sem nenhuma alteração de voz, falou:
— Quem tem o direito de exigir do outro um aborto? Quem?! Ninguém. Você era, ou melhor, ainda é, a madrinha de batismo de Izabel e madrinha e padrinho são para cuidar de seus afilhados quando seus pais vierem a faltar e não afastá-los de si... Você errou, Olga, errou gravemente.
— Eu sei, Alceu. Mas o que importa é que o menino nasceu. Sobreviveu a tudo isso.
— Ao menos isso.
— Eu lhe pedi perdão. E ela me perdoou.
— Que bom para ela. Se fosse comigo... Depois que inventaram essa história de pedir perdão, tornou-se conveniente para os que fazem as coisas contra o próximo, cientes do que estão fazendo, continuarem a fazer. Afinal, basta pedir desculpas depois.
Houve uma pausa bem longa, depois, voltando ao seu tom normal, Alceu, disse:
— Agora, acalme-se, Olga, por favor. Como é o nome do menino?

– Ela não disse, eu também não lhe perguntei. Estávamos tão chocadas com o encontro!

Ele fez sinal de compreensão com o olhar.

– E quanto a Guilhermina?

– O que tem ela? Não, ela nunca vai saber sobre a existência desse menino. Nem a criança tampouco. Izabel não quer que o menino conheça a verdade. Para ele, seu verdadeiro pai será sempre o homem com quem ela se casou. Ela me pediu que mantivesse o segredo encarecidamente e isso, bem, nós devemos a Izabel, Alceu.

– Sem dúvida. Se ela assim quer, assim será. Por outro lado, será melhor para Guilhermina que ela também não tome conhecimento desse assunto. A pobrezinha, coitadinha, não suportaria mais esse baque.

Novo suspiro, novo comentário por parte do marido:

– Só me pergunto se Anselmo realmente estava interessado por Izabel como você pensou na época. Se você tivesse tirado a história a limpo talvez tivesse descoberto que os sentimentos do nosso filho por Izabel nada mais eram do que os que sempre foram, de amigo-irmão. Ainda que fossem afetivos, teria sido bem melhor que os dois tivessem namorado, noivado e se casado. Anselmo teria sido bem mais feliz, casando-se com ela.

Olga se contorceu como uma criança na poltrona.

Ela estava determinantemente decidida a nunca contar à filha que Izabel dera à luz um filho de Giancarlo, mas numa tarde enquanto fazia o cabelo e as unhas no salão de beleza ela se viu obrigada a repensar sua decisão.

Uma das clientes estava resumindo o livro que acabara de ler para o cabeleireiro que a atendia. O livro era *Os Maias*, de Eça de Queiroz. A personagem principal tinha filhos gêmeos, um menino e uma menina, e eles foram separados ainda crianças por motivos de força maior e cresceram sem saber da existência um do outro.

No futuro se encontraram e se apaixonaram perdidamente um pelo outro por desconhecerem suas origens, causando dor e sofrimento em ambos bem como nas famílias. Uma história trágica.

Olga deixou o salão de beleza completamente atordoada. E se aquilo acontecesse com a neta e o filho de Izabel?! Seria também uma tragédia. O ideal a se fazer era contar tudo para a filha para precavê-la.

No entanto, a revelação poderia complicar as coisas para a pobre Rafaela, fazendo com que Guilhermina a prendesse ainda mais à barra da sua saia por temer que a filha se envolvesse com o próprio irmão num futuro qualquer.

Não, seria melhor deixar Guilhermina sem ter conhecimento da existência do filho de Izabel. Não só para o próprio bem de Rafaela como também para o próprio bem do garoto e da própria Izabel. Vai que Guilhermina, tomada de revolta, tivesse um surto psicótico e fizesse alguma coisa contra Izabel e seu filho.

Talvez somente Rafaela devesse saber da existência do irmão por parte de pai para evitar que, por ironia do destino, os dois se conhecessem no futuro e se apaixonassem um pelo outro como no romance *Os Maias*.

Por outro lado, a revelação poderia complicar a cabecinha da neta, que até então nada sabia sobre a índole de seu pai. Poderia fazer com que ela acabasse contando para a mãe tudo a respeito, complicando as coisas para a própria Olga, pois Guilhermina poderia se revoltar com ela, ao saber que sua própria mãe sabia do fato e escondera dela durante todos aqueles anos.

"Fique tranqüila", confortava-se Olga, "o mundo é imenso, enorme, jamais Rafaela e o filho de Izabel se encontrão ou virão a saber sobre o segredo que cerca seus passados. Seria coincidência demais os dois se conhecerem e coincidências desse tipo só existem nos romances de Eça de Queiroz. O segredo seguirá comigo para o túmulo. Para o bem de todos e, especialmente, para agrado de Izabel. Eu lhe devo isso, ao menos isso."

Meses depois, Alceu Scarpini desencarnou deixando Olga arrasada. Jamais pensou que se abalaria tanto com essa perda. Muitos só percebem o que sentem em relação a alguém ou alguma coisa quando os perdem. Verdade...

E o tempo passou... trazendo consigo transformações, inovações, tecnologia... novos desafios para a humanidade.

Capítulo 4

1990

Guilhermina já estava com trinta e oito anos. Olga cada vez mais preocupada com a filha, encorajou-a por diversas vezes a ir com ela ao Centro Espírita falar com a médium por quem tinha profundo carinho e respeito, mas Guilhermina nunca aceitou. A mãe então sugeriu a filha que procurasse um psicólogo, mas ela se recusou também. Sua recusa e reclusão eram para Olga deveras preocupante. Guilhermina estava deixando de viver o esplendor da vida por causa de mágoa do passado e seu jeito inapropriado de ser estava prejudicando Rafaela, pois a superproteção estava sufocando a jovem.

O relógio já marcava vinte duas horas e cinco minutos quando Guilhermina olhou mais uma vez para ele. Novamente apertou os lábios e rilhou os dentes. Rafaela estava atrasada cinco minutos do horário combinado para chegar em casa. Que aquilo não se repetisse mais, caso contrário teria uma conversa séria com a filha novamente para lembrá-la o quanto aquilo lhe era prejudicial para a saúde. Passaria até mal na frente dela só para assustá-la como fizera das outras vezes.

Ela dera vida a Rafaela e por essa razão a filha lhe devia obediência e respeito. Fora ela quem a carregara no colo noites e noites, a embalara para dormir cantando belas canções de ninar, a amamentara, a sustentava financeiramente...

Para Guilhermina, no íntimo, Rafaela lhe pertencia, não uma parte, nem duas, mas totalmente. E se lhe pertencia havia de fazer o que ela mandava, sem recusa ou questionamento.

Ao ouvir a porta se abrindo no andar inferior, Guilhermina correu para o *hall* da escada. Então sua voz, suave e ligeiramente rouca ecoou no recinto: – Filha? É você?

Rafaela nem bem havia pisado no *hall* de entrada da casa quando avistou a mãe no alto da escada fingindo-se de frágil, com seu rosto descolorido e seus profundos olhos castanhos que davam ao semblante um olhar trágico.

— Sim, mamãe, sou eu — respondeu Rafaela, no tom submisso que sempre usava para falar com a mãe. Aos dezoito anos completos, Rafaela lembrava, e muito, o pai fisicamente.

— Estava preocupada — lamentou Guilhermina —, você já está atrasada faz quase 6 minutos.

— Desculpe-me, mamãe.

Rafaela subiu cada degrau olhando receosa para a mãe. Ao se ver diante dela, Guilhermina soltou um suspiro pesado e disse:

— Não faça mais isso, Rafaela. Você sabe como eu passo mal de preocupação com você.

— Eu sinto muito, mamãe — acrescentou a jovem com a consciência pesada.

Guilhermina, mantendo-se séria, abraçou a menina com desespero como se fosse o ar que lhe havia faltado e agora o reencontrava.

Era estranho, percebia Rafaela, mas o amor da mãe a sufocava e a oprimia. Incomodava-a profundamente o fato de ela viver sempre à espera de que algo ruim fosse acontecer. Ela até compreendia o porquê de a mãe ter se tornado assim, ela, Rafaela, tornara-se a única coisa importante de sua vida, a razão de seu viver, mas isso, de certo modo, não era bom, pois ela não gostaria de viver sob a barra da saia da mãe pela vida toda, nem era justo que a mãe vivesse só em função dela.

A mãe precisava se libertar daquela tristeza que se abatera sobre ela depois da morte do pai. Ela merecia amar outro homem novamente, dar-se a chance de renascer para a vida. Dar-se enfim, o *direito de renascer*.

Uma semana depois desse acontecimento, Rafaela voltou da escola e, ao chegar em casa, contou animadamente para a mãe o resultado que obtivera no teste vocacional. Direito[*], foi isso que o teste a aconselhou cursar na faculdade, algo que ela já queria fazer mesmo antes do teste. Guilhermina se opôs drasticamente à ideia.

— Mas filha... para que perder tempo cursando quatro, cinco anos de faculdade. Você não precisa dela para garantir seu sustento. Graças a Deus somos de família rica.

— Há muitas famílias ricas como nós e nem por isso seus filhos são...

Guilhermina cortou a frase ao meio:

— Ainda assim não vejo por que...

---

[*] O que escolhemos estudar na faculdade está relacionado a habilidades desenvolvidas em outras vidas, no caso de Rafaela, ninguém mais do que ela, aprendera a julgar as pessoas durante sua última reencarnação (N. do A.).

– Mamãe!
– É isso mesmo, Rafaela, para que se desgastar com algo que não precisa?
– Para descobrir minhas potencialidades, meus dons, desenvolver meu senso de responsabilidade, sentir-me útil, acrescentando algo à vida.
– Tudo bobagem.
– Bobagem é se negar tudo isso, minha mãe. Todo o ser humano gosta de se sentir útil. Mente vazia, oficina do diabo.
– Para que correr riscos indo e vindo de uma faculdade? Muita coisa ruim pode acontecer nesse trajeto.
– Eu não sou mais uma garotinha. Sei me virar muito bem.
– Nunca se sabe como se pensa... eu sou testemunha disso.
– A vida é cheia de riscos, mamãe. Viver é um risco constante. A fé em Deus é o que nos protege.
– Ora, a fé!
O maxilar de Rafaela enrijeceu. O de Guilhermina também. A filha tomou certa cautela e perguntou:
– O que houve com a senhora, mamãe? O que o passado fez com a senhora que a deixou tão amarga, descrente da vida, descrente de Deus? Eu sei, eu sinto que algo de muito grave lhe aconteceu. Algo bem mais amargo do que a morte do papai.
– E perder o marido tão jovem já não é suficiente para transtornar uma pessoa?
Rafaela tomou a mão da mãe, olhou firmemente nos olhos dela e disse num tom carinhoso:
– Não deveria se preocupar tanto comigo, minha mãe. Preocupação demais não faz bem a ninguém.
– Eu a amo, Rafaela... a amo tanto!
– Eu também, mamãe, mas não a ponto de querer trancá-la dentro de casa por medo de perdê-la.
Dois dias depois, Rafaela encontrou a mãe na companhia da avó assim que voltou da escola.
– Esse clima úmido é atípico para nós, cariocas... – dizia Olga quando a porta se abriu. A mulher notou de imediato que a neta voltara diferente para a casa.
Depois que Rafaela cumprimentou a avó, ela perguntou:
– Minha querida, o que se esconde por trás dessa face rosada de alegria?
– Decidi qual faculdade vou cursar, vovó.

– Mesmo?! – exclamou Olga, contente. Batendo as mãos.
– Vou cursar Direito.
– Que maravilha! – exclamou Olga se erguendo e abraçando a neta.

Guilhermina fez um gesto de reprovação e disse:
– Você insiste mesmo em prosseguir com essa ideia absurda e descabida, não é Rafaela? – A pergunta foi dita com intensidade e num tom de voz alto e rouco. – É isso que uma mãe recebe após todos esses anos de dedicação a uma filha?
– Mamãe!
– Você é uma ingrata, Rafaela, uma ingrata – explodiu Guilhermina, roxeando os lábios.
– Vovó, fale com ela, por favor. Ela não quer aceitar que eu curse uma faculdade. Não acho isso justo, vovó.
– Eu não quero ouvir! – gritou Guilhermina aos berros enquanto passava pela filha e a mãe como uma flecha em direção à escada. – Não quero ouvir!

Rafaela e Olga olharam espantadas para Guilhermina, chocadas com mais esse rompante.

Rafaela voltou-se para a avó e disse:
– Ela está impossível, vovó. Onde já se viu não querer que eu faça a faculdade por medo de que algo de ruim me aconteça. Ela quer me ver presa aqui dentro desta casa com ela pelo resto da vida. Não é certo. Nem para mim, nem para ela.
– Eu sei, meu bem. Vou falar com sua mãe. Aguarde-me aqui.

Olga subiu e encontrou a filha chorando dentro do seu quarto. Foi direto ao assunto:
– Todos sabem que nenhum pássaro que vive preso numa gaiola deveria estar ali, Guilhermina. Ele, bem como todos nós, somos livres, livres para voar. Ninguém tem o direito de prender ninguém, mesmo que seja embaixo da sua saia.
– A senhora não me entende! Direito é um curso tomado de homens e mais homens. Ter Rafaela frequentando uma faculdade dessas é o mesmo que vê-la num ninho de cobras.
– Rafaela é uma moça ajuizada, graças a Deus. Não há com o que se preocupar.
– Eu também era ajuizada e veja o que me aconteceu.

Voltando-se bruscamente para a mãe, Guilhermina disse rudemente:

– Eu não suportaria, mamãe, ver Rafaela infeliz. Simplesmente não suportaria, por essa razão é que eu procuro protegê-la sempre de todo o mal.

Mas sua alma dizia: "Eu não suportaria me ver infeliz... Mais infeliz do que já sou". Mas Guilhermina estava surda para esses sentidos para perceber o quão egoísta havia se tornado. Na verdade, ela não se preocupava de fato com a filha, preocupava-se consigo mesma. Com a dor que sentiria se a filha sofresse, fosse feita de boba nas mãos de um homem.

A mãe sentou-se na pontinha da cama, ao lado da filha, sentindo-se de repente completamente esgotada. Passando a mão pelos cabelos maltratados de Guilhermina, Olga acrescentou:

– Amar é uma necessidade de todo ser humano, Guilhermina. Está na nossa alma. Faz parte da nossa evolução. Impedir Rafaela de amar, de ser feliz ao lado de um homem para evitar que sofra é tolice e um desrespeito para com ela. Deus nos fez fortes o bastante para suportar as vicissitudes da vida. Capazes de suportar os embates da vida.

Após um suspiro, Olga acrescentou:

– Você não pode mais se torturar pelo que aconteceu, Guilhermina. Está mais do que na hora de fechar as portas do passado.

Um suspiro tenso atravessou as narinas da filha, que, com pesar, desabafou:

– Eu acordo todo dia me lembrando do que aquele desgraçado me fez.

– Já se passaram anos.

– Para mim é como se tivesse sido ontem. Ontem.

– Mas não foi. Já faz mais de dezoito longos anos.

Olga deu um longo suspiro. Como quem diz "eu desisto!". Inspirou fundo e expirou lentamente. Tomou coragem novamente e disse:

– Você deveria contar para ela toda a verdade.

Guilhermina voltou-se imediatamente para a mãe tomada de indignação.

– Isso nunca! – disse balançando a cabeça, negando com veemência. – Nunca!

– Contando, tenho certeza absoluta de que você tiraria esse peso das costas.

– Nunca mais repita isso, mamãe! Rafaela não pode saber, jamais! Está me ouvindo? Jamais.

Capítulo 5

Aos primeiros raios do sol de primavera de 1991...

Rafaela correu escada acima ansiosa por encontrar a mãe. Guilhermina estava em seu quarto colocando a roupa passada no guarda-roupa quando a filha entrou no aposento.
– Mamãe! – exclamou a jovem empolgada ao vê-la.
– Filha! – saudou a mãe, largando o que fazia e indo ao encontro dela tomando-a nos braços e cobrindo-lhe de beijos.
– Chegou mais cedo hoje, o que houve?
– A professora dispensou os alunos conforme terminavam a prova e...
– Você é uma aluna e tanto, filha. Deve ser a melhor da faculdade.
– Não exagere, mamãe.
– Mas é... Eu sei, eu sinto.
A mãe, calada, admirou por instantes o olhar da filha. Depois disse:
– Seus olhos estão mais brilhantes hoje, mais vivos, mais radiantes... Parece-me mais feliz... O que houve?
A filha puxou a mãe até a cama e a fez sentar ali ao seu lado.
– Tem razão. Estou mesmo muito feliz.
Ela entrelaçou seus dedos da mão esquerda na mão direita da mãe e apertou-a carinhosamente. Guilhermina logo percebeu que ela queria falar alguma coisa, mas lhe faltava coragem. Era como se as palavras tivessem dificuldade para se soltarem da sua garganta. Após a longa hesitação, Rafaela falou:
– Sabe, mamãe, eu... eu... acho que estou apaixonada.
A revelação entrou pelos ouvidos de Guilhermina como uma rosa de cabo cheio de espinhos. Entrou e saiu.
– Filha...

– O nome dele é Rogério. É um encanto de rapaz...
Guilhermina soltou-se das mãos da jovem, levantou-se rigidamente e começou a caminhar pelo quarto abraçando a si mesma como se sentisse muito frio. Disse:
– Filha, quantas e quantas vezes eu vou ter de lhe prevenir a respeito dos homens?
– Mas, mamãe, o Rogério é diferente...
– Nenhum homem é diferente, Rafaela. Todos são mestres na arte de iludir o coração de uma mulher, especialmente jovem e inexperiente como você.
– Papai era diferente.
A menção do pai fez Guilhermina se agarrar ainda mais contra si mesma.
– Seu pai foi uma exceção – respondeu ela tentando dar um tom sentimental à voz. – Por ser, morreu cedo.
– Rogério também pode ser uma exceção.
– É isso que você quer acreditar.
– Eu não entendo a senhora. Se papai foi um homem tão perfeito por que teme tanto os homens?
– Porque temo a sua felicidade.
– Agradeço sua preocupação, mas não sou uma jovem de lata como o homem de lata do Mágico de Oz, tenho um coração, mamãe. E todo coração quer encontrar outro coração para amar. Será que me entende?
– Filha, você é jovem e tola... não sabe nada sobre as maldades do mundo.
– Ainda que haja maldade tenho de viver a vida. Correr o risco...
– Vai se arrepender, Rafaela.
– Não se preocupe tanto, minha mãe. Preocupar-se é pré ocupar-se com algo que ainda não aconteceu.
A mãe procurou acalmar-se. Disse num tom mais leve:
– Tudo bem. Se você ama esse rapaz e...
– Ele também me ama... gosta de mim...
– Há uma grande distância entre gostar, apaixonar-se e amar de verdade.
– Sei que há... Leio a respeito nas revistas e livros... Mas só se chega ao amor atravessando as etapas.
A filha levantou-se e caminhou até Guilhermina. Ao ficar na sua frente, disse:

– Quando a senhora conhecer o Rogério vai ver que ele é um rapaz e tanto. Maravilhoso. Aí então vai aprovar nosso namoro... – ela riu e tratou logo de se corrigir – se ele quiser um dia me namorar, é lógico. Mas ele há de querer, como a senhora mesma diz: "Eu sei... eu sinto...".

Guilhermina forçou um sorriso de contentamento, mas por baixo de sua pele seu sangue fervia como a lava de um vulcão prestes a entrar em erupção. A filha, de tão encantada, não percebeu o que se passava com a mãe, abraçou-a fortemente e ficou ali agarrada a ela por alguns minutos, como se ambas estivessem congeladas.

– O que houve? – perguntou Olga assim que encontrou a filha naquela tarde. Antes que Guilhermina respondesse, Olga se adiantou:
– Não precisa me dizer. Deixa que eu adivinho. Rafaela está interessada num rapaz, certo?

Guilhermina voltou-se para a mãe com os olhos em brasa. Olga expirou o ar para tirar a irritação que se apossou dela naquele instante. Só então disse:
– Você achou por algum momento que sua filha seria diferente das demais, Guilhermina? Que seus conselhos contra os homens seriam capazes de fazer com que o coração dela se fechasse para eles? Pensou? Que ilusão... Guilhermina... que ilusão...

– Eu criei a minha filha dia após dia, noite após noite, com a maior devoção que uma mãe pode dar a um filho e a senhora acha que eu vou aceitar calada e indefesa toda essa história. Nunca! N-u-n-c-a!

– Guilhermina, Rafaela é uma jovem que como todas as outras merece ser amada, viver o amor.

– Ela é minha filha.

– Como você é minha e nem por isso eu a prendi na barra da minha saia.

– Antes houvesse me prendido.

– Cuidado com suas palavras Guilhermina, tome cuidado. Pois se eu a houvesse prendido como você está disposta a fazer com Rafaela, sua filha nunca teria nascido.

– Eu não vou permitir, não vou, nem que chova canivetes, que Rafaela se estrague por causa de um rapaz... Seja ele quem for... Um príncipe ou um papa. Não vou. Não é certo, não é justo.

– Você tornou sua vida um caos, Guilhermina, e está querendo tornar a vida de sua filha um caos também.

— A senhora se engana. Engana-se redondamente. Não fui eu quem tornou minha vida um caos. Foram os outros... aquele fraco diante de um rabo de saia e aquela sirigaita fingida que o seduziu.
— Guilhermina... Guilhermina... Guilhermina... Esqueça-se do passado. Ponha um ponto final em toda essa história. Giancarlo está morto há tantos anos... Izabel longe, bem longe de nós... é como se estivesse morta.
— Não repita o nome dessa ordinária nesta casa, pelo amor de Deus.
A mãe baixou o olhar inconformada.
— A senhora insiste em defendê-la...
— Eu não estou defendendo ninguém, estou apenas apresentando os fatos como são de verdade.
A mãe tornou a exalar o ar de forma tensa e deixou-se sentar na poltrona, escondeu o rosto entre as mãos e tornou a inspirar e expirar o ar para relaxar a tensão. Por fim, disse:
— Meu Deus... Aqui se faz, aqui se paga...
Guilhermina olhou com desprezo para a mãe.
Olga sentiu novamente algo apertar sua garganta como se fossem duas mãos forçando-a a contar para a filha a respeito do filho que Izabel teve com Giancarlo. Mas novamente lembrou-se o quão devastadora seria a notícia para Guilhermina, podendo deixá-la ainda mais perturbada do que já estava.

CBEO

O dia de Rafaela apresentar Rogério a sua mãe finalmente chegou. Ao dizer a mãe que levaria o namorado para conhecê-La, o mundo de Guilhermina caiu. De nada adiantara as inúmeras preces e promessas que fizera para afastar a filha do rapaz, observou ela, revoltada.
O rapaz, curioso, chegou a casa para conhecer a mãe, à qual Rafaela se referia com tanto carinho.
Ao ver Guilhermina, Rogério não conseguiu disfarçar o espanto. Não havia um ruge espalhado em seu rosto, nem um lápis preto em volta dos olhos, nem um batom contornando os lábios, mesmo que de leve, nada, era apenas um rosto lavado e pálido. O cabelo grisalho já era bem mais que os fios pretos e seu olhar severo e a boca ligeiramente contorcida a envelheciam ainda mais.
— Como vai? – perguntou ele, com os olhos a ir e vir.

Havia algo naqueles olhos que amedrontou o rapaz como se eles tivessem o poder de entrar dentro dele e devastar seu equilíbrio procurando por algo que ele próprio desconhecia.

– Muito prazer em conhecê-la, dona Guilhermina, Rafaela fala muito da senhora – a voz dele era deliciosa, um pouco emocionada.

Rogério Medeiros era um jovem bonito, sem dúvida, observou Guilhermina em silêncio enquanto estudava atentamente o rapaz. Trazia consigo um leve perfume amadeirado e delicioso. Vestia-se elegantemente com uma camiseta polo em tom caqui que combinava lindamente com a calça jeans desbotada.

Rafaela aguardava ansiosa por uma atitude positiva da mãe. Mas não houve nada, nem um sinal.

– Sente-se, por favor – disse a dona da casa, por fim.

Ambos se sentaram e, após um leve suspiro, Rogério disse:

– Amo sua filha, dona Guilhermina. Amo-a profundamente e quero me casar com ela o mais breve possível.

Guilhermina perdeu a voz. Quando conseguiu falar, respondeu enfaticamente:

– Não acha que está se precipitando?

– De fato – admitiu o rapaz – pode parecer precipitação, mas quando se ama temos uma necessidade urgente de ficarmos ao lado de quem amamos pelo maior tempo possível.

– Compreendo... No entanto sou da opinião que vocês dois ainda têm muito a se conhecer, que casamento mesmo só deve acontecer depois de terem terminado a faculdade.

Com a desculpa de que estava indisposta e com dor de cabeça, Guilhermina deu fim ao encontro em questão de segundos. No entanto, a desculpa logo se tornou verdadeira. Ela realmente ficou indisposta e sua cabeça parecia um balaio latejando de dor.

Antes, porém, de se despedir do rapaz, ela *gentilmente* pediu seu número de telefone e endereço. Explicou a ele que era sempre aconselhável que um pai e uma mãe tivessem o endereço e o telefone daqueles com quem seus filhos saem para entrar em contato em qualquer eventualidade.

O rapaz atendeu sua solicitação imediatamente. Guilhermina sorriu satisfeita. Um sorriso fingido, deliberadamente falso, mas que foi interpretado pelo rapaz como sendo sincero. Ele retribuiu o sorriso de maneira mais amigável possível.

Uma semana depois, Rogério Medeiros estava novamente sentado diante de Guilhermina Scarpini na sala de visitas de sua casa. Desta vez, porém, só havia os dois no aposento.

— Obrigada, muito obrigada por ter vindo, meu rapaz — exclamou a dona da casa, em tom de falsa simpatia.

Rogério Medeiros assentiu com o olhar, Guilhermina deu início à conversa:

— Chamei-o aqui, meu rapaz, pois tenho um assunto de grande urgência para tratar com você.

As sobrancelhas dele arquearam-se. Guilhermina prosseguiu:

— Bem, nem sei por onde começar. É melhor eu ir direto ao assunto. O fato é que minha filha... Minha querida Rafaela está sofrendo de uma doença gravíssima e a pobrezinha... não tem coragem de contar às pessoas, principalmente aos rapazes por receio que eles se afastem dela, já que os médicos dizem que a doença é transmissível.

O rapaz corou até a raiz dos cabelos. Guilhermina acrescentou:

— É uma doença muito transmissível e até eu que sou sua mãe evito me aproximar...

— Doente? A senhora tem certeza? Mas ela me parece tão saudável?

— Eu sei. As aparências enganam.

O rapaz agora era a própria expressão do terror.

— Oh, meu querido — continuou Guilhermina sem dó —, não sabe como estou me sentindo... É muito difícil para uma mãe ter de encarar esse tipo de realidade.

— E-eu... — gaguejou Rogério, passado — eu sinto muito.

— Aprecio os seus sentimentos — rematou Guilhermina impondo doçura da voz.

Assim que o rapaz se foi, Guilhermina encostou-se no espaldar da poltrona e suspirou realizada.

— Mais um... — murmurou balançando a cabeça em sinal de triunfo.

— Livrei-me de mais um... Graças a Deus...

Em seguida, Guilhermina agradeceu as vozes que conversavam com ela e a aconselharam a tomar aquela medida para afastar o rapaz da filha.

Não havia por que temer a mentira que dissera ao rapaz. Se Rogério porventura comentasse com Rafaela e ela lhe pedisse uma explicação do porquê havia dito aquela mentira para o "namoradinho", ela diria sem titubear: "Para testar o amor que ele diz sentir por você, Rafaela.

Se o amor dele for capaz de superar tal problema é porque ele a ama de verdade. Sinal de que é o homem certo para você se casar. Se não..."

Infelizmente ou felizmente, de acordo com o ponto de vista de Guilhermina, Rogério Medeiros retirou-se da vida de Rafaela Vommaro sem maiores explicações. A única explicação que Rafaela recebeu foi a da própria mãe afirmando que ele não era o homem certo para ela namorar, tampouco se casar.

– Homens são volúveis – afirmou Guilhermina com supremacia.
– Homens são instáveis. Não são confiáveis. Lembre-se disso, Rafaela. Não se esqueça jamais. Homens que prestam e quando prestam morrem cedo.

– Como papai?

As palavras da filha pegaram Guilhermina de surpresa.

– Sim – respondeu ela com cautela. – Como seu pai. – Se bem que mesmo morrendo cedo eles nos deixam entregues à solidão, o que me leva a concluir que nem assim os homens nos fazem bem.

Como sempre acontecia diante da menção do pai, Rafaela lembrava-se dele com saudades, com amor e contrição. O pai que fora apenas citado, uma vez ali, outra aqui, nada profundamente, pela mãe, desde que ela se dera por gente.

Ao ver a tristeza e a decepção se espalharem no rosto da filha, Guilhermina caminhou até o sofá e sentou-se ao lado dela. Passou um braço por trás das suas costas, puxou-a contra o seu peito, e disse:

– Não se preocupe, minha querida, nenhuma mulher precisa de um homem para ser feliz. Nenhuma...

No mesmo instante, Guilhermina se arrependeu do comentário. Poderia levantar suspeitas a respeito do caráter do pai. Algo que ela escondera a sete chaves para poupar a filha da vergonha de ser filha daquele homem que tanto a magoou e a deixou ferida para sempre.

Guilhermina pensou com rancor: "Se ela soubesse quem foi o pai...".

Rafaela sofreu sim, como toda garota sofre diante dos primeiros desalinhos com a paixão, mas tratou logo de se recompor, aplicando-se com afinco nos estudos.

Capítulo 6

São Paulo, 3 anos depois...

Caia um pé d'água na cidade quando Adolfo da Silva Pelizari voltou para a casa naquele dia. Ele usava uma capa de chuva encharcada e seus cabelos estavam tão encharcados quanto ela.

Um ligeiro franzido surgiu no cenho branco de Izabel ao vê-lo entrando na casa molhado daquele jeito. Ela disse:
– Filho?! Molhado?! Onde já se viu? Vai acabar pegando uma pneumonia.

Após dar um beijo molhado na face da mãe, o rapaz sentou-se no braço de uma cadeira, com um olhar maroto e fez uma boa imitação da mãe:
– Filho?! Molhado...?! Ai... ui...
– Coração de mãe é bobo mesmo – replicou Izabel com sua candura usual. A gente se preocupa tanto e os filhos caçoam de nós por nos preocuparmos assim. Agora, vá lavar as mãos para almoçar, Adolfo!

O filho ergueu imediatamente as duas mãos e com seu bom humor de sempre disse:
– Lavadas já estão, só falta enxugá-las!

Izabel, franzindo suas belas sobrancelhas, respondeu com uma de suas expressões preferidas:
– Adolfo!

O rapaz levantou-se e correu para o lavabo.
– Troque essas roupas também, antes que respingue por toda a casa!
– Pode deixar, dona Izabel – respondeu o filho com seu vozeirão de tenor.

Minutos depois, o rapaz contava entusiasmadamente para Izabel e Emilio César as novidades:
– Tenho ótimas notícias! Minha turma da faculdade de Medicina decidiu ir passar as férias de janeiro em Porto Seguro, Bahia.

— Dizem que é lugar muito bonito — comentou Emilio César deixando-se envolver pelo entusiasmo do filho.

— Quem vai exatamente nessa viagem? — perguntou Izabel enquanto servia a todos.

— Os meus amigos e amigas da faculdade que a senhora conhece, e a maioria dos namorados e namoradas deles. Eu levarei a minha, porém antes de levá-la quero apresentá-la para vocês. Está mais do que na hora de vocês a conhecerem.

— De onde é mesmo a família dela? — perguntou Izabel, procurando dar um tom natural à voz.

Emilio César notou de imediato mais uma vez a apreensão tomar conta da esposa.

— Do Rio de Janeiro — respondeu Adolfo servindo-se de arroz.

Um fraco eco do passado chegou até os ouvidos de Izabel: "Guilhermina teve uma filha, linda..."

E, novamente, ela se viu inquieta com a hipótese que volta e meia martelava seu coração. E se os dois, irmão e irmã, se encontrassem e se envolvessem um com o outro sem saber que eram irmãos?

Depois de saborear algumas garfadas de arroz com feijão Izabel perguntou:

— Qual é mesmo o sobrenome dessa jovem com quem vem saindo?

Adolfo olhou para a mãe com certa desconfiança, ponderou antes de dizer:

— Por que a senhora sempre me faz essa pergunta toda vez que eu me envolvo com uma garota?

— Curiosidade apenas, filho — respondeu Izabel corando até a raiz do cabelo.

— A curiosidade matou o gato! Ou teria sido o rato, papai?

Emilio César riu afetuosamente.

— E então, meu filho? — tornou Izabel com certa apreensão.

O jovem franziu a sobrancelha e respondeu seriamente:

— Saberá o sobrenome dela, minha mãe, na hora certa.

Os olhos da esposa colidiram com os do marido. Eles pareceram dizer a ela: relaxe o que tanto teme nunca vai acontecer. Izabel baixou o olhar e disse para si mesma esperançosa: "Deus há de evitar uma fatalidade dessas. Não permitirá, jamais!".

☙❦

Às seis horas da tarde, assim que Emilio César chegou do trabalho, Adolfo chamou-o para uma conversa particular.

– Papai, sempre vivemos como amigos... Do senhor eu nunca escondi nenhum segredo. Sabe tudo sobre minha vida. Mas algo me perturba e já faz tempo. Toda vez que falo de uma garota com que estou me envolvendo a mamãe fica desesperada para saber o sobrenome da família dela. Por quê?

– Ora, Adolfo curiosidade de mulher... apenas isso.

– Sei não... Tenho a impressão de que a mamãe esconde alguma coisa de mim. É como se eu não pudesse me envolver com uma garota em especial.

– Vou conversar com sua mãe a respeito, mas não se preocupe, meu filho, repito o que disse, se ela faz tal pergunta é apenas por curiosidade, nada mais.

Adolfo serrou os olhos sobre o pai. Ele nunca mentira para ele, mas por algum motivo o rapaz teve a impressão de que ele estava mentindo. Por quê?

Assim que Emilio César se viu em companhia da esposa desabafou:

– Adolfo me fez uma pergunta hoje que por pouco não me fez perder o rumo.

– Que pergunta?! – espantou-se Izabel.

Ele repetiu. Izabel defendeu-se.

– Eu tenho de perguntar, Emilio, para nos precavermos, ora.

– Poderia ser mais discreta.

– Mais do que já sou?

– Bem... Adolfo é esperto, e se você continuar repetindo o mesmo procedimento ele há de ficar mais desconfiado e...

– Que ele se interesse por uma garota de vez e decida se casar com ela. Pare de ficar pulando de galho em galho como se estivesse procurando por uma em especial tal como muita gente faz, mas que na verdade não passa de uma ilusão. Só assim ficaremos tranquilos.

– E se o pior acontecer?

– Que pior?

– Ele conhecer a irmã sem saber que é a irmã e se envolver com ela.

– Vira essa boca para lá! Isso só acontece em livros... romances de ficção!

– Se está tão certa quanto a isso por que se preocupa tanto? As palavras fugiram da garganta de Izabel. Seus olhos arregalaram e por mais que tentasse dizer algo não conseguiu. Emilio César a envolveu em seus braços e disse baixinho em seu ouvido:
– Fique tranquila, meu amor, nada disso vai acontecer. Ele nunca vai saber o que se passou no passado... Se bem que... Arrependo-me amargamente, às vezes, por não ter lhe dito a verdade. Que não sou seu pai verdadeiro.
– Ainda que soubesse, Adolfo continuaria o amando como sempre o amou.
– Eu sei, mas não me sinto bem mentindo. Prometemos um ao outro desde que ele era um menino jamais faltar à verdade... Se ele souber que eu menti para ele a vida toda ele não vai me perdoar.
– Você não mentiu, omitiu.
– Não importa. Não quero desapontá-lo, jamais. Ele, bem como você, são a razão do meu viver.
Ele abraçou mais forte a esposa e a beijou carinhosamente na testa. Segundos depois Izabel disse:
– Curioso, você que tanto quis ter um filho e depois descobriu que não poderia ter, se envolver comigo, aceitar Adolfo como seu filho legítimo... Foi como se a vida soubesse que o único modo de você realizar seu sonho de ser pai fosse se unindo a mim.
Ele sorriu pensativo e respondeu:
– A vida escreve certo por linhas tortas.
Uma semana depois, Adolfo apresentou a namorada atual a seus pais, para alívio de Izabel, após algumas perguntas, descobriu que a jovem não era a filha de Guilhermina Scarpini.
No fim do ano, como combinado, Adolfo viajou com sua turma para Porto Seguro. Quando voltou, já não estava mais namorando a jovem que havia apresentado a seus pais. Tampouco estava disposto a namorar outra tão cedo. Queria mais era se concentrar na faculdade, já havia passado para o sexto ano.

Rio de Janeiro, 1994

Jorge Augustin, que cursava o quinto ano de Direito na mesma faculdade frequentada por Rafaela, estava prestes a falar o que se passava em seu coração para a jovem quando se engasgou.
Enquanto tossia para limpar a garganta, Rafaela adiantou-se:
– Aconteceu alguma coisa de grave, Jorge?

– S-sim, não – respondeu ele ainda engasgado.
– Sim, não? Como assim?!
– Você estava tão ansioso para me falar que me deixou preocupada – comentou Rafaela.

Jorge corou.

– Ainda não percebeu onde estou querendo chegar? – murmurou o moço, num tom quase ininteligível. – Ora, Rafaela... não sou uma pessoa que consegue ir direto ao ponto, falo nas entrelinhas, bem... – ele tomou ar, coragem de dentro de si e decidiu ir direto ao assunto para se fazer o mais claro possível e o mais rápido possível: – Quero namorá-la... Você é a mulher da minha vida... A mulher com quem eu quero envelhecer até que a morte nos separe.

Como acontece com a maioria das mulheres, o pedido de Jorge a desarmou. Foi como se ela houvesse se desligado do corpo. Seu peito transbordou de felicidade, uma felicidade desconhecida e imensurável.

De repente, Rafaela sentiu lágrimas quentes correrem por sua face e foram essas lágrimas que a trouxeram de volta à realidade. Ela procurou imediatamente o rapaz ao seu lado com os olhos. Jorge, com ar surpreso, murmurou:

– Não quero constrangê-la, nem forçá-la a nada.

Rafaela interrompeu-o:

– Eu... nem sei o que dizer... eu...
– Se não quer me namorar, por favor, não diga nada. O silêncio será menos dolorido do que suas palavras.
– Namorar?! Você?! É lógico que quero, Jorge. Quero muito! Não disse antes por receio de você não sentir o mesmo por mim.

Ele suspirou aliviado.

– Um beijo – sugeriu ele. – Quero um beijo para selar o início do nosso namoro.

Ela atendeu ao seu pedido. E o beijo deixou tudo, dentro e fora dos dois jovens, mais colorido.

– É tão bom – disse Rafaela emocionada –, quando o amor vem ao encontro de um homem e de uma mulher na mesma intensidade. Quando os desejos de ambos são os mesmos, quase um só. Puro amor. Puro encanto. Pura vontade, quase uma necessidade de estar lado a lado. Um complemento do outro, um preenchimento, um tom que combina perfeitamente com o timbre de voz de um cantor.

Novo beijo, nova pausa. Nova admiração. Paixão... Cinco minutos depois, a alegria nos olhos de Rafaela deu lugar à preocupação.

– Acho que me empolguei demais – disse ela, pensativa.
– Por que? O que houve?
– É que, bem, minha mãe... preciso prepará-la para a notícia.
– Sua mãe? Por quê?
– Ela é muito apegada a mim, enciumada... Receio machucá-la com a novidade. Mas ela aceitará a ideia. Ela tem de aceitar, afinal, todo filho um dia se abre para o amor, não é? Como ela se abriu um dia.

Novo beijo. Retorno da alegria.

Guilhermina, que estava passando ordens para a empregada, parou de falar com um ligeiro susto ao ver Rafaela entrando pela porta. Não foi sua chegada, súbita, que a assustou e sim o ar de felicidade que transparecia em seu rosto.

– Desculpe, mamãe, não queria assustá-la – adiantou-se a filha indo ao seu encontro e beijando-lhe a testa carinhosamente.

– O que houve, Rafaela, aconteceu alguma coisa? – perguntou Guilhermina ansiosa.

– A senhora já percebeu que parece estar sempre esperando que a gente chegue trazendo uma notícia ruim?

– Eu?!

– Sim. A senhora mesma.

– Ora...

Os olhos de Rafaela brilharam ao ver a mãe corar.

– Mas a senhora está certa – observou Rafaela, meio minuto depois. – Algo aconteceu sim, mas algo de muito bom. O Jorge me pediu em namoro.

Rafaela falou com ênfase, mas as palavras pareceram vazias de significado para Guilhermina.

– O que foi que disse?... – perguntou ela começando a tremer.

Rafaela repetiu impondo mais ênfase na voz:

– O Jorge me pediu em namoro.

A voz da mãe tornou-se subitamente cortante e angustiada:

– Namoro?! Jorge?! O quê?! Quem?!

– Não é uma maravilha, mamãe?!

– Maravilha? – ecoou Guilhermina numa voz sem emoção.

– Ai... – suspirou Rafaela apaixonada enquanto andava pela sala correndo os dedos pelos objetos que decoravam os móveis ali. Por fim, deitou-se no sofá com os pés para o alto e tornou a suspirar apaixonadamente:

– Ai...

Aquilo que Guilhermina temera a vida inteira estava novamente acontecendo. A filha havia se apaixonado mais uma vez e desta vez pelas aparências, com mais intensidade. Onde já se viu, apaixonar-se por um estranho que mal conhecia e que, como acontecia com a maioria das mulheres, jamais viria a conhecê-lo de verdade. Guilhermina se pôs a contar até dez para relaxar, mas só conseguiu contar até o número cinco, no sexto explodiu:

– Quantas e quantas vezes eu vou ter de lembrá-la de que nenhum homem presta?! Nenhum deles é sincero, nenhum deles presta! Nenhum, compreendeu? Eles dizem que estarão presentes na alegria e na tristeza, na saúde e na doença, na frente do padre para serem politicamente corretos, depois... Coitada de nós, mulheres... Fique doente para ver o que acontece, gorda e feiosa, e sentirá o pontapé no traseiro que todos dão nas mulheres quando se tornam assim.

– Não rotule, minha mãe.

– Rotulo, sim!

Guilhermina agarrou firme no braço da filha, firmou a voz e, olhando sobre ela, insistiu:

– Afaste-se desse rapaz, Rafaela. Afaste-se dele para o seu próprio bem.

– Acontece que eu amo o Jorge – retrucou Rafaela. – Eu o amo e já faz tempo, só não me declarei para ele por temer que ele não correspondesse.

– Ama? – grunhiu, Guilhermina, levantando a sobrancelha, enquanto sorria ironicamente. – Você não sabe nada sobre o amor. É uma completa ignorante no assunto. Vive apenas uma paixão adolescente.

– E nunca vou saber o que é amor de verdade se não viver o amor na prática! E se depender da senhora isso nunca vai acontecer!

O olhar contrafeito de Guilhermina acentuou-se quando a filha disse:

– A morte do papai deixou a senhora amarga, mamãe. Desgostosa com a vida, desgostosa de si própria.

– Você queria o quê? Que eu ficasse por aí exibindo um sorriso falso no rosto, escondendo de todos o meu coração em pedaços, destroçado?

– Teria sido bem melhor...

— Diz isso porque você não estava na minha pele. Nunca esteve, nem nunca estará. Eu fiquei viúva com apenas 20 anos de idade, grávida de você.

— Só a senhora?

Os músculos estomacais de Guilhermina contraíram-se diante da pergunta. Rafaela continuou:

— Só a senhora é que ficou viúva nessa idade? Esperando um bebê? Com um filho para criar sem a ajuda de um marido? Só a senhora? Ora, mamãe, inúmeras mulheres passaram pela mesma situação que a senhora e em muitos casos até bem pior por não terem condições financeiras para enfrentar essa *barra*. A senhora, graças a Deus, nasceu numa família rica.

Guilhermina bufou indignada.

— É assim mesmo... Depois de toda dedicação que se dá para um filho o que se recebe em troca é...

Rafaela tratou logo de interpelar as palavras da mãe, dizendo:

— É amor, carinho e presença que eu sempre lhe dei — defendeu-se Rafaela. — Mas eu vou lhe dizer uma coisa, mamãe, ou melhor, duas. Eu vou me casar, cedo ou tarde, queira a senhora ou não. E a senhora deveria fazer o mesmo. Chega de sofrer por causa do passado. Permita que ele se cicatrize... Se dê o *direito de renascer*... Quero muito que a senhora mude seu destino e prove da felicidade mais uma vez. A senhora precisa se espiritualizar mais. Uma ajuda espiritual seria formidável.

— Ajuda espiritual?! Ora, poupe-me, Rafaela!

— Sem Deus, o que somos nós?

— Se Deus tivesse alguma consideração por mim não me teria feito passar por tudo o que passei...

— Não fuja de Deus, minha mãe, pois Ele não está fugindo da senhora.

Quando Guilhermina voltou a falar resolveu ser mais autoritária.

— Você vai se arrepender, Rafaela, vai se arrepender por não me ouvir.

— Chega de amargura, minha mãe. De rotular as pessoas e a vida. De se prender ao passado. Liberte-se!

— Rafaela!

— Liberte-se! Destranque sua alma dessa prisão. Não se condene mais. Reabra o seu coração para a vida! Para o amor, para Deus.

Quando Guilhermina se retirou, em passadas longas e furiosas, Rafaela correu atrás dela para pedir-lhe desculpas. Nunca falara com a mãe daquele jeito, sabia que deveria ter suavizado o tom, mas não conseguira, agora sentia-se culpada.

– Mamãe, mamãe! – chamou Rafaela.

Mas Guilhermina se trancou no seu quarto, batendo a porta com toda a força. Rafaela ficou ali, diante da porta fechada, por longos minutos, tentando fazer a mãe abrir a porta, mas nada de Guilhermina abri-la. Sem alternativa, Rafaela ligou para a avó e lhe explicou o sucedido. Meia hora depois, Olga entrava pela porta da frente da casa da filha.

– Ela continua trancafiada? – perguntou Olga assim que viu a neta.

– Sim, continua lá, muda. Isso não está certo... Mamãe não pode reagir assim toda vez que eu me interesso por um rapaz.

– Você tem toda razão.

Fez-se uma breve pausa antes de Olga pedir à neta que falasse de Jorge. Rafaela explicou:

– Houve um curioso senso de intimidade desde que vi o Jorge pela primeira vez. Coisa de alma. Como se nossas almas fossem ligadas por um laço sobrenatural.

Ela suspirou encantada. Acrescentou:

– Eu vou me casar com ele, vovó. Vou me casar com ele, custe o que custar.

Olga sentiu-se aliviada ao saber que Jorge era de família tradicional do Rio de Janeiro, pois assim como Izabel temia que os irmãos se apaixonassem um pelo outro sem saber que eram parentes.

– Eu vou subir agora para tentar domar a fera – anunciou Olga. – Espere aqui, será melhor.

Rafaela assentiu com o olhar. Após uma leve batida na porta do quarto de Guilhermina, Olga disse:

– Filha, sou eu. Abra, por favor.

Levou quase um minuto, mas Guilhermina acabou atendendo ao pedido da mãe.

– Esse momento chega para todos, Guilhermina, assim como chegou para mim, para você e agora para Rafaela – observou Olga pronunciando devagar as palavras.

Um suspiro tenso atravessou as narinas da filha, com pesar ela desabafou:

— Eu não quero que ela passe nas mãos de um homem o que eu passei nas mãos do pai dela.
— Cada um é um, Guilhermina.
— Engana-se. Homens são todos iguais.
Olga deu um longo suspiro. Tomou coragem e disse:
— Se Rafaela soubesse quem foi o pai, aí sim pararia de idolatrá-lo e compreenderia de uma vez por todas o que você tanto quer alertá-la a respeito dos homens. Ah, se ela soubesse quem foi Giancarlo...
A um leve ruído na soleira da porta, Guilhermina voltou os olhos para lá. Era Rafaela quem se encontrava de pé, ali. Ela falou rigidamente.
— Saber o que, mamãe?
— Nada, filha... — grunhiu Guilhermina, falsamente.
— Não sou tola.
Guilhermina abanou a cabeça procurando desesperadamente por algo para fugir da pergunta.
— O que o papai fez no passado que se eu soubesse...
O rosto de Rafaela mudou. Não tinha nada daquela costumeira afabilidade de sempre. Estava destituído de ponderação que lhe era tão peculiar.
— N-nada. Im*agine só*... sua avó é que...
Olga elevou a voz, como há muito não fazia, e disse:
— Conte para ela, Guilhermina.
— Ora, mamãe.
— Conte!
— Não vou contar porque não há nada para contar.
Olga bufou e disse:
— Se você não contar conto eu — e virando-se para Rafaela, Olga disse:
— Seu pai...
— Mãe? — berrou Guilhermina avermelhando-se.
— Ela precisa saber — insistiu Olga, seriamente.
— Não, mamãe!
— Você precisa tirar esse peso de suas costas.
— E a senhora acha por acaso que esse peso pode ser tirado assim de uma hora para outra simplesmente?
— Já se passaram vinte e três anos, Guilhermina. Vinte e três longos anos.

Guilhermina perdeu a fala, levou as mãos até o pescoço como quem procura afrouxar um colar ou uma gola apertada. Por fim, endireitou o corpo, afastou o cabelo da testa, puxou do coração a coragem que tanto lhe era necessária para encarar a filha novamente, então disse:

— Eu confiava em seu pai, Rafaela. Acreditava nele... Como se ele fosse o homem mais nobre do mundo. Um Deus... Eu o adorava como um ídolo, uma celebridade onde só se veem as aparências, o glamour e a beleza... Jamais o lado frágil, imperfeito, humano. Pensei que ele guardasse dentro de si tudo o que havia de mais delicado e nobre. E era tudo mentira. Ele me traía com várias mulheres.

Rafaela olhava para a mãe entregue a um misto de fascínio e surpresa.

— Eu não queria admitir que ele era um poço de imperfeição. Então... decidi, e creio que foi inconsciente, culpar as mulheres com que ele se envolvia pelas suas faltas.

A última palavra dita para completar a frase pareceu levar consigo o último resquício de energia que havia no íntimo de Guilhermina. A seguir, ela inclinou o corpo para a frente, pôs os braços sobre os joelhos e recostou a cabeça sobre eles.

Rafaela caminhou até ela, sentou-se do seu lado, pousou a mão gentilmente em seu braço e falou consternada:

— Oh, mamãe... eu sinto muito...

Quando seus olhos encontraram-se com os da filha novamente, os lábios de Guilhermina estavam roxos, sua expressão amargurada. A filha, no entanto, deu-lhe um sorriso triste e compreensivo.

— A senhora não pode mais se fechar para a vida se prendendo ao ressentimento por tudo isso. Não é justo para com a senhora. Não é justo que aja assim. Eu sei que deve ser difícil para a senhora esquecer o que aconteceu, sei que deve ter tentando muitas vezes e não conseguiu, mas não desista.

— Não quero jamais que você passe um décimo do que eu passei nas mãos do seu pai. Por tudo isso insisto tanto em preveni-la contra os homens. Você não faz ideia do sofrimento que eles são capazes de nos causar.

— Não podemos rotular, mamãe. Jamais podemos rotular... cada um é um. Cada um tem uma história...

Capítulo 7

Apresentações e frustrações

O dia escolhido por Rafaela para apresentar Jorge Henrique Augustin a sua mãe finalmente chegou. Lá estava o rapaz sentado ao lado de Rafaela em frente a Guilhermina Scarpini naquela sala tão bem decorada e sem vida. Olga também estava presente, a convite da neta para ajudar a elevar o astral, caso a mãe o pusesse para baixo.

A atmosfera da casa era harmoniosa, tudo impecavelmente limpo, nada fora do lugar, mas como acontece com muitas mulheres, as condições da casa não refletiam o interior da dona da casa. Infelizmente. Dentro de Guilhermina havia um redemoinho de rancor, misturado a um manancial de desencanto pela vida. Ela se preocupava tanto em manter a casa limpa, impecavelmente limpa e organizada, mas se esquecia de fazer o mesmo com o seu interior, lugar tão importante ou mais que a sua morada, pois é a morada do espírito.

Pela maneira que Jorge foi envolvido pelo olhar arrogante de Guilhermina, ele soube imediatamente que o relacionamento não seria nada fácil. Ela honrava literalmente o título de sogra. A *sogra*.

O que mais incomodava Guilhermina era o fato de Jorge ser tão cativante. Assim que a filha partiu na companhia do rapaz, Guilhermina voltou-se para Olga e explodiu:

— Rafaela é uma tola... Completamente tola... Está tão embriagada de paixão por aquele rapaz que não pode ver quem é ele por trás daquele rostinho bonito... A senhora viu como ele me tratou? Como se eu fosse uma velha senil.

— Não diga tolices, Guilhermina, o Jorge é louco por sua filha...

— Ele pode estar louco por ela, mas não é o ideal para ela.

— Ele não é o ideal para você — sentenciou a mãe.

— Não é o ideal para mulher alguma... — cortou Guilhermina, em voz ressoante.

— Para você nenhum homem é ideal para a mulher...

— E não é verdade? Acho que até o papai...

Guilhermina tinha a sensação de estar pegando fogo por dentro.
— Poupe seu falecido pai de suas observações, Guilhermina, por favor.
— Se Rafaela pudesse ver seu amado Jorge realisticamente, mas a paixão cega o coração das jovens na idade dela.
— Mesmo que o veja não creio que fará alguma diferença. Rafaela me parece disposta a aceitá-lo como ele é. Nas suas virtudes e defeitos. Alegrias e tristezas e todo aquele *blá-blá-blá* que você já sabe...
— Se ao menos eu...
— Guilhermina — repreendeu Olga seriamente. — Não ouse interferir na vida de sua filha novamente. Eu não permitirei. Minha neta merece ser feliz.
— Ela jamais será feliz com ele!
— Você não é vidente.
— Coração de mãe não se engana. Ou se engana?
— Posso dizer que sim.
— Bobagem.
— Engana-se sim. O meu se enganou em relação a você. Mimei-a demais.
— Eu não sou mimada.
— Mimada, não. Hipermimada, sim.

Ignorando as palavras da mãe, Guilhermina disse:
— Preciso desmascarar esse rapaz enquanto há tempo.

Olga olhou para a filha com desânimo. Sentia-se como se estivesse subindo por uma ladeira íngreme e escorregadia, e acabava sempre voltando para o mesmo lugar.

Como era possível uma pessoa permanecer amarga por tanto tempo e ser tão rancorosa? Olga estava certa de que sem a ajuda de um psicólogo Guilhermina ficaria assim até seu desencarne. Visto que ela não cedia aos conselhos da mãe para procurar um profissional da área de psicologia, Olga sugeriu então, mais uma vez, que ela procurasse ajuda espiritual. Novamente o conselho entrou por um ouvido e saiu pelo outro.

As vozes com que Guilhermina conversava a desencorajavam profundamente a procurar tal ajuda.
— Para que ajuda espiritual, sua tola? Nada vai mudar o passado. Nada vai evitar que os homens mudem seu comportamento para com as mulheres. Nada... Ouviu? Nada!

As vozes falavam com tanta força, muitas vezes, muitas ao mesmo tempo, fazendo Guilhermina sentir uma pressão na nuca, uma pressão tão forte que tinha de se deitar num quarto escuro para relaxar a musculatura.

Nesses momentos, as imagens do passado voltavam a desfilar por sua mente, as imagens que nunca saíam dali e pareciam um ser vivo dotado de um prazer mórbido a torturá-la.

Nos dias que se seguiram, Olga continuou a ouvir uma voz insistente na sua mente dizendo: "Guilhermina precisa de ajuda espiritual". Mas o que fazer se ela não aceitava sua sugestão? Só se ela arrastasse a filha pelos cabelos até um Centro Espírita para receber tal auxílio.

Enquanto isso, Guilhermina pensava num modo de afastar Rafaela de Jorge Henrique Augustin. Nem que para isso tivesse de recorrer à alternativa mais baixa que o ser humano pode recorrer para afastar um casal que se ama. Tudo em nome da proteção da filha.

Rafaela conversava com a avó a respeito da mãe. Olga contou-lhe o quanto seria bom se Guilhermina recebesse ajuda espiritual. Vendo que a mãe se recusava a receber tal ajuda, Rafaela achou por bem ir ela mesma ao Centro que a avó frequentava para procurar ajuda para a mãe.

Enquanto Rafaela aguardava ser chamada pela médium, seus olhos voltaram-se por um instante para um retrato do médico e médium Bezerra de Menezes pendurado no fundo da sala.

Ali, naquele lugar simples e acolhedor, percebeu Rafaela, os frequentadores podiam ultrapassar a agonia, o vazio e o cansaço que vinha de encontro a eles no decorrer dos dias. Podiam sempre ver um facho de luz em algum ponto da escuridão. Voltar para uma época em que as pessoas trabalhavam devagar, com calma, sem tensões ou correrias, respeitando seus limites físicos e mentais. Um lugar sem dúvida alguma, abençoado.

Minutos depois, Rafaela conversava com o médium:
– O que a preocupa? – perguntou ele, num tom natural.
– Minha mãe... – respondeu ela, sem esconder o pesar.
– Doença?
Em vez de responder ela perguntou:
– O que se deve fazer para se esquecer das amarguras do passado?
– O perdão pode ser o caminho da libertação.
– Duvido muito que minha mãe consiga fazer uso desse recurso – ela riu –, o senhor não faz ideia de quem é ela.
– Se for verdade quando dizem que toda mãe é igual, que só mudam de endereço, então posso fazer ideia de como seja sua mãe.

Os olhos dela, profundamente castanhos, abriram-se um pouco mais.

– Oh! – exclamou ela, surpresa com o comentário, rindo a seguir. Ele sorriu e ela retribuiu.

– Creio – disse ela, por fim –, que a esperança é a última que morre, não? Só me resta ela, não é mesmo?

– A vida, minha filha, é feita de esperança especialmente por parte de Deus. Se Ele perdesse a esperança que tem em nós, de que um dia seremos espíritos mais evoluídos, aptos a tratar do planeta, da vida, do próximo e de nós mesmos com mais dignidade, afeto e caráter, Ele já havia interrompido o curso natural do cosmos. Afinal, nós, espíritos, encarnados ou desencarnados, não somos fáceis de se lidar.

– Quer dizer então que devo me apegar à esperança de que minha mãe vai sair dessa? – perguntou ela em tom de dúvida.

– Deve sim – respondeu o médium concordando com a cabeça. – Mesmo porque todos saem daquilo que precisam sair. Ninguém permanece estático no Universo, preso a uma masmorra de ignorância que o leva aos maus pensamentos e consequentemente aos maus hábitos. Todos, sem exceção, evoluem. É fato. Pode perceber. Explore cada história dos que por aqui passaram, passam e passarão.

O fervor com que ele fez a afirmação, surpreendeu Rafaela.

Cemitério do Araçá, São Paulo...

A tarde caía bonita na cidade que outrora fora chamada de terra da garoa quando Izabel da Silva Pelizarri foi visitar o túmulo de sua patroa, amiga e comadre querida, Valentina Villalba. Depositou as flores que havia comprado numa das floriculturas que ficava na frente do cemitério, na Av. Dr. Arnaldo, para que o túmulo ficasse mais alegre, menos pálido. Em seguida, fez uma oração enquanto sua mente era invadida pelas lembranças alegres vividas ao lado daquela mulher que tanto fizera por ela.

Izabel só despertou dos seus pensamentos quando notou que havia alguém nas proximidades, respirando ofegante. Ela imediatamente saiu em busca da pessoa na esperança de ajudá-la.

Não levou mais que dez minutos para localizar a pessoa; tratava-se de um homem, com cerca de cinquenta anos, acocorado no chão como se fosse um mendigo.

– O senhor está bem? – perguntou Izabel no seu tom delicado de sempre.

A pergunta fez com que o homem olhasse assustado para ela, como se tivesse visto um fantasma. Agora quem olhava espantada para ele era a própria Izabel, assim que o reconheceu. Tratava-se do doutor Mathias Albuquerque, aquele que tempos atrás fazia abortos. Que ela mesma encontrara certa vez no Centro Espírita.
– Senhor Mathias?
– Psiu – fez ele, pondo-se de pé num salto, fitando seus olhos. – Fale baixo. Eles estão atrás de mim.
– Eles? Eles quem?
– Aqueles loucos que comandam aquela clínica para loucos.
– Clínica?
– Sim, eles me internaram lá porque acham que eu estou louco, mas não é verdade, as vozes que ouço não são projeções da minha mente. São reais. Elas não param de berrar, chorar, implorar para que eu poupe suas vidas. Elas são loucas!
Ele ia dizer mais alguma coisa, mas parou, olhou mais atentamente para ela e disse:
– Eu me lembro de você.
– Nos conhecemos há mais de vinte anos quando eu pensei em fazer um aborto. Depois nos encontramos no Centro Espírita...
Ele a cortou rispidamente:
– Aqueles loucos, eles disseram que se eu não parasse de fazer abortos, as vozes iriam me deixar tão atormentado que eu não suportaria mais viver dentro de mim. Eles não compreendem, faço o que faço por dinheiro, pois preciso dele, quem não precisa, todos precisam, mais e mais...
– Por que o senhor precisa de tanto dinheiro?
– Por que? – havia agora uma expressão de perplexidade na face do médico. – Para ser alguém na sociedade.
– O senhor já é alguém, doutor Mathias. Todos nós, todo mundo, somos alguém. Ninguém precisa adquirir posse, *status* e nome para ser alguém, tudo isso é ilusão, vaidade, loucura...
Ele soltou um suspiro profundo e acrescentou:
– Você nunca passou fome como eu passei na infância, nunca teve vontade de ter as coisas como eu tanto quis ter na adolescência e não pude por causa do maldito dinheiro.
– E para tê-las agora é preciso destruir vidas, sua própria vida. Será que vale a pena?
– Qualquer coisa vale a pena se for para saciar as vontades que eu tive na infância e adolescência. Agora eu tenho dinheiro, cada vez

mais, posso comprar dez vezes o que eu quis e não pude quando menino e adolescente...
— E o senhor já comprou alguma dessas coisas?
A pergunta pareceu desarmá-lo. Não era preciso emitir uma resposta para que Izabel compreendesse que a resposta era: não. De repente o rosto dele se contorceu ainda mais e, cerrando os olhos sobre ela, perguntou:
— Eles mandaram você para me apanhar, não foi? Mas não vão conseguir, jamais.
E sem mais, o médico foi se afastando e logo seguiu correndo por entre os túmulos até desaparecer do campo de visão de Izabel. Ela, por mais que quisesse sair dali não conseguiu, tamanho o impacto que aquele encontro lhe causara. Por fim, partiu, carregando consigo a promessa de orar por aquele homem atormentado para que os espíritos de luz pudessem iluminar sua pessoa e tirá-lo daquela triste realidade que ele próprio cavou para si.

Ninguém quer saber o que fomos, o que possuíamos, que cargo ocupávamos no mundo; o que conta é a luz que cada um já tenha conseguido fazer brilhar em si mesmo.

Chico Xavier

Semanas depois, mansão da família Augustin

Assim que Jorge pôs os pés na casa onde morava com os pais foi imediatamente posto contra a parede por ambos.
— Você já sabe, não sabe, a cidade inteira pelo menos está sabendo.
— Do que o senhor está falando?
— De Rafaela Scarpini. Espero, pelo amor de Deus que não tenha dormido com essa jovem.
— Quem o senhor pensa que Rafaela é?
— Não sei. O fato é que nós não dormimos desde que soubemos do estado de saúde dela. Só de pensar que aquela moça pode ter contaminado você, acelera o meu coração.
— Pai, tudo não passa de um boato maldoso. Conheço Rafaela. É a pessoa mais confiável que conheço na vida. Ela teria me dito se...
— Ora, Jorge Henrique, não seja hipócrita. Ninguém revelaria sua verdadeira condição de saúde nesse caso.
— Eu amo Rafaela. Nada vai me fazer separar dela.

– Você não vai nos dar esse desgosto, não é Jorge Henrique? – expandiu-se a mãe.
– Se preciso for, assim será.
– Nós não vamos permitir, em hipótese alguma, que você destrua a sua vida, vida, que deve a nós, por causa de uma tola história de amor da juventude com uma garota contaminada por esse vírus letal.
– Eu assino embaixo – salientou o pai.
– Se você nos desobedecer acabará com sua reputação diante da sociedade. Ouça o que diz seu velho pai. Se você continuar insistindo em namorar essa jovem, ninguém, nem mesmo um mosquito, vai ousar se aproximar de você. A aids é transmissível, Jorge Henrique, e mata!
O filho soltou um suspiro pesado. O melhor a se fazer para não contrariar os pais era se afastar de Rafaela até aquele boato, aquele maldito boato, que se espalhara pelo Rio de Janeiro a respeito dela se assentasse e houvesse um modo de provar a eles que tudo aquilo que estavam comentando não passava de um boato maldoso.
Diante da delicada situação, Jorge Henrique Augustin pôde fazer ideia do quanto estava sendo sofrível para as vítimas da aids, além do próprio sofrimento causado pela doença, o preconceito sobre elas. Daquele dia em diante o moço passou a orar também por todas as vítimas da doença como orava pelos que amava.
Quando a fofoca chegou aos ouvidos de Rafaela, a jovem se perguntou:
– Quem haveria de ter inventado um boato tão maldoso como aquele? Uma invejosa, com certeza.
Os meses se passaram e por mais que ela procurasse pela resposta não a encontrou. O mais triste naquilo tudo foi ter de se separar de Jorge Henrique Augustin. Quando ele veio até ela pedir-lhe que fizesse um teste de HIV para provar a todos, e especialmente a seus pais, que tudo aquilo que estavam falando dela não passava de um boato maldoso, Rafaela se sentiu ofendida com o pedido. Disse:
– Não preciso provar nada para ninguém. Se você não acredita em mim é porque não me merece.
– Eu acredito em você, Rafaela. O problema não é comigo, é com os outros, com os meus pais...
Mas Rafaela não conseguiu compreender a situação do namorado e acabou rompendo o namoro com ele.
E o tempo passou...

Capítulo 8

São Paulo, início de 1995

– Por que?! – explodiu Izabel ao saber que Adolfo havia escolhido um hospital no Rio de Janeiro para fazer sua residência médica.
– Por que, não?! – questionou Adolfo, chocado com a reação da mãe.
– Porque o Rio de Janeiro é uma cidade perigosa!
– Tão perigosa quanto aqui, minha mãe. Perigo há em toda parte.
Adolfo abraçou a mãe na esperança de que seu abraço a tranquilizasse. A seguir olhou para o pai, com a desconfiança crescente em seu olhar.
– E quanto a Tereza? – perguntou Izabel, segundos depois.
– Tereza? Já é página virada do meu folhetim... – cantarolou Adolfo.
– Outro namoro que termina – comentou Izabel, com desagrado.
– Se é que podemos chamar um namoro de três meses de namoro.
– Ela é mãe, meu filho, você sabe como é... – explicou Emilio César tentando parecer o mais natural possível assim que se viu interrogado pelo filho a respeito da estranha reação da mãe.
Mas, Adolfo, ficou mais uma vez à mercê da suspeita de que a mãe e o pai escondiam alguma coisa dele.
Izabel, em suas preces, pediu a Valentina que protegesse o filho do pior. Pois morando no Rio de Janeiro, onde faria residência médica, ficava muito mais fácil encontrar-se com sua irmã por parte de pai.
Em sonho, Valentina apareceu para ela e disse:
– Nada desvia o destino, Izabel... Nada...
Em julho daquele ano, Olga e Anselmo Scarpini viajaram para o exterior. Passariam 45 dias fora visitando os países mais aconchegantes da Europa. A viagem, pensou Olga, seria ótima para

reerguer o astral de Anselmo que desde a separação da segunda esposa andava cabisbaixo, separação que se deu após ele descobrir que ela o estava traindo com outro.

Haviam se passado sete dias desde que Olga e Anselmo tinham viajado quando Rafaela voltou para sua casa, sentindo-se completamente fora de si. Assim que encontrou a mãe na sala foi logo dizendo:

– Diga-me que não é verdade, por favor. É só o que peço a senhora.

A pergunta foi feita com intensidade e num tom de voz agudo e aflito.

– Isso não são modos de falar com sua mãe – repreendeu Guilhermina assustada com o tom de voz da filha.

Mas Rafaela, dessa vez, não se deixou intimidar pelo tom da mãe. Acrescentou:

– Por tudo que há de mais sagrado diga que não é verdade.

– Do que está falando, Rafaela?

– A senhora sabe, sabe muito bem do que estou falando.

– Não, eu não sei não!

– Sabe sim. Foi a senhora, não foi, que soltou o boato que se espalhou pela cidade inteira. O boato de que eu estava com *aids*.

Guilhermina encolheu-se diante das palavras da filha. Rafaela lançou um rápido olhar ao redor. Era um olhar de terror, de pânico. Quando voltou a olhar para mãe, seus olhos ardiam de tristeza, sua voz também:

– Como pôde, mamãe? Como?!

– Eu não espalhei nada! – defendeu-se Guilhermina procurando fugir do olhar da filha.

– Espalhou sim – afirmou Rafaela, bem certa do que dizia. – E eu sei bem o porquê de ter feito isso. Pelo medo, esse medo que já não é mais nem medo é uma doença, uma doença mental, de que eu me envolva com um homem.

A voz de Guilhermina atravessou a sala com a voracidade de um raio:

– Rafaela!

Rafaela lastimou:

– Será que não vê, minha mãe, que tudo que faz por mim só serve para me fazer infeliz? Eu quero ser livre, mamãe. Ser amada. Eu quero amar. Amar como a senhora tanto quis um dia. E por querer casou-se com papai e pôde me dar à luz.

O olhar contrafeito de Guilhermina acentuou-se tanto quanto o descaso em sua voz:
– Vai sacrificar sua vida por causa de um homem?!
– Como a senhora sacrificou a vida da senhora, toda a felicidade e toda a liberdade que poderia ter gozado na vida e não gozou por causa de um homem.
– Um homem que me fez infeliz!
– Pode ser. Não o defendo. Por outro lado, foi o mesmo homem que me deu a você.

Guilhermina soltou um suspiro nervoso, procurou se recompor e disse:
– Filha, você é tudo que eu tenho na vida.
– Não sou. Nenhum filho é. E a senhora sabe muito bem disso bem como todos os pais e mães. Somos partes da vida dos pais, mas não o todo. Ninguém o é, nem o grande amor da nossa vida. Somos todos parte de um todo.

"A senhora se escondeu da senhora mesma atrás de mim, escondeu-se da vida, do *direito de renascer* de tudo o que aconteceu entre a senhora e o papai que lhe desagradou tanto. Um *direito de renascer* que a vida estava o tempo todo lhe oferecendo. Um direito que a senhora menosprezou por comodismo e mimo."
– Meça suas palavras, Rafaela.
– Não, mamãe! Chega! Nunca faltei com respeito à senhora desde que nasci, mas a senhora sim, faltou com respeito comigo ao inventar uma mentira sórdida como essa.
– Você é uma ingrata. Ingrata e cega, não vê que tudo o que fiz e faço é para protegê-la do mal.
– Tudo o que fez e faz é para proteger a senhora do mal, porque se algo de ruim acontecer comigo afetará a senhora negativamente. No centro, no fundo, no âmago de toda a sua preocupação está a senhora mesma, bem acima de mim, acima de todos. Não é a mim que a senhora não quer ferir, é a senhora mesma.

As palavras da filha nunca tiveram tantas farpas quanto agora, farpas que faziam sangrar.
– Você não sabe o que diz – Guilhermina estava agora desconcertada.
– Nunca estive tão certa em toda a minha vida. O que a senhora faz e fez não é justo para comigo nem para com a senhora. Não é,

nem nunca foi. E só há um jeito de resolvermos tudo isso. Eu saindo da vida da senhora. Se eu não sair, a senhora nunca poderá ver quem é de fato, superar seus problemas, evoluir.
— Sem você que sentido terá a minha vida?
— Muito sentido, minha mãe. A vida não é feita somente de filhos. Não é feita só de amor. Não é feita só de trabalho. Nem de ambição, nem de lazer, nem de devoção a Deus. É feita de tudo isso em conjunto. Como o corpo é um conjunto de órgãos, como uma orquestra é um conjunto de instrumentos e instrumentistas.
— Você é uma ingrata.
— Não, mamãe. A senhora é que foi ingrata. Deveras ingrata com a senhora mesma. Com a vida e, principalmente, com Deus. Com tudo de bom que Ele lhe deu.
— Eu faço o que faço para protegê-la de todo o mal.
— Eu lhe agradeço, mas proteção demais sufoca, paralisa, esmaga, e essas três consequências nos fazem tão mal quanto o mal que a senhora tanto quer afastar de mim com essa atitude.
"A senhora me usou, mamãe. Não apenas uma parte, mas inteira. Usou-me para se esconder das verdades que a senhora não quis enfrentar, encarar, transcender, renascer..."
— Renascer? Renascer para que? Para cair na mão de outro cafajeste ou para correr o risco de perdê-lo para outra? Nós vivemos num mundo repleto de mulheres que não respeitam as outras. Bastou virar as costas, elas atacam o seu homem sem nenhum pudor.
— Mamãe, a vida é cheia de riscos. Não há nada na vida que não envolva riscos. Superações. Deixar de viver a vida por medo de viver esses riscos é viver pela metade, ou melhor, é *não* viver. É apenas se defender da vida...
Rafaela inspirou fundo e acrescentou:
— Eu vou embora daqui. Já deveria ter ido há muito tempo. Por tudo isso é que as famílias americanas têm o hábito de incentivar seus filhos a morarem sozinhos assim que vão para a faculdade ou arranjam seu primeiro emprego, pois só assim crescem, tanto os filhos quanto os pais. É preciso treinar o desapego em todos os sentidos.
Sem mais nada a dizer, Rafaela passou pela mãe e subiu até seu quarto. Meia hora depois, desceu toda arrumada, pintada belamente, com o cabelo ajeitado graciosamente, com um olhar de quem tem vontade de viver. Viver e não se esconder da vida. Viver por amor.

Assim que Rafaela desceu, Guilhermina voltou-se para ela e disse, enquanto esticava a mão na sua direção:
— Se você atravessar essa porta, Rafaela, você nunca mais há de encontrar sua mãe viva.
Foi só nesse momento que Rafaela percebeu o punhado de comprimidos no meio da palma da mão da mãe. A voz de Guilhermina soou novamente forte e firme no aposento:
— Se você sair eu tomo todos esses comprimidos, todos de um só gole!
— Cuidado, hein? — observou Rafaela, com bom humor. — Pode se engasgar.
— Eu estou falando sério.
— Eu também. Inclusive eu acho que esses comprimidos aí não são suficientes para matar uma pessoa. Dobre a dose.
— Eu estou lhe avisando, Rafaela. Você vai se arrepender depois pelo resto da sua vida.
— Está enganada, mamãe. A senhora sim, é que vai se arrepender amargamente depois. Porque quem atenta contra a própria vida atenta contra Deus.
A filha fitou a mãe longamente, com aqueles olhos frios e bonitos. Então, apertando-os, disse:
— Deixe-me ir.
Os olhos de Guilhermina saltaram as órbitas, e num tom ácido ela ameaçou:
— Eu vou tomar.
Rafaela expirou cansadamente e disse:
— Se a senhora quer assim, tome. Tome todos.
Nem bem a filha deu-lhe as costas, Guilhermina correu atrás da jovem e a agarrou pelo braço.
— Não me deixe aqui sozinha, por favor — dizia tomada de desespero.
— Solte o meu braço, mamãe, por favor.
— Você me deve a sua vida, os anos que passei dia e noite cuidando de você. Eu não mereço isso, não mereço.
Com um safanão, Rafaela, livrou-se das garras da mãe e saiu.
— Rafaela! — berrou Guilhermina rompendo-se em lágrimas.
Rafaela voltou-se na direção da mãe, olhos firmes, a voz concentrada, e disse:

– A senhora precisa de um tratamento psíquico, mamãe, já que se recusa a ter um espiritual.

Nem bem ela terminou de pronunciar a última palavra Guilhermina foi para cima dela. A fim de se esquivar da mãe, Rafaela recuou o corpo, esquecendo-se que estava na pontinha da escada que levava até o portão de frente da casa, desequilibrou-se e caiu de costas batendo violentamente a cabeça no chão.

– Rafaela! – gritou Guilhermina no ápice do desespero.

As duas empregadas que ouviam a discussão da mãe e da filha ao ouvirem o grito acharam por bem correr até lá. Ao avistarem a patroa ajoelhada no chão perto da filha estirada, estremeceram.

– Meu Deus, chame uma ambulância urgente, Florípedes – pediu Zola enquanto descia a escada na esperança de amparar a patroa e a filha.

– Acalme-se, dona Guilhermina, acalme-se.

– Eu a matei – explodiu Guilhermina desesperada. – Eu a matei, meu Deus. Quis tanto protegê-la de todo o mal e, no entanto, fui eu quem lhe fez todo o mal que temi! Meu Deus! Eu a matei!

A mulher olhou horrorizada para Rafaela cuja cabeça sangrava muito.

Por um momento vertiginoso, Guilhermina não conseguia respirar. Ela realmente podia sentir seu coração se partir. Quis desesperadamente tomar a filha nos braços, mas suas mãos tremiam terrivelmente.

Vinte minutos depois, a ambulância parava na frente da casa de Guilhermina e com todo o cuidado os paramédicos puseram Rafaela dentro dela e partiram para o hospital. Guilhermina, a pedido, foi junto no carro, segurando firmemente a mão da filha desacordada enquanto se rompia em lágrimas desesperadas.

– Bem na hora que eu mais preciso, minha mãe e Anselmo estão fora do país. Como pode? – murmurava ela em meio ao pranto.

Guilhermina preencheu a ficha do hospital e uma enfermeira veio até ela e disse:

– Com licença?

– Pois não – respondeu Guilhermina ansiosa.

– Desculpe-me, minha a senhora, mas sua filha não poder ficar aqui.

— Como assim não pode? Minha família sempre foi atendida nesse hospital, a vida toda.
— É que nós não recebemos pacientes com HIV. É contra as normas do hospital.
— HIV?
— Do que está falando?
— É que se *comenta* que sua filha foi contaminada pelo vírus da aids e...
— Não é verdade. É mentira. Fui eu mesma quem inventou isso...

A enfermeira olhou para a outra e pensou: "Pobrezinha, querendo inventar que tudo não passa de um boato só para poder internar a filha".

— Vocês tem que aceitar minha filha neste hospital. É dinheiro que vocês querem, eu tenho. Quanto? Quanto vocês querem?! Eu pago. Dinheiro para mim não é problema.
— Não, minha senhora, não é dinheiro que queremos. São as normas do hospital.

Nisso, Conrado de Mesquita, o marido de Abigail, antiga amiga de Guilhermina dos tempos de adolescência ia passando no recinto.

— Conrado? Lembra-se de mim? Sou eu, Guilhermina Scarpini, amiga de Abigail.

O rapaz franziu a testa não para se recordar, mas de espanto por ver Guilhermina após tantos anos e naquelas condições físicas e emocionais. Parecia descontrolada. Ela agarrou firme nos braços do homem e disse:

— Pelo amor de Deus, minha filha caiu, bateu a cabeça, e o hospital se recusa a interná-la por pensar que ela é portadora do vírus HIV. Mas isso é mentira, puramente mentira.
— Eu sinto muito, Guilhermina. São normas da casa — respondeu o médico seriamente.
— Vocês não podem fazer isso comigo.
— Vamos transferi-la para outro hospital.

As palavras ditas naquele modo tão frio acabaram com Guilhermina.

Meia hora depois Rafaela era transferida para outro hospital. Os enfermeiros, quando souberam quem era a jovem, chegaram a passar mal de preocupação, receosos de que haviam sido contaminados pelo vírus. Reação muito natural nas pessoas na época em que a *aids* se alastrou pelo mundo.

Guilhermina seguiu mais uma vez dentro da ambulância sentada ao lado da filha, apertando sua mão com firmeza e carinho ao mesmo tempo. Dizendo, repetidas vezes:
– Vai ficar tudo bem, meu anjo, tudo bem. Acalme-se.
Nisso, a sirene da ambulância soou mais alto e insistente. Pela janela Guilhermina podia ver a dificuldade que o veículo estava tendo para seguir caminho. Ela chegou a soltar alguns palavrões ao se ver presa naquele trânsito infernal. Sua vontade era pôr a cabeça para fora do carro e xingar todos os motoristas que não davam passagem para a ambulância ou atrapalhavam o seu caminho.
– Será que não veem, seus estúpidos, que há uma pessoa aqui dentro necessitando urgentemente de cuidados médicos? – vociferou ela, em lágrimas.
Foi nesse momento que um fragmento do passado voltou a sua mente. O momento em que ela atrapalhou uma ambulância que corria apressada para o hospital e por pouco não provocou um acidente envolvendo os dois carros e demais nas imediações.
Tudo vai, tudo volta, ela ouviu ecoar na sua mente. Seguido de um arrepio esquisito.
No hospital, o médico que atendeu Rafaela era bem jovem, não devia ter mais do que 38 anos. Seus cabelos eram louro-avermelhados, seu rosto ligeiramente sardento e seu queixo excepcionalmente quadrado. Seus olhos, castanho-claros, eram penetrantes e argutos. Era um daqueles homens que as mulheres chamam de feio-bonito. Outras de "cara de homem". Chamava-se Graciliano Duarte.
– Pelo amor de Deus, salve minha filha – implorou Guilhermina assim que se viu diante dele.
O médico olhou fundo nos olhos dela e disse seriamente:
– Faremos o possível. Acalme-se.
Após examinar Rafaela e encaminhá-la para a UTI, o Dr. Graciliano voltou-se para Guilhermina procurando tranquilizá-la.
– Ela vai ficar bem, minha senhora. Esteja certa disso.
Um leve sorriso iluminou a face triste e riscada de lágrimas daquela mãe em desespero. O gentil e solícito médico perguntou:
– Como é o mesmo o nome da senhora?
– Guilhermina – respondeu ela.
– Sim, eu sei, referia-me ao seu sobrenome.
– Scarpini, por quê?

— N-não, por nada.
Uma óbvia admiração espalhou-se pelo rosto franco do Dr. Graciliano. Ele disse:
— A senhora é viúva, não é?
— Sou.
— Foi o que pensei.
Ela olhou mais atentamente para o médico, surpreendida com seu comentário. Em seguida, ele encaminhou Guilhermina até a sala da UTI.
— Meu Deus — murmurou o Dr. Graciliano assim que se afastou de Guilhermina — é a esposa de Giancarlo Vommaro. Que coincidência. Que tremenda coincidência.
— O senhor falou alguma coisa, doutor? — perguntou a enfermeira que estava ao seu lado.
— Não. Estava apenas pensando alto.
Nisso, outra enfermeira, de nome Cibele, juntou-se a eles e usando um tom confidencial comentou:
— Doutor, sua paciente, bem não sei se o senhor sabe, mas creio que deveria saber. Não quero parecer mexeriqueira, mas... bem ela é Rafaela Scarpini, por ser de família rica há sempre uma notinha nas colunas sociais sobre essa gente, o senhor sabe... E bem... Eu gosto desse tipo de leitura e...
— Vamos diga logo — atalhou o médico, com certa impaciência. — O que tem ela?
— Bem, é que comentam na cidade, já há alguns meses, que a jovem é portadora do HIV. Inclusive veio parar aqui porque não quiseram recebê-la noutros hospitais do Rio de Janeiro. O senhor sabe, há muita gente fechando a porta para pessoas contaminadas pela doença. Achei que o senhor precisava ficar a par para se precaver, digo, evitar muito contato com ela.
A enfermeira fitou longamente o médico, com seus olhos frios e claros. Então, apertando-os, perguntou:
— Doutor, o senhor está bem?
— Estou sim. Será mesmo que ela está...
— É o que dizem. Coitada é tão jovem. — E, baixando o tom, a enfermeira acrescentou: — Estou desconfiada, e quase todos aqui, de que a moça tentou cometer suicídio e por isso acabou vindo parar aqui. Foi o modo que ela encontrou para escapar da sua triste realidade.

O médico soltou um suspiro curto e seco. Num tom emocionado acrescentou:
— Eu preciso cuidar dessa jovem, com todo o carinho. Eu devo isso a ela.
— Vocês são conhecidos? Já tiveram algum envolvimento afetivo?
— Não. Conheci o pai dela. De uma forma completamente diferente do habitual, uma forma que por mais que eu lhe explicasse, você custaria a acreditar.
Assim que o Dr. Graciliano Duarte se afastou, Cibele comentou consigo mesma. "Pobre doutor, ficou bem abalado com a notícia, teria ele dormido com a moça sem saber de sua verdadeira condição de saúde e temia ter contraído a doença dela? É o que parecia. Pelo seu estado apoplético, tudo indicava que sim. Deixe até que a Janaina e a Leila saibam das últimas."
O médico caminhou até o quarto da UTI onde Rafaela estava acamada inconsciente. Parou na porta e se pôs a admirá-la. Um afeto enorme ecoava cada vez mais forte em seu interior.
— Meu Deus... — murmurou ele baixinho para si mesmo — aquilo que eu tanto quis está acontecendo. Ninguém vai acreditar se eu contar. Quando ela souber do que seu pai foi capaz de fazer...

Capítulo 9

Ninguém desvia o destino

– Nada como um pouco de ar puro para relaxar a tensão – disse Adolfo assim que se viu no jardim que cercava as edificações do hospital. Por diversos momentos inspirou o ar e deixou que ele, com ajuda da força do pensamento, enchesse todo o seu pulmão de ar, oxigenando seu cérebro.

Em meio ao entra e sai de pessoas, algo despertou sua atenção. A capela do hospital, visitada por ele diariamente durante um dos seus intervalos para um café rápido e revigorante, local onde se recolhia para fazer suas orações em nome de todos aqueles que amava e também por todos os pacientes que se encontravam em condições críticas de saúde.

A capela serena e tranquila era também o lugar mais apropriado para relaxar suas tensões, pôr a cabeça no lugar, comungar com Deus. De repente, o recém-formado em medicina se viu caminhando na direção da capela como se seus passos o levassem para lá por vontade própria. Estava já diante da porta de entrada quando ele se lembrou de que aquela era a hora de jantar e se não comesse cairia de fome em pouco tempo. No entanto, nem bem ele deu o primeiro passo na direção da cantina que ficava nas imediações do hospital, ouviu uma voz dizendo: volte, há alguém aí que precisa muito de uma mão amiga.

Uma mão amiga, murmurou ele, voltando-se para a capela. Entrou. Encontrou o interior da capela no seu habitual silêncio e serenidade de sempre. Não havia vivalma ali, a não ser uma mulher sentada bem rente ao pequeno e humilde altar com a cabeça voltada para a imagem de Jesus pregado na cruz, chorando baixinho. Ele caminhou até ela olhando-a com curiosidade crescente.

Ao perceber sua aproximação a mulher voltou a cabeça na sua direção e observou-o com surpresa. Ele fez o mesmo em relação a ela. Havia uma expressão altamente condenatória no rosto dela, que transparecia uma dor infinda, percebeu ele penalizado.

O rapaz aguardou por um minuto ou dois para se pronunciar.

– A senhora... digo, você está bem?

Não houve resposta alguma, ela tornou a olhar para a imagem de Cristo pregado na cruz amparada pelo silêncio. A expressão desolada da única pessoa presente na morada de Deus quase fez Adolfo chorar.

– Vou buscar um copo de água para a senhora – ofereceu-se Adolfo já se pondo em movimento. Dois minutos depois, retornava para a capela levando consigo um copo da água. Estendeu-o para a estranha enquanto dizia numa voz gentil e musical:

– Tome, vai lhe fazer muito bem.

Guilhermina olhou para o copo que o jovem médico segurava entre os dedos. E como quem fala para uma criança adoentada, sem ânimo para comer ou beber alguma coisa, o rapaz tornou a dizer:

– Tome, só um pouquinho, fará muito bem para você.

Ela não se moveria se ele não houvesse delicadamente pegado sua mão e pousado no meio dela, com a mesma delicadeza, o copo de plástico com água. Foi o toque, certamente o toque dos dedos dele sobre a pele dela que despertaram Guilhermina do transe que o desespero a aprisionara.

Adolfo percebeu, então, que aquela mulher ali, devastada pela dor e o desespero precisava bem mais do que um copo de água para acalmar-se. Precisava de um ombro amigo para desabafar e um pouco de calor humano. Mas algo lhe dizia que por mais que ela necessitasse, não assumiria diante de ninguém, jamais, tampouco pediria a alguém, ainda mais a um estranho como ele, que fizesse algo por ela. Era visível para ele que ela havia construído uma muralha em torno de si para se proteger do mundo e das pessoas. Por qual razão? Por qual motivo? Isso deixou Adolfo intrigado e ao mesmo tempo penalizado, querendo desesperadamente ajudar aquela mulher...

Guilhermina tomou a água devagar até não restar gota alguma dentro do copo.

– Obrigada – disse ela.

O copo na sua mão dava a impressão de que ela se prendia a ele para se proteger, até mesmo atacar, quem ousasse agredi-la ou até mesmo aproximar-se dela.
– Como se sente? – perguntou Adolfo.
Os olhos dela tornaram-se novamente opacos e desfocados. E a voz lhe faltou.
Adolfo da Silva Pelizarri ficou observando-a em profundo silêncio. Olhando meditativo para o perfil dela, adorável, esperando por alguma reação. Comparando-a com os pacientes que vinha tratando nas enfermarias dos hospitais, o rapaz observou que aquela mulher parecia mais doente que eles, talvez porque sua doença atingisse sua alma.

Entre ela e pacientes com câncer havia uma gritante diferença; para eles, a maioria pelo menos, ainda havia a esperança de que um remédio surgiria para curá-los, para ela não. Era como se aceitasse a dor que jamais poderia deixá-la...

Como ela nada mais dissesse, Adolfo tentou nova aproximação:
– Não é só aquele que precisa de cuidados médicos que sofre, não é mesmo? Quem ama também sofre tanto quanto ele.

Suas palavras conseguiram fazer Guilhermina voltar de muito longe, do lugar para onde a tristeza a havia conduzido. Provavelmente a casa do desespero e da solidão.
– Tem razão – concordou ela. – Toda razão...
– Quem está internado aqui? Algum parente? Seu marido?
A menção do marido estremeceu Guilhermina.
– Minha filha – balbuciou. – Minha única filha.

A última palavra foi encoberta por um choro sufocado.
Ele tomou a liberdade de pousar sua mão no braço dela para lhe dizer:
– Eu sinto muito. Não deve estar sendo fácil. Nunca é fácil...
O toque entre as peles trouxe Guilhermina para mais perto do equilíbrio. Pela primeira vez então, ela olhou com atenção para o moço vestido todo de branco sentado ao seu lado, o qual acolheu seu olhar com muita receptividade.

Era jovem, sem dúvida, observou ela, mas não um daqueles jovens de rostinho bonito e angelical. Era a face de um homem maduro, com traços fortes de homem no rosto. O furo no queixo lhe dava um ar de rapaz do interior, um daqueles apaixonados por rodeios e fazendas. Foi isso o que mais chamou sua atenção. Ele parecia mais um peão do que um médico. Não que não fosse bem-vestido, era impecavelmente bem-vestido. O cabelo devidamente aparado e repartido. O rosto impecavelmente escanhoado. Ainda assim, ela via nele um peão, como aqueles que via nas cidades do interior quando viajava para visitar as fazendas do pai.

Emergindo de seus pensamentos, Guilhermina perguntou:
— Desculpe-me... Quem é você?
— Meu nome é Adolfo. Estou fazendo residência aqui neste hospital.
— Parece-me tão jovem...
— A maioria das pessoas têm os médicos como homens de meia-idade, esquecem que os médicos já foram jovens um dia, não é mesmo?

Ela assentiu com um olhar tomado de curiosidade por aquele jovem médico de fala bonita e macia, que despertava dentro dela um curioso senso de intimidade. O mesmo que ecoava por dentro de Adolfo Pelizarri. Fez-se um breve silêncio até ele sugerir:
— Se me der o nome da sua filha, o quarto onde ela está internada, posso ir até lá saber como está.

Ela voltou os olhos para a mão e novamente as lágrimas começaram a atravessar seus olhos. Ele tratou logo de acrescentar:
— Se tiver alguma coisa que eu possa fazer para ajudá-la eu certamente farei.

Guilhermina engoliu em seco por uma, duas, três vezes antes de desabafar:
— A culpa foi minha.

O comentário impregnado de choro assustou o rapaz. Ela prosseguiu:
— A culpa foi toda minha. Se eu não tivesse discutido com ela. Se ela não fosse tão teimosa, nada disso teria acontecido. Eu amo minha filha. Não faz ideia de como eu a amo. Tudo o que fiz foi para protegê-la, protegê-la de todo o mal que um... — Ela ia dizer homem, mas mudou de ideia. Disse apenas: — protegê-la de todo o mal que o mundo pode lhe causar.
— Admiro sua preocupação. Chego a pensar que agiria assim em relação a um filho meu... No entanto, precisamos nos lembrar que nem o Super-Homem é capaz de impedir que o mal aconteça. E sabe por que? Porque só Deus é herói suficiente para nos livrar de todo o mal.

Um leve sorriso cortou o rosto amargurado de Guilhermina. Ela acrescentou:

– Eu preciso fazê-la entender que eu não fiz por mal. Nunca fiz nada por mal. Só fiz o que fiz para protegê-la. Só isso.

– Com certeza, um dia sua filha há de perceber o que fez e, provavelmente, vai agradecer-lhe. Muitas vezes a gente não compreende nossos pais, depois, quando amadurecidos, aí sim, a compreensão vem e com ela o perdão...

– Você fala tão bonito. Sua voz me faz lembrar de alguém... alguém que já partiu há muito tempo desta vida. Meu marido. Morreu num acidente. Era jovem, ainda muito jovem.

– Deve ter sido um baque e tanto. A senhora devia amá-lo muito, não?

– Se eu o amei? Sim, amei-o loucamente. No entanto, ele foi exatamente como diz a canção: *o maior dos meus planos e o maior dos enganos que eu pude fazer...**. Foi minha alegria e minha maior tristeza. Minha saúde e minha pior doença. Meu encontro e a minha perdição. Minha bússola e a minha desorientação.

Ela expirou o ar dos pulmões antes de acrescentar com rancor:

– É por tudo isso, entende? Por tudo isso eu protejo minha filha, para que nada do que eu passei de ruim nas mãos do pai dela aconteça com ela.

– Eu entendo.

– Será que pode compreender mesmo?

– Sim, por que não? Sou jovem, mas não de mentalidade.

Novo silêncio. Adolfo percebeu dentro de si uma estranha sensação de culpa. Como se ele de algum modo obscuro houvesse sido culpado por tudo o que aconteceu àquela mulher. Se ele não fosse espírita interpretaria aquilo como algo sem sentido, porém, compreendeu imediatamente que ela e ele, uma vez que nunca haviam se visto nesta vida, já deviam ter se cruzado em alguma vida anterior, criado algum laço, talvez afetivo, ou simplesmente de passagem, mas certamente um laço... Mas onde e quando?

Não foi o canto do passarinho do lado de fora da janela da capela quem os despertou do silêncio, tampouco a entrada de alguém no local, ou um ruído vindo do corredor do hospital. Foi um ronco, de

---

*Izolda (N. do A.)

fome, provindo do estômago de Guilhermina quem despertou os dois.

– Há quanto tempo não se alimenta? – perguntou ele, com certo bom humor. – Não! Não diga. Eu direi por você. Aposto que desde que tudo aconteceu.

Guilhermina não conseguiu conter outro suspiro, acompanhado de um sorriso encabulado. Adolfo a preveniu:

– Se você não se cuidar ficará frágil física e mentalmente, e de que servirá você nessas condições para sua filha? Muitos pais se esquecem de se cuidar quando seus filhos adoecem, nem se dão conta do quanto isso complica a situação. Não importa o que nos aconteça, bem como com aqueles que amamos, precisamos continuar nos cuidando bem, pois esse cuidado é também a melhor forma de ajudar quem precisa de nós. Você saudável, saudável é para o próximo. Doente... não.

Adolfo se pôs de pé, pousou a mão sobre o ombro direito de Guilhermina e disse:

– Venha. Há uma cantina muito boa aqui no hospital. Era inclusive para lá que eu estava indo antes de entrar aqui. Estou faminto também e será muito agradável lanchar na sua presença. Espero que a minha presença também a alegre.

Ao ver a mão do jovem médico estendida, Guilhermina lembrou-se de um quadro de Michelangelo, em que Deus estende sua mão para um rapaz em forma de anjo. Ela sorriu silenciosa. Após um momento de hesitação, acabou por aceitar o convite.

Ao se levantar Guilhermina por pouco não foi ao chão. Uma zonzeira forte perturbou sua mente a ponto de embaçar sua visão. Adolfo foi rápido em ampará-la.

– Está vendo? – disse ele –, você precisa se alimentar.

E segurando em seu braço e ombro, Adolfo conduziu-a até a lanchonete.

Como um *gentleman* ajeitou-a numa das cadeiras nos fundos da lanchonete, que ficava encostada a uma janela enorme, para que ela pudesse gozar de ar puro.

Uma vez que estavam devidamente instalados e a refeição já havia sido pedida, Adolfo começou a falar um pouco mais de si. Guilhermina ouvia o rapaz entre sorrisos afetuosos e condescendentes.

– Outro dia ouvi um colega de trabalho dizer, referindo-se ao dia exaustivo de trabalho: devo ter sido garçom durante a santa ceia e pedido gorjeta.

A frase fez despontar um sorriso gostoso nos lábios de Guilhermina. Adolfo sorveu mais um gole do suco de laranja estupidamente gelado e acrescentou:

– Há tantas expressões divertidas, tão criativas que tomam vida passando de boca em boca, que eu me pergunto de onde elas vêm, quem as cria, não é fantástico?

Ela assentiu com o olhar. Ele acrescentou com entusiasmo:

– Há outra expressão também muito verdadeira sobre a vida que diz: se você ficar com um pé no futuro e outro no passado acabará fazendo xixi no presente.

O sorriso de Guilhermina alargou-se.

– Não é verdade? Um dos segredos para levarmos a vida muito bem é pararmos de nos lamentar pelo que passou e pararmos de temer o futuro. Temos apenas de viver o presente, encontrar a serenidade no meio desse mundo caótico em que vivemos, tanto o de fora quando o de dentro de nós.

"Quem não se desapega das amarguras do passado é porque gosta de sofrer. Nega a si mesmo, a qualquer custo, o *direito de renascer*, ou seja, de passar para outra, passar uma borracha em cima dos desagrados da vida.

"Nós tomamos banho para tirar a sujeira do dia-a-dia, não é mesmo? Tomamos água por ser também a forma de dar um banho no interior do nosso físico e eliminar as impurezas. Se assim é, precisamos também dar um banho na nossa mente, se quisermos sentir o frescor que se ganha após uma chuveirada. E esse banho só é possível por meio de uma meditação ou da oração, do contato com Deus. No entanto, a maioria de nós se esquece desse cuidado pessoal."

Nunca a comida pareceu para Guilhermina tão saborosa como aquela que provava naquele momento. Estava também gostando da companhia de Adolfo; como a comida, jamais tivera uma companhia tão agradável. Algo nele a convidava a falar descontraidamente, o que era surpreendente, uma vez que sempre sentira dificuldade para se abrir com estranhos.

De repente, aquele momento de descontração perdeu o efeito sobre Guilhermina e a tristeza, a preocupação e o arrependimento

retomaram seu lugar. Adolfo pegou nas mãos dela que repousavam distraídas sobre a mesa e disse:
— Não perca a fé e a esperança. Entregue sua filha nas mãos de Deus. Para Ele tudo é possível.
Ela agradeceu com os olhos.
— Que tal agora uma sobremesa? — sugeriu procurando agradá-la.
— Não, obrigada.
— Vamos lá. Prove uma. Para adoçar a vida. Que tal um minipudim de leite condensado?
Ela sorriu novamente encabulada. Disse:
— É meu doce favorito.
— Ótimo. Eu também quero um. Depois vamos ver sua filha. Qual é mesmo o nome dela?
— Rafaela e o meu é Guilhermina.
— Dois nomes bonitos e fortes. O meu é Adolfo Pelizarri.
Após um sorriso apreciativo, Guilhermina agradeceu:
— Obrigada por tudo o que está fazendo por mim.
— Que nada, foi um prazer, ou melhor, está sendo um prazer.
Minutos depois, eles visitavam a UTI onde Rafaela estava internada. Ela ainda se mantinha inconsciente, mas segundo os médicos, fora de perigo. Quinze minutos depois, Adolfo voltou-se para Guilhermina e disse:
— Agora preciso ir, mas se precisar de mim é só me chamar. Estou no...
Ele anotou o nome da repartição dentro do hospital onde ele estaria trabalhando para que Guilhermina pudesse encontrá-lo, caso precisasse. Entregou a ela e reforçou:
— Não hesite em me chamar, caso precise de mim. Por favor.
Ela agradeceu. Antes de ele deixar o quarto, Adolfo pegou mais uma vez nas mãos de Guilhermina, apertou-as suavemente, abriu um sorriso, e disse no seu tom mais confortador:
— Acalme-se. Tudo vai acabar bem.
Guilhermina retribuiu o sorriso e ficou olhando para ele com certa admiração enquanto ele seguia pelo corredor. Adolfo, murmurou para si mesma, Adolfo Pelizarri, nunca em toda a sua vida pensou que um dia voltaria a reencontrar um homem que a surpreendesse, ainda que esse homem fosse mais de vinte anos mais jovem que ela.

Capítulo 10

Surpresas que a vida traz

Sem querer arredar o pé do hospital, Guilhermina decidiu dormir por lá mesmo, sentada num dos sofás. Não antes, obviamente, de ligar para sua casa e informar Zola sobre os últimos acontecimentos.

No dia seguinte, por volta das oito da manhã Adolfo dirigiu-se até a UTI onde Rafaela estava para ver como ela havia passado a noite. Encontrou Guilhermina e percebeu que seu rosto ainda tinha a mesma expressão perdida e infeliz do dia anterior e seu semblante indicava que ela permanecia remoendo os seus dissabores.

Assim que Guilhermina voltou os olhos para ele, Adolfo abriu-lhe um vasto sorriso. Nada como um sorriso acolhedor para desarmar o desespero, acreditava ele, desde muito tempo.

– Soube que sua filha está fora de perigo – comentou Adolfo agachando-se na frente dela. – Que maravilha, não? Ficará apenas em observação.

Ela assentiu com a cabeça voltando os olhos para a janela. Ainda que achasse que deveria pedir permissão para se sentar ao lado dela, Adolfo se sentiu à vontade para sentar-se sem consultá-la. Ele aguardou algum tempo para dizer:

– É o remorso, não é mesmo, o remorso pelo que fez que a está perturbando tanto, não é?

Ela sacudiu a cabeça lamentando.

– Mas ele vai se dissolver. Acredita-me. Assim que você e sua filha conversarem, exporem os fatos, comungarem com Deus.

– Deus *te* ouça.

Adolfo segurou a mão dela e apertou-a delicadamente. Houve um instante de pausa, antes de ele dizer:

– Más recordações quando voltam a nossa mente voltam só para nos desconcertar. Por essa razão trato de me esquivar delas o mais rápido possível, não vale a pena sofrer por algo do passado que não pode ser mudado. "Se não tivesse acontecido isso ou aquilo...", "Se eu tivesse sido assim ou assado...". Sofrer pelo "se" acaba sendo pior do que os próprios fatos vividos. Por tudo isso não permito que eles deem o ar de sua graça dentro de mim nem que seja por um milésimo de segundo.

Adolfo interrompeu-se por instantes. Coçou seu pomo-de-adão e acrescentou:

– Acha justo continuar a fazer isso consigo mesma? Continuar a se torturar com o passado?

– Quem tem o poder de apagar o passado, Adolfo? Vai... diga-me quem tem esse poder?

– Ninguém, a não ser você mesma, Guilhermina. Com a ajuda de Deus. Certamente não se pode apagar o passado, literalmente. É o mesmo que querer retirar as montanhas que aparecerem pelo seu caminho. Não há como. Você tem de contorná-las se quiser prosseguir. O mesmo deve ser feito em relação às amarguras vividas no passado. Conscientize-se de que elas existiram, mas não são você. Você, sua alma, com Deus, é muito superior a elas.

Pondo-se de pé, Adolfo intimou:

– Almoçaremos juntos. Faço questão. Algo me diz que se eu não vier buscá-la para almoçar, você vai se alimentar apenas de vento.

Guilhermina achou graça, o jovem médico conseguira fazê-la mais uma vez relaxar.

Por volta das dez da manhã, Guilhermina estava andando de lá para cá pelo corredor na esperança de entreter sua mente quando avistou Jorge Augustin se dirigindo para a porta do quarto onde Guilhermina estava internada. Ela imediatamente foi até ele.

– Jorge?!

Um olhar esquisito apareceu no rosto do rapaz ao vê-la.

– Dona Guilhermina – disse ele, sem conseguir esconder o desagrado por encontrá-la.

Após um momento de hesitação ela disse:

– Você veio?

– Não poderia deixar de vir. Não vim antes porque só soube agora do acontecido.

– Fico feliz por vê-lo aqui.
– Será mesmo?
Ele a perfurou com um olhar ártico. Ela baixou os olhos constrangida.
– Eu vou entrar – informou o rapaz, mas nem bem ele pousou a mão na maçaneta, Guilhermina voltou a falar. Parecia afogueada:
– Eu preciso lhe falar. Falar urgentemente.
Os olhos do rapaz estimularam-na a prosseguir.
– Sabe – continuou ela – tudo aquilo que estão falando a respeito de Rafaela é...
– Mentira – adiantou-se ele.
– Então, você sabe.
– Desconfiei. Não de imediato, confesso, mas depois de juntar dois e dois...
O rapaz tentou manter a voz equilibrada ao falar:
– Não vou perguntar como pôde ter feito o que fez com sua própria filha porque sei pelo seu olhar que essa pergunta deve estar martelando na sua cabeça já há algum tempo. Não só na cabeça da senhora, mas no seu coração. Portanto...
A vergonha fez com que Guilhermina envergasse ainda mais sua cabeça.
– Agora, se me permitir, gostaria de ver Rafaela – acrescentou Jorge Augustin determinado.
Um suspiro muito audível de alívio escapou do peito de Guilhermina antes de ela dizer:
– Eu sempre disse que o homem que conseguisse superar algo tão abominável como esse boato que se espalhou pela cidade sobre Rafaela, seria o homem que realmente a amava. E...
Jorge a interrompeu, delicadamente:
– Não é preciso inventar mentiras para se obter provas de amor, dona Guilhermina, é preciso apenas amar...
Sem mais nada dizer, o rapaz, entrou no quarto.
Quando seus olhos se encontraram com o rosto de Rafaela inconsciente, encheram-se de lágrimas. Quando ele pousou delicadamente sua mão sobre o braço dela foi como se o toque a despertasse daquele estado latente. Ela abriu os olhos e encontrando os dele, lacrimejantes, olhando fixo para ela, um leve sorriso iluminou sua face.

"Ah, como era bom poder estar novamente ao lado da mulher amada", pensou Jorge Henrique Augustin. Ainda mais, sabendo agora, com certeza, que ela estava bem de saúde.

Foi o próprio Jorge quem chamou Guilhermina para entrar no quarto e ver que a filha havia recobrado a consciência. O reencontro de mãe e filha foi inesquecível.

– Rafaela, meu amor! – exclamou Guilhermina tomada de emoção. Curvando-se sobre ela, beijou-a na testa e continuou: – Que bom que você está bem...

Rafaela estava certamente confusa ao se ver numa cama de hospital, tendo do lado direito Jorge Augustin e do lado esquerdo, sua mãe. Por mais que ela tentasse se recordar dos últimos acontecimentos, não conseguia. Foi Jorge quem lhe explicou.

Assim que Rafaela recebeu alta da UTI foi transferida para um quarto. Ficaria ali ainda sob observação mais um dia. À hora do almoço, Adolfo Pelizarri apareceu no aposento.

– Como soube que estávamos aqui? – espantou-se Guilhermina ao vê-lo entrar.

– Por vidência – brincou ele bem-humorado.

Quando os olhos de Rafaela encontraram-se com os de Adolfo, algo se agitou dentro de ambos.

– Olá – disse ele cordialmente. Segurando a mão da jovem com extremo cuidado, como se pudesse quebrá-la.

– Olá – respondeu ela em meio a um sorriso pálido.

– Como se sente?

– Bem...

Um olhar bonito acompanhado de um curioso senso de intimidade se abriu entre os dois. Guilhermina achou por bem fazer as devidas apresentações:

– Filha, esse é Adolfo, um dos médicos residentes daqui do hospital.

Rafaela assentiu com o olhar.

– Conheci-o ontem à noite na capela enquanto estava fazendo as minhas orações... Por você...

Guilhermina não conseguiu ir além disso, caiu num choro compulsivo. Adolfo tratou imediatamente de confortá-la em seus braços e assim que ela se acalmou disse:

– Vim buscá-la para almoçar comigo.

Ela olhou para ele surpresa e acanhada ao mesmo tempo.

— Mas eu não posso deixar minha filha só.
— Ela não estará só, as enfermeiras estão por aqui o tempo todo... Além do mais, você precisa se alimentar, aposto que sequer tomou o café da manhã.

De fato, Guilhermina havia apenas bebido um copo de água.
— Vá, mamãe – sugeriu Rafaela. – A senhora precisa se alimentar.
— Eu fico com ela, dona Guilhermina – afirmou Jorge Augustin.

Guilhermina acabou cedendo; porém antes de deixarem o quarto Adolfo voltou-se para a jovem acamada e deu uma piscada amigável. Rafaela sorriu no mesmo instante em que algo lhe disse: curioso, já vi esse rapaz antes... seu jeito, seu modo de piscar... seu jeito de me olhar.

Fazer uma refeição ao lado de Adolfo foi mais uma vez indescritível em palavras para Guilhermina. Com todo o seu jeitinho carinhoso e divertido de falar, Adolfo conseguia fazê-la relaxar, abrir o apetite e se recuperar um pouco mais dos últimos acontecimentos que envolveram sua vida.

Na tarde daquele mesmo dia, assim que o doutor Graciliano Duarte passou as últimas informações sobre o estado clínico de Rafaela, o médico procurou dizer o que havia muito queria dizer para Guilhermina e Rafaela Scarpini e não tivera oportunidade:
— Há algo mais que preciso dizer para vocês duas... Algo extremamente importante para mim...

Logo, mãe e filha perceberam a dificuldade que ele estava sentindo para dizer o que precisava ser dito.
— Devo estar parecendo um bobo, eu sei, mas é que, bem...
— Aconteceu alguma coisa grave, doutor? – adiantou-se Guilhermina, aflita. – Diga logo, o suspense está me matando.
— O que tenho a lhes falar é sobre seu marido.
— Giancarlo?
— Sim.
— O que tem ele? Você o conheceu?
— De certo modo sim. É que bem...
— Ai, ai, ai... o que mais Giancarlo Vommaro aprontou?

As palavras da viúva surpreenderam o médico. Diante do rosto tomado de incompreensão do profissional, Guilhermina tratou logo de se explicar:

– É que meu marido não era muito correto, doutor. O Rio de Janeiro inteiro sabe disso e uma boa parte do Brasil se formos pesquisar. Não seria espanto algum saber de mais uma das tantas canalhices cometidas por ele.
"Giancarlo foi um homem mau, muito mau. Não respeitava ninguém, especialmente as mulheres. Foi uma decepção tamanha para mim, para as mulheres que iludiu, e, com certeza, para Deus, se Ele realmente existir, o que tenho dúvidas, às vezes, caso contrário não teria permitido que um indivíduo como Giancarlo nascesse. Ele foi uma lástima. Um erro, um equívoco da natureza. Levei anos para perceber tudo isso, mas agora sei o que todos sempre souberam. Giancarlo Vommaro não valia nada."
O médico ouviu o desabafo olhando para Guilhermina com grande interesse. Ao perceber o que havia feito, Guilhermina tratou logo de se desculpar:
– Desculpe-me, doutor, cortei-o. Diga o que tem para dizer.
Guilhermina assustou-se ligeiramente ao ver as pestanas do médico tremerem. Houve um brevíssimo momento de hesitação antes que ele voltasse a fazer uso das palavras:
– Bem, eu nem sei por onde começar. Bem é que... eu só sou o que sou hoje por causa do seu marido. Tive graves complicações oculares e teria me tornado cego se seu marido não houvesse doado suas córneas[*].
– É mesmo?! – espantou-se Guilhermina.
– Sim e fui eu, na época, quem recebeu suas córneas. Por causa do gesto tão solidário do seu marido é que eu posso enxergar hoje e ser o que sou. Queria muito que soubessem disso, o quanto lhe sou grato. Sempre quis saber quem havia sido o doador e acabei descobrindo seu nome e hoje sei quem são vocês. Achei que era importante para a senhora e sua filha saberem desse fato.
Os olhos de todos ali no quarto estavam cheios de lágrimas. Quando Graciliano Duarte terminou, a fim de suavizar as emoções, achou por bem se retirar. Guilhermina ficou olhando bondosamente para o homem que saía. Algo então se apossou do seu coração, algo forte e profundo. Quase estarrecedor. Uma verdade indestrutível da vida. Ninguém é mau de todo. A essência de todos nós é boa, ainda

---

[*] Mais informações sobre doação de órgãos, acesse: http://www.abto.org.br/abtov02/portugues/populacao/home/home.aspx (N.A).

que tomemos atitudes indevidas, cedo ou tarde, o bem que há dentro de cada um volta à superfície.

Quando os olhos de mãe e filha voltaram a se encontrar, Guilhermina pediu perdão a Rafaela por tudo o que havia feito. Ela, que havia muito aprendera a não guardar ressentimento e mágoa em seu coração, perdoou à mãe, dizendo: "Quem nunca errou que atire a primeira pedra".

À hora do jantar, como Adolfo Pelizarri havia prometido, passou no quarto mais uma vez para levar Guilhermina para jantar na cantina do hospital. O médico encontrou Rafaela bem melhor, conversando mais descontraidamente com a mãe, e Jorge Augustin que estava ali mais uma vez visitando a jovem. Assim que Guilhermina saiu na companhia de Adolfo para o jantar, Rafaela voltou-se para Jorge e disse:

– Você já teve aquela sensação de que conhece uma pessoa de longa data sem nunca tê-la visto sequer uma vez na vida? Pois bem, é o que sinto toda vez que olho para esse médico.

Na lanchonete, Guilhermina contou para Adolfo a história do doutor Graciliano Duarte.

– Isso mostra claramente que ninguém é mau por inteiro – observou Adolfo com carinho –, há sempre um dia, um momento, nem que dure apenas um segundo, em que o bom senso fala mais alto; o caráter, a consideração pelo próximo, a necessidade de fazer algo por alguém, estender a mão, apaga o breu do egoísmo e da maldade que domina o coração de uma pessoa.

"Todos têm, no fundo, no íntimo, no âmago do seu ser, bondade, ainda que sejam impedidos de agir e de se pronunciar como se estivessem amordaçados, chega um dia que essa mordaça cai e a bondade vem à tona. Cresce e se sobrepõe ao mal."

Uma óbvia admiração espalhou-se pelo rosto de Guilhermina. A seguir ela disse:

– É tão bom ouvi-lo falar. Principalmente sobre isso, fala com tanta certeza. Gostaria de ter a mesma certeza dentro de mim, isso me ajudaria muito a lidar com esta vida louca.

– Todos nós, especialmente os médicos, na minha opinião, precisamos nos espiritualizar, abrir nossa visão em relação ao Além. Isso ajuda a lidar melhor com a vida que se leva dentro dos hospitais, onde se vê tanta dor, desespero, gente lutando pela vida, sendo tragada pela morte sem que possamos fazer mais nada para salvá-las.

Guilhermina continuava olhando para Adolfo com evidente admiração. Depois de mais um gole de suco de laranja, o médico continuou:

— Agora que descobriu que seu marido tinha um lado bom não acha que está na hora de parar de viver do passado? De se alimentar do passado?

Os olhos abertos e castanhos dele, aprofundaram-se nos dela antes de acrescentar:

— Alimentar-se do passado é o mesmo que viver comendo alimentos do *passado*, se é que me entende? Ninguém pode viver se alimentando assim, pois são alimentos em deterioração, putrefação, que só servirão para lhe fazer mal, intoxicar o organismo e até mesmo a alma.

— Ah! – murmurou ela, surpresa.

Ele sorriu e acrescentou:

— Não sou, nem nunca fui, nem quero ser, uma pessoa que se alimenta do passado. Ninguém deveria ser. No entanto, admito que sinto, no fundo de minha alma, que já vivi me alimentando de passado, numa vida passada e obtive consequências ingratas.

— Vida passada?

— Sim, vida passada. E toda vida passada é resgatada numa vida futura para ser tirada a limpo.

Guilhermina mordiscou os lábios com certa apreensão. Ele continuou:

— Você deveria, Guilhermina, dar-se a chance de se alimentar a partir de agora somente do presente. Dar-se a chance de construir uma nova vida, cheia de amor, ao lado de um novo amor...

— Amor?

— Sim... Amor.

— O amor não vale a pena. É como uma rosa perfumada, mas cheia de espinhos.

— Ainda assim perfumada, linda de se ver, basta apenas saber tocá-la ou segurá-la.

— De que vale amar se já sei aonde vai findar esse amor?

— Como pode saber se não esteve lá?

– Já estive sim e me machuquei muito. É um lugar onde o sofrimento é rei. A solidão, a amargura e a depressão fazem sua morada.
– Desde quando todas as estradas levam ao mesmo lugar?
Os olhos de Guilhermina esbugalharam-se. As mãos dela se abriram num gesto curioso de desespero. Adolfo pensou em como eram lindas e sensíveis aquelas mãos. Mais uma vez, aquele sorriso rápido iluminou-lhe o rosto. E ele falou calmamente:
– Você quer amar como toda mulher quer amar. Como todo ser humano quer amar. Não deixe que esse desejo seja banido da sua alma, soterrado pelo rancor. Você não merece. Ninguém merece.
Guilhermina suspirou, amparada naquele sorriso triste que a perseguia como uma sombra pela vida. Depois, fez novo desabafo:
– Dizem que todo mal que enfrentamos nesta vida, tem a ver com o que fizemos numa vida passada...
– Eu sei...
– Devo então ter feito muito mal para estar recebendo tudo que venho recebendo...
– Ainda que merecesse viver o que viveu por ter agido com má índole numa vida passada, o indício de que você realmente compreendeu seu erro, acontece quando você se dá o *direito de renascer*. É hora de transcender a tristeza. Só a transcendência nos leva à evolução. Fechar-se num casulo de ódio, rancor e desejos de vingança não é evoluir, é estagnar, e isso não é inteligente, tampouco digno de Deus.
Desta vez foi o rosto dela que se iluminou com um sorriso. Ainda que frágil, um sorriso.
– Você fala tão bonito. Parece ter resposta para tudo.
– Para quase tudo – brincou ele, lançando mais um sorriso encantador sobre ela.

Capítulo 11

Onze dias depois...

Ao ver o carro se aproximando da casa, Guilhermina sentiu seu peito se incendiar. Nem bem a filha estacionou, a mãe correu ao seu encontro, abraçou a garota, apertando-a nos braços com carinho e amor. Acariciou seus cabelos sedosos, trocaram palavras cheias de afeto e entraram na casa.

– O que foi? – perguntou Guilhermina assim que viu o olhar maroto de Rafaela sobre ela. – Por que está me olhando assim?

– Isso é ruge ou bronzeado? – perguntou a filha olhando fixamente para o rosto da mãe. Antes mesmo que ela respondesse, Rafaela exclamou: – É ruge! R-u-g-e! Mal posso acreditar, minha mãe de ruge no rosto. Hoje vai chover. Vai acontecer na certa um milagre. Dos grandes.

Guilhermina tornou-se escarlate de repente. Até as sobrancelhas ficaram coradas.

– Ora, largue de bobagem, Rafaela.

– Diga-me, não me mantenha em suspense. Quem é. Quem é que está despertando toda essa vontade de viver na senhora? Vamos, diga-me.

– Não é ninguém. Sou muito velha para viver...

– Uma paixão? Uma nova paixão? Que nada. A senhora é muito jovem. Já sei! É o tal médico, não é? O tal que a senhora conheceu enquanto estive internada no hospital. Que maravilha!

– Ora, Rafaela.

– Qual o problema se for? Só porque ele é mais jovem que a senhora?

– Bem mais jovem, diga-se de passagem.

– E daí? Há muitos homens jovens que se interessam por mulheres mais velhas. Casam-se, têm filhos, e se dão muito bem até o fim da vida.
– Eu só aceitei o convite dele para sairmos porque ele insistiu muito. Só por isso. Não quis ser indelicada, afinal, ele foi tão bacana comigo durante o período em que você esteve no hospital. E...
– Fez muito bem, dona Guilhermina! – disse a filha, piscando o olho. – Muito bem, mesmo. É assim que deve agir.
– Vamos apenas jantar num restaurante.
Rafaela disse, encaminhando-se para a escada:
– Que seja apenas um jantar, mas aproveite muito. Aproveite-o merecidamente.
– Oh... Ahn... Sim, é claro – atrapalhou-se Guilhermina com as palavras.
Guilhermina aproximou-se da escada com o coração agitando-se dentro dela. Alvoroçada por causa das palavras da filha e por causa de Adolfo Pelizarri.
Naquele dia, pela primeira vez depois de todos aqueles anos aprisionada naquela casa e no rancor, Guilhermina Scarpini sentiu vontade de se vestir com cuidado, usar um vestido que a deixasse mais bonita, sem exageros, vontade também de pentear os cabelos com mais calma e de forma diferente. Passar um batom suave nos lábios e até mesmo uma camada suave de lápis preto no contorno dos olhos.
Adolfo Pelizarri chegou a sua casa com pontualidade britânica: vinte horas em ponto. Apertou a campainha e aguardou. Quando ambos se viram, surpreenderam-se um com o outro. Adolfo, despido de roupa branca tornava-se muito diferente fisicamente... Incrível como as cores podem mudar a silhueta de uma pessoa, observou Guilhermina.
Guilhermina arrumada com mais esmero também se tornara diferente, mais jovial, mais bonita, mais mulher.
– Vamos? – disse ele, assim que ela alcançou o portão.
Ela apenas sorriu enquanto por dentro estremecia: por estar encantada com o rapaz e por medo, receio e insegurança quanto àquilo tudo.
Guilhermina partiu com certa apreensão e acreditou que não se livraria dela ao longo da noite. Tolice. Cinco minutos depois, ainda

no carro, durante o trajeto para o restaurante, ela já havia se descontraído com o papo interessante, alegre e divertido de Adolfo.
Incrível, pensou, como certas pessoas têm o dom de prender a atenção dos demais com sua oratória.
O jantar estava sendo maravilhoso. O gracioso restaurante, simples e aconchegante, escolhido pelo jovem médico, servia uma comida italiana de primeira, saborosíssima. Tanto o ambiente, como o clima do lugar e a música ao vivo, faziam os fregueses pensarem que haviam sido, sem perceberem, transportados para a Itália.
Enquanto ambos degustavam a maravilhosa lasanha à bolonhesa, regada com um bom vinho italiano, o assunto acabou. Os dois degustavam a comida com supremacia e seus ouvidos eram acariciados pelas canções tocadas magistralmente por três músicos.
Caruso, foi uma das canções que mais arrepiou a todos. *Strani Amori*, foi a segunda. *Per Amori*, a terceira.
– O que foi? – perguntou Guilhermina. – De repente você ficou tão silencioso?
– Estava refletindo... ou melhor, absorvendo as canções. O que elas dizem... Como elas nos tocam.
– Você fala italiano.
– Arranho.
Mais uma vez, aquele sorriso rápido iluminou o rosto de Adolfo.
– E o que elas dizem? – perguntou Guilhermina com certa curiosidade.
– *Strani Amori*[*] diz:
E são estranhos amores que nos fazem crescer e sorrir entre lágrimas Quantas páginas para escrever, sonhos livres para dividir.
Per Amori[**], diz:
Por amor... Você já fez alguma coisa apenas por amor?Já desafiou o vento e gritou?Já dividiu o próprio coração?Já pagou e apostou várias vezes nessa mania que afinal segue sendo só minha... Por amor, você já correu até ficar sem fôlego?Por amor, já se perdeu e se reencontrou?
Aproveitando o ensejo, Adolfo perguntou:
– O que você já fez na sua vida por amor?

---
[*]Estranho Amor, de A. Valsiglio, R. Butti, Cheope, M. Maratti (NA).
[**]Por amor, de Mariella Nava (N. do A.).

— Tantas coisas... Creio que tudo o que fazemos é no fundo por amor. Ainda que seja por um amor distorcido. Uma forma de amar diluída, ainda assim é por amor.

Os dois refletiram por instantes, Adolfo emergiu de suas reflexões com outra pergunta:

— O que faria, Guilhermina, se vivesse um *Strani Amori*?

Ela riu, constrangida.

— Acho que já vivi. E foi absurdamente estranho.

— Não falemos do passado, a não ser que você queira, é lógico. Para que voltar os olhos para o passado se o presente nos sorri tão gentilmente?

Novo sorriso, mais solto desta vez, por parte dela. Ela ia dizer algo mais, porém a canção que começou a tocar calou sua voz. A dele também. A música os envolveu por inteiro. Então, subitamente, Adolfo se pegou admirando Guilhermina, o quanto ela era perfeita. Realmente perfeita. Nada nela destoava ou constrangia. Era agradável olhar para ela, interessante conversar com ela – em todos os sentidos, a mais encantadora das companhias.

Assim que as primeiras notas de outra canção soaram no recinto, Adolfo confessou:

— De repente me deu uma vontade enorme de dançar ao som desta canção. Pena que aqui não tem pista de dança. Se bem que eu não me importaria de modo algum em dançar por entre essas mesas, ainda que espremido.

Guilhermina achou graça.

— Da próxima vez que sairmos para jantar, podemos escolher um lugar com pista de dança, mesmo pequena, para que possamos dançar, o que acha? – perguntou ele.

"Próxima vez?", murmurou Guilhermina para si mesma. "Dançar? Não, não poderia haver próxima vez, ela só estava ali para retribuir a gentileza com que aquele rapaz a havia tratado enquanto estivera no hospital. Não haveria de ter uma segunda vez, tampouco uma dança, onde já se viu, não ficaria nada bem, ela, uma mulher na casa dos quarenta, dançando com um rapagão bonito, vinte e poucos anos mais novo que ela!"

No entanto, uma semana depois, lá estavam os dois num restaurante com pista de dança, saboreando mais um jantar refinado. Algo inesperado para Guilhermina, totalmente inusitado para ela.

Por mais que ela quisesse ter recusado o convite, ouviu-se dizendo sim, sim, sim, aceito jantar com você mais uma vez... Ao comentar com Rafaela a filha foi só incentivos.

Adolfo serviu um cálice de vinho do porto para a sua acompanhante na esperança de que a bebida lavasse de seu rosto aquela expressão altamente condenatória que embrulhava sua face. Com os olhos fulgurantes, ele levantou sua taça e ordenou:
– Brindemos! Brindemos a nós!

Ainda que incerta, Guilhermina segurou sua taça e brindou. O encontro das duas taças de vinho vibrou um sonoro "tim-tim".

Vagarosa, muito vagarosamente, com seus olhos fixos nos dele, Guilhermina Scarpini levou seu copo até os lábios.

– Ao sucesso – disse ele –, e ao futuro. Ao nosso sucesso e ao nosso futuro!

Forçando um sorriso e dando uma olhada em volta com receio de estar sendo observada pelos presentes, o que não acontecia, pois cada um ali estava mais absorvido em seus próprios acontecimentos do que nos de quem estava em volta. Guilhermina, então, relaxou e sorveu da bebida em paz.

Como era bom estar num lugar onde as pessoas estavam mais preocupadas com o andamento de sua vida do que com a dos outros, pensou, enquanto degustava o maravilhoso sabor do vinho.

Seus pensamentos fluíam alegres e encantadores. Adolfo pegou em suas mãos, que repousavam distraídas sobre a mesa, inclinou-se para a frente e disse:

– Está sendo muito bom estar aqui com você, Guilhermina.

Ele inclinou-se ainda mais sobre a mesa em direção ao rosto dela e disse, adocicando ainda mais a voz:

– Você é uma excelente companhia.

O constrangimento foi tanto que Guilhermina virou rapidamente a cabeça, fingindo se interessar pelos casais dançantes.

Quando ele voltou a se recostar no estofado da cadeira, sentia-se novamente no auge de sua adolescência.

Pela mente agitada e confusa de Guilhermina passou um trecho de uma das canções mais lindas de Roberto e Erasmo Carlos: *"Eu tenho tanto pra lhe falar, mas com palavras não sei dizer... como é grande, o meu amor por você".*

Adolfo fez brilhar um par de olhos brincalhões enquanto permanecia mudo, encarando sua acompanhante nos olhos. Subitamente, então, levantou-se, estendeu-lhe a mãe e disse:
– Vamos dançar.
Não era um pedido, tampouco uma ordem, apenas um comunicado. Ela aceitou. Quando o rosto dela encostou-se no seu peito e ela sentiu o seu perfume, relaxou.

"Quando caminho lado a lado com você me deixas louca...", era a música que tocava naquele momento, uma canção imortalizada na voz de Elis Regina.

"Meu Deus", pensou Guilhermina, "parece até que o tempo não passou. Que ainda estou num daqueles bailes que tanto gostava de frequentar quando adolescente.

Depois de muitas danças de rosto colado, *cheak to cheak*, os dois voltaram para a mesa. Serviram-se de mais uma boa dose de vinho. Continuaram ali sentados, felizes. O restaurante já estava completamente vazio quando Adolfo achou por bem pagar a conta, não seria justo prender os funcionários ali, depois de um dia exaustivo de trabalho, somente por causa deles. Recompensá-los-ia com uma generosa gorjeta.

– Bem, temos de ir – disse ele com esforço – se não fosse pelos pobres garçons, eu ficaria aqui ainda por um longo tempo.

Ela assentiu com o olhar. No carro, de volta para a casa, os dois permaneceram em silêncio ao som das canções românticas que tocavam no rádio.

Ele estacionou ao meio-fio diante da casa de Guilhermina. Saiu, deu a volta, abriu a porta para ela e a acompanhou até o portão.

– Bem – disse ela, num tom sonhador –, obrigada mais uma vez. Foi uma noite maravilhosa.

Ele sorriu, magistral como sempre, e com cuidado beijou a bochecha dela. Certamente ele queria mais do que aquele beijo, observou Guilhermina. Mas ela não podia permitir mais intimidade. Aquele jovem tinha idade para ser seu filho, bem sabia ela. Sem mais nada a dizer, Guilhermina entrou. Adolfo ficou ali observando até ela entrar. Ele então voltou ao carro e partiu ao som de Roberto Carlos cantando: *"Se você pretende saber quem eu sou eu posso lhe dizer..."*.

Capítulo 12

Só o coração pode entender...

Nos dias que se passaram Adolfo Pelizarri continuou se encontrando com Guilhermina pelo menos uma vez na semana. Mas se dependesse dele, a veria todos os dias.

Quando Olga voltou para o Brasil, após seus quarenta dias de viagem pela Europa, encontrou Guilhermina completamente diferente.

A filha não era mais aquela mulher arrastando os olhos pelo chão por vergonha de seu passado. Era uma mulher encarando o presente, de peito aberto, sem medo de ser feliz. Ou melhor, sem medo de vir a ser infeliz novamente. Dando-se o *direito de renascer*, pensou Olga, recordando-se das palavras que ouvira no Centro Espírita. Finalmente Guilhermina estava se dando o *direito de renascer*.

– Confesso, Guilhermina, que estou admirada por vê-la maquiando-se novamente e entusiasmada com a vida. Seus olhos estão mais brilhantes, o cabelo mais viçoso.

– A senhora acha?

– Sim. Até sua pele mudou.

– São seus olhos, mamãe. A senhora que voltou da viagem achando tudo mais bonito.

Rafaela pensou em contar para a avó quem estava por trás de toda aquela mudança na mãe, mas mudou rapidamente de ideia por receio de que a avó não aprovasse a relação. Seria um baque certamente para ela saber que o responsável por toda aquela mudança na filha era um homem mais de vinte anos mais jovem que a filha.

No entanto, a presença de Adolfo na vida de Guilhermina não pôde ser escondida por muito tempo. Foi a própria Guilhermina quem fez questão de apresentar a mãe ao rapaz. E para isso nada melhor do que um jantar em família.

A campainha da casa de Guilhermina tocou.

– Pode deixar que eu mesma atendo – disse Olga num tom de voz elevado.

Olga olhou pela pequena janela de vidro da porta frontal da casa e viu Adolfo aproximando-se da porta, trazendo um ramalhete de flores.
– Não precisa se apressar, Guilhermina – disse ela elevando a voz –, é apenas um entregador de flores.
Olga abriu a porta, pegou o ramalhete das mãos do moço, agradeceu e fechou-a na cara dele.
Assim que Guilhermina desceu perguntou:
– Cadê ele?
– Ainda não chegou – respondeu Olga apressadamente. – Era apenas o entregador da floricultura trazendo este ramalhete de flores.
Guilhermina pegou o buquê de cima da mesa onde Olga o havia deixado e procurou pelo cartão.
– Estranho, não tem cartão. O que disse o rapaz?
– Nada. Apenas sorriu.
– Como era ele? Como estava vestido?
– Bem, era um rapaz bonito, mas não me ative a detalhes...
A mãe se interrompeu ao ver a filha correndo aflita na direção da porta da frente da casa, a qual Guilhermina abriu com voracidade. Alívio. Adolfo ainda estava ali, aguardando, pacientemente por ela. Ele sorriu. Magistral como sempre ao vê-la. Guilhermina, vermelha como um pimentão, tratou imediatamente de lhe pedir desculpas pelo acontecido.
Ele sorriu novamente, um sorriso brilhante e sincero. Desculpas aceitas.
– Entre! – exclamou, dando-lhe passagem.
Olga, ao ver a filha acompanhada pelo *entregador de flores* espantou-se. E antes que fizesse mais alguma tolice, Guilhermina adiantou-se:
– Mamãe, este é Adolfo que esperávamos para o jantar.
Olga quis literalmente morrer de vergonha pelo acontecido. Depois, de espanto, por ver que o homem que vinha encantando a filha, ajudando a resgatá-la do fundo do poço, apesar de ter rosto e porte de homem maduro, deveria ser provavelmente, no mínimo, vinte anos mais jovem do que ela.
– Ora – gaguejou Olga, mordiscando os lábios –, eu pensei...
Mais uma vez, aquele sorriso rápido e brilhante iluminou o rosto de Adolfo ao se recordar da cena vivida havia pouco.
– Foi engraçado – comentou com o seu bom humor de sempre. – Deveras hilário.

Olga silenciou-se bem no momento em que um sentimento um tanto incômodo se apossou dela.

Adolfo enrubesceu ligeiramente ao ver o olhar perscrutador da mulher sobre ele. Quando ela conseguiu se desvencilhar daquele sentimento estranho a lhe percorrer o interior, agradeceu o rapaz:

– Sou muito grata pelo que fez por minha filha no hospital. Sua voz agora estava embargada, demonstrando verdadeiro apreço pela gentileza do médico.

– Não há de que. – respondeu Adolfo com humildade.

– Se eu soubesse que aquilo iria acontecer com minha neta não teria ido viajar jamais.

– Se pudéssemos prever tudo! – observou ele seriamente. – O importante é perceber que por mais longe que estejamos de alguém que precisa de nós, Deus nunca nos deixa só. Nunca!

Olga gostou imensamente do comentário.

O jantar foi servido e degustado em meio a alguns comentários feitos por Adolfo sobre a vida no hospital e a troca de olhares apaixonados entre ele e Guilhermina.

Durante o transcorrer da refeição, Olga refletia sobre a filha e seu inusitado amigo. Algo naquilo tudo a deixava inquieta. Não, não era somente pelo fato de o moço ser bem mais jovem que a filha. Era algo mais. Algo que lhe fugia à compreensão. O que?

Algo era certo naquilo tudo, a filha não poderia ter outra decepção afetiva. Ela não conseguiria sobreviver a mais uma. Seria o fim. Apesar de ela ter sempre ouvido que um raio não cai duas vezes no mesmo lugar, bem sabia que para tudo há uma exceção. Tal qual seus pensamentos, sorveu seu suco com dificuldade.

Depois de retirar os pratos, Zola trouxe a sobremesa e serviu um café fumegante e saboroso, o qual Adolfo adoçou, mexendo o açúcar com a colher sem tirar os olhos de Guilhermina.

– O jantar estava ótimo – disse ele para a cozinheira, com sinceridade.

Zola sorriu embevecida.

– Vamos passar para a sala de visitas – disse Guilhermina, muito depois, levantando-se.

– De que cidade você é? – perguntou Olga quando entravam na sala de visitas.

– Ora, mamãe?! – exclamou Guilhermina, espantada com a súbita curiosidade da mãe.

– Minha família é de São Paulo – respondeu Adolfo prontamente.
– Mas tenho vivido aqui no Rio de Janeiro desde que vim fazer residência médica. Estou me acostumando tanto com esse paraíso que estou quase certo de que farei dele minha morada definitiva.

Os três sentaram-se no sofá onde o bate-papo continuou. Guilhermina e Adolfo, felizes, trocavam ideias, olhares e sorrisos. Por um minuto, Olga teve a impressão de que a filha e seu convidado haviam se esquecido dela. O que de fato aconteceu em muitos momentos. Ainda que tudo corresse por ali de forma descontraída, Olga Scarpini sentia-se incomodada. Algo então veio à luz de seus pensamentos como um raio. Não seria aquele rapaz filho de Izabel e Giancarlo? Olga arrepiou-se inteira diante da hipótese. Sim, podia muito bem ser, tinha a mesma idade que o filho de Izabel deveria ter, sua família era de São Paulo... Deus, Pai, só faltava essa... Por mais que Olga quisesse perguntar a Adolfo o nome de sua mãe, seu nervoso era tanto que sua voz não teve força suficiente para chegar até seus lábios.

Ao bater os olhos no relógio Adolfo Pelizarri exclamou:
– Meu Deus, como as horas voam. Preciso ir. Acordo muito cedo amanhã. Obrigado mais uma vez por tudo. O jantar estava delicioso, a companhia, então, nem se fala.

E, voltando-se para Olga, acrescentou:
– Muito prazer em conhecê-la, dona Olga. A senhora é encantadora.

– Espere mais um bocadinho – pediu Guilhermina: – Rafaela já deve estar chegando. E ela queria muito vê-lo. Uma pena que ela e o Jorge tinham compromisso para esta noite com a família dele...

– Não faltará ocasião para nos vermos.

Os dois se despediram com um abraço apertado e um beijo no rosto. Olga acompanhou-os até a porta. Queria ver o tipo do carro que o rapaz dirigia. Ao avistar o carro elegante de Adolfo estacionado junto ao meio-fio, ela tranquilizou-se. Nenhum residente de medicina teria condições de comprar um carro tão caro como aquele, morar na Vieira Souto, em apartamento próprio, se não fosse de família rica.

Izabel era pobre. Segundo soube, casara-se com um farmacêutico e farmacêuticos não ficam ricos a ponto de pagar para um filho tudo aquilo. Olga respirou aliviada. Preocupara-se à toa. E repreendeu-se por se afligir pensando que o rapaz pudesse ser, por ironia do destino, filho de Izabel da Silva.

Guilhermina voltou para a sala, Olga comentou:

– O rapaz é de fato encantador. Gentil, educado, esforçado... o homem ideal para uma mulher. Se não fosse a diferença de idade entre vocês dois, ele seria o homem certo para você.

Guilhermina pareceu não ouvi-la, o que de fato era verdade, estava com a mente longe...

– A aparição deste rapaz na sua vida foi sem dúvida nenhuma formidável e agora que você já lhe agradeceu com esse jantar, acho melhor você colocar um ponto final nessa história, Guilhermina. Você sabe que as pessoas comentam, logo estarão falando de vocês, principalmente de você.

A pausa que a filha deu antes de responder preocupou Olga.

– A senhora está por acaso sugerindo que eu me afaste de Adolfo só porque ele é mais jovem que eu?

– Bem mais jovem! – ironizou a mãe.

– Ainda assim, qual é o problema? Gosto da companhia dele. É como se nos conhecêssemos há anos, muitos anos...

Olga engoliu em seco duas vezes antes de falar:

– Eu não sei o que me preocupa exatamente. É um rapaz encantador, não resta dúvidas, só não quero vê-la sofrendo novamente por causa de outro homem.

– Ele não é um homem no sentido restrito da palavra, mamãe. É um anjo que entrou na minha vida no momento em que eu mais precisava. Sou grata a ele por ter estado comigo, apoiando-me, sendo solidário durante todos aqueles dias em que estive no hospital.

Olga respirou fundo. Seu olhar subitamente ficou vazio e sem entender, ela falou:

– E se ele estiver interessado em você por outro motivo?

– Qual?

– Afetivo. Muitos homens mais jovens se apaixonam por mulheres mais velhas, maduras.

As pestanas de Guilhermina tremeram. Ela abriu as mãos num gesto curioso de desespero procurando por algo em seu interior para dizer, mas pelo visto não encontrou nada. Olga arrematou:

– E se você estiver se apaixonando por ele sem saber?

– Ora, mamãe.

– É possível, não? Muita gente se apaixona pela outra sem se dar conta. Pensa que quer a outra apenas como amigo, amiga, e quando vê a está amando.

Guilhermina mordiscou os lábios, apreensiva. Olga acrescentou bastante séria:

— Não quero vê-la sofrendo mais, Guilhermina, não mais. Chega! Você já sofreu bastante.
— Eu sei.
— Por essa razão, preocupo-me e a alerto!

Guilhermina achou graça da mãe e lhe explicou o motivo:
— A senhora está parecendo comigo tempos atrás. E, refletindo melhor agora, percebo que a senhora sempre foi uma mãe superprotetora desde que eu era uma garotinha. Não só comigo, mas com Anselmo também. Muito do que fui com Rafaela se deu por sua influência.

Olga não teve como argumentar, a filha estava certa. Guilhermina continuou:
— Eu gosto de Adolfo, gosto imensamente. Como disse, é uma ótima companhia. Somente isso. Sou grata a ele por ter me feito abrir novamente os olhos para a vida.

Ali estava outra verdade que Olga não podia contestar. Adolfo ajudara muito sua amada filha, graças a ele, Guilhermina estava conseguindo *renascer* das cinzas, ressurgir para a vida, ainda com tempo para aproveitar a vida. Apesar disso, algo a preocupava imensamente. O que? Ah, como ela gostaria de saber.

Olga partiu da casa de Guilhermina aquela noite envolta naquela sensação esquisita, com pensamentos indo e vindo e se chocando uns com os outros, como se fossem carros num asfalto escorregadio. Por fim, ela fez uma pausa em seus pensamentos, rezando desesperadamente para que Deus protegesse a filha de mais uma decepção afetiva.

Guilhermina estava prestes a se recolher quando o telefone tocou. Assim que ela atendeu, a voz do outro lado da linha disse:
— Só liguei para agradecer mais uma vez o jantar. Foi ótimo.
— Obrigada — disse ela encantada.
— Boa noite — disse Adolfo num tom sonhador.
— Durma com os anjos — disse ela feliz.

De repente, todos aqueles anos de ódio pelos homens haviam sido encobertos pela graça e gentileza de Adolfo. Tudo porque ele, na opinião de Guilhermina, não era um homem, e sim um anjo, ainda que em estilo rústico, um anjo. As pessoas certamente iriam falar da amizade crescente entre os dois, diriam coisas, maledicências, pois que falassem. Falassem o que quisessem. Ela já estava cansada de se preocupar com o que os outros iriam pensar dela.

Capítulo 13

Coração Fênix

Izabel estava parada em frente à janela da sua casa quando Emilio César chegou do trabalho. O silêncio da casa despertou sua atenção. Izabel não costumava perder a novela das seis por nada. Ao ver a esposa, tratou logo de perguntar:
— O que foi? Aconteceu alguma coisa?

Ela balançou a cabeça, distraída. Ele chegou por trás dela e a abraçou.
— O que a preocupa, Izabel?
— Ele... Adolfo. Naquela cidade onde reside aquela mulher que quis vê-lo morto e a filha que se soubesse que ele havia nascido o teria atropelado ao sair do colégio.
— Não exagere, Izabel. O tempo muda as pessoas. Ensina. Você mesmo me disse que sua madrinha mudou, pediu-lhe desculpas pelo que fez... Lembra-se?
— É talvez você esteja certo, estou exagerando. Ainda sim gostaria de ver a cara de Guilhermina se ela soubesse que eu tive um filho de Giancarlo. Queria ver como ela reagiria à revelação... Bobagem minha. É melhor que ela nunca saiba, sua mãe pode ter mudado, mas ela... duvido. Temo o que ela seria capaz de fazer contra o meu amado Adolfo.

⚜

Uma semana depois, Guilhermina acompanhava Adolfo às creches e orfanatos em que ele prestava serviços gratuitos. Assim que eles chegaram a um orfanato, Guilhermina parou por alguns instantes admirada com a quantidade de crianças carentes que havia por lá. Adolfo voltou-se para ela e disse:

— Veja quantas crianças precisando de olhares e sorrisos carinhosos enquanto lá fora há tanta gente com os olhos e os sorrisos voltados apenas para si mesmas.
— Você atende de graça a todas essas crianças? – espantou-se Guilhermina.
— Sim. Não me custa nada. Se cada médico fizesse um pouco haveria bem menos problemas no mundo. Não é mesmo? Somos todos irmãos, Guilhermina, filhos de uma mesma alma: Deus. Ajudar o próximo, especialmente crianças e idosos, que não têm condições de trabalhar, é se ajudar. Porque na roda da vida todos nós mudamos de lugar, em uma vida futura pode ser que sejamos nós a necessitar de ajuda e essa ajuda vem mais fácil para quem ajudou o próximo em vidas passadas. É um ciclo. A vida gira como um carrossel. Ou como uma ciranda.
— Você é admirável.
— Infelizmente muitos médicos, para não dizer a maioria, são avessos ao doutor Adolfo Bezerra de Menezes. São gananciosos ao extremo e só querem saber de dinheiro e mais dinheiro. Não se preocupam em saber que existem pessoas que não têm dinheiro suficiente para serem atendidas e que podem até sucumbir se não forem tratadas adequada e urgentemente.

"Isso me lembra a história de um médico que foi meu professor. No fim do curso ele nos contou algo que viveu ao longo de sua vida e que o fez despertar para outra realidade de vida.

"Sua filha, ainda moça, pegou uma doença muito grave, que por mais que os médicos tentassem descobrir o que era não conseguiam; quando ela estava entre a vida e a morte ele jurou fazer algo que nunca havia feito até então na sua vida: atender aos mais necessitados gratuitamente pelo menos uma vez por semana. A filha melhorou e ele fez o que prometera. Cumpriu a promessa.

"Contou-nos sua história na esperança de abrir os olhos de todos os alunos para que, após formados, não se deixassem cegar pela ambição financeira e mesquinhez como ele havia se permitido no passado, e como muitos colegas de profissão faziam. A vida está sempre nos ensinando de uma forma ou de outra."

— Aqui se faz aqui se paga – murmurou Guilhermina, pensativa sem saber ao certo o porquê. Voltou à sua mente o dia em que ela

esteve no Centro de Umbanda. E, sem saber ao certo, comentou sobre o episódio:
— Estive certa vez num Centro de Umbanda, acredita?
— É mesmo? O que achou?
— Pouco prestei atenção ao lugar. Estava com tanto ódio, um ódio mortal que parecia cega para tudo. Só pensava em me vingar de uma das mulheres com quem meu marido se envolvera.
— Por que queria se vingar dessa mulher em especial?
— Porque era minha amiga. Apesar de jurar que não se envolvera com meu marido intencionalmente, eu desacreditei. Para mim ela armou tudo por inveja. Fui ao Centro para pedir que essa mulher tivesse uma vida de cão. É lógico que até então eu não sabia quem era meu marido de fato, o canalha, que se escondia por trás daquele rostinho bonito.
— Sei. Tirou conclusões apressadas. Isso é perigoso.
— Verdade.
— E você ainda acredita que essa sua amiga deu realmente em cima de seu marido, de propósito, só para provocá-la?
— Ainda fico entre o sim e o não.
— Compreendo.
Após um sorriso acolhedor, Adolfo pegou a mão de Guilhermina e disse:
— Agora venha. Deixemos o passado de lado. Cuidemos do presente, principalmente de quem necessita de nós. E observe que quanto mais você cuida de quem precisa, você se cuida. Algo em você floresce, renasce. Algo do bem.
"Sabe por que minha mãe pôs o nome em mim de Adolfo? Por causa do doutor Bezerra de Menezes. O primeiro nome dele era Adolfo. Parece que ela teve algumas complicações durante a minha gravidez e ela decidiu pôr o nome do médium na intenção de que ele me protegesse e eu me espelhasse futuramente no seu caráter e dedicação para com o próximo. Doutor Bezerra de Menezes foi um homem admirável. Ou melhor, ainda é."
— Bonito o gesto de sua mãe. Como é mesmo o nome dela?
— Izabel.
— Izabel...
— O que foi?
— Que coincidência, a mulher que tanto odiei chamava-se Izabel.

– Com certeza não foi minha mãe, ela seria a última pessoa na Terra a se envolver com um homem casado. Posso pôr a mão no fogo por ela.

Nisso, chegou até eles uma criança com o nariz escorrendo. Enquanto ele a atendia, Guilhermina ficou a admirá-lo. Quando encontrou uma brecha, disse:

– Você é tão paciente com as crianças. De onde tira tanta paciência?
– De Deus. Preciso ser paciente, pois quanto mais eu sou, menos me sinto culpado.
– Culpado?
– Sim, culpado. Desde que eu era um garoto carrego comigo uma forte sensação de culpa. Como se eu tivesse feito algum mal a uma criança. Impedido-a de ser feliz, de viver, entende? E ajudando as crianças posso me redimir, reparar o mal que lhe causei... Isso só pode ser coisa de outra vida.
– Outra vida... – murmurou ela sentindo seu corpo estremecer.

Após atender as crianças, Adolfo voltou-se para Guilhermina e perguntou:

– E, então, já pensou naquilo que lhe falei? Sobre dar uma nova chance para o amor, para si mesma, para a vida brilhar dentro de você?

– Sempre fui uma alma só, presa a uma ilha solitária. Nasci mesmo para ser uma ilha.

– Toda ilha é cercada de água e por essas águas transitam barcos, botes e navios, ou seja, qualquer um pode chegar até aqueles que vivem como ilha e libertá-los desse jugo. Sou da opinião de que ninguém deve morrer com o coração partido. Não me pergunte por que penso assim, não saberia dizer, acho que é uma daquelas opiniões que já nascem com a gente. Herança de outra vida.

Guilhermina gostou muito do que ouviu e opinou:

– Pelo visto hoje em dia todo mundo acredita em vidas passadas, reencarnação.

Um sorriso tornou a brilhar na face de Adolfo:

– Todos falam porque de tudo o que já foi dito a respeito da vida, se você observar bem, estudar a fundo, a única explicação mais plausível para tudo o que vivemos, se faz por meio da reencarnação.

Ela ergueu a sobrancelha como quem diz: "será mesmo?".

– Nós mesmos já podemos ter nos conhecido em outra vida. Por que não? Você não há de negar que há um curioso senso de intimidade entre nós dois desde o primeiro momento em que nos vimos.

De fato, concordou Guilhermina em silêncio, aquilo, ela não podia negar mesmo. Com tato ela mudou de assunto.

– Falemos desta vida atual que é a única que dispomos no momento e que nos interessa.

Novo sorriso por parte dele.

– E sua namorada, onde está?

Ele riu:

– A última, digo, tida realmente como namorada, bem, já foi há muito tempo... Depois dela tenho tentado arrumar uma, mas sem muito sucesso. Eu sempre tive a sensação, desde adolescente, de que a mulher que um dia eu haveria de me envolver já estava programada pelos céus, bastava apenas encontrá-la. A partir daí, cada envolvimento meu com uma mulher tem sido uma expectativa imensa, pois fico louco para saber se ela é de fato a mulher que meu íntimo procura, que no íntimo sei que devo encontrar. Assim que percebo que não é, eu pulo fora. E continuo minha busca...

Ela delicadamente o interrompeu:

– Que pode não dar em nada.

Ele fez uma careta como quem pergunta: "Acha mesmo? Eu não".

Retomando a velha Guilhermina conselheira dos velhos tempos de adolescente, ela opinou:

– Tudo pode não passar de uma ilusão. Uma ideia equivocada que você construiu certo dia na sua mente e acreditou ser real. Pode passar a vida inteira buscando essa mulher sem nunca encontrá-la ou casar-se com uma qualquer por ter se esgotado de tanto procurar.

– Confio na minha intuição, Guilhermina. Sempre confiei e ela nunca falhou. Quando digo que existe essa mulher, que nosso encontro já foi programado pelos céus e que nós dois acabaremos juntos é porque assim será.

– Isso é a força do pensamento.

– Pode ser interpretado desse modo se preferir. No entanto, a sensação brotou dentro de mim muito antes de eu saber o que era a força do pensamento.

– Diga-me quando encontrá-la, quero muito conhecê-la.

– Não preciso mais procurá-la, eu já a encontrei. E agora sei por que não conseguia encontrá-la, porque estava condicionado a olhar para as mulheres que deveriam ser paqueradas por mim. Por serem da mesma idade que a minha. No entanto, a vida, sábia como é, fez-me finalmente chegar onde eu deveria para me encontrar finalmente com ela.

Um ar de surpresa tomou o rosto de Guilhermina.

– Quem é ela?

Ele sorriu novamente, desta vez, porém, um sorriso brilhante, frágil.

– Ora, você mal vai acreditar. Caso sim, poderá ficar surpresa ou comovida.

Mais uma vez, aquele sorriso rápido iluminou-lhe o rosto. Então, tomando um tom ponderado, ele disse:

– Essa mulher é você.

Por segundos ela perdeu o fôlego. Ele se manteve olhando para ela com evidente admiração. Guilhermina até se sentiu desconfortável por instantes.

– Eu gosto de você, Guilhermina – acrescentou Adolfo seriamente.

– É mais do que gostar. É amor o que sinto.

Guilhermina corou. Quando ele pôs sua mão grande e pesada sobre a dela, por um breve momento o rosto de Guilhermina se iluminou.

– Só preciso de uma chance – disse Adolfo com ares que não correspondiam a sua idade. – Uma única chance para provar a você que o meu amor é de verdade, que não se deve generalizar os sentimentos de uma pessoa. Provar que você pode, que você ainda pode ser feliz ao lado de um homem.

Ela abriu os lábios e, tentando manter a voz equilibrada, com dificuldade disse:

– Você não sabe o que diz.

– Sei sim. Nunca estive tão certo em toda a minha vida.

Os olhos de Guilhermina voltaram a brilhar num misto de surpresa e receio.

– Não seja tolo, você tem idade para ser meu filho.

– Amor não tem idade.

– O que as pessoas vão dizer?

– Que digam o que quiserem eu não vivo com elas, sou dono do meu próprio nariz, sou eu quem me sustento, portanto, não lhes

devo satisfação alguma. Eu vou dar-lhe tempo para pensar, pensar em você, no que vem fazendo consigo, pensar em nós, e vou aguardar o tempo que for necessário para você mudar de ideia a meu respeito, a respeito do amor. A respeito do nosso amor.
– Não espere, Adolfo. Não perca seu tempo comigo.
– Vou correr esse risco.
– Bem... – Guilhermina fez uma pausa. Sua resposta, se quisesse ser inteiramente franca, seria "Se quer perder tempo comigo, então perca", mas guardou para si.

Guilhermina voltou para a casa com ares de quem vira um fantasma. Recolheu-se cedo. Queria ficar sozinha com seus pensamentos, procurando resgatá-los da tempestade emocional que se abatia sobre eles.

Ela esperou por tudo na vida, por todos os males que podiam afetá-la ao longo de sua existência e procurou se precaver contra todos eles, exceto aquele.

Em momento algum pensou que um dia se descobriria apaixonada por um rapaz que era mais jovem que ela mais de vinte anos. E aquilo era assustador, mais do que todo o mal que havia experimentado na vida.

De repente, até a casa que tanto serviu para protegê-la do mundo lá fora, cruel e desumano, agora tirava-lhe o fôlego, a espremia, sufocava.

No dia seguinte, logo pela manhã, Rafaela encontrou uma Guilhermina elétrica e aflita, dando sinais de que havia dormido muito mal à noite, ou talvez nem dormido.
– Mamãe...
– Estou bem, Rafaela, está tudo bem... – disse Guilhermina, sufocando a voz da filha sem se dar conta.
– Mamãe, a senhora está parecendo uma caixa de fósforos, se passar um palito perto da senhora, pega fogo.

Guilhermina deu uma risadinha amigável e infantil. Rafaela elevou a voz:
– O que houve entre a senhora e Adolfo?

Nova risadinha por parte de Guilhermina e vermelhidão a lhe cobrir o rosto. Depois de muita insistência, a mãe acabou contando tudo o que se passou entre ela e Adolfo no dia anterior.

Rafaela ouviu tudo com profundo interesse. Por fim, disse:

— A senhora está confusa. Com a cabeça em pane. Quer um conselho? Não tome nenhuma atitude precipitada. Viaje.
— Viajar?
— Sim. Faça uma viagem. Há quantos anos a senhora não sai de casa? Tome novos ares. Pouse os olhos em coisas diferentes e bonitas. Refresque a cabeça. Assim poderá colocar seus pensamentos e o coração no lugar.
Como já havia acontecido antes, as palavras da filha desarmaram a mãe. Guilhermina considerou a observação por uns instantes. Talvez Rafaela estivesse certa. Uma viagem, novos lugares, novos ares poderiam lhe fazer bem... um tremendo bem. Por que não?
Rafaela aproximou-se da mãe e tomou-lhe o braço.
— E então? Posso marcar a data?
Outro trunfo desarmante. Guilhermina esfregou o nariz com certa aflição. Por fim disse:
— Pode.
A filha explodiu de alegria com o furor de uma explosão de fogos de artifício.
— Maravilha!
E, após beijar a bochecha da mãe, Rafaela acrescentou:
— Para se viver é preciso coragem e um coração alegre. É vivendo que se evolui.
Quando Adolfo soube da viagem de Guilhermina para Paris, achou por bem incentivá-la. Concordou com Rafaela ao dizer que uma viagem faria bem para ela pôr a cabeça e o coração no lugar.
Guilhermina estava prestes a atravessar o portão de embarque do avião quando retesou o pé. Um gemido escapou de seus lábios. Viu-se tomada por um medo repentino. O medo de que o avião por algum motivo durante o trajeto caísse e sua vida tivesse fim.
Que vida? Aquela que ela amaldiçoara durante todos aqueles anos? A vida que ela desprezara com todo ímpeto enquanto milhares de pessoas almejavam viver nas mesmas condições financeiras que ela, bem como com um físico belo e saudável como o dela e não haviam tido a mesma oportunidade?
Essa era a vida que ela temia perder? Vida? Não, não havia vida alguma a perder porque ela própria já havia muito tempo se perdido da vida, fechado as portas para ela, cuspido, pisado e repisado no presente precioso que Deus lhe dera, sem dó nem piedade.

Ela olhou para a funcionária do aeroporto por um longo e desesperado minuto. Diante da amabilidade da moça, Guilhermina acabou cedendo.

⁂

O avião, porém, fez uma escala em São Paulo. Guilhermina se encontrava acomodada na sua poltrona olhando pela pequena janela oval da aeronave para a pista lá fora quando a passageira que se sentaria ao seu lado chegou. A mulher disse:
– Com licença?
Guilhermina respondeu voltando-se para ela:
– Fique à vontade.
Para total espanto e pavor de Guilhermina sua vizinha de poltrona era nada mais nada menos que Izabel da Silva Pelizarri. Ao se verem as duas estremeceram. Cada qual por um motivo diferente. O mundo de ambas desabou naquele instante.

A sua irritação não solucionará problema algum...
As suas contrariedades não alteram a natureza das coisas...
Os seus desapontamentos não fazem o trabalho que só o tempo conseguirá realizar.
O seu mau humor não modifica a vida...
A sua dor não impedirá que o sol brilhe amanhã sobre os bons e os maus... A sua tristeza não iluminará os caminhos...
O seu desânimo não edificará ninguém...
As suas lágrimas não substituem o suor que você deve verter em benefício da sua própria felicidade...
As suas reclamações, ainda mesmo afetivas, jamais acrescentarão nos outros um só grama de simpatia por você...
Não estrague o seu dia.
Aprenda a sabedoria divina,
A desculpar infinitamente, construindo e reconstruindo sempre...
Para o infinito bem!

Chico Xavier

Capítulo 14
Lembranças

As duas mulheres ficaram olhando uma para a outra como se houvessem sido congeladas naquela posição. E agora? O que fazer? Izabel pelo menos soube logo o que fazer. Tentou imediatamente puxar conversa com a ex-amiga. Era o mais sensato e correto a seu ver. No entanto, Guilhermina voltou-se bruscamente para ela e disse:
— Não me dirija a palavra.
— E-eu...
Não podendo se conter mais ali de aflição e indignação, Guilhermina levantou-se e foi falar com uma das comissárias de bordo. Após explicar a situação em sucintas palavras, a aeromoça disse:
— Infelizmente, minha senhora, não dá para mudá-la de lugar porque o voo está lotado.
Sem alternativa, Guilhermina voltou para o seu lugar. E assim que se aconchegou novamente na sua poltrona disse rudemente:
— Se eu pudesse saltar deste avião em pleno voo para poder me ver livre dessa situação humilhante eu o faria sem hesitar. Só me faltava essa, depois de todos esses anos sem ousar pôr os pés para fora de casa, quando ponho, sou obrigada a me sentar ao lado de quem arruinou a minha vida.
Izabel permaneceu calada. Ouvia o desabafo ao mesmo tempo em que procurava orar pela amiga, pedir aos espíritos de luz que derramassem sobre ela o dom do perdão, da visão e da libertação. Sim, Guilhermina precisava se libertar de tudo aquilo, era triste demais saber que ela ainda se mantinha presa a todo aquele infortúnio do passado.
Não houve mais nenhum acontecimento durante o trajeto até Paris que merecesse ser mencionado, a não ser o constrangimento pavoroso que Guilhermina sentia toda vez que tinha de pedir licença a Izabel para ir ao banheiro, o que ocorreu várias vezes durante a viagem.

Era uma manhã linda, de frio seco, com apenas um toque de geada no ar quando o avião pousou em solo francês. E cerca de quinze minutos para o meio-dia quando, finalmente, o micro-ônibus chegou ao hotel onde o grupo de turistas ficaria hospedado.

Guilhermina mal podia acreditar que ela haveria de ficar hospedada no mesmo hotel em que Izabel se hospedaria. Nada de se espantar, uma vez que as duas haviam comprado o pacote de viagem na mesma agência de turismo, que tinha sede em São Paulo e Rio de Janeiro.

Por sorte, ambas não ficaram no mesmo quarto, agradeceu Guilhermina aos céus. Seria a morte para ela. Ainda assim as duas ficaram hospedadas no mesmo andar, em quartos lado a lado.

Por mais belo e interessante que foram os passeios pela cidade luz, nenhum conseguiu fazer com que Guilhermina se desprendesse do mal-estar que estava sentindo por ter de fazer todo o passeio na companhia de Izabel.

Nem o Museu do Louvre com seus encantos: o quadro da Mona Lisa, a Vitória de Samotrácia e Vênus de Milo, além das numerosas obras-primas dos grandes artistas da Europa como Rembrandt, Ticiano, Goya, Rubens, Michelangelo, conseguiram despertá-la daquele estado mórbido. Izabel, no entanto, não se deixou mais abater pelo fato, entregou-se totalmente ao espírito de turista, apreciando tudo com o entusiasmo de uma adolescente.

A vista da Torre Eifel foi tão marcante quanto a vista do Pão de Açúcar, observava Izabel. Desagradável mesmo, só a espera na fila para subir até o topo da torre. Cerca de três horas. Ufa! Ainda assim valeu a pena.

Guilhermina pensou em desistir por várias vezes, não só da subida à torre como de toda a viagem. Sua vontade mesmo era acabar com tudo aquilo o mais breve possível pegando um voo de volta para o Brasil e se aconchegar na sua casa tranquila onde se sentia protegida de todos os males da vida. Bem, nem de todos mais, como antes. Mas Rafaela se desapontaria com ela. Olga também.

Após seguir pela avenida Champs-Élysées, o grupo de turismo encontrava-se agora visitando a praça Charles de Gaulle onde fica o famoso Arco do Triunfo quando o guia permitiu que todos dessem voltas pela redondeza a seu bel prazer. Passou a cada um o endereço do hotel e as palavras em francês que deveriam ser ditas ao taxista quando pegassem o táxi para voltar.

Preocupada com o estado emocional de Guilhermina, que parecia cada vez mais agravado, Izabel resolveu segui-la por receio de que ela se perdesse pelas ruas de Paris ou tivesse um surto ou algo pior ao se ver só por ali.

De fato, Guilhermina estava cada vez mais abalada psicologicamente. O encontro com Izabel a perturbara estupidamente.

Ela andava parecendo alheia a tudo e a todos, resgatando seus pensamentos do passado, especialmente aqueles que tivera ao saber do que Giancarlo fora capaz.

Naquele momento, Guilhermina chegava à conclusão de que fora melhor, mesmo, que o marido tivesse morrido. Fora a melhor saída para aquilo tudo. Se o acidente não o tivesse matado, ela seria bem capaz de disparar um tiro contra ele num momento de feroz ressentimento dando finalmente a ele o que tanto merecia, segundo sua concepção.

Subitamente, um arrepio breve e desolado atravessou-lhe o corpo, foi bem no instante em que ela avistou um vulto atrás dela. Ao virar-se encontrou Izabel a poucos metros de distância. Guilhermina arrepiou-se novamente.

— Até mesmo estando noutro continente me encontro com você... Com tanta gente para eu encontrar aparece justamente você. A vida é perversa mesmo, não se cansa de judiar das pessoas. Dá sempre a elas o que elas não almejam. E o pior, aquilo que não merecem.

— A verdade, Guilhermina, a meu ver, é que a vida não nos deixa escapar daquilo que devemos e podemos enfrentar. Não há lugar no mundo onde se possa se esconder do que tentamos tantas vezes. Por medo, receio...

Izabel, apreensiva, disfarçou, procurando um ponto de apoio. Guilhermina a fulminou com os olhos e explodiu:

— Está me seguindo?

Izabel achou por bem fazer uso da sinceridade. Disse:

— Estou. Porque você não está bem.

— Saia da minha vida, Izabel! Saia da minha vida para sempre!

Diante de mais aquele rompante de Guilhermina, Izabel acrescentou rapidamente:

– Você não está bem, Guilhermina. Deixe-me ajudá-la.

Ela sufocou a voz de Izabel com a sua:

– O que importa para você como eu me sinto, como eu estou de saúde? Hein? O que importa?

– Sempre fomos amigas, Guilhermina.

– Chega! Poupe meus ouvidos dessa conversa! Você não sente nada por mim, nunca sentiu... você só quis estragar a minha vida!

Guilhermina começou a recuar, mas parou quando um débil som escapou-lhe da garganta seguido de palavras altamente letais:

– Eu a odeio! Odeio!

Subitamente, Guilhermina desembestou a correr. Izabel, atordoada, foi atrás dela.

– Espere, Guilhermina, por favor. Não complique as coisas.

Mas a ex-amiga não lhe dava ouvidos. Corria derramando lágrimas e suor.

– Deixe-me em paz. Por favor. Deixe-me em paz! – berrava ela entrecortadamente. – Eu não mereço isso. Não mereço.

Ainda que tomada de desespero, aquelas ruas pareciam cada vez mais familiares para Guilhermina, era como se ela soubesse no íntimo para onde estava correndo.

– Minha casa – escapou-lhe as palavras. – Minha casa. Preciso chegar até a minha casa.

A sensação que percorria o interior de Guilhermina era a mesma que percorria Izabel. Aquelas ruas, sim, ela já estivera ali, ora andando por elas, ora correndo... A sensação crescia cada vez mais em ambas. Guilhermina interpretou como sendo um déjà-vu, só podia ser, pensava consigo mesma.

Quando suas pernas se cansaram de correr, não podiam dar mais nem um passo sequer, ainda assim ela continuou impondo toda a força de que dispunha na esperança de chegar a um lugar para se proteger, se ver livre de Izabel, onde ela não pudesse alcançá-la.

Parou diante de uma casa suntuosa com uma bela escadaria. Sem se ater a detalhes ela subiu ainda esbaforida, tremendo por inteira. Diante da grade que protegia o pequeno *hall* que dava acesso à porta do casarão Guilhermina caiu em si.

Izabel parou aos pés da escadaria assim que percebeu que aquela casa era a mesma que diversas vezes aparecia em seus sonhos. Novamente a sensação de familiaridade gritou dentro dela. Ela já estivera ali, com certeza numa vida passada. Por tudo isso os lugares lhe eram tão familiares.

Suando em profusão e respirando ofegante, Guilhermina se mantinha junto à grade. Repetindo entrecortadamente:

– Não... Por Deus, não!

O silêncio foi caindo sobre ela até preencher tudo ao seu redor.

Izabel permanecia ali, olhando para a ex-amiga como Pauline Laroche ficara olhando para Johan-Marcel Chevalier no último encontro entre os dois na vida passada.

Quando Guilhermina voltou a cabeça para trás e encontrou os olhos de Izabel fixados nela, estremeceu. Izabel também. Para ambas aquela cena já havia acontecido em algum lugar do tempo. O encontro do olhar das duas levou-as a um passado distante. Um passado em que ambas, Guilhermina como Johan-Marcel e Izabel como Pauline Laroche tiveram sua última conversa:

"– *Fora da minha vida!*

– *Sem você, sem o seu amor, prefiro morrer...*

– *Pois então, morre! M-o-r-r-e!*"

Guilhermina esqueceu-se do que ia dizer no meio da corrente de pensamentos destoantes desencadeados pela visão dela com Izabel na vida passada.

– Então é verdade... – murmurou atordoada. – Eu vivi aqui, no passado...

– C-como assim viveu? – perguntou Izabel, surpresa.

Guilhermina se manteve calada por instantes. Uma lágrima escorreu pelo seu rosto, veio mais uma, logo eram várias. Por fim, disse:

– Aquela mulher, aquela mulher do Centro que minha filha frequenta. Foi ela... Ela quem me disse que eu havia vivido na França em minha última reencarnação...

– Mulher, que mulher?

– Certa noite eu segui Rafaela, minha filha, precisava saber onde ela estava indo toda terça-feira à noite. Ao descobrir que era num Centro Espírita que minha mãe também frequentava senti-me aliviada. No entanto, vi-me obrigada a entrar para saber com quem Rafaela vinha conversando e sobre o que falavam. Logo localizei a mulher com quem Rafaela trocava palavras.

"Foi ela que, após me dar um *passe*, contou-me um pouco a meu respeito, especialmente quem fui numa vida anterior a esta. Disse

que eu havia vivido aqui, na França, como homem, e que a mulher que eu tanto odiava, você, havia sido minha amante nessa última encarnação e que eu, assim como nesta vida, havia cometido uma injustiça contra ela."
— Injustiça? Como assim?
Guilhermina deixou-se sentar na pequena amurada que cercava o canteiro de folhas e assim que Izabel se juntou a ela, contou-lhe tudo o que se passara na vida passada entre ela como Johan-Marcel e Izabel como Pauline Laroche*.
"Essa mulher do Centro queria me fazer compreender minha última reencarnação e me disse também que você havia atraído para si tudo o que estava vivendo nesta vida atual."
— Sim, eu já havia presumido tal coisa — confirmou Izabel.
— Confesso que não dei crédito ao que essa mulher falou, mas agora, aqui, depois de correr por essas ruas e ficar diante desta casa, não posso negar que já vivi por aqui, pois a sensação de já ter estado aqui é muito forte. Além do mais, esta é a casa que vi em pensamento conforme a mulher do Centro ia me contando detalhes de minha última reencarnação.
Izabel voltou os olhos para a casa e comentou:
— Eu também já havia visto a fachada dessa casa muitas vezes em sonho...
Por fim, sentou-se ao lado de Guilhermina e calou-se. As duas ficaram ali sentadas por um longo e necessitado momento em silêncio. Quando Guilhermina voltou a falar, seu rosto estava tomado de lágrimas:
— Eu o amava, Izabel... Amava Giancarlo tão fortemente que não consegui aceitar que aquele homem tão amado na verdade não valia nada. Culpar você, culpar as outras mulheres foi, na verdade, o único modo de encobrir o seu caráter, encobrir a minha decepção com ele, a decepção que ele me causou.
— Eu não fiz por querer, Guilhermina, eu juro. Sempre amei você como se fosse minha irmã. Você devia saber disso. Você é a última pessoa que eu seria capaz de ferir na vida.
— Mas a vida quis assim, não é, Izabel? Quis unir você a ele e ele a mim. É isso que compreendo finalmente agora. Aquela mulher do Centro Espírita estava certa. O tempo todo certa...

---

*Os fatos que marcaram a última reencarnação de Guilhermina, foram narrados pela médium sem citação de nomes. Eles aparecem aqui para uma melhor compreensão do leitor (N. do A.).

— E a vida nos uniu, eu e você, novamente, a seu modo, para que colocássemos um ponto final em todo esse mal-entendido que cercou nossas vidas, assim como faz com milhares e milhares de pessoas. Pode parecer coincidência, mas por trás de aparentes coincidências existem motivos mais profundos.

Guilhermina apreciou aquelas palavras, depois disse:

— A mulher me disse também que todo ódio e revolta que eu, na outra reencarnação, dediquei a você por acreditar que você naquela vida havia sido a culpada por meu filho ter nascido com deficiência, foi também um ato precipitado. Disse que eu tirara conclusões precipitadas. Ainda assim, não consigo entender como posso ter me precipitado nas conclusões que tirei se tudo ficou tão claro para mim. Você foi a única pessoa doente com quem tive contato e, portanto, a única que poderia ter transmitido o vírus que atacou minha esposa, grávida na época.

— Eu não sei — observou Izabel, pensativa. — Talvez nunca saibamos ao certo o que aconteceu. Mas sabemos o que pode nos acontecer no amanhã, se pararmos para observar o que estamos fazendo de nós no agora.

— Então meu amanhã será terrível.

— Ainda há tempo de mudá-lo, Guilhermina.

— Creio que não. Estou determinantemente condenada a uma vida infeliz. Pelo visto, somos nós mesmos quem nos damos nossa própria sentença de morte.

Houve um instante de pausa, depois Guilhermina perguntou:

— E você, Izabel? O que houve com você? Casou-se? Teve filhos?

— Sim. Casei-me e tive um filho. Eu o amo muito.

— Estimo. — Havia uma terna admiração na voz de Guilhermina. — Eu tive uma filha. Quando Giancarlo morreu estava grávida de um mês e meio, dei à luz uma menina, que batizei com o nome de Rafaela. Um encanto de moça. No entanto... estraguei sua vida.

— Estragou?

— Sim. Estraguei sem pudor algum na intenção de protegê-la.

Guilhermina resumiu os últimos acontecimentos envolvendo a filha. Izabel perguntou a seguir:

— E o que a traz a Paris?

— O amor — respondeu Guilhermina em meio a um riso triste. — Aconteceu comigo a última coisa que poderia ter acontecido. Apaixonei-me novamente.

– Que maravilha.
– Nem tanto. Ele é bem mais novo do que eu.
– E qual o problema? Amor não tem idade.
– Você não me entendeu, ele é bem mais jovem do que eu. Muito.
– Se ele conseguiu fazer mudanças positivas em você, Guilhermina, é porque o amor por esse rapaz está lhe fazendo muito bem. Eu se fosse você aproveitaria a oportunidade.
– Acha mesmo?
– Lógico que sim. Todo amor vale a pena. Todo amor é sagrado.
Guilhermina sorriu e disse:
– Devo admitir que estava com saudades de conversar com você, Izabel.
– E suas amigas? Sempre foi rodeada de amigas.
– Amigas falsas, não é? Há muito tempo não sei o que é ter uma amiga.
– Se você ainda quiser a minha amizade, ela é sua.
Guilhermina riu nervosamente, depois retomou a seriedade e perguntou pensativa:
– Você acha mesmo que eu deveria aproveitar esse amor?
– Acho! – afirmou Izabel, convicta. – Acho inclusive que você deveria comprar um belo presente para levar para ele. Dizem que Paris é a cidade das paixões.
Guilhermina apertou os lábios encabulada.
– Sim. Independente de qualquer coisa creio que ele merece ganhar um presente.
– Ótimo – saudou Izabel, empolgada. – Eu vou com você amanhã às lojas. Ainda não comprei os presentes para o meu marido nem para o meu filho.
– Está combinado, iremos juntas. Preciso comprar um para a minha filha também. Para a minha mãe, irmão e Zola.
De repente, como acontece com todos aqueles que têm laços mais profundos do que os aparentes, todos aqueles anos de rancor, revolta e distância pareceram para as duas mulheres não ter levado mais do que cinco minutos na escala do tempo.
E a viagem que começou sob fortes tensões e revoltas terminou de forma muito agradável, inesperadamente agradável para Guilhermina Scarpini.
Na manhã do dia seguinte as duas, como combinado, encontraram-se.

– Às compras! – exclamou Guilhermina, e sua voz tinha a mesma alegria cálida dos velhos tempos de menina.

Já era à noitinha quando Izabel e Guilhermina se encontravam com o grupo de turistas jantando num agradável restaurante às margens do rio Sena. À certa hora, Guilhermina pediu licença a Izabel para fazer algo que há muito queria fazer: caminhar às margens do Sena, só com seus pensamentos. Assim ela fez.

Guilhermina admirava um *Bateaux Mouche* descendo o belíssimo Sena quando percebeu que a Guilhermina que chegara a Paris não era a mesma que regressaria para o Brasil. Era uma nova mulher, cujo íntimo dizia numa voz bonita: Chega de viver de passado, de lembranças. Ah, não. Chega. Quero viver o presente. Um novo amor, um novo eu. Uma nova chance, um novo começo. Um casamento, com apreço, nem que esse casamento fosse com um rapaz mais de vinte anos mais jovem que ela. Por que não? Ele gostava dela, ela gostava dele. Se os outros não gostassem, problema deles. Ela não podia sacrificar mais sua felicidade por causa dos *outros*.

Além do mais, a vida quisera assim. Sim, a vida. Foi ela quem a uniu a Adolfo Pelizarri. Exatamente como uniu Izabel e Giancarlo no passado. Uma coincidência, sim, sem dúvida. Mas...

Ela acataria o conselho de Izabel. Voltaria para o Brasil e aceitaria o pedido de namoro de Adolfo. Daria uma chance a ele e a ela ao mesmo tempo para serem felizes.

Ao avistar ao longe a Torre Eifel toda iluminada, Guilhermina sentiu seu peito incendiar de alegria e paixão. Como havia muito não acontecia.

– Felicidade, aí vou eu! – exclamou como uma adolescente que acaba de ser flechada pelo cupido.

Na volta ao Brasil, Guilhermina desembarcou no Rio, Izabel em São Paulo. Ambas se despediram prometendo manter contato. Talvez, quem sabe, o mesmo que mantinham antes de tudo aquilo tê-las separados.

O reencontro de Guilhermina e Rafaela foi marcante, até mesmo para Jorge Augustin. Guilhermina trouxe algumas lembranças de Paris, Olga ficou feliz por ver a filha corada novamente e cheia de vida. Mas o que mais a espantou foi saber sobre o reencontro com Izabel. A mulher chegou a se engasgar de espanto. Pelo que Guilhermina lhe contara, Izabel nada falara sobre o filho, tampouco sobre o que Olga lhe pedira para fazer no passado. Aquilo deixou Olga mais tranquila.

Ela sentiu-se aliviada também ao perceber que os irmãos por parte de pai jamais se apaixonariam um pelo outro sem saber que eram irmãos, pois Rafaela já estava de casamento marcado com Jorge Henrique Augustin e ambos se amavam de paixão, portanto, não havia mais com o que se preocupar.

Depois do encontro com a família foi a vez de Guilhermina rever Adolfo. Um reencontro marcado a convite dele no restaurante do Copacabana Palace. Foi durante o jantar que Guilhermina se abriu para o rapaz, expondo seus sentimentos por ele, recíprocos, dizendo estar disposta a namorá-lo como ele tanto queria, algo que Adolfo apreciou intimamente.

– Não fique temerosa por tudo o que está acontecendo conosco. Não é nada que deva ser temido. É uma coisa linda, Guilhermina. É você! Você como mulher. Deixe que essa mulher que há em seu íntimo se liberte. Solte-a. Desate-a... Para que possa apreciá-la. O que sente nada tem de chocante e não é repugnante, mas maravilhoso... Um milagre. Não se prenda, nem mais um momento. Ame, Guilhermina! Ame!

Os olhos dela se encheram de lágrimas e por pouco ela não chorou de emoção. Adolfo gostou do modo como ela olhava para ele, do modo como falou e expôs seus sentimentos por ele, aquilo significava liberação, renovação, avanço...

Cinco dias depois, Adolfo e Guilhermina estavam novamente juntos, dessa vez passeando pelo Jardim Botânico do Rio de Janeiro. Na volta para a casa, Adolfo disse:

– Vai haver um jantar em casa, um jantar especial para uma amiga de minha mãe e eu queria aproveitar o momento para levá-la até lá e apresentá-la a minha família.

– Fico pensando no que seu pai e sua mãe vão pensar ao me verem.

– Ora.

– Só queria ver como vão reagir assim que perceberem o quanto eu sou mais velha que você. É melhor que eu vá sozinha, se Rafaela for comigo vão pensar que a namorada é ela e mesmo que você diga que não, vão pensar que está brincando.

Era uma possibilidade, pensou Adolfo em meio a risos.

– Tudo bem – concordou ele. – Você vai sozinha. O jantar será no próximo sábado.

– Sábado que vem? Eu sinto muito. Já tenho compromisso. É o dia que combinei para jantar na casa de minha amiga. Aquela com a qual reatei a amizade.
– Poxa, que pena. Mas não tem problema, fica para a próxima semana.
– Combinado.
Adolfo estacionou o carro em frente à casa de Guilhermina e, cavalheiro como sempre, deu a volta e abriu a porta para ela. Desta vez, porém, os dois trocaram um beijo antes de se separarem.
Duas senhoras, que moravam na casa que ficava do outro lado da rua, ao verem o gesto de amor entre o casal, chocaram-se.
– Você está vendo o que eu estou vendo? – perguntou uma delas.
– Se estou, mulher? – respondeu a outra mordiscando os lábios de indignação.
– Que pouca vergonha.
– Que imoralidade. Ele tem idade para ser filho dela.
– Esse mundo está perdido mesmo. Que exemplo pode dar essa mulher para a filha? Pior, para a sociedade? Nenhum. É uma imoral.
– E eu que pensei que ela fosse uma moça direita.
– As aparências enganam. De louca à despeitada, essa é boa. Esse mundo está perdido mesmo.
– Mamãe, titia – soou uma voz atrás das duas senhoras debruçadas no parapeito da janela.
A voz altiva da filha fez com que as duas mulheres se assustassem.
– Sim, minha filha, o que há?
– Se vocês duas não aprovam o comportamento de dona Guilhermina porque não param de espiar? Deveriam fazer o mesmo em relação às novelas que ficam tachando de imorais, mas que não se desligam delas.
– Bruninha, isso não são modos de falar com sua mãe!
– E com sua tia!
E mais um choque entre gerações teve início naquela casa. Ninguém nunca procurou saber quem soltou a notícia do envolvimento de Guilhermina Scarpini com um jovem pelo menos *vinte* anos mais jovem que ela. Logo a cidade toda comentava e o comentário rapidamente foi parar nas colunas sociais. Gerusa e Adelaide, as duas irmãs que moravam na casa em frente a de Guilhermina, é que foram as responsáveis.

Capítulo 15

Quando o coração escolhe

Havia uma expectativa crescente cercando Guilhermina em relação ao jantar na casa de Izabel. Ela se encontrava ajeitando a estante, mudando os objetos de lugar para dar uma renovada no ambiente quando Olga entrou no aposento pisando duro e suando em profusão.
— É verdade?
— É verdade o quê?
— Que você está namorando aquele rapaz? Todas as colunas dos jornais estão comentando.
— E se for?
A mãe não respondeu. Manteve-se séria encarando a filha. Guilhermina, após breve pausa, desabafou:
— Eu não entendo, eu juro que não entendo. Vivi os meus últimos vinte anos ouvindo a senhora me dizer para que eu saísse desta casa, recomeçasse a vida, desse uma nova chance para o amor e quando faço tudo isso a senhora me reprova? Eu juro que não entendo, mamãe.
— O rapaz é mais de vinte anos mais jovem que você, Guilhermina.
— E daí?
— E daí...
Ela não deixou a mãe terminar. Disse:
— Amor não tem idade. Muitos casais de diferentes idades se casam e são muito felizes.
— O que houve com você? Deixou o Brasil determinada a esquecer esse rapaz. Para fazer com que ele se afastasse de você e quando volta...
— Izabel...
A mãe espantou-se:
— O que tem Izabel?

– Foi ela quem me fez mudar de ideia.
– Izabel?
– Olá, senhor eco!
– Não brinque com coisa séria, por favor.
– Não estou brincando. Foi Izabel quem me abriu os olhos em relação ao meu envolvimento com Adolfo. Em Paris. Olga deixou seu corpo cair sobre o sofá. Tomada de preocupação.
– É sempre Izabel, já percebeu? É sempre ela quem está por trás das reviravoltas que tomam sua vida.
– Não exagere, mamãe. A propósito, vou a São Paulo no sábado que vem com Rafaela. Izabel convidou-nos para jantar na sua casa, apresentar o marido, o filho, e eu aceitei. Rafaela está empolgadíssima.
– Você não pode estar falando sério!
– Estou sim. Se quiser ir com a gente...
– O que deu em você agora? Sempre odiou Izabel e agora a trata como se nada tivesse acontecido.
– Sabe, mamãe, sofrer cansa. Nutrir ódio esgota. O perdão liberta, a compreensão alivia. Há tanta coisa mais importante na vida do que se prender ao rancor, ao ódio, à revolta... Devo essa descoberta a Adolfo...
– A princípio pensei que esse rapaz havia sido muito benéfico para você. Agora, já não sei...

De repente, Olga começou a chorar compulsivamente.
– O que foi? – perguntou Guilhermina preocupando-se.

A mãe não respondeu continuou chorando desconsoladamente. A filha tratou logo de correr até o corredor que levava à cozinha chamando por Zola.
– Traga um copo de água com açúcar, Zola, rápido, por favor.

Enquanto a filha estava de costas para a mãe, Olga deu uma espiada rápida nela. Sem parar, obviamente, de chorar e soluçar. Tudo não passava de encenação, mas era preciso para impedir que a filha se reaproximasse de Izabel. Dela e do filho de Giancarlo.

Olga se arrepiou ao perceber que por mais que procurasse pôr um ponto final no passado, ele voltava com mais força.

Nesse momento a porta se abriu e Rafaela entrou.
– O que foi? – perguntou Rafaela correndo ao encontro da avó.

Foram os olhos da avó que a entregaram. Assim que a mãe saiu da sala, Rafaela voltou-se seriamente para a avó e disse:

– Pode parar, dona Olga. Pode parar com toda essa encenação. Conheço bem esse olhar, é o mesmo que me minha mãe adquiria quando se fingia de vítima para me comover e fazer com que eu não fizesse algo.

Olga fingiu não ouvi-la.

– O que a preocupa tanto? – tornou o jovem, encarando a avó seriamente. – Eu sempre tive a impressão de que a senhora esconde alguma coisa de nós, de mim principalmente. O que há? Tem a ver com meu pai, não é? Eu sei, eu sinto. Para mim a senhora sabe que ele teve um filho fora do casamento, um ou mais, e teme que descubramos.

O alarmante sinal de apoplexia que as palavras de Rafaela provocaram na avó foi suficiente para que a jovem percebesse que estava no caminho certo. Achegando-se mais, Rafaela afagou seu rosto na esperança de acalmá-la. Só então perguntou:

– Onde está esse filho, vovó? Quero saber, tenho direito de saber. Afinal, ele é meu irmão ou irmã. Ainda que somente por parte de pai, meu irmão ou irmã.

Olga suspirou longamente, baixou os olhos e depois de muito lutar contra si mesma, disse:

– É um irmão. Mora em São Paulo. Vou lhe contar toda a história.

Minutos depois, Rafaela exclamava:

– Quer dizer então que eu tenho um irmão. Um irmão... que eu tanto quis ter... Não é uma maravilha?

– Rafaela, você prometeu não contar nada. Eu devo esse segredo a Izabel, por favor.

– É lógico que não contarei nada, vovó. Pode ficar tranquila. A senhora tem a minha palavra. Mas gostaria muito de poder chamar meu irmão por parte de pai, de irmão, de poder falar dele abertamente para as pessoas.

– Nunca é tudo na vida – observou Olga com uma ponta de desconsolo. – Nunca é tudo.

Rafaela abraçou a avó e ambas ficaram enlaçados, como crianças amedrontadas, que se reencontram após longas, terríveis horas de separação.

O Jantar

Izabel recebeu Guilhermina e a filha com muita alegria. Disfarçou, obviamente, o arrepio que sentiu diante da jovem por ela lembrar muito Giancarlo Vommaro.

– Fiquem à vontade, meu marido e meu filho foram buscar um bolo que eu encomendei.

Izabel e Guilhermina ficaram contando para Rafaela trechos de suas infâncias. A conversa foi interrompida quando Emilio César e Adolfo entraram na sala.

– Guilhermina, Rafaela! – exclamou Adolfo tomado de surpresa.

Izabel voltou-se para o filho sem esconder a apreensão e perguntou:

– Você já as conhece, Adolfo?

Adolfo soltou uma gargalhada sonora e gostosa.

– Mas que coincidência! – acrescentou maravilhado.

Todos os presentes permaneciam olhando para o jovem tomado de espanto. Voltando-se para a mãe, Adolfo falou:

– Mamãe, papai, essa é Guilhermina, a mulher de quem lhes falei. A mulher por quem estou apaixonado.

Izabel começou a recuar, mas parou, quando um débil som lhe escapou da garganta. Todos ficaram imediatamente surpresos com a transformação dela. A apatia desaparecera. Estava alerta e nervosa. Circunvagou o olhar pela sala, passando de rosto em rosto, olhar em olhar dos presentes. Diante do clima que pesava cada vez mais no recinto, Adolfo perguntou:

– Alguém pode me dizer exatamente o que está acontecendo aqui? Não estou entendendo nada.

– Eu é que lhe pergunto, Adolfo – manifestou-se Izabel sem esconder a apreensão.

– Calma, Izabel, por favor – acudiu Emilio César.

– Eu entendi bem? A mulher por quem você se diz encantado é Guilhermina?

A expressão desolada de Adolfo quase fez Emilio César chorar.

– Não pode ser – balbuciou Izabel inconformada.

Guilhermina aguardou o momento oportuno para se manifestar:

– Eu sinto muito, Izabel. Eu não sabia, jamais fiz ideia de que Adolfo era seu filho. Se eu soubesse...

Izabel voltou a encará-la fuzilando-a com o olhar.
— Não sabia?... Sei...
— Bem – disse Adolfo com bom humor –, se vocês duas são amigas fica tudo mais fácil.
— Não, Adolfo! – vociferou Izabel. – Não fica nada mais fácil. Só serve para piorar as coisas. Só isso.
— Eu estou apaixonado por Guilhermina e...
— Uma mulher que tem idade para ser sua mãe?! Ora, faça-me o favor.
— Qual é o problema?
— Se fosse apenas esse o problema. Há coisas que você não sabe, Adolfo, nem nunca vai saber!
— O que, por exemplo?
Emilio César procurou acalmar a esposa. O filho se alterou:
— O que eu não sei? Diga-me. O que eu não sei?
A expressão do rosto de Izabel angustiou a todos. Suas pestanas tremeram. Houve um brevíssimo momento de hesitação antes que ela respondesse:
— Você não sabe, por exemplo, que a mãe dessa mulher quis vê-lo abortado. Chegou até a me dar o dinheiro para fazer o aborto.
— E o que isso tem a ver com Guilhermina, mamãe? Ela não é a mãe dela, oras.
— Tem tudo a ver – respondeu Izabel, secamente. – Se Guilhermina soubesse da minha gravidez teria agido da mesma forma.
— Por quê? Por que haveria ela de...
Um olhar esquisito apareceu no rosto de Adolfo. Ele franziu o cenho. As coisas começavam a se encaixar na sua mente. Como peças de um complicado quebra-cabeças.
— Agora me recordo, Guilhermina me contou. A senhora... a senhora é a tal amiga que ela diz tê-la traído com o marido dela. Por isso a inimizade. Mas o que eu tenho a ver com...
Nova interrupção. Ao ver o pai arrasado e envergonhado desviar os olhos, Adolfo juntou a última peça do quebra-cabeça.
— Quer dizer que eu... eu sou filho de... Giancarlo Vommaro, marido de Guilhermina?
Guilhermina estremeceu diante da revelação.
— É verdade, Izabel? – perguntou ela com voz trêmula e fraca.

Izabel não respondeu, apenas baixou os olhos enquanto lágrimas escorriam de seus olhos.

O tempo pareceu parar naquele instante. Foi Rafaela quem despertou a todos do transe, minutos depois, ao dizer:

— É verdade, mamãe. Adolfo é meu irmão por parte de pai. Vovó me contou poucos dias atrás. E a senhora vai compreender por que ela guardou esse segredo da senhora durante todos esses anos. Vai compreender e perdoar-lhe.

E, voltando-se para Adolfo, Rafaela continuou:

— Não deve ser fácil para ninguém saber que foi rejeitado. Não deve ser nada fácil. Você deve ter sofrido muito enquanto espírito. Querer nascer, viver, raiar e sentir na alma as pessoas querendo impedi-lo de nascer, de renascer... Não deve ter sido nada fácil.

"Dá-me arrepios só de pensar. Mas quero que saiba, Adolfo, que minha avó se arrependeu amargamente do que fez. Sabe que errou com você. Errou feio.

"Não pense que por algum momento desde que ela cometeu esse erro ela pôde viver tranquilamente outra vez. Não pôde. Não creio que alguém que deseje isso possa reencontrar a paz.

"Então, em nome dela, eu lhe peço desculpas. Não que as desculpas absolverão minha avó das consequências negativas que ela atraiu para si própria. Se bem que tenho certeza de que ela já sofreu essas consequências nos últimos anos.

"Só o fato de ter sido o espírito que ela rejeitou, o responsável pelo resgate de sua filha do fundo do poço, já é uma das grandes lições que a vida lhe deu para perceber quão estúpida fora sua atitude."

Rafaela tomou ar, sorriu singelamente, e, com redobrada emoção, acrescentou:

— No mais, você não faz ideia do que significa para mim saber que eu tenho um irmão. Foi uma das melhores notícias dos últimos tempos. Porque eu sempre, sempre, sempre, quis ter um irmão. Você não faz ideia do quanto me sinto feliz. Imensamente feliz.

Rafaela aguardou o irmão dizer alguma coisa, mas ele manteve-se calado, cabisbaixo, com os olhos cada vez mais lacrimosos. Rafaela voltou-se então para a mãe, pegou a sua mão e disse:

— Vamos, mamãe, eles precisam conversar. Pôr os pingos nos "is".

Guilhermina, trêmula, pegou sua bolsa e saiu à sombra da filha.
– Eu levo vocês – prontificou-se Adolfo voltando a si.
– Não, obrigada – agradeceu Rafaela gentilmente. – No momento você precisa conversar com seus pais.
Sem mais nada a dizer, Rafaela deixou a casa acompanhada da mãe.
Os olhos do pai voltaram a se encontrar com os do filho. Eles ardiam agora de medo enquanto os de Adolfo ardiam de indignação e revolta.
Cego de desespero e revolta, Adolfo decidiu partir. Mas assim que ele pôs a mão na maçaneta, Emilio César segurou-o pelo braço.
– Solte-me! – ralhou o filho entre dentes.
– Daqui você não sai! – sentenciou o pai. – Não antes de se acalmar!
Adolfo, fora de si, voltou-se para o pai e disse:
– O senhor mentiu para mim a vida toda. Fizemos um pacto desde que eu era um menino de que sempre, sob qualquer circunstância, haveríamos de falar a verdade um para o outro e, no entanto... Eu confiava no senhor, confiava cegamente.
– Você ainda pode confiar, Adolfo. Eu sou seu pai.
– Não é não. É apenas um mentiroso.
E, voltando-se para a mãe, falou:
– A senhora também mentiu deslavadamente para mim. Para me poupar? Poupar-me da dor e da tristeza. Olhe para mim agora. Sabe como é se sentir omisso de toda a verdade que o cerca? É como acordar de repente sem identidade.
Ele bufou, e com pesar acrescentou:
– Eu vivi a vida inteira dentro de uma mentira.
Izabel voltou a encarar o filho, desta vez para se defender:
– De que serviria a verdade para você, Adolfo? Hein, diga-me? A mentira foi o único modo que eu encontrei, que seu pai e eu encontramos, para libertá-lo do peso que envolveu o seu passado. A sua origem.
"Se menti, ou omiti, foi por amor. Somente por amor. Para lhe dar a chance de ter um pai verdadeiramente digno do título de pai, verdadeiramente digno para um filho e não um canalha como foi Giancarlo...

"Não me arrependo, nem um fio de cabelo por ter feito o que fiz. Você já havia sofrido demais durante a minha gestação, não queria que sofresse mais."

O silêncio novamente envolveu a todos ali, a dor da incerteza do que viria após aquele encontro com a verdade, apertou o coração de todos ali. Minutos depois, Adolfo, transpirando fortemente, disse:
– Eu preciso ficar um pouco sozinho.

Não havia mais raiva em sua voz, nem mesmo censura, só cansaço. E sem mais nada a dizer, o moço se retirou para o seu quarto.

No dia seguinte, logo pela manhã, Izabel tomou um avião para o Rio e seguiu direto para a casa de Guilhermina. Assim que entrou, foi direto ao assunto:
– Desculpe-me por aparecer de rompante. Mas eu precisava falar muito com você, Guilhermina. Muito mesmo.

Houve uma pausa antes de Izabel prosseguir. Lentamente, com extremo cuidado no uso das palavras ela pediu:
– Eu quero que você se afaste do meu filho. Quero que se afaste porque se você tivesse ficado sabendo que eu estava grávida dele no passado teria rasgado bem mais do que o meu vestido de noiva. Eu passei horrores por sua causa, por causa da sua mãe. Não mereço passar por mais nada disso. Compreendeu?

Como a de Izabel, a voz de Guilhermina trêmula e fraca soou:
– Sabe Izabel, foi Adolfo, com sua graça e seu carisma inigualável que me trouxe de volta para a vida. – Ela ia começar a chorar, mas tratou logo de reprimir as lágrimas. – Serei eternamente grata a ele. Por tudo o que fez por mim. E de certo modo grata a você, pois foi você quem o deu à luz. Que bom que fez isso por mim... Mas você pode ficar tranquila, farei o que me pede em nome dos nossos velhos tempos, em nome do perdão...

Sem mais nada dizer, Izabel partiu. Guilhermina ficou ali em pé, parada, com a imagem de Adolfo Pelizarri estampada na sua mente e suas palavras tão bonitas e confortantes vibrando dentro dela.

CRBO

– Perdão – disse Olga, assim que se viu diante da filha.
Aquela hora, Rafaela já a havia posto a par dos acontecimentos da última noite.

Guilhermina voltou-se para a mãe e disse com carinho:
– William Shakespeare diz: *Quando fala o amor, a voz de todos os deuses deixa o céu embriagado de harmonia.* Hoje, penso, que quando se concede o perdão, os deuses reagem da mesma forma, embriagando o céu de harmonia...

Mãe e filha se abraçaram apertado, emocionadas.

Capítulo 16

Nenhum amor é em vão...

Tempos depois, Guilhermina encontrou-se com Adolfo. Ele, ao vê-la, justificou-se:

— Eu sempre me achei espiritualizado. Evoluído, mais que evoluído, evoluidíssimo e, no entanto, diante de tudo o que aconteceu, pareço estar a quilômetros de distância da espiritualização e da evolução. Sou como a maioria das pessoas que frequentam igrejas, cultos e Centros, que se mostram ótimas pessoas quando estão lá dentro, mas assim que saem, fazem tudo ao contrário. Sou como muitos escritores e professores de autoajuda e psicologia que dizem coisas maravilhosas sobre a vida, ensinam com sabedoria a arte de viver, de se comportar com os outros, mas quando a vida lhes pede para que eles ponham tudo o que ensinam em prática, não o sabem.

Guilhermina deu seu parecer:

— Há um ditado que diz: "Existe aquele alguém que você pensa que é, aquele que os outros pensam que é, e aquele que você realmente é".

Fez-se um breve silêncio, Guilhermina então pegou as mãos dele, que repousavam distraídas sobre o sofá, e apertou-as carinhosamente. Quando Adolfo voltou a encará-la, Guilhermina disse:

— Eu estraguei anos da minha vida por não fazer uso do perdão. Por negá-lo a quem me magoou e a mim mesma. E lhe digo, com toda sinceridade, não valeu a pena. Não creio que valha a pena para ninguém. E foi graças a você que pude ver essa realidade.

"Graças a você eu pude voltar para a vida, sair do fundo do poço, no qual eu havia me trancado por vinte longos anos. Graças as suas palavras de incentivo é que brotou dentro de mim novamente a vontade de viver. Por tudo isso eu lhe sou muito grata. Eternamente grata.

"Por tudo isso sou eu que lhe peço agora para reconsiderar, reconsiderar de coração aberto, tudo o que se passou. Especialmente em relação ao seu pai e sua mãe.

"Aquele que você chama de pai substituiu seu pai biológico como ninguém. Foi ele que lhe deu seu sobrenome. Que lhe deu carinho e educação. Calor humano e abraços apertados. E Izabel, sua mãe, foi a mulher que fez de tudo para que você nascesse e tivesse a melhor mãe do mundo ao seu lado.

"Peço-lhe para reconsiderar para que um dia não se arrependa por ter se voltado contra aqueles que mais o amam: seus pais. Para que não se corroa de culpa e dor."

Adolfo sorriu e comentou:

– Falando assim você parece até minha mãe.

Guilhermina achou graça e acrescentou:

– A vida não é fácil, Adolfo. É cheia de surpresas e reviravoltas. Paixões que não nos levam a nada a não ser à dor. Paixões que nos levam às alturas do amor. Alegrias e tristezas em meio a momentos de saúde e de doença. Essa é a vida... Ainda que seja feita de altos e baixos vale mais a pena viver do que fugir da vida. É isso que aprendi, é isso que você me fez perceber.

O rosto do moço suavizou-se com um sorriso fatigado.

– Obrigado – disse ele a seguir. – Obrigado por tudo. Por ter vindo, por ter perdido parte do seu tempo comigo. Pelas palavras. Muito obrigado.

– Você me estendeu a mão quando mais precisei, agora eu lhe estendo a minha. A vida é assim mesmo... uma troca.

"A vida nos une porque não somos nada sozinhos. Porque nossa vida não se completa sozinha. Por isso podemos dizer que somos no fundo de tudo vidas que se completam. Assim como podemos dizer que cada reencarnação são vidas que nos completam."

Ele riu, um riso nervoso de menino. Minutos depois, perguntou:

– E quanto a nós, Guilhermina?

Ela já esperava por aquela pergunta e usou de muita calma para respondê-la:

– Vamos esperar... Vamos dar tempo ao tempo...

– Mas eu a amo.

– Eu também o amo. Mas nem sempre o amor pode ser vivido no momento que queremos. Deve ter sido isso, com certeza foi, um dos motivos que levou Deus a criar o processo das reencarnações, para que os que se amam e não puderam ficar juntos por algum motivo possam viver esse amor em uma vida futura.

— Nós acabaremos juntos. Você vai ver. Eu sei, eu sinto...

Um sorriso frágil e delicado cobriu a face de Guilhermina. Seu olhar dizia: "Se Deus quiser..."

Uma hora depois, Adolfo Pelizarri tomava a ponte aérea. Uma hora e quarenta minutos depois, chegava à casa dos pais em São Paulo. Não foi preciso dizer nada, o pai compreendeu somente pelo seu olhar que ele voltara para a casa com o mesmo amor que sempre sentira por ele e pela mãe. Emilio César o abraçou e ambos choraram um no ombro do outro.

— O senhor foi sempre o melhor pai do mundo. Eu devo tanto ao senhor. Obrigado. Muito obrigado, pai, por tudo o que fez e faz por mim. Desculpe-me, desculpe-me por tudo o que eu lhe disse. Pelos desaforos. Pelos berros. Pela ingratidão. Desculpe-me.

O pai, com os lábios trêmulos e os olhos cheios de água, por mais que procurasse palavras para expressar seus sentimentos, não as encontrava, tamanha a emoção.

Voltando-se para Izabel, Adolfo disse:

— Eu só queria dizer, mãe, que...

Ela o interrompeu sem cerimônia:

— Lembra-se, Adolfo, porque eu o batizei com o nome de Adolfo, não?

Ele assentiu com o olhar. Ela acrescentou seriamente:

— E agora você está honrando o seu nome mais uma vez com dignidade. Eu me orgulho de você, filho. Orgulho-me muito mesmo.

Meses depois...

No primeiro fim de semana da primavera de 1996, Rafaela Scarpini, de branco e rendas, casou-se com Jorge Henrique Augustin na igreja da Candelária, assistida pelo vigário.

A avó, felicíssima, ao cumprimentar os noivos, recomendou:

— Cuide bem dela, meu rapaz. Seja bom para minha neta.

— Ora, dona Olga — respondeu Jorge, sorridente como de costume —, e eu já não cuido?

Guilhermina desejou que Rafaela e Jorge, juntos, vivessem felizes para sempre.

A noiva felicíssima, abraçou a mãe e disse:

– Obrigada por tudo, mamãe. Por tudo o que fez por mim.

A marcha nupcial começou a tocar a música, Rafaela respirou fundo, ergueu a cabeça, sorriu e deixou o altar. Estava quase alcançando a porta quando avistou Adolfo. Naquele momento seu coração por pouco não parou. Seu choque ao vê-lo foi tão perceptível que assustou Jorge. Não levou mais que alguns segundos para que ele descobrisse a razão.

Rafaela parou diante do irmão, sorriu singelamente e disse:

– Que bom, que bom que você veio.

– Não podia deixar de vir. Nenhum irmão deixa de ir ao casamento da irmã.

Novo sorriso iluminou a face da noiva. Os olhos de ambos se encheram de água.

– Vê-lo – acrescentou Rafaela embargada de emoção – é como ver meu pai aqui, presente no meu casamento.

As palavras da irmã o emocionaram.

– Você está feliz?

Ela fechou os olhos e disse quase num murmúrio:

– Muito.

As lágrimas atravessaram seus olhos. Adolfo tomou sua mão e a beijou com carinho. O casal então prosseguiu.

Era tão bom, pensou Adolfo Pelizarri, tão bom ver Rafaela feliz. Aquilo lhe dava um alívio tremendo, sem razão ou explicação, por mais que consultasse o seu coração. Era como se ele devolvesse a Rafaela a felicidade que um dia, em algum lugar do tempo e do espaço, ele houvesse roubado dela.

Para não ser visto por Guilhermina, nem por Olga, Adolfo aguardou o término da cerimônia atrás de uma das belas colunas da igreja. Ao ver de longe Guilhermina passar, ele sentiu seu peito se incendiar de alegria e paixão. Ela estava bela e feliz, muito feliz e radiante. Vê-la feliz, recuperada, de bem com a vida e consigo mesma, dava-lhe a sensação de ter conseguido finalmente ter lhe devolvido o que outrora ele havia roubado dela, sua felicidade, seu equilíbrio, sua paz de espírito, seu *direito de renascer...* Roubado certamente em uma vida passada.

Não havia mais ninguém na igreja a não ser os funcionários da floricultura retirando os ornamentos do casamento quando Adolfo caminhou até um banco, sentou-se ali e pousou seus olhos no altar. Nisso, uma menina muito humilde aproximou-se dele, estendeu-lhe a mão e pediu:
– O senhor tem uma esmola *pra* me dar, por favor?
O pedido trouxe Adolfo de volta à realidade. Ele imediatamente pôs a mão no bolso, tirou a carteira e de dentro dela uma nota de cinco reais. Sorriu para a garotinha no mesmo instante em que punha na mãozinha dela a cédula. A menina retribuiu o sorriso.
– Qual é o seu nome? – perguntou ele a seguir.
A menina tornou a sorrir e respondeu com alegria:
– Geraldine.
– Geraldine – repetiu Adolfo, apreciativo.
A garotinha partiu, mas seu nome ficou ecoando pela cabeça de Adolfo repetidamente. Geraldine... Geraldine... Geraldine... Nome bonito, forte, de certo modo, familiar... Então, do nada, Adolfo foi envolvido por lembranças do passado... algo vivido na sua última passagem pela Terra, quando reencarnara como Geraldine Chevalier.

Capítulo 17

Paris fim do século dezenove...

Após toda a exaustão que o funeral de Johan-Marcel provocou em Geraldine Chevalier ela estava de volta a sua casa. A casa onde pensou viver até que ela e o marido ganhassem seus cabelos brancos.

Geraldine se sentou numa espécie de divã que ficava na sala e pousou o olhar no nada. Sua cabeça estava vazia. Foi a chegada da babá quem a despertou daquele estado ausente.

– Dona Geraldine – disse a moça –, o pequeno Dariel me parece um pouco doentinho. Não comeu nada o dia todo. Parece até que sabe que o pai morreu.

A viúva manteve-se séria com o olhar vago jogado num canto qualquer do aposento.

– O que devo fazer? – tornou a babá com cautela.

Nenhum movimento, nenhuma reação por parte da dona da casa. A moça insistiu:

– Quer que eu o traga até aqui para ficar com a senhora?

O silêncio permaneceu. A babá achou por bem trazer o menino até a mãe na esperança de que ele pudesse alegrá-la. Quando Geraldine viu o filho sendo posto diante dela, algo dentro dela pareceu recuperar a forma.

Era assustador, pensou, como o menino lhe remetia à memória, o pai. Se já era parecido com ele naquela idade quando adulto seria idêntico... Aquilo significava que ela nunca mais, por mais que tentasse, conseguiria se ver livre de Johan-Marcel. A morte não o tirara por completo daquela casa. Ele haveria de viver ali para sempre na pele do filho.

Geraldine deu um suspiro, amparada naquele sorriso triste que a perseguia como uma sombra pela vida. Seu rosto ficou tenso, a pele estirada sobre os malares, e ela pareceu recuar na cadeira. Voltaram então a sua memória as últimas palavras que ela trocou com Johan-Marcel, minutos antes de o coração dele parar de bater.

Certa de que o marido não tardaria a morrer, Geraldine fechou-se a sós com ele no quarto onde ele se mantinha acamado para expor a ele uma faceta da realidade que ela ocultara com todo o ímpeto que lhe ia na alma. Ainda que Johan-Marcel não gozasse mais de suas faculdades mentais cem por cento, devido ao declínio físico e mental, ela precisava dizer-lhe.

Ela voltou-se para o marido estirado na cama, aprofundou seus olhos sobre ele, olhos devastados pela dor, pelo ódio, pelo choque, pela vergonha de si mesma, e disse:

– Eu amava você, Johan-Marcel... Amava-o profundamente. Talvez até mais do que a mim mesma. Acreditei em você piamente, na sua sinceridade, nos suas promessas de amor, no seu voto de fidelidade... Mas era tudo mentira... cruelmente mentira... Você nunca valeu nada... Nunca pensou em ninguém, senão no próprio umbigo.

O marido olhava agora para a esposa, assustado. Ela prosseguiu sem se importar em momento algum o quanto suas palavras poderiam piorar o estado de saúde dele, talvez, ela as usasse exatamente por esse propósito. Um propósito maligno de levar o marido à morte de uma vez por todas, acabar com aquele sofrimento abissal, principalmente o dela, por ter de viver ali ao seu lado.

– C-como acha, Johan-Marcel, c-como acha que eu me senti ao descobrir que você não valia nada? Que me traía com outras mulheres, uma em especial?

Os olhos dele esbugalhados pela febre abriram-se um pouco mais. Geraldine prosseguiu:

– Eu lhe digo. Senti-me péssima. A um passo da loucura, a um passo da indecência de atentar contra a minha própria vida. O ódio por você era tanto, tanto que receei em certos momentos atentar contra a sua própria vida. Era um ódio descomunal.

"Você só saberia verdadeiramente o que eu senti se sentisse na própria pele a dor de ser traída pela pessoa que tanto ama, que considera mais importante da sua vida, que faz da sua vida a vida dela, que se dedica noite e dia, que dorme e acorda pensando nela, em como fazer para agradá-la, para tornar a vida dos dois a mais harmoniosa possível."

Ela soltou um suspiro tenso antes de continuar:
– Foi horrível. Foi pior, bem pior, que tudo isso que você está passando com essa doença. Bem pior... O que você teve ainda é pouco.

Geraldine agora podia ver a insegurança crescer nos olhos do marido acamado. E ela, por sua vez, sentia um prazer crescente e esmagador se agitar dentro dela. Geraldine prosseguiu:

– Não foi só ódio que eu senti de você, Johan-Marcel, foi nojo. Um nojo infindável, abissal... Sua presença passou a me causar náusea. Por muitas vezes quase vomitei diante de você e das pessoas que conviviam conosco. Seu toque, que eu tanto amei, tornou-se repugnante. Seu cheiro, então...

"Eu queria tirar você de mim, o suor que deixou na minha pele durante nossos atos de amor... – ela riu – amor para mim, somente sexo para você. Para cumprir a sua obrigação de marido. Caso contrário, só se serviria das outras, qualquer uma, vadia ou meretriz, que lhe concedesse um intercurso.

"Eu queria tirar de mim os beijos que troquei com você, limpar meus lábios para que não restasse nenhum traço dos seus sobre os meus, nenhum resquício da sua saliva, tampouco da sua respiração ofegante sobre a minha face."

Os olhos dela expressavam uma revolta que beirava o desespero.

– Eu tinha nojo de você como ainda tenho, principalmente agora, ao vê-lo apodrecendo nessa cama.

O choque do marido saltava as órbitas. A esposa continuava:

– Havia, no entanto, algo dentro de mim que fazia parte de você, o filho que crescia em meu ventre. Só de pensar que parte daquele feto era seu, eu queria gritar de desespero, revolta e horror. Eu não queria mais nada seu. Nunca mais. Como nunca mais obtive desde o dia em que soube o que era.

"Mas abandoná-lo não cairia bem, não para uma mulher da sociedade como eu, nem para a minha família. Além do mais, a separação iria deixá-lo livre para continuar sendo quem era, ao menos perto de mim, poderia lhe dar o que eu acreditava que merecia por tudo o que me fizera."

Ele a fitava com lágrimas que embaçavam cada vez mais seus olhos. Ela prosseguia:

– Sem pensar duas vezes recorri a toda sorte de remédios, ervas, chás e poções para abortar o *seu* filho que crescia dentro de mim. Fiz

tudo certinho. Exatamente como mandavam. No entanto, o aborto não aconteceu, mas certamente a criança havia morrido em meu útero, pensei...
   Ela sentiu uma tristeza dolorosa a seguir:
   – Mas não. A criança no meu ventre não morrera. Tudo o que fiz fez apenas com que o bebê nascesse do modo como nasceu.
   Ela lançou-lhe um olhar pesado antes de acrescentar:
   – Sim. Johan... Não foi por você ter estado em contato com sua amante que estava doente que seu filho nasceu daquele jeito, como você pensara. Foi por minha causa. Não por mim, exatamente, mas por você, porque foi você quem me levou a fazer tudo o que fiz.
   O mais assustador para Johan-Marcel era o fato de os olhos da esposa se manterem secos. Sem gerar uma lágrima sequer em nenhum momento durante a narrativa. Agora ele compreendia aquilo que sempre lhe soara estranho aos ouvidos. O fato de Geraldine se referir ao filho somente como filho dele, "o filho de Johan-Marcel disse isso ou fez aquilo". Jamais se referira ao menino como sendo seu, tampouco o ensinava a chamá-la de mamãe.
   – V-você... – balbuciou Johan-Marcel com a voz por um fio.
   – Sim, Johan... eu fiz tudo isso exatamente como estou lhe contando agora.
   Nenhuma sombra de amargor se estampava em sua face. Ela continuava firme e resoluta, Geraldine, prosseguiu:
   – Eu poderia ter lhe dito a verdade, o que de fato fizera seu filho nascer como nasceu, mas se eu dissesse amenizaria a sua culpa por ter me traído e isso eu não podia permitir jamais. Você tinha de se corroer de culpa, remorso e ódio por ter feito o que fizera contra mim. Sim, eu soube, pude ler em seus olhos o que se passou pela sua cabeça assim que o médico lhe explicou o provável motivo que fez com que seu filho nascesse como nasceu.
   "Achei bom que o menino houvesse sobrevivido a minha tentativa de impedir seu nascimento. Porque a sobrevivência dele nessas condições deploráveis, iria levá-lo a viver até o fim dos seus dias se corroendo de culpa, arrependimento e amargor por ter me traído, não me dado o devido valor, o valor que eu sempre lhe dei. O que eu merecia. Seria, como foi de fato, bem mais sofrido para você ter de se deparar todos os dias com o menino naquelas condições do que se ele tivesse nascido morto."

Ela fez uma pausa, pareceu por instantes que sua frieza iria desabar, mas ela a repeliu com urgência e decisão, acrescentando:

— Dizem que os maus queimam no inferno, não é isso? Se fui má que seja esse o meu destino, além da vida. Mas não creio, porém, que esse inferno seja mais cruel do que o que eu passei enquanto vivia aqui neste planeta, ao seu lado, diante das humilhações que você me causou.

A revelação foi tão devastadora para Johan-Marcel que minutos depois sua alma se entregou à morte. Ele tinha apenas 31 anos de idade quando morreu. Antes, porém, de perder os sentidos, não houve tempo para que ele percebesse que culpara Pauline Laroche injustamente durante todos aqueles anos.

Não pôde perceber que ninguém deve tirar conclusões apressadas sobre qualquer pessoa ou situação, como muitos de nós fazemos. Devemos e podemos sempre refletir, analisar, antes de explodir, revidar uma ação que nos parece injusta.

Sempre que possível, devemos refletir no silêncio de uma profunda meditação antes de cometermos um ato injusto, tanto quanto julgamos ter sido injusto o que alguém fez a nós. Isso Johan-Marcel haveria de aprender somente na sua próxima reencarnação. Como de fato aconteceu.

Geraldine Chevalier permaneceu viúva até o fim de sua vida, mas a saudade que ela sentiu do marido nos anos de viuvez, fez com que ela se arrependesse do que fizera contra ele, contra o filho e contra si própria.

Ao chegar no plano espiritual, achou por bem usar de sinceridade para com o espírito socorrista que a recebeu:

— Se quiser saber quem fui na minha última reencarnação eu lhe digo, sem temor algum, fui aquela que estragou a vida de uma criança, do próprio filho, para se vingar do homem que amava, por quem era alucinada. Justo eu que nunca fizera mal a uma mosca a vida toda, acabei fazendo mal contra aquele que reencarnou por meu intermédio e que por minha causa não pôde ter uma vida plena. Eu lhe roubei o *direito de renascer*.

O espírito socorrista aguardou alguns instantes para perguntar:

— O que espera viver depois disso tudo? Que lições espera aprender na sua próxima reencarnação?

Ela ponderou antes de responder:

– Quero devolver àqueles que impedi de serem felizes, a felicidade. Ainda que eles tivessem culpa por eu ter agido como agi, ainda assim quero lhes devolver a felicidade, porque agora compreendo que não importa qual seja a dor que alguém lhe provocou, ninguém tem o direito de usurpar de ninguém a sua felicidade para se vingar. Mesmo porque, toda vingança compromete negativamente a sua felicidade. É isso o que mais quero viver na minha próxima reencarnação.

– Pois assim será – respondeu o espírito olhando atentamente para Geraldine Chevalier.

E de fato foi.

Geraldine Chevalier, reencarnada como Adolfo Pelizari realmente conseguiu devolver a felicidade a Pauline Laroche reencarnada como Izabel da Silva Pelizari, que denegriu sua imagem no passado para se vingar do marido.

Devolveu também a felicidade a Johan-Marcel que reencarnou como Guilhermina Scarpini ajudando-a superar os traumas do passado e se dar uma nova chance para a vida e para o amor.

E ajudou, principalmente, a Dariel Chevalier, seu filho naquela vida, que reencarnou como Rafaela Scarpini Vomaro, libertando-a da superproteção da mãe e permitindo assim que ela fosse finalmente totalmente feliz.

Podemos compreender também por que Adolfo (Geraldine) nasceu com tanta disposição para ajudar crianças carentes, em sua profissão.

Toda vida se completa na próxima. Por isso, vivemos vidas que nos completam.

Tudo isso foi revivido na mente de Adolfo Pelizarri naquele instante. Havia lágrimas escorrendo por sua face. Lágrimas de dor, de arrependimento, de redenção... No entanto, em meio àquela tempestade cerebral, àquele caos emocional, voltaram-lhe à lembrança algumas frases de Chico Xavier:

Tudo é amor. Até o ódio, o qual julgas ser a antítese do amor, nada mais é senão o próprio amor que adoeceu gravemente.

Embora ninguém possa voltar atrás e fazer um novo começo, qualquer um pode começar agora e fazer um novo fim.

Lembremo-nos de que o homem interior se renova sempre. A luta enriquece-o de experiência, a dor aprimora-lhe as emoções e o sacrifício tempera-lhe o caráter. O espírito encarnado sofre constantes transformações por fora, a fim de acrisolar-se e engrandecer-se por dentro.

Tudo tem seu apogeu e seu declínio... É natural que seja assim, todavia, quando tudo parece convergir para o que supomos o nada, eis que a vida ressurge, triunfante e bela!.. Novas folhas, novas flores, na infinita bênção do recomeço!

Nota do autor:

Reencarnação anterior	Reencarnação atual
	(onde se passou a história atual)
Geraldine Chevalier	Adolfo Pelizari
Johan-Marcel	Guilhermina Scarpini
Dariel Chevalier	Rafaela Scarpini Vomaro
Veronique Lafayèt	Giancarlo Vomaro
Pauline Laroche	Izabel da Silva Pelizari
Giuseppe	Emilio César Pelizari

Segundo o Espiritismo, desde o instante da concepção o Espírito designado para habitar certo corpo a este se liga por um laço fluídico, que cada vez mais se vai apertando até ao instante em que a criança vê a luz. O grito, que o recém-nascido solta, anuncia que ela se conta no número dos vivos e dos servos de Deus.

Sobre o aborto, Chico Xavier tem uma opinião objetiva, e expõe no livro "Mandato de Amor", de sua autoria: "O aborto é sempre lamentável porque se já estamos na Terra com elementos anticoncepcionais de aplicação suave, compreensível e humanitária, por que é que havemos de criar a matança de crianças indefesas, com absoluta impunidade, entre as paredes de nossas casas?", escreveu ele. E continua: "Isto é um delito muito grave perante a Providência Divina, porque a vida não nos pertence e, sim, ao poder divino. Se as criaturas têm necessidade sexual para revitalização de suas próprias forças, o que achamos muito justo, seria melhor se fizessem sem alarme ou sem lesão espiritual ou psicológica para ninguém. Se o anticoncepcional veio favorecer esta movimentação das criaturas, por que vamos legalizar ou estimular o aborto? Por outro lado, se nossas mães tivessem esse propósito de criar uma lei do aborto no século passado, ou no princípio e meados deste século, nós não estaríamos aqui".

Em outra ocasião, questionado se constitui um crime a provocação do aborto em qualquer período de gestação, encarnando o espírito de Emmanuel, assim ele se pronunciou: "Há crime sempre que transgredis a lei de Deus. Uma mãe, ou quem quer que seja, cometerá crime sempre que tirar a vida a uma criança antes do seu nascimento, por isso que impede uma alma de passar pelas provas a que serviria de instrumento o corpo que se estava formando. Item n° 358, de ´O Livro dos espíritos".

Aborto é um crime cometido contra criaturas absolutamente indefesas, que esperam a nossa voz para que elas possam viver e facear a vida, e aproveitar os benefícios da vida que chegam de Deus a nós através, da missão, da missão digna da mulher junto do mundo e junto da evolução.

Sucesos Barbara

Suas verdades o tempo não apaga

No Brasil, na época do Segundo Reinado, em meio às amarguras da escravidão, os filhos do casal Amorim, Breno e Thiago, atingem o ápice da adolescência. Para Thiago, o pai prefere Breno. O desgosto leva Thiago para o Rio de Janeiro onde ele conhece Melinda Florentis, moça rica de família nobre e europeia. Essa união traz grandes surpresas para ambos e nos mostra que atraímos na vida tudo o que almejamos, porém tudo na medida certa para contribuir com nossa evolução espiritual.

Quando é Inverno em Nosso Coração

Clara ama Raymond, um humilde jardineiro. Então, aos dezessete anos, seu pai a informa que chegou a hora de apresentar-lhe Raphael Monie, o jovem para quem a havia prometido em casamento. Clara e Amanda, sua irmã querida, ficam arrasadas com a notícia. Amanda deseja sem pudor algum que Raphael morra num acidente durante sua ida à mansão da família.

Entretanto, quando Amanda conhece Raphael Monie ela se encanta por ele e deseja que tivesse sido ela a prometida em casamento para ele e não Clara. Se assim tivesse sido, ela poderia se tornar uma das mulheres mais felizes do mundo. Se ao menos houvesse um revés do destino...

Se Não Amássemos Tanto Assim

No Egito antigo, 3400 anos antes de Cristo, Hazem, filho do faraó, herdeiro do trono se apaixona perdidamente por Nebseni, uma linda moça, exímia atriz. Porém, estéril. Para deixar um herdeiro, Hazem, arranja uma segunda casa que promete para si mesma destruir Nebseni, apagá-la do coração do marido para que somente ela exista. Mas pode alguém apagar do coração de um ser apaixonado a razão do seu afeto?

Se não amássemos tanto assim é um romance comovente com um final surpreendente, que vai instigar o leitor a ler o livro muitas vezes.

Ninguém desvia o destino

Heloise ama Álvaro. Os dois se casam prometendo serem felizes até que a morte os separe. Surge então algo inesperado. Visões e pesadelos assustadores começam a perturbar Heloise. Seriam um presságio? Ou lembranças fragmentadas de uma outra vida? De fatos que marcaram profundamente sua alma? Uma história de tirar o fôlego do leitor do começo ao fim. Revelando que o destino traçado por nós em outras vidas reserva surpresas maiores do que imaginam a nossa vã filosofia.

Mulheres Fênix

Uma história contemporânea e comovente para lembrar a todos o porquê de a vida nos unir àqueles que se tornam nossos amores, familiares e amigos... Porque toda união é necessária para que vidas se completem. Conquistem o que é direito de todos: a felicidade.

Paixão Não se Apaga com a Dor

Essa é uma história repleta de segredos, suspense, e descobertas! Que nos faz compreender que o amor possessivo nos cega e nos distancia da verdadeira essência do amor. Pois o amor verdadeiro é capaz de nos orientar ao longo de nossas vidas e nos desprender de instintos negativos, que não permitem que compreendamos que paixão não se apaga com a dor. Liberta! Sem que fechemos as portas do coração nem as janelas da alma. Um romance, enfim, surpreendente e inesquecível.

Deus nunca nos deixa sós

Deus nunca nos deixa sós conta a história de três mulheres ligadas pela misteriosa mão do destino. Uma leitura envolvente que nos lembra que amor e vida continuam, mesmo diante de circunstâncias mais extraordinárias.

Amor incondicional

Um livro repleto de lindas fotos coloridas com texto primoroso, descrevendo a importância do cão na vida do ser humano. Em prol do seu equilíbrio físico e mental. Um livro para todas as idades! Imperdível!

Outros títulos do autor
Quando o Coração Escolhe
*Publicado anteriormente com o título: "A Alma Ajuda".
Só o coração pode entender
Sem amor eu nada seria
Nenhum amor é em vão
A solidão do espinho
A outra face do amor
Por entre as flores do perdão
Gatos muito gatos (infantil, livro com fotos coloridas)

ℋ

Para adquirir um dos livros ou obter informações sobre os próximos lançamentos da Editora Barbara, visite nosso site:

www.barbaraeditora.com.br

ou escreva para:

BARBARA EDITORA
Av. Dr. Altino Arantes, 742 – 93 B
Vila Clementino – São Paulo – SP
CEP 04042-003
(11) 5594 5385

E-mail: barbara_ed@estadao.com.br

Contato c/ autor: americosimoes@estadao.com.br